从红船到人民共和国：
红色文化的历史与理论

游海华 著

浙江工商大学 出版社

ZHEJIANG GONGSHANG UNIVERSITY PRESS

·杭州·

图书在版编目(CIP)数据

从红船到人民共和国:红色文化的历史与理论 / 游
海华著. — 杭州:浙江工商大学出版社,2024.1(2024.7 重印)
ISBN 978-7-5178-5801-0

Ⅰ. ①从… Ⅱ. ①游… Ⅲ. ①革命传统教育-研究-
中国 Ⅳ. ①D642

中国国家版本馆 CIP 数据核字(2023)第 221466 号

从红船到人民共和国:红色文化的历史与理论
CONG HONGCHUAN DAO RENMIN GONGHEGUO:HONGSE WENHUA DE LISHI YU LILUN
游海华 著

责任编辑	沈明珠
责任校对	韩新严
封面设计	蔡思婕
责任印制	包建辉
出版发行	浙江工商大学出版社
	(杭州市教工路 198 号 邮政编码 310012)
	(E-mail:zjgsupress@163.com)
	(网址:http://www.zjgsupress.com)
	电话:0571-88904980,88831806(传真)
排　　版	杭州朝曦图文设计有限公司
印　　刷	杭州高腾印务有限公司
开　　本	710mm×1000mm　1/16
印　　张	16.25
字　　数	281 千
版 印 次	2024 年 1 月第 1 版　2024 年 7 月第 2 次印刷
书　　号	ISBN 978-7-5178-5801-0
定　　价	68.00 元

序

　　有幸读到游海华教授撰写的《从红船到共和国:红色文化的历史与理论》书稿,很有收获和感受。虽然书稿收录的大多为近年来作者在国内刊物上公开发表过的论文,但笔者孤陋寡闻,有不少文章是第一次读到。论文发表在不同的刊物上,要想比较完整地了解作者的研究成果有些困难。作者将其汇集成册出版,这就为读者提供了很大的方便。我便是在这种情况下对过去并不知晓、生于1972年的游海华教授有了初步了解。

　　作者在历史研究方面视野开阔,涉猎广泛,成果丰硕,不仅对中共党史、中国近现代史、农民问题、区域社会经济史等领域有过研究,还承担"中国近现代史纲要""中国近现代史基本问题研究""苏区社会变革""近当代中国农民问题研究""中华人民共和国经济史""中国现代化史"等课程的教学工作。丰富的科研成果极大地深化了教学内容,提升了教学的高度,开拓了教学的深度;同时,教学也推动和促进科研的进行。作者先后荣获教育部"全国高校优秀中青年思想政治理论课教师择优资助计划"人选、浙江省高等学校中青年学科带头人、江西省高等院校中青年学科带头人等称号,也入选了浙江省第一期"之江青年社科学者行动计划"。这些对一位年富力强的学者来说,都是付出了太多的心血和智慧,来之不易的殊荣,可喜可贺! 同时也让现在已经年长的研究者感到欣慰,历史研究事业后浪推前浪,后继有人! 而且一代更比一代强!

　　从作者的研究成果可以看出,作者对问题很敏感、有见地,勇于并善于就学界研究中的问题提出个人见解。如第一章"红船精神与中共浙江地方组织的建立"中所提出的观点和表达的内容就很有特点。作者提出的主要观点是:红船精神诞生于浙江,但对红船精神的阐释应超越浙江;红船精神是中国共产党革命精神之源,但非中国革命精神之源;红船精神是中国共产党革命精神之源,但非全部"源头活水"。接着,作者对中共浙江早期建党特点进行了翔实的考察,认为浙江地方组织创建时间居于全国第二行列,浙江中共党员的数量居于全国第二行列,并基于省内比较分析了中共浙江地方组织创建中的其他特点。这是很有分量和影响的观点，对澄清人们在此问题上的模糊认识很有帮助。

作者在研究中十分注意考证一些基本而重要的史实，并将历史和现实有机地联系起来。如第二章"井冈山的历史与现状"中，作者首先考察的是井冈山首次被党的文献提及的时间。这是过去研究者不太关注也没有提出的问题。作者通过资料的查证、史实的厘清，认为"井冈山"在党的文献中首次亮相是在 1927 年 11 月 30 日发布的《中共江西省委通告（第十号）——目前的形势与江西工农运动的发展情形》中，此后才在党的文献中频繁出现。作者认为，井冈山之所以成为中国革命的摇篮，和下列原因有密切关系：北伐战争后中共党员、团员纷纷回乡发展组织以支援战争，湘赣边界的井冈山开始与共产党有了交集；大革命失败后，共产党的工作重心开始转向农村，井冈山已有的斗争基础和远离敌人统治中心、易守难攻、回旋余地大等优势，使它的地位渐渐突显出来。

作者颇有创新意识，体现于在深入考察井冈山斗争的历史基础上，试图对中国共产党领导下的科技事业创建于何时，判定的主要依据是什么，做出自己的解读。作者认为，井冈山时期的中国共产党在科技思想和政策、科研机构、科技应用、科研成果、科技队伍、科技教育、科技传播等方面采取了诸多举措，取得了相关成绩，可以说标志着中国共产党领导的科技事业的初创。这或许是作者的一家之言。此时能否称得上"系统初创"？因为"系统"的内涵应当相当丰富，需达到一定的规模和程度。目前还没有更多的学者去探求这方面的问题。但作者的创新意识、对问题的思考和探索精神是值得肯定的。

作者的研究立足史论结合、服务现实，而不仅限于对史实的爬梳和考证，这是将历史和现实紧密结合的表现。从"井冈山的历史转身"一节中可以看出这个特点。作者依据文献资料并实地考察后认为：中华人民共和国成立 60 年来，井冈山从中国革命的摇篮发展为举世瞩目的旅游休闲胜地，茨坪也从一个名不见经传的小山村成长为现代化的区域旅游城市。作者从井冈山的交通与通信网络、产业结构变迁与区域旅游中心城市的崛起、当地民生的改善与提高等 3 个方面考察了新中国成立以来井冈山60 年的变迁与发展，并在此基础上探讨了井冈山经济社会发展模式转型中的问题、经验与教训。这是很有代表性的观点，有利于推动红色旅游的发展。

如果要说对该书有什么建议，我认为原书名中的"共和国"改成"人民共和国"可能更好。同时，既然原书名中有"红色文化的历史与理论"，那么可以将概述性的、反映作者对红色文化的理解的内容,放在全书第一部分即第一章,这样似乎更顺畅。

相信和期待作者会继续努力,有更多的建树!让智慧和才华充分释放,放射出更灿烂的光华!

中央党史和文献研究院　李　蓉

2019 年 9 月于北京知不足斋

目　录

第一章　红船精神与中共浙江地方组织的建立

第一节　红船精神

2005 年 6 月 21 日,时任浙江省委书记的习近平在《光明日报》上刊发了《弘扬"红船精神"　走在时代前列》的理论文章,明确提出了"红船精神",并将其提炼为开天辟地、敢为人先的首创精神,坚定理想、百折不挠的奋斗精神,立党为公、忠诚为民的奉献精神。红船精神提出已有十余年,逐渐引起学术界的高度关注。学界发表了系列论著对红船精神进行深度阐释和研究,取得了很好的社会影响和宣传效果。细细学习这些丰硕成果,笔者受教良多,获益匪浅,但同时认为,其中一些阐释还存在认识误区。只有准确认识红船精神,科学阐释红船精神,才能彰显理论的深度和其历久弥新的思想光芒。

一、红船精神诞生于浙江,但对红船精神的阐释应超越浙江

不少论者认为,无论从中国共产党建立的理论准备还是组织准备来说,红船启航于浙江,红船精神诞生于浙江,都有其历史必然性。[①] 其言下之意是,党的创建和红船精神的产生地,非浙江莫属。为方便讨论,暂且将这种观点称为"必然浙江论"。

"必然浙江论"的理由主要有以下四点。

一是浙籍先进知识分子为中国共产党的建立做了大量工作。如上海

[①]　包晓峰:《红船精神诞生于浙江的历史必然性》,《浙江日报》2011 年 4 月 29 日;郭维平:《"红船精神"与浙江社会主义核心价值观培育》,《观察与思考》2014 年第 4 期,第 62 页。

早期党组织 17 人①中，浙江籍就有俞秀松、施存统、陈望道、沈雁冰、邵力子、沈泽民、沈定一 7 人。二是浙江先进知识分子促进了马克思主义在中国的传播。如俞秀松、施存统在 1919 年创办的《浙江新潮》是全国较早宣传进步思想和马克思主义的刊物；邵力子主编的《民国日报》在国内最早报道十月革命的消息；沈定一主编的《星期评论》是当时全国三大评论之一，以介绍和研究社会主义获得盛名；陈望道翻译了中国第一个《共产党宣言》中文全译本，为中国共产党的创建提供了理论依据。三是浙籍先进知识分子积极投身于早期工人运动。如俞秀松最早在上海开展工人运动，宣传马克思主义；陈望道担任过上海马克思主义研究会的劳工部长；宣中华等在杭州工人中进行宣传和组织工作。四是浙籍先进知识分子参与创建了最早的社会主义青年团组织。如 1920 年，俞秀松担任上海社会主义青年团第一任书记；1922 年，施存统当选中国社会主义青年团首任团中央书记。

这些史实证明，浙籍先进知识分子在党的创建过程中，在党创建前后的理论阐释、舆论宣传和组织筹备上，确实发挥了重要作用，做出了较大贡献。

但是，细细检阅上述四点理由，不难发现，中共一大最后一天会议决定转移到嘉兴南湖游船上召开，和上述四点论据没有什么直接关系；和在上海加入中共的 7 名浙籍党员没有任何关系，且他们都没有参加中共一大。中共一大结束会议在南湖召开，和上海会议地点密探的突然闯入，以及法租界巡捕房的干扰有关；和一大代表李达的夫人王会悟有关，和王会悟对家乡嘉兴事务熟悉并对党的事业热心有关；和上海到嘉兴便利的交通条件，以及南湖适宜的会议环境有关。正是这一系列因素，尤其是偶然性因素，成就了中共一大的南湖之行。

进一步分析，更不难发现，浙籍先进知识分子为党的创建做出较大贡献的舞台都在上海，而不在浙江，上海才是浙籍先进知识分子大显身手的用武之地。史实表明，在党的一大召开前，7 名浙籍先进知识分子都是在上海加入党组织的，而当时的浙江（杭州）还没有党组织；邵力子主编的《民国日报》和沈定一主编的《星期评论》，都是在上海出版发行的；陈望道翻译的《共产党宣言》，也是在上海出版发行并产生广泛影响的；浙籍先进知识分子大都是在上海担任党的重要职务，并在上海深入开展工人运动的。"必

---

① 据记载，在党的一大召开之前，先后参加上海的共产党早期组织的有 17 人。笔者查阅相关资料后发现，17 人中，浙籍 7 人，为最多；湘籍第二，为 6 人；其他皖、鄂、鲁、粤籍各 1 人。参见中共中央党史研究室：《中国共产党历史 第一卷(1921—1949)》上册，中共党史出版社 2011 年第 2 版，第 59 页。

然浙江论"的观点本意是强调党诞生在浙江的历史必然性,但是其主要论据却是浙籍人在上海的作为和贡献。其论据不仅不足以支撑其观点,反而证明了党诞生于上海的历史必然性。

从某种程度上说,没有上海这个大舞台,浙籍先进知识分子的作用和贡献将大为缩小,甚至将消失于无形。浙江中国共产党早期组织的空白史,就是很好的明证。党的一大召开前,国内外已经建立了中国共产党早期组织的地方有上海、北京、武汉、长沙、广州、济南6个城市,以及东京、巴黎等地;到党的二大召开前夕,中国共产党在国内外建立了上海地方执行委员会、湘区执行委员会、广东区执行委员会、北京地方委员会、武汉(湖北)区执行委员会,下辖12个支部和2个党小组。① 很明显,在党的早期组织创建进程中,浙江相对滞后,至少在党的二大召开前还没有开始。这说明,与全国其他省区相比,浙江地域的先进性因素无从体现,所谓的历史必然性又从何谈起?

此外,还可做进一步的推论。如果说"红船启航于浙江,红船精神诞生于浙江,具有历史必然性",那么依照常理推断,中共建立和红船精神诞生后,与全国其他省区相比,中共浙江地方组织应该得到较快和较大程度的发展,浙江的党的事业应该蓬勃地开展起来。然而事实却并非如此。据笔者的研究,若以第一个地方党组织建立时间的先后来衡量,中共浙江地方组织成立时间不但落后于党的一大前就建立了中共早期组织的上海、北京、湖北、湖南、广东、山东六省市,而且落后于党的二大前已成立地方组织的江西、河北、河南、江苏、四川等省,在周边各省中,仅领先于安徽省和福建省;若以党员数量论,大革命期间,上海、湖南、湖北、广东的党员数量是浙江的数倍,浙江与江苏、江西、山东等省大致处于同一水平或层次。② 这说明,自中共建党以来到大革命失败前的这段时间,浙江地域的先进性作用无从发挥,历史必然性在浙江无从体现。

如果一定要强调历史必然性的话,相比较而言,那也应该非上海莫属,或者说上海具有更多的历史必然性。有论者就指出,作为工业化、现代化和国际化都市的上海,为中共成立提供了最适宜的地理环境,中共在上海的成立是上海近代化的结果。③ 有趣的是,历史偶然性又和这种"必然上海

① 中共中央党史研究室:《中国共产党历史 第一卷(1921—1949)》上册,中共党史出版社2011年第2版,第57—63、101页。
② 游海华:《中共浙江地方组织早期创建中的若干特点》,《中共宁波市委党校学报》2015年第2期,第59页。
③ 苏智良、江文君:《中共建党与近代上海社会》,《历史研究》2011年第3期,第130页。

论"开了个不大不小的玩笑。众所周知,中共第一次全国代表大会虽然在上海召开,会期也主要是在上海进行,但最后一天的会议地点却在浙江(嘉兴)。[①]

历史推展的进程就是这样,似乎充满着悖论。对于党的创建来说,本来应该具有历史必然性的上海,却与完美的结尾擦肩而过,多多少少有些历史遗憾;而对于本来并不太相关的浙江来说,却为党的创建画上了圆满的句号。其实,中共的诞生,无论是对于上海还是浙江,都是历史偶然性和必然性合力作用的结果。着意强调任何一个方面,都是偏颇的,都是偏离历史本来面目的。

作为后来的研究者,看待和评价这段历史,只能实事求是,慎重判断,不能拔高,也不必贬低。任何观点都要有丰富的史料支撑,要有严密的逻辑论证,要禁得住后来者的质疑。

事实上,红船精神是中国共产党建党精神的集中体现和高度概括。红船启航于浙江,红船精神诞生于浙江,但不仅仅属于浙江。红船精神的实践基础应包括中国早期先进分子对马克思主义的积极探索,以及党的一大召开之前上海、北京、巴黎、东京等国内外的中国先进知识分子的建党活动。学界对红船精神的阐释理应超越浙江,超越地域性因素。

二、红船精神是中国共产党革命精神之源,而非中国革命精神之源

红船精神是中国共产党革命精神之源,当无疑义。

但是,一些学者在阐释红船精神时,认为红船精神就是中国革命精神之源。这容易形成一种固有观念,或给公众以误导,即中共成立以前中国无革命实践,红船精神之前中国无革命精神。

当然,这涉及对"革命"一词的理解问题。革命的含义非常广泛。广义的革命是指推动事物发生根本变革,如思想革命、技术革命、产业革命等,而狭义的革命是指被压迫阶级用暴力推翻旧政权、摧毁旧制度,建立新政权、新制

---

① 有学者将中国共产党的诞生比作婴儿出生,十月怀胎在上海,但最终呱呱坠地却在浙江嘉兴南湖的红船上;笔者称之为"花开上海,果结浙江"。这些比喻都形象地说明了浙江在中共建党历史上的地位。参见徐连林《弘扬"红船精神"的历史及现实意义》,人民网·强国访谈·时政,2014年7月30日,http://ft.people.com.cn/fangtanDetail.do? pid=2716;游海华:《中共浙江地方组织早期创建中的若干特点》,《中共宁波市委党校学报》2015年第2期,第58页。

度的社会革命和政治革命。① "革命"含义不仅丰富,而且相对含混。有学者指出,自清末至 20 世纪 20 年代,革命话语一直处于流变与演化之中,革命被建构成为一种与自由、解放、翻身、新生等含义相关联的主流政治文化;20 世纪 20 年代,无论是中国国民党、中国共产党还是中国青年党,都主张革命而反对改良,三党都有一套唯己独革、唯己最革的革命话语。② 其实,革命何止流行并"泛滥"于 20 世纪初的几十年中,放眼观之,整个中国近代史,在某种程度上就是一部中国革命史,革命是中国近代历史的主调。美国著名学者费正清认为"革命是近代中国的基调"③。我国历史学家张海鹏认为:"在近代中国 110 年的历史进程中,由中国的革命政党推动的包括旧民主主义革命和新民主主义革命,组成了近代中国社会发展进步的主旋律。"④

尽管革命含义丰富甚至广泛含混,但从中国革命的历史场景来看,革命的本意应是"反帝反封",是近代以来中国各民族、各阶级、各阶层反对帝国主义、封建主义、官僚资本主义的斗争实践。

对于中国共产党来讲,"革命是暴动,是一个阶级推翻另一个阶级的暴力的行动"⑤,就是用暴力手段夺取国家政权。所以,中国共产党创建之初,就将推翻旧政权、建立新政权作为自己的奋斗目标。党的一大通过的《中国共产党第一个纲领》规定"革命军队必须与无产阶级一起推翻资本家阶级的政权","承认无产阶级专政";党的二大决议提出,要"推翻国际帝国主义的压迫,达到中华民族的完全独立","统一中国本部(包括东三省)为真正民主共和国"。⑥ 中华人民共和国成立以后,革命的含义有所扩大和延伸,包含了中国人民进行传统社会主义建设的探索实践。大学课堂开设的"中国革命史"课程,讲授内容从旧民主主义革命到新民主主义革命、从社会主义革命到十一届三中全会的伟大转折,涵盖了 1840 年到 20 世纪 70 年代末近 140 年的历史。

显然,从革命主体来看,在中国共产党诞生以前,至少有中国国民党,

---

① 参见《现代汉语词典》,商务印书馆 2016 年第 7 版,第 439 页,"革命"词条。

② 王奇生:《"革命"与"反革命":一九二〇年代中国三大政党的党际互动》,《历史研究》2004 年第 5 期,第 105 页。

③ 费正清:《观察中国》,四川人民出版社 1992 年版,第 96 页。

④ 张海鹏:《近年来中国近代史若干问题的讨论》,《思想理论教育导刊》2008 年第 6 期,第 64 页。

⑤ 毛泽东:《湖南农民运动考察报告》,《毛泽东选集》第 1 卷,人民出版社 1991 年版,第 17 页。

⑥ 中央档案馆编:《中共中央文件选集 第一册(一九二一——一九二五)》,中共中央党校出版社 1989 年版,第 3、62 页。

有资产阶级民主革命派。从革命实践看，在无产阶级领导的新民主主义革命以前，至少有资产阶级领导的旧民主主义革命，有数不清的历朝历代农民革命。既然在中国共产党诞生以前，有革命主体、革命实践，也就有相对应的革命精神。从这个意义上说，红船精神只是中国共产党革命精神之源，而不是中国革命精神之源。在学界，既然是阐释红船精神的学术文章，其学术的严谨性便不能忽视，不可小觑。

三、红船精神是中国共产党革命精神之源，但非全部"源头活水"

如前所述，红船精神是中国共产党革命精神之源。这个"源"，是"源头""起源"，即红船精神是中国共产党革命精神的发源处。不少学者在论述这层含义时，往往过于强调红船精神的意义，有意无意地拔高红船精神的地位，认为红船精神是中国共产党革命精神的全部"源头活水"，似乎中国共产党的其他革命精神都是从红船精神中派生出来的，似乎红船精神与中国共产党的其他革命精神是包含与被包含、统领与被统领的关系。

红船精神与中国共产党的其他革命精神到底是什么样的关系？

以新民主主义革命时期为例。除红船精神外，这个时期中国共产党还产生了其他一些著名的革命精神，如井冈山精神、苏区精神、长征精神、延安精神、西柏坡精神等。

其中，井冈山精神是大革命失败以后，中国共产党在革命低潮时把马克思列宁主义同中国具体革命实践相结合，建立井冈山革命根据地，创造性地开辟农村包围城市、武装夺取全国政权这一革命道路的精神风貌和思想结晶。其内涵为：坚定信念，艰苦奋斗；实事求是，敢闯新路；依靠群众，勇于胜利。

苏区精神是中国共产党在农村革命根据地的创建和发展中，在第一次局部执政探索过程中所展现出的精神风貌和积累的思想结晶。其内涵为：坚定信念、求真务实、一心为民、清正廉洁、艰苦奋斗、争创一流、无私奉献。

长征精神是中国共产党在革命逆境中克服重重艰难险阻，在南征北战中寻求新生的革命英雄主义精神。其内涵为：不怕牺牲、前赴后继、勇往直前、坚忍不拔、众志成诚、团结互助、百折不挠、克服困难。

延安精神是中国共产党在抗日战争和解放战争时期局部执政探索、局部执政经验日益成熟，全心全意为人民谋福利的精神风貌和思想结晶。其内涵为：坚定正确的政治方向，解放思想、实事求是的思想路线，全心全意为人民服务的根本宗旨,自力更生、艰苦奋斗的创业精神。

西柏坡精神是中国共产党在从新民主主义革命向社会主义革命转折的时期,进行伟大战略决策、制定新中国成立方略时的精神风貌和思想结晶。其内涵为:敢于斗争、敢于胜利的彻底革命精神;一切为了人民、一切依靠人民的以民为本精神;善于破坏旧世界、善于建设新世界的立国兴邦精神;务必谦虚谨慎、戒骄戒躁,务必艰苦奋斗的不懈"赶考"精神。

每一种精神都产生于特定的年代,对应着特定的历史场景,有特定的内涵和意义,是中国共产党在不同革命阶段的不同革命实践的精神表现。正如习近平同志所指出的:"'红船精神'同井冈山精神、长征精神、延安精神、西柏坡精神等一道,伴随中国革命的光辉历程,共同构成我们党在前进道路上战胜各种困难和风险、不断夺取新胜利的强大精神力量和宝贵精神财富。"正是在这个意义上,他进而指出:"'红船精神'正是中国革命精神之源,中国共产党历史上形成的优良传统和革命精神,无不与之有着直接的渊源关系。"①

从时间上看,不同革命精神的产生有先有后,红船精神是起点、开篇,因而瞩目一些,特殊一些。从内容上看,各个革命精神有交叉有重叠,但又有明显的不同,每一种精神对应的是中国共产党在不同革命阶段的不同革命实践,都有着特定的内容,包含着特定的意义。从性质上看,不同革命精神都是中国共产党的革命精神,红船精神的本质为其他革命精神所继承,在此基础上,其他革命精神又有了新的发展。红船精神与井冈山精神、苏区精神、长征精神、延安精神、西柏坡精神,以及中华人民共和国成立以后产生的许许多多的精神,一起构筑成了中国共产党革命精神的丰碑。

正是在这个意义上,2013 年,教育部和中共中央党史研究室联合设立"高等学校中国共产党革命精神与文化资源研究中心",把复旦大学、嘉兴学院、湘潭大学、井冈山大学、赣南师范学院、遵义师范学院、延安大学、河北师范大学设立的八个研究中心纳入教育部高等学校人文社会科学重点研究基地建设计划。其中,每一个大学的研究中心,其主要研究内容除当地党史外,大多包含和对应着一个相应的革命精神。如嘉兴学院对应红船精神,井冈山大学对应井冈山精神,赣南师范学院对应苏区精神,遵义师范学院对应长征精神,延安大学对应延安精神,河北师范大学对应西柏坡精神,等等。②

由此可见,红船精神与党的其他革命精神之间是并列的关系,其他革

---

① 习近平:《弘扬"红船精神"　走在时代前列》,《光明日报》2005 年 6 月 21 日。

② 《高等学校中国共产党革命精神与文化资源研究中心简介》,《光明日报》2013 年 8 月 1 日。

命精神与红船精神是继承与发展的关系；红船精神与党的其他革命精神之间不是包含与被包含、涵盖与被涵盖、统领与被统领的关系。其中，红船精神是中国共产党革命精神的源头，是起点、开篇，但并非全部"源头活水"；党的其他革命精神与红船精神是继承与发展、传承与创新的关系。

综上所述，红船精神是中国共产党的建党精神，是中国共产党革命精神之源，红船所开辟的航道和航向规范了此后中国革命尤其是中国共产党革命的方向，对今天中国特色社会主义的建设依旧发挥着重要影响和作用。作为理论工作者，只有准确认识红船精神，科学阐释红船精神，才能彰显理论的深度和其历久弥新的思想光芒。

第二节　中共浙江地方组织的建立

浙江是中国共产党的诞生地之一，也是较早建立中共地方组织的省份之一。多年以来，学界在梳理清楚浙江地方党组织创建基本史实①的基础上，主要将讨论集中在浙江先进知识分子对马克思主义的传播，以及建党的突出贡献②等问题上面，尚无专文讨论中共浙江地方组织早期（1927 年国共分裂前）创建中的特点。本节对此做一论述。

一、中共浙江地方组织创建时间居于全国第二行列

1921 年 7 月 23 日，中国共产党第一次全国代表大会在上海开幕，最后一天的会议在浙江嘉兴南湖召开。用一句比较形象但可能不十分准确的话来形容，中共一大是"花开上海，果结浙江"。正是从这个意义上来讲，浙

---

① 已有的研究主要有浙江省档案馆编研科：《浙江早期建党概况》，《浙江档案工作》1984 年第 6 期；中共浙江省委党史研究室：《中国共产党浙江历史　第一卷(1921—1949)》，中共党史出版社 2011 年版；《浙江通志》编纂委员会：《浙江通志·中国共产党志》，浙江人民出版社 2020 年版。

② 邓明以、张骏：《陈望道与中国共产党的创立》，《复旦学报》1991 年第 1 期；王光银、陈坚毅：《浙江籍先进知识分子对建党的贡献》，《杭州师范学院学报》(社会科学版)1991 年第 4 期；[日]石川祯浩：《青年时期的施存统——"日本小组"与中共建党的过程》，王士花译，《中共党史研究》1995 年第 3 期；杨福茂：《俞秀松对创建中国共产党和社会主义青年团的贡献》，《中共党史研究》2000 年第 5 期；许黎英、朱顺佐：《简论陈望道早期宣传马克思主义与建党活动》，《浙江社会科学》2011 年第 6 期；曾林平：《浙江与中国共产党的诞生》，张亦民：《浙江人与中国共产党的创建——纪念中共成立 90 周年》，潘桂荣、傅宾敬：《施存统参加创建中国共产党的活动与贡献》，中共浙江省委党史研究室编：《浙江省纪念中国共产党成立 90 周年理论研讨会论文集》，中共党史出版社 2011 年版。

江是中国共产党的诞生地之一。其中,浙籍知识分子为中共的创建做出了重大贡献。[1] 尽管如此,浙江并不是全国最早而只是全国较早建立中共党组织的省份之一。

众所周知,在中共第一次全国代表大会召开前,国内外已经建立了中国共产党的早期组织,其建立地点分别在上海、北京、武汉、长沙、广州、济南等6个城市,以及东京、巴黎等地(由旅日、旅法的华人建立)。到党的二大召开前夕,中国共产党在国内外建立了上海、湖南、广东、北京、武汉等6个地方执行委员会、地方委员会或区执行委员会,12个支部和2个党小组。[2] 清楚的是,在上述中共最早的党组织创建进程中,找不到浙江地方党组织的身影。

中共浙江最早的地方组织,是1922年9月初在杭州皮市巷3号正式成立的中共杭州小组。于树德任组长,成员有金佛庄、沈干城。浙江不但落后于党的一大前就建立了共产党早期组织的上海、北京、湖北、湖南、广东、山东6个省市,而且落后于党的二大前已建党的江西、河北、河南、江苏、四川等省。在周边各省中,浙江仅领先于安徽和福建(如表1-1所示)。

因此,若以第一个地方党组织建立时间的早晚来衡量,与全国其他省份相比,浙江省建党时间大概居于全国第二行列。

表 1-1　中共浙江及周边各省地方党、团创建时间概况表

	浙江	上海	广东	江苏	江西	安徽	福建
建党时间	1922年9月	1920年8月	1921年春	1922年春	1922年2月	1923年冬	1926年2月
建团时间	1922年4月	1920年8月	1920年8月	1921年5月	1923年1月	1921年10月	1925年4月

[1]　主要表现在邵力子主编的《民国日报》和陈望道翻译的《共产党宣言》在宣传马克思主义方面,有许多首创之功;浙籍先进分子俞秀松最早深入工厂,宣传马克思主义,开展工人运动;上海最早的共产党组织的5名成员中,浙籍占了2名,后来该组织发展到17人,浙籍占了7名;施存统在旅日华侨中创建了共产党;浙籍党员为上海共产党和全国建党做了大量工作;浙籍先进分子参加创建中国社会主义青年团的工作,其中,俞秀松出任临时团中央书记。参见中共浙江省委党史研究室:《中国共产党浙江历史　第一卷(1921—1949)》,中共党史出版社2011年版,第4—5页。

[2]　中共中央党史研究室:《中国共产党历史　第一卷(1921—1949)》上册,中共党史出版社2011年第2版,第57—63、101页。

资料来源：中共浙江省委组织部、中共浙江省委党史研究室、浙江省档案馆编：《中国共产党浙江省组织史资料(1922.4—1987.12)》，人民日报出版社 1994 年版，第 16 页；中共中央党史研究室：《中国共产党历史 第一卷(1921—1949)》上册，中共党史出版社 2011 年第 2 版，第 59、65 页；中共广东省委党史研究室：《中国共产党广东地方史》，广东人民出版社 1999 年版，第 47、43—44 页；中共江苏省委党史工作办公室：《中共江苏地方史》，江苏人民出版社 1996 年版，第 48、53 页；中共江西省委组织部、中共江西省委党史资料征集委员会、江西省档案馆：《中国共产党江西省组织史资料(1922—1987)》第 1 卷，中共党史出版社 1999 年版，第 1—2 页；中共安徽省委党史研究室：《中国共产党安徽地方史》，安徽人民出版社 2001 年版，第 54、44 页；中共福建省委组织部、中共福建省委党史研究室、福建省档案馆：《中国共产党福建省组织史资料(1926.2—1987.12)》，福建人民出版社 1992 年版，第 10 页。

二、中共浙江党员数量居于全国第二行列

中共杭州小组的建立，开启了中共浙江地方组织创建的先河。此后直至 1927 年 4 月，浙江的中共党组织不断地向全省其他各县市拓展，党员数量年年翻番，甚至一年翻几番(如表 1-2 所示)。以党员数量论，与其他省区相比，浙江地方党组织的发展大概居于第二行列。

表 1-2　全国及部分省区中共党员人数统计表

	1922 年	1923 年	1924 年	1925 年	1926 年	1927 年
全国	195(6)	420(6)		994(1) 3164(9)	8000(2) 18526(7)	57967(5)
山东	9(6)	16(11)	17(5)		500(6) 515(7)	1025(4)
上海	50(6)	53(7) 55(8)	49(1) 109(11)	220(上半年) 1022(12)	1729(3) 2163(7)	3630(1) 8000(4)
湖南	30 多(5)			702(11)	3714(10)	6000(2) 13000(4)
湖北	20 多 (初夏)		50(4)	52(1) 99(9)	164(1) 3500(12)	13000(4) 17000(7)
四川	3				42(5) 168(10)	400(5)
广东	32(6)			928(10)	3700(4) 5039(9)	8000(2) 9027(4)

续　表

	1922 年	1923 年	1924 年	1925 年	1926 年	1927 年
浙江		5	12	116	406	4000(4)
江苏	16	16(12) 20 (下半年)	16(4)	65(10) 100(年底)	325(10) 525 (年底)	532(2)
江西					65(4) 800—900 (12)	3000(4) 5100(7)
安徽						两三百 (春)
福建						246(春)

说明:1.括号中的数据或文字系统计时间。2.全国、山东、上海、湖南、湖北、四川、广东的统计数据来源为《中国共产党江苏省组织史资料》。3.江苏一栏,第一行统计数据来源为《中国共产党江苏省组织史资料》,第二行统计数据来源为《中共江苏地方史》。4.湖南统计数据包括江西安源的党员人数。5.广东一栏数据实为广东区委统计数据,包括广东、广西、福建、云南及南洋地区的党员人数。6.福建省党员人数系中共厦门市委(86)和中共福州地委(160)党员的合计数。

资料来源:中共中央组织部等编:《中国共产党组织史资料(1921—1949)》,中共党史出版社 2000 年版,第 39、195、329、451、562、579、685 页;中共浙江省委组织部等编:《中国共产党浙江省组织史资料(1922.4—1987.12)》,人民日报出版社 1994 年版,第 83 页;中共江苏省委组织部等编:《中国共产党江苏省组织史资料(1922.春—1987.10)》,南京出版社 1993 年版,第 64 页;中共江苏省委党史工作办公室:《中共江苏地方史》,江苏人民出版社 1996 年版,第 64—65、66—67 页;中共江西省委组织部等编:《中国共产党江西省组织史资料(1922—1987)》第 1 卷,中共党史出版社 1999 年版,第 111 页;中共安徽省委党史研究室:《中国共产党安徽地方史》,安徽人民出版社 2001 年版,第 101 页;中共福建省委党史研究室:《中共福建地方史》,中央文献出版社 1993 年版,第 197、199 页。

第一行列当数上海、湖南、湖北、广东等省市。表 1-2 显示,与浙江相比,这几个省市绝大部分年份的党员数量是浙江的数倍。例如,以最高数据进行比较,1925 年,上海、湖南、湖北、广东 4 省市党员人数分别是浙江的8.8、6.1、0.85、8 倍;1926 年,上述 4 省市党员人数分别是浙江的 5.3、9.1、8.6、12.4 倍;1927 年 4 月,分别是浙江的 2、3.25、4.25、2.3 倍。

这 4 省市党组织发展快,党员数量增长迅猛,远远超过浙江的原因多种多样,既有共同的原因,也有各自独特的因素。共同的原因就是,这几个省市是全国最早建立中共党组织的地方,党员深入基层工作时间较长,群众基础相对较好。独特的因素如广东,是国共合作和大革命的发源地,党组织展拓的环境自然远比北洋军阀统治下的其他省份要好。如上海,中共中央的直接领导、不受中国政府管控的公共租界、数量最多的工人阶级队伍和众多的知识分子等,远非浙江可比。再如湖南、湖北,是北伐发动以后的首批"解放"地区。1926 年 7 月,国民革命军誓师北伐;12 日,北伐军攻占长沙;10 月,攻占武汉。推翻北洋军阀的统治以后,两省党员人数迅猛攀升。相对而言,浙江"解放"较晚,1926 年底,北伐军进抵浙境;直到 1927 年 3 月,北伐军才克复全境。此间,杭州地委书记贺威圣为响应北伐,策动浙江省省长夏超"独立"和浙军起义,结果兵败,导致党组织遭受重大损失,其中 2 名中共党员被杀,30 余名革命者被镇压。[1]

第二行列包括浙江、江苏、江西、山东等省份。表 1-2 显示,在 1926 年底北伐军攻占浙江全境前,山东省的中共党员数量和浙江省大抵处于同一水平;1922 年至 1926 年,山东省的中共党员数量每年均稍多于浙江省;1927 年 4 月,浙江省的中共党员数量是山东省的近 4 倍。类似的变化也发生在江苏、浙江两省之间。1924 年前,江苏省的中共党员每年比浙江省的稍多一点;之后,因北伐军进抵浙江,浙江中共党员数量大增,1927 年初,被北伐军"解放"后的浙江党员人数大大超过仍处于北洋军阀统治下的江苏省党员人数。北伐发动以后,浙江中共党员人数甚至一度落后于江西;1927 年 4 月,稍稍领先于江西。

当然,和安徽、福建区区"两三百"中共党员相比,1927 年 4 月份的浙江省,有中共党员 4000 人,无疑是中共党组织大力拓展的活跃省份。

三、基于省内比较的中共浙江地方组织创建中的其他特点

以今天的行政区划看,1927 年国共分裂前,浙江所有的地级区市都建立了中共地方组织,大约有一半的县市建立了中共地方组织(41 个,如表 1-3 所示)。

---

[1] 中共浙江省委党史研究室编:《中国共产党浙江历史 第一卷(1921—1949)》,中共党史出版社 2011 年版,第 150 页。

表 1-3　中国共产党浙江省各县(市)最早党组织建立概况表

	建党时间	建党人	建党人籍贯	建党人派出单位	上级领导机构
杭州	1922年9月	徐梅坤、于树德、庄文恭		中共上海地方兼区执行委员会、中共北京区委、中共中央	中共上海地方兼区执行委员会、中共北京区委、中共中央
绍兴	1923年7月	何赤华	绍兴	中共上海地方兼区执委会	中共上海地方兼区执行委员会
海门	1924年春	宣侠父、金辅华			中共杭州支部
温州	1924年12月	谢文锦	温州永嘉	中共中央	中共中央
宁波	1925年2月	周天谬等		中共上海地委	中共上海地委
嘉兴	1925年3月	顾作之、王贯三		中共上海地委	中共上海地委
金华	1925年秋	千家驹	金华	中共杭州独支	中共杭州独支
上虞	1925年12月	许国华、崔可登、叶天底	上虞谢家桥	绍兴特支	中共上海区委
奉化	1926年5月	卓兰芳	奉化松乔	中共宁波地委	中共宁波地委
余姚	1926年5月	肖从云、岑鹿寿等	余姚	中共宁波地委	中共宁波地委
象山	1926年5月	杨白等		中共宁波地委	中共宁波地委
鄞县	1926年6月	沙文求、郭唤青	鄞县沙村鄞县溪乡	中共宁波地委	中共宁波地委
嘉善	1926年7月				中共上海区委
武义	1926年8月	李守初			中共杭州地委

续　表

	建党时间	建党人	建党人籍贯	建党人派出单位	上级领导机构
海宁	1926年10月	屠仰慈、张寅仲	海宁硖石	中共杭州地委	中共杭州地委
慈溪	1926年11月	赵文光		中共宁波地委	中共宁波地委
镇海	1926年11月	沃醒华		中共宁波地委	中共宁波地委
瑞安	1926年11月	戴义			中共中央
定海	1926年12月	赵济猛等		中共宁波地委	中共宁波地委
临海	1926年12月	张崇文	临海		中共上海区委
温岭	1926年12月	金辅华、张鹏程	温岭	中共宁波地委	中共宁波地委
乐清	1926年冬	林去病、钱国安、林立等		中共温州独支	中共中央
诸暨	1926年冬	钟子逸、寿松涛		上海区委	中共上海区委
新昌	1927年1月	吕锡麟	新昌	中共宁波地委	中共宁波地委
富阳	1927年1月	沈炳铨、朱鉴		中共杭州地委	
衢县	1927年1月	张寅仲、吕雄		中共杭州地委	中共杭州地委
桐乡	1927年1月	刘驾侯	桐乡濮院	中共嘉兴独支	
遂昌	1927年1月	唐公宪	遂昌		

续 表

	建党时间	建党人	建党人籍贯	建党人派出单位	上级领导机构
兰溪	1927年2月	童玉堂		国民党浙江省党部中共党团	中共杭州地委
建德	1927年2月				
龙游	1927年2月	傅联璋、张先琦			中共杭州地委
嵊县	1927年2月				
黄岩	1927年2月	汪维恒			中共临海特别支部
江山	1927年3月	姜天巢、傅联璋			中共杭州地委
萧山	1927年3月	宋梦歧			中共杭州地委
安吉	1927年春	方铁城	安吉方家上		中共湖州县委
湖州	1927年4月	张寅仲、屠仰慈		中共杭州地委	中共杭州地委
德清	1927年5月	张寅仲、屠仰慈、许淡		中共杭州地委	中共杭州地委
永康	1927年5月	叶岩襄			中共杭州地委
东阳	1927年6月	赵济猛			中共浙江省委
余杭	1927年6月	马国华			中共杭州地委

说明:1.因资料不同,同一地方组织建立时间可能记载不同,本表采用最早的记载。2.嘉善最早地方组织建立地点为枫泾,现属上海金山。3.嵊县和黄岩为党的通信员组织。

资料来源:中共浙江省委组织部等编:《中国共产党浙江省组织史资料(1922.4—

1987.12)》第 1 卷,人民日报出版社 1994 年版,第 16、19—46 页;中共杭州市委组织部等编:《中国共产党浙江省杭州市组织史资料》,浙江大学出版社 1992 年版,第 26 页;中共湖州市委组织部、中共湖州市委党史资料征集委员会、湖州市档案馆编:《中国共产党浙江省湖州市组织史资料(1927.4—1987.12)》,新华出版社 1993 年版,第 2—4 页;中共嘉兴市委组织部、中共嘉兴市委党史研究室、嘉兴市档案馆编:《中国共产党浙江省嘉兴市组织史资料(1925—1987)》,新华出版社 1992 年版,第 1—3 页;中共金华市委组织部、中共金华市委党史研究室、金华市档案馆编:《中国共产党浙江省金华市组织史资料(1927.秋—1987.12)》,中共党史出版社 1993 年版,第 12—16 页;中共宁波市委组织部、中共宁波市委党史委员会、宁波市档案馆编:《中国共产党浙江省宁波市组织史资料(1925.2—1987.12)》,人民日报出版社 1993 年版,第 18、27—36 页;中共衢州市委组织部、中共衢州市委党史研究室、衢州市档案馆编:《中国共产党浙江省衢州市组织史资料(1927.1—1987.12)》,新华出版社 1993 年版,第 3—5 页;中共绍兴市委组织部、中共绍兴市委党史资料征集研究委员会、绍兴市档案馆编:《中国共产党浙江省绍兴市组织史资料(1923.7—1987.12)》,浙江大学出版社 1992 年版,第 2、11、20—22 页;中共台州市委组织部、中共台州地委党史研究室、台州地区档案馆编:《中国共产党浙江省台州地区组织史资料(1924.3—1987.12)》,人民日报出版社 1993 年版,第 13—16 页;中共温州市委组织部、中共温州市委党史研究室、温州市档案馆编:《中国共产党浙江省温州市组织史资料(1924.10—1987.12)》,新华出版社 1992 年版,第 1—3、7 页。

　　表 1-3 仅从省内分析,浙江地方党组织创建中的特点也是非常鲜明的。表现在一是除金华、武义以外,浙江沿海各地党组织的建立明显早于内陆各县市。表 1-3 显示,除金华、武义以外,1926 年底以前,浙江地方党组织均建立于沿海各地,分别是:杭州、绍兴、海门、温州、宁波、嘉兴、上虞、奉化、余姚、象山、鄞县、嘉善、海宁、慈溪、镇海、瑞安、定海、临海、温岭、乐清、诸暨等 21 个县市。

　　沿海各地为何早于内陆各县市?细究起来,显然与沿海交通便捷、人员(主要是知识分子和商人)跨地域流动频繁、信息传播方便、经济(工商产业)相对发达、人们观念开放等因素密切相关。例如,近代以来,浙江是最早对国外开放通商口岸(第一次鸦片战争后,宁波被迫开放)的省份之一;到清末民初,浙江开放了宁波、温州、杭州等 3 个沿海通商口岸。再如,1895 年至 1900 年,全国投资万元以上的 105 家厂矿中,浙江占了 7 家,资本额在全国各省中位居第一;1895 年至 1913 年,全国投资万元以上的 549 家厂矿中,浙江有 29 家,资本额 6729 万元,两项指标均居全国第 3 位。[①]

---

① 据资料计算得出,参见"历年设立的厂矿名录",汪敬虞:《中国近代工业史资料 第二辑(1895—1914)》上,科学出版社 1957 年版,第 870—920 页。

这些厂矿大部分创办于沿海的杭嘉湖地区和温台地区。另外,1872 年至 1875 年间,清政府派遣的 4 批 120 名留美学生中,浙江省有 8 名,人数在全国各省中排名第 3 位;20 世纪初的第一、二批庚款 117 名留美学生中,浙江省有 23 名,人数在全国各省中排名第 2 位。[①] 清末民初的浙江,其人口在全国排名第 9 位,1912 年其新式学校(高等学堂、工农商实业学堂、师范学堂)数量和学生数均排名全国第 3 位。[②] 有学者指出,作为工业化、现代化和国际化都市的上海,为中共成立提供了最适宜的地理环境,中共在上海的成立是上海近代化的结果。[③] 相对全国来讲,地处沿海的上海是如此;而对浙江省内来讲,经济现代化、教育现代化、文化多元化等先行启动、走在全省前列的沿海各县市又何尝不是如此。

金华、武义党组织建立较早,这与千家驹密切相关。千家驹为武义县人,1921 年考入浙江省立第七中学(今金华一中前身),1922 年转入浙江省立第七中学师范部。1925 年,经义乌籍同学季达才介绍,千家驹和中共杭州地下党组织取得联络,后经中共浙江地方领导人宣中华等介绍,千家驹加入中国共产党。千家驹由此成为金华地区第一位中国共产党党员;在他的组织下,金华、武义等地的党组织随后创建。

二是早期党组织是从多方面发展而来的,党组织的上下隶属关系和今天的行政区划完全不等同。有的是外地外籍党员来浙江各地活动,发展党员、建立组织的。例如,台州的第一个党组织,是时任社会主义青年团杭州地委秘书的宣侠父(诸暨人),到海门浙江省立甲种水产学校创立的,当时发展了金辅华、江潭(江雄风)、章尚友等人入党;随后,金辅华在海门、温岭两地开展建党活动。[④] 衢州地区最早的党组织——中共衢县支部,是 1927 年 1 月创立的,支部书记为吕雄(杭州人)。其创立渊源要追溯到 1926 年 12 月,国民党浙江省党部常委、中共党团书记宣中华委派张寅仲(杭州人)

---

① 据资料计算得出,参见李喜所:《近代留美学生与中外文化》,天津人民出版社 1992 年版,第 34、303—305 页。

② 温锐等:《百年巨变与振兴之梦——20 世纪江西经济研究》,江西人民出版社 2000 年版,第 33 页。

③ 具体说来,包括:以上海工人为主体的中国工人阶级的壮大和阶级觉悟的提高,为共产党的创建奠定阶级基础;上海发达的媒介网络为马克思主义的早期传播提供便利条件;伴随新文化运动的勃兴,上海成为先进知识分子的集聚与活动中心,以陈独秀为核心的《新青年》编辑部和马克思主义研究会则为中共上海发起组提供基本成员,上海发起组实际担当了组建中共的"临时中央"这一职责。苏智良、江文君:《中共建党与近代上海社会》,《历史研究》2011 年第 3 期,第 130 页。

④ 中共台州市委组织部等编:《中国共产党浙江省台州地区组织史资料(1924.3—1987.12)》,人民日报出版社 1993 年版,第 11 页。

带领一批中共党员来衢州活动,秘密发展共产党员,策应北伐军入浙,吕雄即为这批党员中的一员。① 有的是在外省外地入党后,受党的指派回乡建党的。例如,绍兴最早的党组织——中共绍兴(党、团)地方支部,是诸暨人何赤华受上海党组织委派,于 1923 年 7 月来绍组建的。② 温州最早的党组织——中共温州独立支部,是永嘉人谢文锦受党中央指派,在 1924 年底回温筹建的。③

有的中共党员参与了多地党组织的创建。表 1-3 显示,张寅仲、屠仰慈创建了海宁、湖州、德清的第一个党组织,同时张寅仲也是衢州地区最早的党组织的创建人之一。金辅华是海门、温岭党组织的创始人,赵济猛是定海、东阳党组织的创始人之一。也有的是多地党员同时来一地创建党组织。例如 1922 年八九月间,中共上海地方兼区执行委员会、中共北京区委和中共中央几乎同时委派徐梅坤、于树德、庄文恭等来杭州开展建党活动。④

正因为浙江各地早期党组织是从多方面发展而来的,这决定了各地党组织的上下隶属关系非常复杂,和今天的行政区划完全不等同。表 1-3 显示,杭州、绍兴最早的党组织隶属于中共上海地方兼区执行委员会领导;海门、金华、武义、衢县、兰溪、龙游、江山、湖州、德清、永康最早的党组织分别隶属于中共杭州支部或独支、中共杭州地委领导;甚至温州、瑞安、乐清最早的党组织隶属于中共中央直接领导。直到党的五大后,中共中央决定撤销中共上海区委,在浙江、江苏分别建立省委;1927 年 6 月,中共浙江省委建立。⑤ 自此,浙江地方党组织才有了统一的领导机关。

三是从党员人数看,早期浙江各地党组织的发展是极不平衡的。表 1-4 显示,杭州、宁波、金华、绍兴等地的党组织发展相对较快。尤其是北伐军入浙以后的 1927 年上半年,杭州、宁波和金华的中共党员人数均在千人以上,绍兴也有 250 人。上述各地党组织发展相对较快,除前述沿海(如杭州、宁波、绍兴等)党组织创建因素(条件)优于内陆各县市外,另一重要因

---

① 中共衢州市委组织部等编:《中国共产党浙江省衢州市组织史资料(1927.1—1987.12)》,新华出版社 1993 年版,第 1、3 页。

② 中共绍兴市委组织部等编:《中国共产党浙江省绍兴市组织史资料(1923.7—1987.12)》,浙江大学出版社 1992 年版,第 9 页。

③ 中共温州市委组织部等编:《中国共产党浙江省温州市组织史资料(1924.10—1987.12)》,新华出版社 1992 年版,第 1—2 页。

④ 中共浙江省委组织部等编:《中国共产党浙江省组织史资料(1922.4—1987.12)》第 1 卷,人民日报出版社 1994 年版,第 16 页。

⑤ 中共浙江省委组织部等编:《中国共产党浙江省组织史资料(1922.4—1987.12)》第 1 卷,人民日报出版社 1994 年版,第 47 页。

素是这 4 地党组织建立较早,基础显然比其他各地要好。相对而言,衢州、台州、舟山、丽水等地市的党组织发展相对滞后。

表 1-4　中共浙江省各市、地区早期党员人数统计表

	1922 年	1923 年	1924 年	1925 年	1926 年	1927 年
杭州市		5	7	35 余	100 余	1400 余
湖州市				2	3	89
嘉兴市						50
金华市				6	55	1146
宁波市				64	240	1200
绍兴市	1	6	5	7	60	250
温州市						50 余
衢州市						
舟山市						30
台州地区						
丽水地区						

说明:衢州、台州、丽水三地无具体统计数字。

资料来源:中共杭州市委组织部等编:《中国共产党浙江省杭州市组织史资料》,浙江大学出版社 1992 年版,第 43 页;中共湖州市委组织部等编:《中国共产党浙江省湖州市组织史资料(1927.4—1987.12)》,新华出版社 1993 年版,第 7 页;中共金华市委组织部等编:《中国共产党浙江省金华市组织史资料(1927.秋—1987.12)》,中共党史出版社 1993 年版,第 22 页;中共宁波市委组织部等编:《中国共产党浙江省宁波市组织史资料(1925.2—1987.12)》,人民日报出版社 1993 年版,第 48 页;中共绍兴市委组织部等编:《中国共产党浙江省绍兴市组织史资料(1923.7—1987.12)》,浙江大学出版社 1992 年版,第 25 页;中共浙江省委党史研究室编:《中国共产党浙江历史　第一卷(1921—1949)》,中共党史出版社 2011 年版,第 184—185 页;中共舟山市委组织部等编:《中国共产党浙江省舟山市组织史资料(1926.12—1987.12)》,新华出版社 1993 年版,第 19 页。

四是各地党、团组织创建时间不一,有的地方党组织创建时间早,有的地方团组织创建时间早,并没有固定的规律。表 1-1 所统计的 7 省市中,除上海、江西两地外,其他 5 省共青团组织的创建均早于党组织。以此看来,在省市一级,团组织早于党组织成立似乎是一般规律。不过,这一规律并不适合用来描述浙江各地党、团组织的创建情况。表 1-5 有统计数据的 9

个地市中,只有杭州、宁波、绍兴、舟山 4 个市的团组织创建早于党组织,温州、衢州市是党、团组织同时建立,湖州、嘉兴、金华、台州 4 个地市的党组织早于团组织建立。值得注意的是,丽水地区在大革命时期没有成立共青团组织,可能是其地处山区,交通不便,由此导致相对封闭的结果。

表 1-5　中共浙江各地市地方党、团创建时间概况表

	杭州市	湖州市	嘉兴市	金华市	宁波市	绍兴市	温州市	衢州市	舟山市	台州地区	丽水地区
党组织创建时间	1922年9月	1927年4月	1925年3月	1925年秋	1925年2月	1923年7月	1924年12月	1927年1月	1926年12月	1924年春	1927年1月
团组织创建时间	1922年4月	1927年8月	1926年2月	1926年7月	1924年7月	1923年3月	1924年12月	1927年1月	1926年秋	1927年2月	

说明:丽水地区在大革命时期没有成立共青团组织。

资料来源:中共浙江省委组织部等编:《中国共产党浙江省组织史资料(1922.4—1987.12)》第 1 卷,人民日报出版社 1994 年版,第 16 页;中共湖州市委组织部等编:《中国共产党浙江省湖州市组织史资料(1927.4—1987.12)》,新华出版社 1993 年版,第 3、8 页;中共嘉兴市委组织部等编:《中国共产党浙江省嘉兴市组织史资料(1925—1987)》,新华出版社 1992 年版,第 1、4 页;中共金华市委组织部等编:《中国共产党浙江省金华市组织史资料(1927.秋—1987.12)》,中共党史出版社 1993 年版,第 11、16 页;中共宁波市委组织部等编:《中国共产党浙江省宁波市组织史资料(1925.2—1987.12)》,人民日报出版社 1993 年版,第 15 页;中共绍兴市委组织部等编:《中国共产党浙江省绍兴市组织史资料(1923.7—1987.12)》,浙江大学出版社 1992 年版,第 9、22 页;中共温州市委组织部等编:《中国共产党浙江省温州市组织史资料(1924.10—1987.12)》,新华出版社 1992 年版,第 1 页;中共衢州市委组织部等编:《中国共产党浙江省衢州市组织史资料(1927.1—1987.12)》,新华出版社 1993 年版,第 1、6 页;中共舟山市委组织部等编:《中国共产党浙江省舟山市组织史资料(1926.12—1987.12)》,新华出版社 1993 年版,第 10、12 页;中共台州市委组织部等编:《中国共产党浙江省台州地区组织史资料(1924.3—1987.12)》,人民日报出版社 1993 年版,第 11、17 页;中共丽水地委组织部等编:《中国共产党浙江省丽水地区组织史资料(1927.1—1987.12)》,新华出版社 1992 年版,第 11 页。

第二章　井冈山的历史与现状

第一节　"井冈山"的亮相

一、1927 年底党的文献首次提及"井冈山"

井冈山号称"天下第一山""中国革命的摇篮",是享誉天下的革命名山。近年来有人认为,1928 年之前,没有"井冈山"这个名称,是红军到这里之后才有了"井冈山"。也有人认为,在 1928 年 11 月毛泽东给中共中央的报告《井冈山的斗争》中,"井冈山"三个字才首次在党的文献中出现。还有人说,毛泽东是个语言高手,对地名特别注意,所以是毛泽东选择了"井冈山"这个地名。[①]

事实真是如此吗? 我们先要从井冈山名称的来源说起。

井冈山坐落于江西省的西南部,是湘赣边界罗霄山脉中段万洋山的一个支脉。井冈山来源于"井冈",而"井冈"又来源于"井"。所谓"井",是古人见高山耸峙下散布着的山间小盆地,像一口口水井,因而以"井"给盆地中的村庄命名,"大小五井"因此得名。井冈山的主峰五指峰下原有个山村[②],坐落在从大小五井流下来的"井江"边,被称为"井江山",依客家语音,"井江山"后来演变成"井冈山",成为当地百姓对以五指峰为主峰的周边群山的习惯叫法。

既然井冈山来源于当地老百姓的习惯叫法,又和明末清初迁入的客家

---

① 张港:《1928 年前没有"井冈山"之名》,《文史博览》2010 年第 12 期,第 34—35 页;张港:《1928 年前没有"井冈山"之名》,《老同志之友》2014 年第 18 期,第 40 页。

② 该山村叫"井冈山村",20 世纪 60 年代修建石市口水电站时被淹没。

流民密切相关，那么，在理论上，井冈山这一名称，就有可能被载入明末清初以来的地方文献中。前文 1928 年底之说，时间似乎太晚，不合情理。然而，明末清初以来的地方志、族谱、地契、个人文集、其他文书等地方文献汗牛充栋，不可胜数，无法尽览。因此，井冈山何时被文献首次提及这个问题似乎较难解决。但通过查阅党的历史文献，井冈山何时开始被党的文献提及这个问题，却不难回答。

1927 年 10 月 21 日，中共江西省委向长江局汇报赣西方面的情况时提到，"井冈、蜈蚣两山的武装接洽未妥……，莲花、永新农民曾数次自动暴动起来，井冈、蜈蚣两山的武装约千枝"[①]。11 月 30 日，中共江西省委在致中央的信中又提到，"西南在八、九月间农军曾数次占据宁冈县城，终因政府军队压迫乃遭居井冈、蜈蚣二山"[②]。从这 2 篇文献 3 次提到"井冈、蜈蚣"两山[③]，以及上下文的语气可以推断，民间早有"井冈山"的说法，只是这个时候，党的文献中尚未完整提及。

有意思的是，在 11 月 30 日的另一份党的文献，即《中共江西省委通告（第十号）——目前的形势与江西工农运动的发展情形》中，首次提及了"井冈山"。通告中说："江西工农民众在这种军阀混战，国民党纷争，豪绅资产阶级统治不能稳定的局面之下，已充分地表现他们革命的力量。只要看最近赣西井冈山、蜈蚣山的农军及该县的农民已占领宁冈、莲花县城，吉安的农军亦已发动，会合万安农军，进攻永新、安福，形成一大的割据局面。"[④]尽管后一语句稍有不通，但"井冈山"3 个字完整出现了，且语意明确。这应该是党的文献中，首次出现"井冈山"。

此后，井冈山在党的文献中多次出现。1928 年 4 月，中共江西省委在向中央报告全省农民自发斗争的继续进展情况时说，赣西一带的工农军分为毛泽东部、袁文才部、王佐部三部分，"毛部在万安失利后，即有计划地退出遂川，会合袁王两部进攻泰和"，不想"计未得逞，乃作上井冈山之计"；"三部农军集中井冈山时"，反动军队"拼命地包围井冈山进剿"；"毛泽东等

① 《中共江西省委给长江局的报告——对省委南迁问题的意见，"七三一"事变后各地工作情形，干部和经费等问题》，中央档案馆、江西省档案馆编：《江西革命历史文件汇集（1927—1928）》甲，1986 年印，第 53 页。

② 《中共江西省委致中央信——目前军阀混战下江西工作的情形与最近的策略》，中央档案馆、江西省档案馆编：《江西革命历史文件汇集（1927—1928）》甲，1986 年印，第 75 页。

③ 蜈蚣山，现称武功山，属罗霄山脉北段，位于江西莲花、安福、宜春、萍乡等县市交界处。

④ 《中共江西省委通告（第十号）——目前的形势与江西工农运动的发展情形》，中央档案馆、江西省档案馆编：《江西革命历史文件汇集（1927—1928）》甲，1986 年印，第 81 页。

向反动军队宣言,我们工农军预备在井冈山坐守两个月,看你怎样"。[①] 7
月,万安暴动的主要组织者之一张世熙,应邀向共产国际执委会做"万安工
农斗争及 1927 年 10 月至 1928 年 3 月大暴动经过情形"的报告。报告中说
到,万安暴动成功后,得到了邻近友军的支持,其中"王佐(井冈山匪首,已
受毛泽东改编)、袁文才(宁冈工农革命军,亦受毛泽东指挥)向永新发动游
击战争,以夺取永新县城为目的,以威胁吉安"。[②] 7 月以后,杜修经在向中
共湖南省委的报告中说,红四军"在边界秋收时被敌军压迫退守井冈山",
遂川"县委设井冈山",酃县"县委退井冈山"。[③] 11 月,毛泽东代表红四军前
委撰写了给中央的报告——《井冈山的斗争》。12 月,湘赣边界工农兵政府
颁布《井冈山土地法》。

不难发现,随着井冈山不断被党的文献所提及,它所包含的地理范围
有不断扩大的趋势。从最初的以五指峰为主峰的周边群山,到罗霄山脉中
段,再到后来几乎成了井冈山革命根据地的简称,其范围不仅包括山上,还
包括山下,即包括江西的宁冈、永新、遂川、莲花,湖南的酃县、茶陵等广大
区域。当然,其具体所指,还要根据上下文的意思来确定。

二、1927 年底党的文献首次提及"井冈山"的原因

井冈山的习惯叫法民间早已有之,为何直到 1927 年底才为党的文献
所提及,并在这一时期的党的历史文献中频繁出现呢? 细细考察,主要有
以下几个原因。

其一,中国共产党创立之初的几年中,组织扩张不快,发展速度有限,
湘赣边界各县连党组织都没有建立,井冈山并没有引起党的注意。

1921 年创立的中国共产党,到 1925 年初,党员总数尚不到千人,1926
年 7 月北伐战争发动时不过 1.3 万余人,其中,超过 1/3 的党员来自广东区

---

① 《中共江西省委给中央的综合报告》,中央档案馆、江西省档案馆编:《江西革命历史文件汇
集(1927—1928)》甲,1986 年印,第 211 页。

② 《张世熙:万安工农斗争及 1927 年 10 月至 1928 年 3 月大暴动经过情形》,中央档案馆、江
西省档案馆编:《江西革命历史文件汇集(1927—1928)》甲,1986 年印,第 281 页。

③ 《杜修经向中共湖南省委的报告——朱毛军队、湘赣边界及湖南情形》,井冈山革命根据地
党史资料征集编研协作小组、井冈山革命博物馆编:《井冈山革命根据地》(上),中共党史资料出版
社 1987 年版,第 165 页。

委。① 具体到湘赣两省,地方党组织发展极不平衡。湖南省党组织虽然建立较早,1921 年 10 月就成立了中共湖南支部,次年 5 月就组建了中共湘区执行委员会,但早期主要集中在长沙、株洲、衡阳、岳阳、常德等地区进行拓展。江西地方党组织也建立较早,1922 年 2 月,江西就建立了中共安源路矿支部,次年升格为安源地委,但其影响在江西境内仅及萍乡城乡。之后的发展一直较为迟缓,到 1924 年 5 月,江西才建立第二个党组织——中共南昌支部,1926 年 4 月升格为中共江西地委,1927 年 1 月进一步升为中共江西区委。

可见,虽然湘赣两省党组织建立较早,但无论是发展较快的湖南,还是发展相对迟缓的江西,到北伐战争前,党组织都没有拓展到井冈山周边各县。在北伐战争发动前,没有中共地方党组织的井冈山地区,自然不引人注意。

其二,中国共产党创立初期,其工作重心还是在城市和县城等"城、市"中心地带。国共合作以后,虽然提出了"扶助农工"的政策,但一直到北伐战争发动前,党的主要精力还是放在城市的工人、学生、妇女等革命群众运动上。这些地方人口集中、资源种类多、社会影响大,便于组织扩张和夺取政权。例如,1922 年春到 1923 年夏的湖南,党的主要任务就是在长沙、衡阳、安源、水口山、平江、岳阳等地的学校、铁路、工矿和手工业中建立党支部。② 这种情形决定了地处湘赣边界的井冈山难进入党的视界。

1927 年 4 月的一份统计显示,全国 57967 名党员中,农民只占 18.7%,其他党员,如工人、知识分子、军人、中小商人等③几乎都生活在城镇以上的区域中心。中共自创立至 1927 年,领导了超过 30 万人参与、大小罢工 100余次的第一个工人运动高潮(1922 年 1 月—1923 年 2 月);指导学生在全国各地掀起了第二次非基督教运动(1924 年),参加废除不平等条约运动和国民会议运动;发起了遍及全国 25 个省区、约有 1700 万人直接参加的五卅运

---

① 中共早期全国党员数量概况如下:1921 年中共创立时有 50 多人;1922 年党的二大召开时有 195 人;1923 年党的三大召开时有 420 人;1925 年 1 月党的四大召开时有 994 人;9 月有 3164 人;1926 年 2 月有 8000 人;9 月有 13281 人(校正数);1927 年 5 月有 57967 人。1926 年 4 月,广东区委(包括广东、广西、福建及南洋地区)的中共党员为 3700 人,6 月有 4558 人,9 月有 5093 人。中共中央组织部等编:《中国共产党组织史资料(1921—1949)》,中共党史出版社 2000 年版,第 39 页;中共中央党史研究室:《中国共产党历史 第一卷(1921—1949)》上册,中共党史出版社 2011 年第 2 版,第 188 页;中共广东省委党史研究室:《中国共产党广东地方史》,广东人民出版社 1999 年版,第 178 页。

② 中共中央组织部等编:《中国共产党组织史资料(1921—1927)》第 1 卷,中共党史出版社 2000 年版,第 379 页。

③ 中共中央组织部等编:《中国共产党组织史资料(1921—1927)》第 1 卷,中共党史出版社 2000 年版,第 11 页。

动(1925年),以及坚持斗争16个月之久的省港大罢工(1925年6月—1926年10月);等等。这些都佐证了党早期的工作专注于城市的事实。

相对城市的革命群众运动来说,当时的农民运动显得较为落寞。北伐战争前,农民运动主要还徘徊在决议和培训农运干部阶段,且集中在浙江萧山、广东海陆丰、湖南衡山等少数"点"上。北伐战争发动以后,党对农民在中国革命中重要地位的认识逐步深化,已认识到"农民问题乃是国民革命的中心问题,农民不起来参加并拥护国民革命,国民革命不会成功"[①],但将理论转化为行动,付诸实践,尚需要一定的时间和历史契机。另外,这一时期正是国共合作时期,党的主要任务和精力集中在协助国民党打倒军阀、推翻帝国主义等国民革命的宏伟目标上。在这种情况下,湘赣边界的井冈山既不占有地利,又无其他资源优势,难以为党所瞩目。

其三,北伐战争发动以后,为动员人民支持北伐战争,中共党、团员按照上级部署,纷纷回乡发展组织,湘赣边界的井冈山开始与中国共产党有了交集。

1926年下半年,井冈山脚下的永新、万安、莲花、宁冈、遂川、茶陵、酃县等湘赣边界各县先后创建党组织。随着国民革命军挺进湘赣两省,边界各县党组织快速发展。其中,7月建立的中共永新支部有6人,1927年春发展到20余人;同月建立的中共万安支部有5人,年底发展到30余人;9月建立的中共莲花小组有8人,1927年春发展到15人;11月成立的中共宁冈支部有3人,次年春发展到30余人;12月建立的中共遂川特别支部,1927年春发展到近100人。[②]

在地方党组织的领导下,各县接着成立了县共青团、工会、农民协会、妇女协会或妇女解放协会、学生联合会等群众团体,一些团体还建立了区、乡基层组织。其中,茶陵、酃县、莲花、永新、宁冈、万安等县农民协会会员均在2万人以上,多的有5万余人;茶陵、酃县、永新、宁冈建立了农民自卫军。[③]1926年10月,中共党员龙超清和袁文才领导宁冈全县人民发动武装暴动,推翻了北洋军阀县政权,建立了宁冈县人民委员会。[④]就这样,在党组织和各种革命群众社团组织运动下,以支援北伐战争、打击土豪劣绅、打倒

①　《国民革命与农民运动——〈农民问题丛刊〉序》,《毛泽东文集》第1卷,人民出版社1993年版,第37页。

②　中共江西省委组织部等编:《中国共产党江西省组织史资料(1922—1987)》第1卷,中共党史出版社1999年版,第20—23、37—41页。

③　中共中央组织部等编:《中国共产党组织史资料(1921—1927)》第1卷,中共党史出版社2000年版,第417、426、482—483页。

④　中共宁冈县委党史工作办公室编:《宁冈苏区志》,1993年印,第3页。

军阀、夺取政权为主要目的革命运动在湘赣边界各县如火如荼地开展起来。

其四，大革命失败后，中共所处的历史逆境和紧急政策走向使得井冈山的地位渐渐突显出来，井冈山地区已有的斗争基础和自然地理等条件，使其成为中共发展史上一个重要的里程碑。

第一次国共合作失败以后，处于弱势的中国共产党，被迫走上了武装反抗国民党统治的道路。党的八七会议，确定了土地革命和武装斗争的总方针。与此同时，中共中央决定在工农运动基础较好的湘、鄂、粤、赣四省发动秋收起义。无论是土地革命还是武装起义，都离不开农民的支持。农民，尤其是贫雇农都是开展革命斗争的主力军。这意味着中共斗争的重心将转向农村，预示着中共秋收起义失利后将转向敌人统治力量薄弱的山区寻求生存。湘、鄂、粤、赣四省的相交地带正是罗霄山脉，处于罗霄山脉中段的井冈山地区，为中共的崛起提供了不可多得的落脚点。

大革命失败后，在地方党组织的领导下，井冈山周边的永新、遂川、茶陵、安福、宁冈、莲花等县先后举行了武装起义，攻克了遂川、永新等县城。此后，在敌强我弱的情势下，安福、莲花农军在王新亚的率领下往萍乡、醴陵一带游击；袁文才、王佐等率宁冈、遂川、永新农军退守宁冈的茅坪、大陇和遂川的"大小五井"一带坚持斗争；陈韶等带领茶陵的部分共产党员和农运骨干转入山区，开展游击斗争。[1] 正是因为井冈山有党的良好斗争基础、远离敌人统治中心（敌人统治力量相对薄弱）、易守难攻、回旋余地大、较好的给养能力等优势条件，才吸引和接纳了失败的秋收起义部队，成为秋收起义余部的"港湾"和不久之后东山再起的"摇篮"。不可忽视的是，袁文才、王佐两支井冈山"土著"部队，在秋收起义余部到来之时，不仅出色地履行了"地主"之谊，而且接受了毛泽东的领导。[2] 这是井冈山革命根据地得以建立的关键一环，也是农村包围城市道路得以开辟不可缺少的一环。

---

① 最典型的事件，就是 1927 年 7 月 18 日，在宁冈县党组织策动领导下，宁冈农军首领袁文才、王佐联合安福、永新、莲花 3 县农军，攻占永新县城，解救了贺敏学等在"四·一二"后被囚禁的赣西大批共产党员和革命群众。中共江西省委党史资料征集委员会编：《中国共产党江西历史大事记》，新华出版社 1999 年版，第 44 页；《井冈山革命根据地概述》，井冈山革命根据地党史资料征集编研协作小组、井冈山革命博物馆编：《井冈山革命根据地》（上），中共党史资料出版社 1987 年版，第 1—2 页。

② 1927 年 10 月，毛泽东先后和袁文才、王佐会见；毛各送给袁、王一些枪支，袁以银圆回赠，王则回赠稻谷，袁同意工农革命军在茅坪设立留守处和医院，妥善安置了伤病员。此后，毛泽东派游雪程、徐彦刚、陈伯钧到袁部，派何长工到王部整训。不久，袁、王部升编为工农革命军第一军第一师第二团，袁、王分任正副团长。《整训袁文才部队》《改造王佐部队》，《毛委员在井冈山》，江西人民出版社 1977 年版，第 33—36、42—52 页；陈伯钧：《毛主席率领我们上井冈山》，何长工：《跟毛主席上井冈山》，罗荣桓、谭震林等著：《回忆井冈山斗争时期》，江西人民出版社 1983 年第 2 版，第 37、54—55 页。

三、北伐、党组织发展与井冈山革命的兴起

回顾井冈山革命斗争史，我们不难发现，北伐战争发动以后，中共湘赣边界各县地方组织才得以建立，并迅速发展起来。在地方党组织的领导下，当地的工人运动、农民运动、青年运动、妇女运动等革命群众运动才如火如荼地开展起来。大革命失败以后，先是王新亚、袁文才、王佐等率领的当地农民自卫军，后是毛泽东率领的秋收起义余部，以及经过多次改编形成的工农革命军第四军先后攻打或攻占了莲花、茶陵、遂川、万安、宁冈、酃县、汝城、永新等湘赣边界各县县城，有的县城被多次占领。1928 年，井冈山军民先后粉碎了江西军阀的 4 次军事"进剿"和湘赣军阀的 2 次"会剿"，不仅震动湘赣两省，而且声动全国。在这种情况下，中共湘赣两省的各级地方组织在向上级机关报告时，自然时时提及井冈山，而湘赣边界的"匪患"则成为国内媒体争相报道的热点。井冈山在这一时期被载入党的历史文献，不可避免，理所当然。

第二节　井冈山的红色科技事业

中国共产党领导下的科技事业①创建于何时？关于这个问题，在科技思想方面，已有的研究大都从中国共产党成立前后共产党人的科技观讲起；在科技实践方面，学界大都追溯到延安时期和中央苏区时期。②众所周知，井冈山革命根据地是中国共产党创建的第一块农村革命根据地。中国共产党领导下的科技事业，为什么不是系统地初创于井冈山时期呢？判定中国共产党科技事业系统创建的主要依据是什么？对于以上问题，目前学界的研究并未予以明确回答。

---

①　科技是指自然科学和工程技术的发展，以及其成果在生产实践中的应用。中国共产党领导的科技事业，包括科技思想和政策、科研机构、科技应用、科研成果、科技队伍、科技教育、科技传播、科技社团等。

②　龚育之：《中国共产党的科学政策的历史发展（建国以前的部分）》，《自然辩证法通讯》1980年第 6 期；武衡：《延安时代科技史》，中国学术出版社 1988 年版；齐卫平：《延安时期党领导的自然科学事业概述》，《党史研究与教学》1997 年第 2 期；曾敏：《中国共产党科技思想研究》，四川出版集团 2005 年版；王海军：《延安时期中国化马克思主义科技思想及其实践探析》，《马克思主义研究》2009 年第 6 期；邱若宏：《中国共产党科技思想与实践研究——从建党时期到新中国成立》，人民出版社 2012 年版；万立明：《民主革命时期中国共产党领导的科技事业研究》，九州出版社 2015 年版。

长期以来,关于井冈山革命根据地的研究,学界大都集中在井冈山的军事斗争、武装割据和土地革命,以及政权、经济、文化建设等方面。尽管井冈山革命根据地的铸币、邮政和通信、医疗、军需工业、教育等史实,有的有较为详细的梳理,有的只简略提及,但是现有的研究基本上是从经济史、后勤史、中共党史等角度进行书写①,至今仍无专文从科技史的角度进行考察。基于此,带着前述问题,笔者在查阅当年革命文献、亲历者回忆、地方文献和其他资料的基础上,尝试从科技史的角度,梳理井冈山时期中国共产党对科技事业的系统初创概况,以丰富和完善我们对中国共产党科技事业创建史这一问题的认识。

一、井冈山武装割据的困境和科技应对思想与政策

井冈山革命根据地,是中国共产党创建的第一块农村革命根据地,位于湘赣边界的罗霄山脉中段。它的创建,是一项全新的事业,没有前例可循;当时部队又是在大革命失败和湘赣边秋收起义受挫的背景下被"逼上梁山"的,不仅党内有非议,跟随上山的人中,也有部分抱有"红旗到底打得多久"的疑问。此外,井冈山的武装割据遭受到国民党当局的猛烈进攻,仅在 1927 年 10 月—1929 年 1 月不到一年半的时间内,就先后遭受赣敌的 4次"进剿"和湘赣敌军的 3 次"会剿"。与此同时,国民党当局还对井冈山地区实行了严密的封锁政策,严禁各种物资进入红区。因此,在井冈山革命根据地实行工农武装割据的过程中,始终伴随着各种各样的困难和问题。

其一是经济困难。由于敌人的严密封锁,急需的物资进不来,当地的物产出不去,导致根据地内经济困窘。1928 年 10 月初,湘赣边界各县党第二次代表大会文献记载:"一年以来,边界苏维埃政权割据的地区,因为敌人的严密封锁,食盐、布匹、药材等日用必需品,无时不在十分缺乏和十分昂贵之中,因此引起工农小资产阶级群众及红军士兵群众生活的不安,有时真是到了极度。"②11 月,毛泽东给中央的报告称,"红区白区对抗,成为两个敌国。因为敌人的严密封锁和我们对小资产阶级的处理失当这两个原因,两区几乎完全断绝贸易,食盐、布匹、药材等项日常必需品的缺乏和昂

---

① 许毅:《中央革命根据地财政经济史长编》,人民出版社 1982 年版,上册第 494—496、下册第234—235 页;余伯流、夏道汉:《井冈山革命根据地研究》,江西人民出版社 1987 年版,第 242—246、255—265 页;唐小平、欧阳月明:《井冈山时期的后勤保障体系及其经验启示》,《党史文苑》(学术版)2007 年第12 期;牛保良:《井冈山斗争时期的红军后勤保障工作》,《中国井冈山干部学院学报》2015 年第 1 期。
② 《湘赣边界各县党第二次代表大会决议案》,井冈山革命根据地党史资料征集编研协作小组、井冈山革命博物馆编:《井冈山革命根据地》(上),中共党史资料出版社 1987 年版,第 185—186 页。

贵,木材、茶油等农产品不能输出,农民断绝进款,影响及于一般人民";"因割据已久,'围剿'军多,经济问题,特别是现金问题,十分困难"。①

与此同时,在敌军的严密封锁下,根据地内物产无法满足日益壮大的军队需求。最初,湘赣边秋收起义余部上井冈山的时候,只有 700 余人。1928 年 4 月底,毛泽东率领的秋收起义部队与朱德、陈毅率领的南昌起义和湘南起义部分队伍会师后,井冈山的红军加上家属激增到 1 万余人。历经"八月失败",到 11 月份,红四军总人数大约为 5000 人。而井冈山的军事核心地带即井冈山军事根据地,"人口不满两千,产谷不满万担",根本无法满足几千人的常规军队的粮食需求,红军的军粮"全靠宁冈、永新、遂川三县输送";除粮食外,红军"每天每人只有五分大洋的油盐柴菜钱,还是难乎为继。仅仅发油盐柴菜钱,每月也需洋万元以上,全靠打土豪供给。现在全军五千人的冬衣,有了棉花,还缺少布。这样冷了,许多士兵还是穿两层单衣"。② 1929 年 2 月,刚刚卸任的湘赣边特委书记杨克敏记述道:"红军中的生活与经济是非常之艰难的……经济的来源全靠去打土豪,附近各县如宁冈、永新、茶陵、酃县、遂川土豪都打尽了",部队不仅废除了薪饷,而且"最近几个月来,不讲零用钱不发,草鞋费也没有发,伙食费也减少了。……所以最近以来,士兵生活特别的苦(无论士兵官长及地方工作的也是一样)"。③

其二是军队和军事问题。如兵员补充不易,"兵的增加和枪的增加仍不相称,枪不容易损失,兵有伤、亡、病、逃,损失甚易","因天天在战斗,伤亡又大,游民分子却有战斗力,能找到游民补充已属不易";另外,"党代表伤亡太多",短时难以补充。如红军军事技术太差,"普通的兵要训练半年一年才能打仗,我们的兵,昨天入伍今天就要打仗,简直无所谓训练。军事技术太差,作战只靠勇敢"。如武器和弹药缺乏,"各县赤卫队的枪支还是很不够,不如豪绅的枪多"。④ 1929 年 8 月,邓乾元记述,红军及赤卫队"第一困难是子弹,子弹是常常要消耗的,但是消耗没有接济的来源"⑤。军队

---

① 《井冈山的斗争》,中共中央文献编辑委员会:《毛泽东选集》第 1 卷,人民出版社 1991 年版,第 70—71、79 页。

② 《井冈山的斗争》,中共中央文献编辑委员会:《毛泽东选集》第 1 卷,人民出版社 1991 年版,第 68、65 页。

③ 《杨克敏关于湘赣边苏区情况的综合报告》,井冈山革命根据地党史资料征集编研协作小组、井冈山革命博物馆编:《井冈山革命根据地》(上),中共党史资料出版社 1987 年版,第 265 页。

④ 《井冈山的斗争》,中共中央文献编辑委员会:《毛泽东选集》第 1 卷,人民出版社 1991 年版,第 63、64、66 页。

⑤ 《邓乾元关于湘赣边界五月至八月工作对中央报告》,井冈山革命根据地党史资料征集编研协作小组、井冈山革命博物馆编:《井冈山革命根据地》(上),中共党史资料出版社 1987 年版,第 342 页。

和军事问题并没有随着红军的发展壮大、根据地的扩张而消失，而是如影随形般或隐或显地存在。同年6月，毛泽东在《给林彪的信》中，一口气列举了红四军中存在的14个问题和思想分歧。① 这说明红军面临的各种问题不仅数量多，有的甚至相当严重。

其三是伤员的医疗问题。1928年上半年，在粉碎赣敌的2次"进剿"中，红四军的"伤兵增至500"②。此后，由于又粉碎了赣敌的2次"进剿"和湘赣敌军的2次"会剿"，每"作战一次，就有一批伤兵"；加上"营养不足、受冻和其他原因，官兵病的很多"，"医生药品均缺"，伤员持续增加，到1928年11月，红军"医院中共有八百多人"。③ 此时红四军的总人数，只有5000人。以此计算，伤员数超过总数的16%。1929年2月，杨克敏在给中央的报告中记述，红军伤病员多、医生少、医术差、药少，伤病员待遇差，"的确不足以鼓励来者"④。显然，这种情况若不加以改善，将严重影响到部队的战斗力和作战士气。

此外，还有党组织问题、政权问题、土地问题、地方主义问题、土客籍问题、投机分子的反水问题等。

为破除困境，化解难题，中共中央、湖南省委、井冈山的党和红军提出了包括发展科技在内的许多办法，采取了系列举措加以应对。其中，有关重视科技、利用科技、涉及科技的办法和政策有如下内容。

医疗方面。1928年2月，毛泽东在工农革命军攻克宁冈新城后，宣布了医治白军伤病兵，优待俘虏的政策；6月，湖南省委指示湘赣边特委和红四军军委，"伤兵医院必须办理完善"⑤。

交通方面。1982年6月，中共中央给红四军前委的信中指出，湖南、江西省委"须各有一个专门的经常的交通处接受前委的交通，使省委与前委

---

① 《给林彪的信》，中共中央文献研究室编：《毛泽东文集》第1卷，人民出版社1993年版，第65页。

② 《中共湘赣边特委和红四军委给湖南省委的报告》，井冈山革命根据地党史资料征集编研协作小组、井冈山革命博物馆编：《井冈山革命根据地》（上），中共党史资料出版社1987年版，第150页。

③ 《井冈山的斗争》，中共中央文献编辑委员会：《毛泽东选集》第1卷，人民出版社1991年版，第65页。

④ 《杨克敏关于湘赣边苏区情况的综合报告》，井冈山革命根据地党史资料征集编研协作小组、井冈山革命博物馆编：《井冈山革命根据地》（上），中共党史资料出版社1987年版，第265—266页。

⑤ 《井冈山革命根据地大事记（1927.8—1930.2）》《湖南省委给湘赣边特委及四军军委信——关于发展红军开展地盘及红军的编制策略土地分配问题》，井冈山革命根据地党史资料征集编研协作小组、井冈山革命博物馆编：《井冈山革命根据地》（上），中共党史资料出版社1987年版，第533、140页。

的关系永不中断";同月,中共湖南省委指示湘赣边特委和红四军军委,"须与省委建立亲密交通联系,不经过莲花转"。① 年底,毛泽东在给中央的信中指出,"交通机关的建设极其紧要",并指定专人在萍乡、吉安分别负责建立井冈山与湖南、江西省委的交通机关;1929 年 1 月,滕代远在给湖南省委的报告中称,"关于交通及机关名称,均重新多多建立,以防止敌人的破坏"。②

1928 年 10 月初,湘赣边界各县党的第二次代表大会提出了军事工程技术和医疗技术的重要性,认为"第一,修筑完备的工事;第二,储备充足的粮食;第三,建设较好的医院"是巩固井冈山革命根据地的三件大事。③

11 月,毛泽东在《井冈山的斗争》中,多次提到军事技术④和医疗技术的重要性。关于军事技术,他认为对于士兵来说,"长时间的休息训练是不可能的,只有设法避开一些战斗,争取时间训练";训练下级军官的教导队,在"准备经常办下去"的同时,"希望中央和两省委多派连排长以上的军官来";"在不降低红军战斗力的条件之下,必须尽量帮助人民武装起来";"赤卫队的指挥官,由各县派人进红军所办的教导队受训后充当……我们红色地方武装的扩大,更是刻不容缓"。⑤ 关于医疗技术,毛泽东指出,"医院设在山上,用中西两法治疗",由于医生和药品奇缺,"仍祈中央和两省委送几个西医和一些碘片来";"对敌军的宣传,最有效的方法是释放俘虏和医治伤兵"。⑥

12 月,红四军召开第六次代表大会,通过了系列决议案。其中,关于军事技术,通过了"在大小五井建筑巩固工事""在根据地须建筑医院营舍及红军纪念堂""军事技术须加紧训练,对于下级干部的军事指挥更应注意,

① 《中共中央给前敌委员会的信——规定前委管辖范围》《中共湖南省委给湘赣边特委及四军军委的工作决议案——特委与军委均须与省委建立亲密交通联系》,江西省邮电管理局编:《华东战时交通通信史料汇编·中央苏区卷》,人民邮电出版社 1995 年版,第 40 页。

② 《前委书记毛泽东经江西省委转中央的信——关于交通及其他》《滕代远向湖南省委的报告——关于交通及机关名称》,江西省邮电管理局编:《华东战时交通通信史料汇编·中央苏区卷》,人民邮电出版社 1995 年版,第 44、45 页。

③ 《湘赣边界各县党第二次代表大会决议案》,井冈山革命根据地党史资料征集编研协作小组、井冈山革命博物馆编:《井冈山革命根据地》(上),中共党史资料出版社 1987 年版,第 186 页。

④ 军事技术是指建设武装力量和进行战争的物质基础与技术手段,包括各种武器装备及其研制、使用和维修保养技术,军事工程,军事系统工程;有时也专指操纵、使用武器装备的技能,如射击技术、驾驶技术、电子设备操作技术等。

⑤ 《井冈山的斗争》,中共中央文献编辑委员会:《毛泽东选集》第 1 卷,人民出版社 1991 年版,第 64、66—67、67 页。

⑥ 《井冈山的斗争》,中共中央文献编辑委员会:《毛泽东选集》第 1 卷,人民出版社 1991 年版,第 65、67 页。

方足健壮红军战斗力"等决议；关于军事人才，通过了"在军队组织中要特别健全侦察队、卫生队、担架队、辎重队、军需处诸种组织，并须训练专门人材"决议，并提出建立"军事政治学校"等提案。①

1929 年 2 月，杨克敏在给中央的报告中，提出了加强军事训练、请求中央解决医药和派遣医生等问题。关于军事技术训练，他说："关于干部的训练，曾经办了一个四军教导团队，现又办了一个红军学校，训练一班下级军事政治的干部人才，对俘虏的训练尤其要紧。"②关于医疗问题，杨说："中央能否解决一些，……希望能买点药送去，派同志中业［医］西医者数人前去工作。"③

二、井冈山革命根据地的科研机构、科技应用和科研成果

为破除困境，化解难题，在上述科技思想的指导下和科技政策的推动下，井冈山的党和红军创设了一些公共服务事业，包括红军医院、步云山庵兵工厂、塘边兵工厂、红四军军械处、红色邮政和通信网络、井冈山造币厂、桃寮被服厂、红军印刷厂，以及成立了湘赣边界防务委员会，等等。这些公共服务事业和公共机构，既是战时的生产单位或公共服务单位，也是战时简易的科研机构，在广泛应用科技的同时，兼具科技研究如科技攻关、技术改进、科技发明、科学管理等功能。可惜的是，这些公共服务事业和公共机构，在 1929 年 1 月红四军主力下山、湘赣敌军第三次"会剿"井冈山中，几乎全部被攻上山的敌军摧毁。尽管如此，在不长的时间内，在中国共产党的领导下，井冈山军民广泛地、大胆地进行了科技应用和科研创新，取得了系列科研成果。

第一，在医疗方面的应用、创新和成果。

一是采用"中西两法治疗"，内科由中医用中药医治，外科（创伤）由西医治疗。1928 年 11 月底，毛泽东在《井冈山的斗争》中对此已有明确记载。④

① 《红四军第六次代表大会决议案》，后勤学院学术部历史研究室、中国人民解放军档案馆编：《中国人民解放军后勤史资料选编·土地革命战争时期》第 2 册，金盾出版社 1993 年版，第 1—2 页。

② 《杨克敏关于湘赣边苏区情况的综合报告》，井冈山革命根据地党史资料征集编研协作小组、井冈山革命博物馆编：《井冈山革命根据地》（上），中共党史资料出版社 1987 年版，第 262 页。

③ 《杨克敏关于湘赣边苏区情况的综合报告》，井冈山革命根据地党史资料征集编研协作小组、井冈山革命博物馆编：《井冈山革命根据地》（上），中共党史资料出版社 1987 年版，第 279—280 页。

④ 《井冈山的斗争》，中共中央文献编辑委员会：《毛泽东选集》第 1 卷，人民出版社 1991 年版，第 65、67 页。

二是实行分组管理和分科治疗,体现了科学管理和专科治疗的专业素养。

1928 年 10 月,后方医院从茅坪搬到山上以后,为方便管理和分科治疗,当时医院设有四个管理小组:第一组和第二组设在大井,主要收治内科病人;第三组设在中井,第四组设在小井,主要收治外科病人。每组均有医务主任、医生和护理人员。[①] 曾经有过疗伤经历的江华回忆,中西医治疗是分开的,"在大井吃中药,西医在小井看外科"[②]。

三是建立了专门的药房药库。据地方文献记载,最早的茅坪医院,在"茶山源设立了药库"[③];1928 年 4 月,茶山源有 400 多担药材[④]。医院工作人员董青云记述,七溪岭战斗后,缴获了大批西药,"运到宁冈象山庵,堆满了两间房";曾志回忆,"大井有个中药铺"。[⑤] 1929 年 2 月底,杨克敏在给中央的报告中提到,医院设有"中药西药处"[⑥]。

四是就地取材、因陋就简,不但自制各种医疗用具,而且深入挖掘传统中医、中药的治疗价值。红军医务人员不仅用竹木自制镊子、脓盘、软膏刀、软膏盆和大小便器,用漂白布代替纱布、绷带,用枫树叶、大黄叶盖伤口,用钢锯锯骨,将杀猪刀作为离断刀,而且到山上采挖草药制成中药,并从群众中收集民间验方,用草药和土法进行治疗。如用青蒿草治疟疾、老茶叶水消毒、细辛止痛、接骨连接骨,换药用硼酸、升汞、双氧水、铁氯酒、盐水等,"化脓的很少";内科多用中药治(健胃用大黄),"治疗效果也不错"。[⑦]

对于医院的医疗情况、医疗技术和医疗创新,当年的革命亲历者刘荣

---

① 董青云:《在井冈山红军医院里》,星火燎原编辑部编:《星火燎原·井冈山斗争专辑》,解放军出版社 1986 年版,第 242 页;中共井冈山地委宣传部主编:《革命摇篮——井冈山》,江西人民出版社 1977 年版,第 27 页。

② 江华:《回忆井冈山斗争时期》,罗荣桓、谭震林等著:《回忆井冈山斗争时期》,江西人民出版社 1983 年第 2 版,第 396—397 页。

③ 中共井冈山地委宣传部主编:《革命摇篮——井冈山》,江西人民出版社 1977 年版,第 52 页。

④ 《访问赖章达记录》,转引自余伯流、夏道汉:《井冈山革命根据地研究》,江西人民出版社 1987 年版,第 258 页。

⑤ 董青云:《在井冈山红军医院里》,曾志:《蔡协民烈士和红军生活》,星火燎原编辑部编:《星火燎原·井冈山斗争专辑》,解放军出版社 1986 年版,第 243、358 页。

⑥ 《杨克敏关于湘赣边苏区情况的综合报告》,井冈山革命根据地党史资料征集研协作小组、井冈山革命博物馆编:《井冈山革命根据地》(上),中共党史资料出版社 1987 年版,第 266 页。

⑦ 《井冈山时期红军卫生救治工作的情况》,后勤学院学术部历史研究室、中国人民解放军档案馆编:《中国人民解放军后勤史资料选编·土地革命战争时期》第 2 册,金盾出版社 1993 年版,第 735 页;中共井冈山地委宣传部主编:《革命摇篮——井冈山》,江西人民出版社 1977 年版,第 27—28、52 页。

辉、吴树隆、彭儒、张令彬、王云霖、王耀南等都有较为详细的回忆。①

第二,在军械、弹药修理和制造上的科技应用、创新和成果。

在红军先后兴办的两个兵工厂,以及红四军军械处里,工人们既能修理枪炮,也能制造梭镖、大刀、枪弹和手榴弹。曾经担任军械处处长的谭冠三回忆,最初的步云山庵兵工厂,"只是修理一些简单的兵械而已"②;当地的访问记录也显示,兵工厂"主要修理枪枝"③。1928年五六月间的塘边兵工厂,有"两座火炉,制造来火枪(鸟枪)、短枪,共制造来火枪十六枝,短枪七枝,还修理了不少枪枝"④。红四军军械处的设备,除普通铁匠铺具有的一些工具外,主要是从湘南缴获来的一具老虎钳和一台老式刨床;1928年12月,又缴获了挨户团一处兵工厂的全套设备,这时可以生产五响枪和"马尾手榴弹"。⑤罗东祥对军械处的设备和技术也有回忆,他说:"主要是修理枪枝和造单响枪为主,但也打一些梭镖和大刀。军械处里的工具有风箱、火炉、铲子、铁锤,还有一架专门用来车枪筒的钻机。"⑥

第三,在邮政和通信方面的科技应用及创新。

一是发行了首套苏区邮票。1928年五六月间,新遂边陲特别区工农兵政府发行了面值1分和5枚的两种邮票(简称新遂票),这是第二次国内革命战争时期根据地的第一套邮票。同年11月,湘赣边区宁冈邮局还发行了面值1分的邮票(简称宁冈票)。⑦虽然这种说法遭受质疑,但井冈山革命根据地发行首套苏区邮票,既有物证,又有证人证言⑧,还有国家权威部

---

① 刘荣辉:《上井冈山前后》,吴树隆:《湘南暴动的前前后后》,彭儒:《井冈山上的艰苦生活》,张令彬:《几件难忘的旧事》,王云霖:《小井红军医院及其他》,星火燎原编辑部编:《星火燎原·井冈山斗争专辑》,解放军出版社1986年版,第10、102—103、156、224—225、254、264页。

② 谭冠三:《回忆毛主席在井冈山的伟大革命实践》,罗荣桓、谭震林等著:《回忆井冈山斗争时期》,江西人民出版社1983年版,第472页。

③ 访问黄英阶、张桂庭、刘桂生的记录,1970年7月27日。转引自许毅:《中央革命根据地财政经济史长编》上册,人民出版社1989年版,第496页。

④ 井冈山专区宣委文物资料调查队采访资料,1968年9月2日。转引自许毅:《中央革命根据地财政经济史长编》上册,人民出版社1989年版,第496页。

⑤ 吴学海主编:《中国人民解放军后勤史·土地革命战争时期》,金盾出版社1992年版,第25页。

⑥ 罗东祥:《在茨坪的党政机关及其他》,转引自余伯流、夏道汉:《井冈山革命根据地研究》,江西人民出版社1987年版,第244页。

⑦ 李虹:《我国首套区票发行时间揭秘》,《党史文苑》2011年第21期,第4—8页。

⑧ 曾任中华苏维埃共和国邮政总局局长和中国工农红军总信柜主任的赖绍尧记述道:"1928年初,湘赣边区工农政府便在地下交通的基础上建立了'赤色邮政',并发行了邮票。这是中国人民邮政的开始。"赖绍尧:《中央苏区邮政的历史概况》,中国人民政治协商会议江西省委员会文史资料研究委员会:《江西文史资料选辑》第6辑,1981年,第69页。

门的会检认证①。

二是秘密联络手段和信号被广泛采用。如,1928 年,莲花县委为了与井冈山联系便利,除指定两名专程的交通员外,另行设立了两路地下交通,其中,"紧要的特别信件俱用药水(青矾、五倍子)写";1930 年,井冈山革命根据地还出台了文件,专门规定了交通接头和保存文件应注意的种种方法,关于交通接头,如"秘密交通机关要设几个,并要指定灰色同志以负专责";关于保存文件,如"在严重时,写信要用秘密法! 如译定号码符号,以代字,或用药水写或寓意写法"。② 1929 年 1 月,敌军强攻上山,红五军冲下来时,"没有电台,全靠写药水信"③和红四军联系。

第四,在铸币方面的科技应用和创新。

井冈山造币厂吸收了当地"谢氏造币厂"④的传统铸造工艺,创新了制模技术,并为银圆打上了"工"字印记。造币的原料主要来自"打土豪"得来和战场上缴获的大量银器、首饰,即将银器、首饰等材料回炉熔化制成银饼,"再将银饼置入原型铜模内。以碓石冲压而成,由于操作笨重,每天只能生产六七十枚银洋"⑤。根据制模、铸造等技术上的难易程度,造币厂选择仿制墨西哥 1895 年和 1908 年两种花边为直式锯齿形和单麦穗形的比较简单的银圆版别,并在铸出后的银圆版面上加凿一个"工"字,表明是工农兵苏维埃政府发行流通的货币。⑥ 最初由于没有经验,造出的银圆不响,表面不光滑,后来经过反复试验,发现铜模比钢模好,又不断改进提炼和压模的技术,终于造出了质量较好的银圆。⑦ 而据范树德回忆,最后铸造银圆的

---

① 陈洪模、王小玲:《井冈山是我国首套区票的发行地吗? 与李虹同志商榷》,《党史文苑》2012 年第 7 期,第 52—56 页;李虹:《井冈山革命根据地(湘赣边区)是我国首套区票的发行地——对陈洪模、王小玲同志〈商榷〉一文的答疑》,《党史文苑》2012 年第 9 期,第 48—53 页。

② 《刘振鸿等关于莲花县赤色邮政的回忆》《少共永新、宁冈县委〈党务训练教材〉——关于交通接头与保存文件》,江西省邮电管理局编:《华东战时交通通信史料汇编·中央苏区卷》,人民邮电出版社 1995 年版,第 59、60、61 页。

③ 田长江:《在斗争中成长》,星火燎原编辑部编:《星火燎原·井冈山斗争专辑》,解放军出版社 1986 年版,第 408—409 页。

④ 20 世纪 20 年代,广东龙川县银匠谢荣珍、谢荣光兄弟,先后迁移到遂川五斗江、井冈山山区湘州的东坑村定居。他们利用自己造银器的一技之长,办起了造币厂,专造"花边"(银圆)。该厂曾为王佐的绿林队伍造过"花边",后为官府下令取缔和通缉。李春祥:《井冈山革命根据地红军造币厂》,《金融与经济》1986 年第 2 期,第 61—62 页。

⑤ 吴自权:《井冈山革命根据地的铸币》,《中国钱币》1986 年第 4 期,第 2 页。

⑥ 罗开华、罗贤福主编:《湘赣革命根据地货币史》,中国金融出版社 1992 年版,第 39 页。

⑦ 访问井冈山老人的记录。转引自许毅:《中央革命根据地财政经济史长编》下册,人民出版社1982 年版,第 331 页。

模子，既不是铜模，也不是钢模，而是"硬度很强"的锑模；造出的银圆凹凸不平，工艺水平不高。① 造币厂只存在了六个月，用了千把斤银料，做了万把块银圆。②

第五，在服装制造技术方面的应用和创新。

在桃寮被服厂，工人们不仅采用机器生产，而且具备了布匹染色技术。被服厂的缝纫机，是攻打遂川县城时获得的，"大概有六部缝纫机运上了井冈山"；曾志证实，"缝纫厂内有五六部机器"。③ 被服厂工人刘应龙回忆："做衣服的白布用灰靛染色，没有灰靛时就用茶籽壳、稻草灰的土办法着色。"④范树德记述："从遂川货栈运来的大部分白布染成灰、黑、蓝色，供被服厂使用。"⑤

第六，在印刷技术方面的应用和创新。

在红军印刷厂，负责人刘辉霄带领工人们摸索开动了石印机，发明了替代性油墨。1928 年 5 月，根据地的发展壮大急需印发各种文件和宣传品，但是从永新缴获的石印机没有人会使用。学生出身的宁冈县委宣传部部长刘辉霄和几个安源工人出身的战士，边摆弄边摸索，慢慢使唤动了机器。后来，刘辉霄又在炊事员的启发下，将洋油、烟灰、猪油等拌和在一起，经过多次试验发明了可使用的油墨。⑥ 1929 年 1 月，《红军第四军司令部布告》就是印刷厂印的。⑦

第七，在军事工程技术方面的应用。

---

① 范树德回忆："为了造好银圆，我们每到一个县城就去找首饰店，请首饰店里用锑制成一个造银圆的模子。这是硬度很强的模子……我们辎重队曾经将自制的五十块银圆包在一张纸里，但五十元钱怎么也卷不成一个筒筒。如果是'袁大头'，五十元钱卷起来不太难。原因是我们造的这种银圆凹凸不平，工艺水平不高。"范树德：《井冈山斗争时期的后勤工作》，星火燎原编辑部编：《星火燎原·井冈山斗争专辑》，解放军出版社 1986 年版，第 505 页。

② 罗开华、罗贤福主编：《湘赣革命根据地货币史》，中国金融出版社 1992 年版，第 40 页。

③ 范树德：《井冈山斗争时期的后勤工作》，曾志：《蔡协民烈士和红军生活》，星火燎原编辑部编：《星火燎原·井冈山斗争专辑》，解放军出版社 1986 年版，第 503、358 页。

④ 刘应龙：《回忆桃寮被服厂》，中国人民解放军总后勤部军需生产部党史资料征集领导小组：《军需生产回忆录(1927—1949)》，解放军出版社 1990 年版，第 4—5 页。

⑤ 董青云：《在井冈山红军医院里》，范树德：《井冈山斗争时期的后勤工作》，星火燎原编辑部编：《星火燎原·井冈山斗争专辑》，解放军出版社 1986 年版，第 246、503 页。

⑥ 永新县文化馆提供的访问资料，1977 年 1 月 20 日；刘先焜的回忆（江西省委党校提供的回忆材料）。转引自许毅：《中央革命根据地财政经济史长编》上册，人民出版社 1982 年版，第 495 页；余伯流、夏道汉：《井冈山革命根据地研究》，江西人民出版社 1987 年版，第 245 页。

⑦ 韩伟：《关于秋收起义和向井冈山进军等问题》，罗荣桓、谭震林等著：《回忆井冈山斗争时期》，江西人民出版社 1982 年版，第 443 页；永新县文化馆采集资料，1977 年 1 月 20 日，转引自许毅：《中央革命根据地财政经济史长编》上册，人民出版社 1982 年版，第 496 页。

　　湘赣边界防务委员会的重要职责之一,就是动员群众,修筑哨口工事。1928 年 11 月底,毛泽东在《井冈山的斗争》中记述,井冈山军事根据地,"山上要隘,都筑了工事";宁冈、永新、莲花、茶陵四县交界的九陇山军事根据地,"也筑了工事。在四周白色政权中间的红色割据,利用山险是必要的"。① 虽然说井冈山军民是利用传统的建筑技术在山险修筑工事,谈不上很高的科技含量,但是毕竟也属于军事工程技术的范围。

三、井冈山革命根据地的科技队伍、科技教育和科技传播

　　井冈山军民在广泛进行科技应用和创新的同时,不但凝聚了各领域的科技队伍,而且通过实践中的传习培养了后续的科技人才,传播了科学知识和技术。与此同时,井冈山军民还在根据地开办了教导队和红军大学,开创了集中学习模式以培养科技人才、进行科技传播的先河。

　　首先,凝聚和培养了科技队伍。表现在以下六个方面:

　　第一,医疗队伍茁壮成长。

　　茅坪后方医院时期,据张令彬回忆,"只有几个中医",卫生队长是何清南,党代表是赖传珠。② 而据地方文献资料,起初有 2 个中医、1 个西医,加上看护员和担架队共 20 多人。③ 医院搬到山上以后,医院扩大了,院部下设有看护训练班、担架排、药房和手术室等,医护队伍增加了很多人。刘荣辉记述,"湖南部队上山以后,带来了一些医务人员",小井医院的负责人是段执中,后来曾志担任了医院的党代表;据吴树隆回忆,小井医院的院长是原来二十八团的卫生队长段执中,还有几个护士,有一个医生叫李保山;据张令彬回忆,大井医院有个管理员叫张仰长,医生姓曾;据鄢辉和江华回忆,医院院长是曹嵘,党代表是肖光荣;据后来出任医院党总支书记的曾志回忆,是曹嵘任院长,有几个护士,还有管理人员,全院只有十几个党员。④

　　① 《井冈山的斗争》,中共中央文献编辑委员会:《毛泽东选集》第 1 卷,人民出版社 1991 年版,第 68 页。

　　② 张令彬:《几件难忘的旧事》,星火燎原编辑部编:《星火燎原·井冈山斗争专辑》,解放军出版社 1986 年版,第 224 页。

　　③ 中共井冈山地委宣传部主编:《革命摇篮——井冈山》,江西人民出版社 1977 年版,第 52 页。

　　④ 刘荣辉:《上井冈山前后》,吴树隆:《湘南暴动的前前后后》,张令彬:《几件难忘的旧事》,鄢辉:《在红三十一团》,江华:《回忆井冈山斗争时期》,曾志:《蔡协民烈士和红军生活》,星火燎原编辑部编:《星火燎原·井冈山斗争专辑》,解放军出版社 1986 年版,第 10、102—103、225、336、393、396、357 页。

刘、吴、张、鄢、江等人的回忆表明，医院的管理人员和医护人员至少有 10 人，而从曾志的回忆语气推测，医护人员当为党员的数倍。据董青云回忆，医院下分 4 个管理小组，每组有医务主任 1 人，医生 2 人，护理人员若干人，据此推算，医院医生至少有 12 人；另一工作人员王云霖回忆，医院分为 3 个所，每所有 1 个所长、1 个指导员、1 个司号员、1 个文书、1 个理发员、1 个炊事班、两三个医生、十来个护士，据此推算，医院的管理人员至少有 18 人、医生 10 人左右、护士四五十人。[①] 地方文献有一个确切的数目，说后来的红军医院"发展到十六名医生和四十几个护理人员"[②]。依据上述材料，不难推算，不包括管理人员，医院的医生和护理人员有六七十人。

医疗队伍的发展壮大与医疗实践中的传习是分不开的。据王云霖回忆，"当时医院有一个看护训练班，年纪轻的小鬼就送来受训学看护""受几天训就当看护""团有卫生队，营连没有卫生机构"，于是"抽调一些年轻的小鬼送卫生队训练，懂了碘酒什么的用法，分到了营里，营里才有了卫生员"；据吴树隆回忆，医院"当时有一个看护训练班"，"看护员都是新的，组织卫生员们上课学习技术"，1928 年后，部队的"卫生工作越来越好，抽调出些小鬼送卫生队训练，从此以后营部才能轮到一个，懂点碘酒什么用的就分配走了。1931 年连就有卫生员了"。[③]

第二，军械修理与制造队伍由少到多。

最早的步云山兵工厂，"起初有七八人，后来发展到十多人"；塘边兵工厂，"有七八个人"；茨坪的红四军军械处时期，"由湖南迁来二十多个工人在里面做"。[④] 1928 年底，红四军军械处工人增加到 30 多人。[⑤]

第三，红色邮政和通信网络队伍颇具规模。

由于赤色邮政的建立，以及交通站、递步哨和联合通信站的普遍设立，根据地有了一支庞大的通信队伍。限于资料，这个队伍的人数无法估量，能够

---

① 董青云：《在井冈山红军医院里》，王云霖：《小井红军医院及其他》，星火燎原编辑部编：《星火燎原·井冈山斗争专辑》，解放军出版社 1986 年版，第 242、254 页。

② 中共井冈山地委宣传部主编：《革命摇篮——井冈山》，江西人民出版社 1997 年版，第 52 页。

③ 《井冈山时期红军卫生救治工作的情况》《井冈山时期座谈会记录〉中有关部队医救工作部分(摘录)》，后勤学院学术部历史研究室、中国人民解放军档案馆编：《中国人民解放军后勤史资料选编·土地革命战争时期》第 2 册，金盾出版社 1992 年版，第 736—737、735、736、738、739 页。

④ 访问黄英阶、张桂庭、刘桂生的记录，1970 年 7 月 27 日；井冈山专区宣委文物资料调查队采访资料，1968 年 9 月 2 日；访问罗东祥的记录。转引自许毅《中央革命根据地财政经济史长编》上册，人民出版社 1982 年版，第 494、496 页。

⑤ 吴学海主编：《中国人民解放军后勤史·土地革命战争时期》，金盾出版社 1992 年版，第 25 页。

使用秘密通信技术的人员更是难以估计。根据地对这类人才还是非常重视、着意培养的。据曾志回忆，当时井冈山上，"还有些小孩学吹号，有个号兵班，号兵班里有个九岁小孩，名叫杨绍良，在那里学吹号"[①]。利用约定的号子进行联络、互通信息，是部队间重要的通信方式之一。据马技茹回忆，南昌起义时，"没有无线电通信，主要是利用人工传递命令和司号、枪声进行联络"[②]。因此，井冈山的号兵班，是第二次国内革命战争时期根据地的第一个号兵班，应该培养了不少号兵。

第四，造币队伍从无到有。

为传承传统的铸币技术和经验，井冈山造币厂最初延请了谢火龙、谢亚秋、谢亚五等人当师傅，指导工人进行生产，后来工厂规模扩大，工人也增加了不少[③]；从开始的几个人，增加到十多个人[④]。

第五，缝纫队伍成长迅速。

桃寮被服厂的骨干，最初是"从部队中抽调了十余个会缝制衣服的红军战士，并从农村聘请了一批裁缝师傅"[⑤]组成的，朱毛会师后，有部分从"湖南来的妇女也都到被服厂里去工作"[⑥]。据范树德回忆，被服厂的手工活，是在当地召集一些妇女做的，"有时二三十人，有时五六十人。被召来的这些妇女就成为我们的临时成员"[⑦]。据工人刘应龙回忆，他负责的组"人最多，有13个人"，被服厂"起初三四十人，后发展到130多人"。[⑧] 可以看出，在被服厂成立后的半年左右，其生产人员，从最初的三四十人增长到百人以上。

第六，印刷队伍限于资料，具体人数不详。

其次，在凝聚和培养科技队伍的同时，井冈山军民还应现实需要在根据地尝试通过集中学习来培养军事人才的办学模式。

---

① 曾志：《蔡协民烈士和红军生活》，星火燎原编辑部编：《星火燎原·井冈山斗争专辑》，解放军出版社1986年版，第358页。

② 《马技茹介绍红军通信历史》，江西省邮电管理局邮电史编辑室编：《苏区邮电史料汇编》（下），第234页。

③ 李春祥：《井冈山革命根据地红军造币厂》，《金融与经济》1986年第2期，第61页。

④ 访问井冈山老人的记录，转引自许毅：《中央革命根据地财政经济史长编》下册，人民出版社1982年版，第331页。

⑤ 《井冈山的武装割据》（革命历史资料丛书之二），江西人民出版社1980年版，第302页。

⑥ 陈茂：《从湘南到井冈山》，罗荣桓、谭震林等著：《回忆井冈山斗争时期》，江西人民出版社1983年版，第565页。

⑦ 范树德：《井冈山斗争时期的后勤工作》，星火燎原编辑部编：《星火燎原·井冈山斗争专辑》，解放军出版社1986年版，第504页。

⑧ 刘应龙：《回忆桃寮被服厂》，中国人民解放军总后勤部军需生产部党史资料征集领导小组：《军需生产回忆录（1927—1949）》，解放军出版社1990年版，第4—5页。

1929 年 2 月,杨克敏关于湘赣边苏区情况的综合报告中对此有记述。他说:"关于干部的训练,曾经办了一个四军教导团队,现又办了一个红军学校,训练一班下级军事政治的干部人才";报告后面再次提及,"最近又办了一个红军学校"。[①] 其中,红四军军官教导队在 1927 年 12 月创办了位于宁冈砻市的龙江书院,当时称工农革命军军官教导队。[②] 1928 年秋,教导队迁到茨坪。教导队下设三个区队,区队长分别由陈伯钧、陈士榘和张令彬担任。[③] 教导队的主要任务是训练下级军官。参训人员都是从部队和地方武装中挑选出来的先进分子,第一期教导队只办了两个月,于 1928 年 2 月参加新城战斗时提前结束,培训学员 100 余人;1928 年 11 月,教导队的总人数为 150 人。[④] 训练的主要内容是政治和军事,政治课占 40%,军事课占 60%;其中,军事课主要是学习军事知识和技术(如战术指挥、十二字游击战术),以及军事操练等,如爬山、跑步、出操、练习枪法、野战。[⑤] 1929 年 1月,敌人发动第三次"会剿"时,教导队撤销了;其中,教导队的一队和二队变为红五军的特务队。[⑥] 红四军军官教导队,不仅"是红军的第一个教导队,也是我军最早的训练基层干部的机构"[⑦]。

至于红军学校概况,除杨克敏在报告中两次提及外,笔者并未发现加

---

① 《杨克敏关于湘赣边苏区情况的综合报告》,井冈山革命根据地党史资料征集编研协作小组、井冈山革命博物馆编:《井冈山革命根据地》(上),中共党史资料出版社 1987 年版,第 262、273 页。

② 范树德:《文家市会合之后》,星火燎原编辑部编:《星火燎原·井冈山斗争专辑》,解放军出版社 1986 年版,第 490 页。

③ 贺礼保回忆:"我原是二十八团一营的。1928 年 8 月从桂东回来,在遂川负伤,我们这些伤员被编入教导队。梁军与我编在一起,他是广西人,一脸麻子,担任教导队队长。"分别参见宋裕和:《井冈山上的红军军官教导队》,贺礼保:《井冈山的战斗生活片段》,张令彬:《几件难忘的旧事》,星火燎原编辑部编:《星火燎原·井冈山斗争专辑》,解放军出版社 1986 年版,第 144、214、223 页。

④ 中共宁冈县委党史工作办公室编:《宁冈苏区志》,1993 年印,第 204 页;《井冈山的斗争》,中共中央文献编辑委员会:《毛泽东选集》第 1 卷,人民出版社 1991 年版,第 64 页。

⑤ 宋裕和回忆:"在教导队学军事,搞军事训练。"龙开富回忆:"军事干部要到教导队受训,陈士榘、张令彬是教员,主要是训练班以上的干部和积极分子。"分别参见宋裕和:《井冈山上的红军军官教导队》,宋裕和:《毛主席留我们在山上》,龙开富:《在毛主席身边》,星火燎原编辑部编:《星火燎原·井冈山斗争专辑》,解放军出版社 1986 年版,第 145—146、169、325 页;张令彬:《毛委员创办红军教导队(摘录)》,后勤学院学术部历史研究室、中国人民解放军档案馆编:《中国人民解放军后勤史资料选编·土地革命时期》第 2 册,金盾出版社 1993 年版,第 492—493 页。

⑥ 宋裕和:《毛主席留我们在山上》,贺礼保:《井冈山的战斗生活片段》,星火燎原编辑部编:《星火燎原·井冈山斗争专辑》,解放军出版社 1986 年版,第 170、214 页。

⑦ 张令彬:《毛委员创办红军教导队(摘录)》,后勤学院学术部历史研究室、中国人民解放军档案馆编:《中国人民解放军后勤史资料选编·土地革命战争时期》第 2 册,金盾出版社 1992 年版,第 491 页。

以说明的一手材料。间接的材料也不多，如《井冈山革命根据地》附录材料"军队组织系统"关于 1928 年 12 月以后的红军第五军的记载：红军学校校长为彭德怀[①]；《彭德怀年谱》记载，1929 年"1 月上旬，兼任井冈山红军学校校长"[②]。另外，1929 年 10 月，《中国工农红军第五军的报告》记载，红五军除统辖五个纵队，军部还有红军随营学校等直属单位；其中，红军随营学校是"中央特令办的，现有学生 50 名，3 月为一期"[③]。该红军随营学校何时开办，不得而知。井冈山的红军学校，是否就是红五军的随营学校，还是彭德怀到井冈山后在红四军军官教导队余部基础上创办的学校？该问题值得挖掘史料做进一步探讨。不过，从 1928 年 12 月彭德怀、滕代远率领红五军四五纵队 800 余人抵达井冈山和红四军会合（1929 年 1 月，毛泽东、朱德等率红四军主力下山），次年 1 月底留守井冈山的红五军在强大敌军的进攻下不得不下山、井冈山失守等情况推断，红军学校在井冈山存在的时间不到两个月。

再次，井冈山的科技传播主要通过两条途径进行。一是在各个生产和服务单位，通过生产和服务实践传播科技知识和技术。如在医院、兵工厂、造币厂、服装厂等通过师傅带徒弟的形式传授科技。二是在教导队和红军大学中，通过集中教育的形式传授科技知识和技术。这两方面内容上文已有述及，此处不赘。

四、中国共产党领导下的科技事业系统初创于井冈山时期

中国共产党领导下的科技事业创建于何时？判定的主要依据是什么？对于这两个问题，目前学界似乎没有明确的答案。从学界已有的研究看，在科技思想方面，大都从中国共产党成立前后共产党人的科技观讲起；在科技实践方面，大都追溯到延安时期和中央苏区时期。其背后隐含的观点，即为中国共产党领导下的科技事业创建于中国共产党成立前后，因为这时期的共产党人已经拥有了自己的科技观（思想）；或者为创建于中央苏区时期，因为在中央苏区，中国共产党不仅有了比较系统的科技思想和政策，而且有了比较系统的科技实践。

① 《井冈山的斗争》，中共中央文献编辑委员会：《毛泽东选集》第 1 卷，人民出版社 1991 年版，第 485 页。

② 王焰主编：《彭德怀年谱》，人民出版社 1998 年版，第 35 页。

③ 《中国工农红军第五军的报告》，井冈山革命根据地党史资料征集编研协作小组、井冈山革命博物馆编：《井冈山革命根据地》（上），中共党史资料出版社 1987 年版，第 407 页。

笔者认为这两种观点都值得商榷。中国共产党领导下的科技事业创建的主要判定依据应该是科技实践，而不是科技观（思想）。科技观（思想）不能脱离科技实践单独作为科技事业创建的标志，但可以作为科技事业创建的历史背景；科技观（思想）及其直接指导下的科技实践，才是比较完美的科技事业创建标志。以此判断，第一种观点误将科技观（思想）等同于科技事业，而第二种观点忽视了在中央苏区之前，中国共产党领导井冈山军民系统初步地进行了科技实践的事实。

据本节的探讨，为破除井冈山武装割据的各种困境，中共中央、湖南省委、井冈山的党组织和红军采取了包括科技在内的许多办法和系列举措加以应对。在科技思想和政策方面，提出了利用相关科技医治伤病的白军、建立秘密交通网络、修筑完备的工事、建设较好的医院、提高红军官兵军事技术等思想和政策。在科研机构方面，井冈山的党组织和红军创设的红军医院、兵工厂和军械处、红色邮政和通信网络、造币厂、桃寮被服厂、印刷厂、湘赣边界防务委员会等公共服务事业和公共机构，既是战时的生产和服务单位，也是战时简易的科研机构，兼具科技研究如科技攻关、技术改进、科技发明、科学管理等功能。在科技应用和科研成果方面，上述战时生产和服务单位广泛地、大胆地进行了科技应用和创新，取得了系列科研成果。如在红军医院，采用"中西两法治疗"，实行分组管理和分科治疗，建立了专门的药房药库，自制各种医疗用具，深入挖掘传统中医中药的治疗价值。兵工厂和军械处能够修理枪炮，制造简易枪弹。在邮政和通信网络中，发行了首套苏区邮票、应用秘密或约定的联络手段和信号。造币厂铸造了"工"字银圆。被服厂不仅采用机器生产，而且掌握了布匹染色技术。印刷厂摸索发明了替代性油墨，采用石印机印刷。湘赣边界防务委员会动员群众修筑哨口军事工程。在科技队伍方面，不但凝聚了医疗、军工等各领域的科技队伍，并且通过实践中的传习培养了后续的科技人才。在科技教育方面，开办了教导队和红军大学，开创了集中学习模式以培养军事技术人才的先河。在科技传播方面，一是在各个生产和服务单位，通过生产和服务实践传播科技知识和技术；二是在教导队和红军大学中，通过集中教育的形式传授科技知识和技术。

当然，由于井冈山革命根据地存在时间较短（前后不过两年多时间，如果算到1929年1月为止，只有1年零4个月）、频繁紧张的战斗（敌军先后发动4次"进剿"、3次"会剿"）、敌军的严密封锁、自身的经济困难等多种原因，用后来者的眼光审视，井冈山革命根据地的科技事业自然存在种种不足。

其一，尽管井冈山时期不乏重视、利用科技的思想和政策条文，但据笔者目力所及，没有出台过任何一份专门的、完整的科技政策文件。

其二，没有创立科技社团，这方面还处于空白。

其三，井冈山斗争时期，本来有可能使用有线电话，建立有线电话队伍，但事实上没有建立。

其四，若以科技事业的某一方面来衡量，井冈山时期还处于初创阶段，有待完善。如科技传播方面，传播途径相对单一，主要是通过实践传授和集中教育的形式进行，没有通过组建宣传队、书写标语、创办报刊、编写书籍等多种形式展开广泛宣传；传播对象的范围相对狭窄，主要面向"体制内"的受众，在各个生产和服务单位、教导队和红军大学中进行，没有面对社会大众。

其五，若以某一项科技应用来衡量，井冈山时期并非事事最早。如同井冈山时期的 1929 年夏，李强和张沈川在上海组装了中国共产党领导下的第一架收报机；同年冬，组装了收发报机，在上海建立了第一座地下无线电台。[1] 比井冈山时期更早的 1925 年 2 月，在李大钊的领导下，陈乔年等在北京开办了昌华印刷厂，职工有 35 人，这是中国共产党建立的第一所秘密印刷机构。[2]

如果我们将中国共产党领导的科技事业，划分为科技思想和政策、科研机构、科技应用、科研成果、科技队伍、科技教育、科技传播、科技社团等 8 个方面内容的话，那么，在井冈山革命根据地时期，井冈山军民除没有成立科技社团外，在其他 7 个方面都已经开创了事业，其中许多科技政策、科研机构、科技应用、科研成果、科技队伍、科技教育、科技传播在中国共产党历史上都是首次，有了从无到有且实实在在的成绩。因此，从首创和系统性两个角度上说，笔者认为，中国共产党领导下的科技事业系统初创于井冈山革命根据地。

第三节　井冈山的历史转身

井冈山，位于江西省西南部，地处湘赣两省交界的罗霄山脉中段，她以上井、中井、下井、大井、小井和茨坪、白银、下庄等地为中心，四周有黄洋界、八

---

① 张沈川：《难忘的回忆——关于我党早期地下无线电通信的创建》，江西省邮电管理局邮电史编辑室编：《苏区邮电史料汇编》（下），第 136、138—139 页。

② 平雨：《中国共产党最早的印刷机构》，《出版参考》1997 年第 10 期，第 10 页。

面山、双马石、朱砂冲、桐木岭五大要口，即当年红军上井冈山以后所辖的五大哨口。在 1927 年以前，她只是中国千千万万山头中一个极不起眼的小山区；1927 年以后，中国共产党在此创建了第一个农村革命根据地，点燃了中国革命的星星之火，开辟了一条农村包围城市、武装夺取政权的道路。从此，她声名鹊起，成为普天皆知的中国红色革命的摇篮，并赢得了"天下第一山"的美誉。但是，在红军下山后的近 20 年中，井冈山的经济、社会和民生与传统社会相比并没有什么起色，甚至没有起码的独立行政建制。

中华人民共和国成立以后，在党中央、国务院的亲切关怀下，1950 年，井冈山特别区成立，驻茨坪，隶属吉安专区遂川县。这是井冈山独立行政建制的开始。1956 年，井冈山区撤并为乡，特别区改为井冈山乡，1958 年改为井冈山人民公社，并入 1957 年成立的江西省国营井冈山林牧农综合垦殖场，称井冈山综合垦殖场。1959 年，省直辖的井冈山管理局成立，管辖区域包括遂川县的原井冈山人民公社、永新县拿山区、宁冈县。1961 年，宁冈县分治。1968 年，井冈山管理局改称为"井冈山革命委员会"。1977 年，恢复井冈山管理局，归省直辖，其辖区总面积扩展为 660.87 平方千米。1981 年撤局设县，1984 年改市，归吉安地区管辖。2000 年，经国务院批准，原井冈山市与原宁冈县合并组建省辖井冈山市（副地级市，由吉安市代管），在距离茨坪 29 千米的厦坪，建设井冈山市新城区。目前，井冈山市管辖的行政区域有茨坪街道办事处（原茨坪镇）、井冈山企业集团（1992 年，经江西省经济体制改革委员会批准组建，由井冈山垦殖场改组而成）、井冈山管理局（2005 年，经江西省人民政府批准成立）和 19 个乡镇场；人口 16 万，总土地面积 1308 平方千米，其中井冈山风景名胜区面积 261 平方千米。①

中华人民共和国成立以来，从最初的区乡建制成长为副地级的城市，历经 60 年的艰苦创业和辛勤经营，巍巍井冈发生了翻天覆地的变化。革命老区的研究，历来就是学界关注的热点之一。但是，从长时段的角度剖析典型革命老区的个案研究，以及探讨共和国巨变与山区城镇社会经济发展模式转型的研究并不多，本节拟对此做一探讨。

---

① 本节所讨论的井冈山，主要并非目前行政区划意义上的井冈山市，而是五大关口以内，以茨坪为中心的井冈山区。当然，因相关资料的缺乏和不足，对一些问题本节也采用了井冈山市的宏观统计数据加以辅助说明。

一、从无到有的现代化立体交通与通信网络

1949 年以前,井冈山与外面的世界只靠几条山路相连通,运输全靠"扁担""箩筐",没有公路,更不用说电报、电话等现代通信设施了。据调查,第一支井冈山建设大军是 1957 年底省市机关的下放干部,他们一行 500 人(实际上山者为 497 人)分两批进军井冈山,一批乘车至遂川,一批乘车至永新,然后分别走路上山,3 天才到达茨坪。因此,他们上山后的第一件大事就是修建公路。① 1958 年 3 月,井冈山第一条公路——井冈山至泰和公路全线破土动工,全长 110.2 千米,来自泰和、遂川、永新的 10 万民工赶工修建,提前 6 个月建成通车;当年 7 月 1 日通车之际,江西省第一任省长邵式平、省委书记处书记刘俊秀等特意赶到吉安剪彩,并随车上山发表讲话祝贺。② 由此可以看出当时领导人对井冈山建设的重视,也可以看出修建公路对井冈山建设的重要意义。此后,又相继修通了几条公路,主要有:(1)茨坪环城公路,全长 1.25 千米,1959 年 5 月动工,当年完成;(2)井冈山至宁冈公路,全长 50 千米,1959 年 11 月动工,1960 年国庆节通车;(3)井冈山至遂川的公路(茨坪至黄坳段),全长 22 千米,1968 年 8 月修建,1972 年 2 月竣工;(4)大小五井环形公路,全长 17 千米,1969 年 6 月完成。③ 至此,以茨坪为中心的井冈山公路网初步完成,五大哨口以内公路总长 166.5 千米;其中,井泰、井宁两线成为 319 国道的组成部分。该公路网,北可达吉安、南昌,南通遂川、赣州,西至宁冈、永新、萍乡和湖南茶陵、衡阳等地。正是上述公路的修建,使得毛泽东、朱德等第一代中共领导人能够重上井冈,故地重游。④ 毛泽东就曾感慨地说,重上井冈,"感到井冈山的变化很大,修了公路,通了汽车,解决了上山难的问题","真不容易啊!"⑤

---

① 游海华 2009 年 5 月 14 日在茨坪实地调查。受访人:彭子卿,1938 年生,原井冈山县政协副主席。1957 年,为响应江西省委、省人委关于干部下放劳动锻炼,开发、建设山区的号召,他从省林业厅下放井冈山,从而成为新中国建设井冈山革命老区的第一批生力军。

② 陈志民,井冈山垦殖场首任副场长。陈志民:《公路通向井冈山》《大事记》,井冈山垦殖场志编纂委员会:《井冈山垦殖场志》,方志出版社 1997 年版,第 515、530—531、534 页。

③ 井冈山垦殖场志编纂委员会:《井冈山垦殖场志》,方志出版社 1997 年版,第 215—216 页。

④ 朱德于 1962 年 3 月重上井冈,从泰和经拿山到茨坪,走的是井泰线,下山走的则是永宁线。毛泽东于 1965 年 5 月重上井冈,从湖南茶陵到江西永新,经宁冈、黄洋界到茨坪,走的是井宁线。分别参见中共江西省委党史资料征集委员会:《朱德在江西》,中央文献出版社 1997 年版,第 168、222 页;中共江西省委党史研究室编:《毛泽东在江西》,中共党史出版社 1993 年版,第 214—215 页。

⑤ 中共江西省委党史研究室编:《毛泽东在江西》,中共党史出版社 1993 年版,第 218 页。

井泰、井宁、井遂公路为井冈山经济建设立下了汗马功劳，但是，20 世纪 90 年代以来，这种以公路为主要进出口通道的单一交通格局与井冈山旅游产业发展的需要还是有着相当的差距。笔者对此深有感受。1997 年冬，笔者第一次上井冈山，早晨乘桑塔纳从南昌出发，走 105 国道，在吉安吃午饭，从南昌到茨坪共 352 公里的路程花了八九个小时，下午到茨坪时已是华灯初上，人已疲惫不堪。2009 年 5 月，笔者重上井冈，感受则完全不同。我们乘坐的是旅行社大巴，走的是赣粤高速公路及其支线——泰（和）井（冈山）高速公路，全程不过 4 个小时，非常轻松。今昔对比，不胜感叹！

如今出行的便捷和舒适，来源于新世纪以来井冈山立体交通建设的长足发展。2004 年，距井冈山新城区厦坪镇 50 千米的井冈山机场正式通航①，到 2010 年已开通直飞北京、上海、广州、深圳等地的航班。2005 年，泰井高速公路通车，这是全国第一条通往旅游景区和革命圣地的高速公路，从井冈山至中国中部和东部各大城市，一日可达。2007 年 6 月，连接京九和京广线的吉（安）衡（阳）铁路井冈山段正式营运，这是全国第一条通往旅游景区的铁路，由吉安直达井冈山市新城区，目前省内已开通井冈山至南昌、井冈山至九江、井冈山至赣州的专列，省外已开通至北京、上海、深圳等城市的列车②；2008 年底，吉衡铁路井冈山至衡阳段正式动工开建。

与交通一样取得长足进步的是通信网络。1949 年前后的井冈山，信息传递只能通过步行完成，传播速度非常慢。1952 年，遂川县在茨坪设立了邮政代办点；1957 年升格为邮电所，同时石市口也建立了邮电所（1966 年迁至罗浮）；1960 年井冈山邮电局成立。邮件均由永新县和遂川县 1 星期投递 1 次，70 年代以后缩短为每日投递 1 次；茨坪和各农场分场、所属企业、农业生产队、学校和其他事业单位先后安装了电话，并可对外挂拨长途。当然，改革开放以前，这些通信设施主要作为行政和生产事业之用。

改革开放以来，邮件传递全部实现操作机械化、运输车子化，同时开展了国际邮政业务；1990 年以后，机关、企事业单位和居民家庭均开始安装或改装了程控电话③，此时，老百姓可以方便地使用电话与山外的世界沟通。据统计，1998 年，全市拥有固定电话和移动电话用户 8817 户，农村 100％的行政村开通了电话，每百人拥有电话 15.08 部。④ 新世纪以来，有线电视、

---

① 《好梦牵系井冈山人——井冈山机场筹建的难忘岁月》，《井冈山报》2004 年 6 月 4 日。
② 《井冈山铁路全线竣工运营》，《江西日报》2007 年 6 月 29 日第 1 版。
③ 井冈山垦殖场志编纂委员会：《井冈山垦殖场志》，第 453—454 页。
④ 吉安地区统计局编：《吉安辉煌五十年（1949—1998）》，内部印刷，第 9 页。

网络终端和电话已经连接到普通居民和农户的家中，无线寻呼、移动通信信号的无隙覆盖成为现实。2007 年，井冈山市住宅电话年末电话用户 19162 户，占总户数的 42.8％；移动电话年末用户 72978 户，户均拥有电话 1.6 部；国际互联网用户 5180 户，占总户数的 11.6％。[①] 井冈山已基本形成以高速公路、铁路、国道、机场、电缆、邮政为框架的立体交通通信网络，使得身处崇山峻岭中的景区能与山外的旅游客源大市场紧密相连。

二、产业结构变迁与区域旅游中心城市的崛起

最为引人注目的变化，是井冈山产业结构的成功转型和"旅游兴市"目标的初步实现，它来源于科学准确的城市发展目标定位。20 世纪 60 年代以前，井冈山的工业几乎一片空白，农林产业是当地主导产业。1959 年井冈山管理局成立以后，在党和政府的领导下，井冈山走上了一条"大而全、小而全"的国有农垦企业发展之路。历经 20 多年的建设，井冈山人民垦殖山场，植树造林[②]，修建水利工程，兴建公路，建设电站，创办工业，创建了一个与中华人民共和国成立前迥然有别的山区小城镇。农业方面，通过科技兴农、引种杂交水稻等，农产品产量得以大幅度提升。例如，到 20 世纪 70 年代末，水稻亩产高达 900 多斤，有的甚至达到上千斤。[③] 工业方面，如表 2-1 所示，井冈山建立了二三十家小水电站、农林产品加工企业和其他类型的企业。表 2-1 还显示，1960 年至 1980 年间，井冈山的工、农业总产值均有相当程度的增长，其中，1960 年至 1975 年，农业和工业几乎平分秋色，1976 年至 1980 年，农业仍是主导产业，工业产值是农业的近 1/2。纵向看来，尽管井冈山大、中、小型工厂逐步建立，工农业生产飞速发展，但是，与计划经济体制下全国其他地区的小城镇相比，井冈山并无任何其他特色和经济优势。

① 江西省统计局、国家统计局江西调查总队编：《江西统计年鉴——2008》，中国统计出版社 2008 年版，第 558—563 页。

② 据 1978 年森林资源清查和 1985 年林业区划调查，井冈山市森林覆盖率为 63.9％，活木蓄积量为 403 万立方米，毛竹蓄积量为 367 万根，人平均木材 85 立方米；20 世纪 90 年代中期，森林覆盖率上升到 80.1％，毛竹蓄积量增加到 655.9 万根；2008 年，其森林覆盖率再次上升到 86％。井冈山市人民武装部编：《井冈山军事志》，国防大学出版社 1992 年版，第 284—285 页；江西省井冈山市地方志编纂委员会编：《井冈山志》，新华出版社 1997 年版，第 2 页；《城市名片·井冈山》，《江西日报》2008 年 5 月 16 日，B4 版。

③ 新华社：《枫红时节访井冈》，《江西日报》1977 年 10 月 30 日，第 2 版。

表 2-1 改革开放以前井冈山创办企业及工、农业总产值概况表

单位:万元

(A)				(B)		
企业名称	创建年份	企业名称	创建年份	年份	工业总产值	农业总产值
茨坪林场	1957	罗浮林场	1962	1960—1962	108.41	201.26
大井林场	1958	朱砂林场	1962	1963—1965	270.78	299.70
石市口水电站	1958	木器厂	1962	1966—1970	304.53	373.72
茨坪缝衣社	1958	竹艺厂	1962	1970—1975	575.09	598.27
红军机械厂	1958	石市口分场	1965	1976—1980	842.92	1426.57
化工厂	1958	农林机械修配厂	1969			
造纸厂	1958	小溪洞采育林场	1970			
茨坪酒厂	1958	井冈山茶厂	1975			
长古岭采育林场	1958	井垦农机修配厂	1976			
砖瓦厂	1959	木材厂	1976			
纤维板厂	1960	水泥厂	1978			

说明:1.据下列资料整理而成,为不完全统计。2.本表企业主要指在五大关口以内区域创办的企业。3.各年度工、农业总产值均按 1980 年不变价计算。

资料来源(A):井冈山垦殖场志编纂委员会编:《井冈山垦殖场志》,方志出版社1997 年版,第 54—59、183—193 页;江西省井冈山市地方志编纂委员会编:《井冈山志》,新华出版社 1997 年版,第 382—383 页。

资料来源(B):江西省井冈山市地方志编纂委员会编:《井冈山志》,新华出版社1997 年版,第 278 页。

党的十一届三中全会以来,面对着全国涌动的改革开放大潮,井冈山

市依托丰富的红色和绿色旅游资源①，逐步摸索并制定了"科教立市、旅游兴市"的城市发展战略。可喜的是，这种城市发展战略，得到了历届地方政府一以贯之的坚持和执行。自1982年被国务院批准为全国第一批国家级风景名胜区以来，井冈山开发了龙潭、茨坪、五指峰等第一批风景区，吸引了大批中外游客。据1991年至1995年的初步统计，5年共接待外宾780人次，港澳台同胞8786人次，国内游客2541514人次。② 经过此后十多年的发展，井冈山市旅游产业又跨上了一个新台阶，2008年已拥有11个景区、76个景点、460处景致，2007年被国家旅游局授予"首批国家5A级风景旅游区"③；建有宾馆130多家，标准床位15000余张；在2008年的金融危机中，井冈山全年游客人数达到370万人次，比上年增长约30％④；2008年全年国内生产总值21.92亿元，同比增长15.2％；三大产业结构大为优化，近年第三产业产值所占比例都在50％左右。2007年，井冈山投资7000万元兴建全国首个红色旅游电子商务综合服务平台，该服务平台是"数字井冈，旅游兴市"的一项系统工程，它的建成可以全面完善井冈山红色旅游的服务管理水平，提高应急指挥能力，提升井冈山品牌的经济价值并促进当地旅游业的发展。⑤ 另据全国红色旅游工作协调小组2006年下半年的一项抽样调查，在全国最为著名的红色旅游地中，"井冈山的客源市场分布最为广泛和均衡"；"到井冈山的游客停留时间高于其他景区，停留时间3

---

① 就有形的红色资源而言，井冈山保存完好的革命旧址遗迹有100多处，其中有24处被列为全国重点文物保护单位，27处被列为省级文物保护单位。绿色资源概况：除前112所述的高森林覆盖率外，据调查，江西全省植物种类近5000种，井冈山分布有3400多种，占全省植物种类总数的70％，雄踞全省各个山头之首；森林中的鸟类、兽类、两栖爬行类有194种，仅珍贵稀有种类就有20余种，至于其他生物种类的昆虫、山溪鱼类、微生物就更多。井冈山是一亿八千万年以来自然历史变迁的活博物馆，是东亚植物区系的一个主要起源中心，其"绿色宝库"的价值和意义有：1.蕴藏的动植物种类丰富；2.遗存下来的古第三纪植物区系成分多；3.保存的古第三纪型森林植被类型多；4.自然景观和森林生态系统的中亚热带特征典型。1982年，井冈山被国务院批准为第一批国家级重点风景名胜区，1991年与1998年分别被国家旅游局评为"中国旅游胜地四十佳"之一和"中国优秀旅游城市"，2007年被评为全国首批5A级风景旅游区。分别见江西省井冈山市地方志编纂委员会编：《井冈山志》，新华出版社1997年版，第542页；李明志："序"，江西省林业厅、江西省环境保护局、江西省科学技术委员会编：《井冈山自然保护区考察研究》，新华出版社1990年版；《城市名片·井冈山》，《江西日报》2008年5月16日，B4版。

② 江西省井冈山市地方志编纂委员会编：《井冈山志》，新华出版社1997年版，第5页。

③ 廖晓华、陈烨芳：《金牌5A景区标杆——写在庐山井冈山成功创建国家5A旅游景区之际》，《江西日报》2007年6月1日C1版。

④ 《井冈山35项目拓旅游业》，《文汇报》（香港）2009年3月10日。

⑤ 廖昔君、刘爱晖：《井冈山建旅游电子商务平台》，《江西日报》2007年6月23日第2版。

天及以上的占了 37.2%",这表明井冈山的红色旅游已走在全国的前列。①

可以说,经过改革开放 30 年来的辛勤培育,旅游产业已经成长为井冈山的支柱产业,井冈山已经初步实现了产业结构的成功转型,已经被打造成一个现代的区域旅游中心城市。

21 世纪以来,在科学发展观的指导下,井冈山又迈出了"生态旅游"开发的步伐,以实现自身的可持续发展。主要举措有:①在五大哨口以内的井冈山景区,不允许新建任何工业企业,原有的污染工业企业全部迁出。②2008 年底,环保旅游观光车队投入运行;各大景区门口明示,禁止带火种进入景区。③笔架山的缆车和生态长廊设计,这是井冈山"生态旅游"开发的一个大手笔,令笔者感受最深。据笔者实地调查,自山下直达笔架山景区,其实有一条长约 500 米的穿过森林的便捷山路,但是,为了保护笔架山的次原始森林,尤其是被联合国环境保护组织誉为全世界仅有的一片常绿阔叶林,井冈山管理局不惜耗费巨资修建了一条长达 3000 米的"L"型登山缆车。②循缆车上山后,则有一段长约 5000 米的生态走廊,除一半建立在悬崖峭壁上以外,另一半则修建在树木密布的山林中,走廊采用钢架底座、上面铺设木板而成。走廊所经之处,没有砍伐一棵树木,全部保持原状。因此,树木往往林立路中或横亘路面,游人经常不得不绕树而行。这种"以树为本"的现象,笔者只在福州城看到过。③ 这种人树和谐相处的景区开发和设计,是井冈山近年"生态旅游"开发理念的突出体现。这种理念在泰井高速公路的设计和修建中,也得到了集中体现。依照"四不五隐蔽"的要求,泰井高速创新环保理念,优化了设计方案,从而少挖土方 120 余万立方米,减少用地 800 余亩,少移栽红豆杉、樟树等名贵树种近 40%;为保护珍稀树种凹叶木兰,改线 900 多米,最大限度地保护了当地的生态。④ ④井冈山市新城区的修建,这是井冈山"生态旅游"开发的另一个大手笔。为了避免茨坪景区的过度开发和由此导致的生态失衡,井冈山人民在距离茨坪 29 千米的厦坪,建设了井冈山新城区,按照"国际水准、国内一流,花园式生态旅游城市"的规划设计要求,首期开发了一个 4 平方千米、人口规模 3 万人

---

① 张晶:《游客蜂拥上井冈》,《江西日报》2007 年 7 月 10 日第 1 版。

② 游海华 2009 年 5 月 13 日在井冈山笔架山景区实地调查。受访人:伊晓,1957 年生,吉安市建设工程质量监督站总工程师,曾是参加笔架山缆车建设的投资方之一。

③ 漫游福州城,经常可以看到很多百年榕树俨然城市的主人,傲然挺立在城市马路的中间。这种现象其实并非改革开放以来的新鲜事物,而是有着深远的历史传统。

④ 《泰井高速公路——我国首条通达国家风景名胜区与革命圣地的高速公路》,《江西日报》2008 年 1 月 20 日,第 3 版。

以上的城镇,并期望在 5 年至 10 年内建成一个 10 平方千米、人口规模 8 万人以上的独特生态旅游型城市。

三、当地民生的改善与提高

1927 年以前,井冈山群众的生活日用品均需从几十千米以外的遂川、永新等地购买,山里的土特产品也要挑到几十千米以外去销售,生活十分不便。另据调查,1949 年的茨坪,尽管它是五大哨口内最大的一个村庄,也只不过是一个只有 16 户农家、人口不足 100 人的小山村(另一说是一个仅有 17 幢土房、60 余人的小山村①)。② 该村无电、无工业、无商业、无公路、不通邮,农民生活单调,物资相当贫乏。之后,政府在茨坪开办了一个小商店,主要经营食盐和布匹;1955 年合作化后,商品品种有所增加,但仍须人力从山外挑入。1957 年,下放的省市干部进驻茨坪,据他们讲,"生活特别艰苦,比毛主席革命时好不了多少,天天的南瓜、笋干,吃的米特别贵,要从遂川挑来";"吃的油开始是半斤每月,后来困难时 1 两 1 月";"没地方住,搭竹棚,打地铺,一个房间住 20 多个人";"用松枝、竹篾点灯,有时点蜡烛";"晚上解手,找不到鞋子"。③ 文献资料证实,这批井冈山建设大军吃饭都成问题,因"此地无水碓,用手碓打米平均每 30 个人吃饭要 3 个劳动力整天打米,不仅费力,且供应不过来",山上"供应紧张","很多东西没有卖","不仅价钱贵而且有钱无市"。④

但建设者的艰苦奋战,很快改变了这个小山村的面貌。到 1959 年春,茨坪就有了百货公司、邮电所、银行、车站、气象站、医院、理发室、新华书店、图书馆、井冈山饭店、革命烈士纪念塔和各种新工厂,"成为一座热闹的山城"⑤。1962 年,茨坪成立了第一家商业贸易公司,兴建了 1 幢 3 层楼的百货商店,商品品种增加到 1000 多种。但是,由于处于计划经济年代,又

---

① 江西省井冈山市地方志编纂委员会编:《井冈山志》,新华出版社 1997 年版,第 4 页。

② 井冈山市人民武装部编:《井冈山军事志》,国防大学出版社 1992 年版,第 5 页;吉安地区统计局编:《吉安辉煌五十年(1949—1998)》,第 9 页。

③ 游海华 2009 年 5 月 14 日在茨坪实地调查。受访人:彭子卿、邹先锋、周一本。邹先锋,1941年生,井冈山茨坪大井人,原井冈山县统战部干部。1960 年参军,1969 年转业到井冈山管理局工作。周一本,1930 年生,南昌人,原井冈山县统战部干部。抗战时期随父母迁居泰和,1951 年参加工作,次年调吉安地委党校学习并留校,1968 年调井冈山管理局工作。

④ 《井冈山林牧农综合垦殖场关于干部上山一月来的情况综合报告》,井冈山垦殖场志编纂委员会编:《井冈山垦殖场志》,方志出版社 1997 年版,第 502 页。

⑤ 冯之:《茨坪新貌》,《江西日报》1959 年 4 月 4 日,第 3 版。

实行票证管理,加之当地民众收入不高,生活仍颇为艰难。接受调查的老干部回忆:"文化大革命"前后,一般干部工资是 29.5 元/月,一年后是 35.5 元/月,后来一直是 45.5 元/月,多年未动(相比之下,城镇职工收入更低,1959 年井冈山管理局成立时,职工月平均工资仅为 21.5 元,60 年代为 23 元左右[①]);个人口粮定量,29 斤/月,困难时 21 斤/月。政府的统计资料显示,市镇人口口粮的人均月定量为 29.5 斤,机关干部月定量标准为 25 斤。[②] 与初上井冈山时相比,生活虽有所改善,但"买什么都要票,有钱都买不到东西";老干部们因而感叹:上井冈山后的第一道关就是生活关,"生活关难过,十几年来,都是挺过来的"。[③] 干部、城镇职工生活艰难,农民生活更为困苦。"大跃进"以后,因多种经营几乎被取消,粮食产量徘徊不前,每年年终决算,每个劳动力 10 分只能分得 0.18 元,每个劳动力一年的总收入仅为 500 余元,除去各项开支,许多农民反而欠债[④],只能依靠少许家庭副业或做点零工赚钱补贴家用,某些社队农民生活质量存在下降的现象。

改革开放以来,人民的生活水平日益提高。以前世代饮用井水和溪水的茨坪群众,现在全部用上了自来水。井冈山市的农民,70%—80% 都建了新房,"建的都是一栋栋的小别墅,不会比我们干部的差",接受访谈的老干部们艳羡地说。老表们收入的来源多种多样,有来自打工的收入、办企业的收入,也有来自山林的收入(搞山货),还有来自旅游服务的收入,等等。接受访谈的 3 个老干部,个个老有所养,家庭美满。例如,1957 年只身来到井冈山的彭老(浙江人),在井冈山娶妻生子,安家落户,育有 3 个小孩,一个在吉安市农业银行工作,两个在井冈山市社保局工作,另有一个外甥女即将赴美留学。[⑤] 1969 年转业到地方工作的大井人邹老,中华人民共和国成立前住的是"干打垒"的房子,现在是砖混结构的 3 层"洋房",几百个平方,4 个儿子均发家致富,有房有车。[⑥] 1968 年调到井冈山工作的周老(吉安人),现在是四世同堂;儿女中有公务员,有老板,儿女都有两套房;前年外甥女考上了珠海市的公务员。[⑦] 3 个老干部,除家中的固定电话外,一个有手机,一个有小灵通;3 个老人,接受访谈时均满脸笑容,幸福感逼人。

---

① 江西省井冈山市地方志编纂委员会编:《井冈山志》,新华出版社 1997 年版,第 733 页。
② 江西省井冈山市地方志编纂委员会编:《井冈山志》,新华出版社 1997 年版,第 445 页。
③ 游海华 2009 年 5 月 14 日在茨坪实地调查。受访人:彭子卿、邹先锋、周一本。
④ 江西省井冈山市地方志编纂委员会编:《井冈山志》,新华出版社 1997 年版,第 732 页。
⑤ 游海华 2009 年 5 月 14 日在茨坪实地调查。受访人:彭子卿。
⑥ 游海华 2009 年 5 月 14 日在茨坪实地调查。受访人:邹先锋。
⑦ 游海华 2009 年 5 月 14 日在茨坪实地调查。受访人:周一本。

来自政府的宏观统计数据也许更能给人一个明晰的印象,2007 年,井冈山市城镇在岗职工工资总额年均 20936 元,农村居民年人均纯收入 2040 元,农民人均住房面积 26.3 平方米,农村恩格尔系数为 57.70％。[①]

　　与吃住行用等物质生活消费相比,井冈山民众的教育卫生服务业得到快速发展。1949 年以前,井冈山上医疗设备全无,山下仅有几个郎中和两个药铺;山上没有一所学校,没有其他文体设施,更没有学前教育和中高等教育,只是在山下的一些地区办了几所私塾。1951 年春,井冈山特别区在茨坪创办"毛泽东小学"(次年改名为"井冈山小学"),这是五大哨口内创建的第一所小学;此后,相继开办了湾里小学、坪头小学、福溪小学等,并在大跃进中普及了小学教育;1964 年,井冈山中学从拿山迁到茨坪,并于 1970 年兴办高中,成为井冈山唯一的一所完全中学;时教育质量因时势而受到严重影响,在"文化大革命"中更趋恶化。另外,1958 年,中共江西省委、省人委还在茨坪创办了江西共产主义劳动大学井冈山分校。[②] 1950 年,井冈山特别行政区在茨坪设立卫生所。此后,医疗卫生机构从 1960 年的 8 个发展到 1965 年的 10 个,1980 年的 23 个;1964 年,井冈山管理局主持并举行了井冈山第一届体育运动会。[③]

　　到 20 世纪 90 年代中期,井冈山已建设 1 所综合性的市级医院、1 所中医院、5 所乡镇中心医院,以及妇幼保健站和防疫站等机构,拥有医务人员 375 人,病床 259 张。学校发展到完中 1 所、初中 6 所,在校学生 3908 人;中心完小 7 所,村级完小 25 所,初级小学 33 所,幼儿园 5 所,在校小学生 5882 人,适龄儿童入学率达 99.8％以上,希望小学新建扩建校舍 10208 平方米,为全山普及九年义务制教育提供了可靠保证;与此同时,文化馆、图书馆、新华书店、电影院、广播站、有线电视台、体育馆(场)等系统的文化和体育设施全部建成。[④] 进入 21 世纪以后,文教医疗卫生事业得到进一步发展。据统计,2007 年,井冈山市拥有普通中学 14 所、小学 32 所,中小学专任教师共 1342 人,普通中学在校学生 8576 人,小学在校学生 12120 人。全

---

　　①　江西省统计局、国家统计局江西调查总队编:《江西统计年鉴——2008》,中国统计出版社 2008 年版,第 558—563 页。

　　②　该校分设大井、茨坪、电纸厂、宁冈等 4 部,分设农业、林业、畜牧兽医、土木工程、社会科学等 6 个系和 1 个师资培训班;教职员工 100 余人,招收国内各省青年 1000 余人,开办 700 多亩水稻的农场、饲养 300 多头猪的畜牧场和 1 个农业机械修理厂,拥有茶林基地 500 多亩。1959 年,井冈山分校搬到拿山公社开办;1976 年,学校改为"江西省吉安农业学校",迁往吉安市。江西省井冈山市地方志编纂委员会编:《井冈山志》,新华出版社 1997 年版,第 503—504 页。

　　③　江西省井冈山市地方志编纂委员会编:《井冈山志》,新华出版社 1997 年版,第 570、590 页。

　　④　江西省井冈山市地方志编纂委员会编:《井冈山志》,新华出版社 1997 年版,第 4—5 页。

市拥有医院、卫生院共 19 所，床位 428 个，卫生技术人员 466 人；参加农村合作医疗人数 101655 人，占农村总人口的 92.4%。[①] 由此可见，当地民众所能享受的教育、医疗、卫生等公共服务得到了实质性的提高。

四、经济社会发展模式转型中的经验、教训与思考

60 年来，井冈山从中国革命的摇篮发展为举世瞩目的旅游休闲胜地，茨坪也从一个名不见经传的小山村成长为现代化的区域旅游城市。那么，她是如何实现这种社会发展模式的转变并取得巨大经济建设成就的呢？对此，在实地调查的基础上，笔者有以下几点体会、感想和思考。

第一，以经济建设为中心，坚持改革开放，走有中国特色的社会主义市场经济之路，是作为后发国家的我国所必须坚持的原则。关于此点，早在20 世纪 80、90 年代，邓小平就反复告诫："改革和开放是手段，目标是分三步走发展我们的经济"；"对于我们这样发展中的大国来说，经济要发展得快一点，……发展才是硬道理"。[②] 应该说，井冈山的上述成就，主要是近 30年来坚持改革开放所取得的成果。对于这些成果，见诸以往的历史，我们不乏听到姓"社"姓"资"的争论，"把改革开放说成是引进和发展资本主义，认为和平演变的主要危险来自经济领域"[③]。尽管改革开放的总设计师邓小平对此的建议是"不争论"，"争取时间干"，但我想将来可能还免不了有姓"社"姓"资"的争论与困惑。不过笔者认为，这些都不重要，重要的是我们在采取行动时，必须抛却这种争论与困惑，坚持"发展才是硬道理"的原则和方针。

第二，因地制宜，从现有资源和环境出发，是科学定位一个地区经济发展模式的重要原则，也是一个地区经济社会能够顺利转型的基石。正如上文所说，茨坪从一个名不见经传的小山村成长为现代化的区域旅游城市，井冈山从革命摇篮发展为举世瞩目的旅游休闲胜地，就是利用当地丰富的红色和绿色旅游资源，逐步摸索并制定了"旅游兴市"这一城市发展战略的成功典范。

第三，井冈山 60 年巨变的伟大成就，井冈山精神发挥了巨大的作用。

① 江西省统计局、国家统计局江西调查总队编：《江西统计年鉴——2008》，中国统计出版社 2008 年版，第 558—563 页。

② 《要吸收国家的经验》《在武昌、深圳、珠海、上海等地的谈话要点》，中共中央文献编辑委员会编：《邓小平文选》第 3 卷，人民出版社 1993 年版，第 266、377 页。

③ 《在武昌、深圳、珠海、上海等地的谈话要点》，《邓小平文选》第 3 卷，人民出版社 1993 年版，第 377 页。

再以茨坪为例。茨坪 60 年的变迁,展现的几乎是一个从闭塞到开放、从贫穷到富裕、从落后到繁荣、从无到有的历史变迁过程。老一辈人在计划经济年代,垦殖山场,兴建公路,发掘资源,建设电站,创办农林企业,他们"胸怀理想、坚定信念,艰苦奋斗、无私奉献";新一代人在市场经济时代,"实事求是、勇闯新路、敢于胜利",与时俱进地开拓了井冈山经济社会发展新模式。茨坪就是几代井冈人发扬井冈山精神建设家乡的成果,是不同时代的井冈人对井冈山精神的不同层面发扬的结果。如今,井冈山精神已经随着井冈人的子孙后代进军沿海、进军城市、进军海外①,活跃在中国特色社会主义建设的各个领域之中,并成为中国共产党人的光辉遗产之一。

第四,井冈山的成长,离不开历任国家领导人的关怀和相关部门的经济援助。据不完全统计,20 世纪 90 年代末前,参加井冈山斗争的中华人民共和国成立后重上井冈山的革命老同志有 38 位②;截止到 1995 年底,仅到井冈山参观的副总理、副委员长、政协副主席、政治局候补委员、中顾委常委以上级别的党和国家领导人有 55 位之多③;世纪之交的最近 10 多年来,国家最高领导人和多位政治局常委也先后上山祭拜先烈。革命老同志、历任国家领导人对井冈山有着深厚的感情,在他们的带领和指导下,井冈山得到了中央和省内外许多部门的物资援助。据不完全统计,井冈山垦殖场建场初期,中央农垦部拨给 5 辆卡车、7 台拖拉机、大批果苗和 50 万元建设资金,志愿军总部送来 4 辆卡车、100 部电话机和 1 辆吉普车,江西省农业厅送了 3 头奶牛,文化部拨赠 20 万元资金建设革命博物馆,江西省民政厅拨款 5 万元重建革命烈士纪念塔,上海文化局赠送 1 万多册图书,浙江文化局赠送 1 套舞台布景设备,广东文化局赠送 1 套当时最高级的中西乐器,江苏文化局赠送了电影放映机。④ 井冈山垦殖场首任场长陈怀民回忆:"井冈山电厂和造纸厂的设备,上下牵动了十多位部长和省委书记",从而在不到一年的时间内全部建成投产;井冈山管理局副局长张金贵也说,井泰公路通车以后,"由于省外各地的大厂支援,成批的电机设备、造纸设备及时运

① 如新一代的井冈山人到深圳、珠海、国外等就业、创业、就学等,仅 1989 年到 1992 年 7 月,就有 600 多名井冈山青年人在深圳特区"三资"家企业就业;20 世纪 90 年代初,井冈山垦殖场在深圳、惠阳等沿海各地与日本等厂商合资创办了多家工厂。见本节第三部分的有关叙述,以及汤之光《井冈山垦殖场走出山门求发展》,《江西日报》1991 年 8 月 15 日,第 1 版;汤之光:《深圳特区井冈人》,《江西日报》1992 年 7 月 19 日,第 5 版。

② 刘孚威主编:《井冈山精神:中国革命精神之源》,江西人民出版社 1999 年版,第 483—496 页。

③ 江西省井冈山市地方志编纂委员会编:《井冈山志》,新华出版社 1997 年版,第 645 页。

④ 《全国人民关怀井冈山的建设》,《江西日报》1959 年 4 月 4 日,第 3 版。

上井冈山,为工程进展创造了有利条件"①。正是历代国家领导人的关怀和省内外许多部门的无偿援助,才使得井冈山的工农产业和民生工程建设得以迅速发展。

21世纪以来井冈山机场的修建与通航、泰井高速公路的建成、吉衡铁路的新建与营运等,则更是离不开中央领导的支持。以井冈山机场为例,在江泽民、胡锦涛和朱镕基等多位领导的关怀下,它从最初筹划到批准动工,仅用了1年零3个月的时间,而同类型的机场建设,在正常情况下,完成这些程序需要3到5年的时间。② 类似的国家经济援助则更多。以井冈山综合垦殖场为例,自1957年底成立以来,其生产建设资金来源主要是国家拨款和投资。仅1958年至1962年,国家拨款累计1457000元,国家投资累计5997236.86元;1958年至1992年,全场共收国家各项专项拨款总计1753.5万元。③ 上述经费全部用于工资、农田水利费、农场事业费、知青安置费、营林补助、林区公路修建、农林业科研经费、技术组织措施费、新产品试制费、劳动安全保护措施费、零星固定资产购置费等用途。井冈山机场的建设资金则全部由国家投入。④

第五,在科学发展观的指导下,如前所述,井冈山的生态旅游开发已经取得了有目共睹的成绩。但是,在实地考察之后,笔者也有着巨大的遗憾和深深的隐忧。

其一,中华人民共和国成立前的茨坪,是一个山间盆地,有二三百亩水田。1958年以后随着政府和居民用地的侵占、挹翠湖的开挖(31亩)和扩建(22亩)、天街商品和餐饮市场的落成(百亩左右),如今良田已被蚕食殆尽,曾经稻香蛙鸣的茨坪已荡然无存,唯有中共湘赣边特委机关旧址似乎还能让人们想起一丝当年革命斗争的陈迹。在现代化钢筋水泥城镇的映照中,作为当年主人的这所革命旧址反而显得有些不伦不类。历经新中国60年的变迁,当年老一辈革命家风云际会的革命斗争场景几乎被涤除殆尽。

其二,2009年上半年,在茨坪盆地的东北角、井冈山革命烈士陵园的左前方,还保留有最后一片改革开放以前兴建的老房子,其中大部分是筒子楼,青砖灰瓦。从井冈山(茨坪)本身的变迁历史来看,这些老房子既是计划经济年代井冈山建设的真实见证,也是几代井冈人成长的精神家园。但

---

① 陈怀民:《井冈山精神鼓舞电厂造纸厂一年投产》,张金贵:《开放井冈山的日日夜夜》,井冈山垦殖场志编纂委员会:《井冈山垦殖场志》,方志出版社1997年版,第517、519页。

② 《好梦牵系井冈人——井冈山机场筹建的难忘岁月》,《井冈山报》2004年6月4日。

③ 井冈山垦殖场志编纂委员会:《井冈山垦殖场志》,方志出版社1997年版,第241—242、246页。

④ 《好梦牵系井冈人——井冈山机场筹建的难忘岁月》,《井冈山报》2004年6月4日。

是,在经营城市和发展旅游的目标下,这些老房子同样面临着不可阻挡的被拆迁的命运。[①] 这种井冈山历史遗迹或遗留正被改变的现象,应该还有很多。进言之,我们不仅改变了井冈山革命斗争发生的场景,也即将终结新中国头30年井冈山垦殖和建设的历史,切断几代井冈山人的历史记忆和对家园的怀念。

对于以上两点,笔者无意批判既定的历史事实,也无意逆当今旅游大发展的潮流和趋势,而是认为,作为中国共产党崛起摇篮和世界闻名的革命圣地的井冈山,这样一个具有独特革命传统和现实意义的地方,我们为什么不能保留一块"革命原址原貌"的"净土"? 在保护与发展之间,难道就找不到恰当的平衡点?

其三,在"旅游兴市"这一城市发展目标的定位下,五大哨口以内的景区在20世纪90年代中期就建有宾馆、饭店等90多个,当前更进一步发展到有130多家宾馆,此一发展趋势正可说是方兴未艾,茨坪多处大兴土木,一派工地景象。景区内众多宾馆、酒店的兴建,由此导致的对山体的破坏和产生的生活污水与生活垃圾,无疑是对生态环境的极大破坏和威胁。

其四,井冈山各大景区的餐饮店,野味野菜广告目不暇接,公然大胆招揽生意,随处都可以吃到野猪肉、麂子肉(黑麂为国家一类保护动物)、石蛙、山牛肉(山牛学名水鹿,为国家二级保护动物)和各种野菜等,笔者曾亲自到井冈山农贸市场现场调研,亲见3个肉案上热卖麂子肉,3头麂子的皮还没有完全剥去。[②] 随着井冈山旅游客源市场的扩大和接待游客的增多,有限的动植物资源显然难以满足无限的市场需求。

在科学发展观的重要性日益被强调的当下,以上问题令人警醒!

---

① 这些老房子于2010年前后被拆除了,代之而起的是商业街的兴建。

② 游海华2009年5月15日上午在茨坪农贸市场实地调查。

第三章　红色革命风暴的兴起

第一节　客籍军阀、本土豪绅与江西土地革命

关于土地革命在江西的兴起这一问题，近年来已有不少学者做了相关研究。研究者对学界的传统观点，如帝国主义的压迫与国内尖锐的阶级矛盾、土地占有的不均和农民的极端贫困引发土地革命等提出了某些质疑，其关注的重点逐渐聚焦到地方社会结构和当地所处的历史环境上来。[①] 本节从社会史的角度，着重分析了客籍军阀、本土豪绅两大势力集团交织下的地方社会，是如何成为当局统治的薄弱环节，并客观上有利于江西土地革命兴起和发展的。

一、客籍军阀的统治与中央权威的散失

近代以前，江西经济主要以农业为主，其社会相对封闭。近代以来，在西方列强和市场经济的冲击下，江西地方经济与社会结构经历了深层变动，并在相当程度上呈现出失衡状态。20世纪初中国政局的动荡更加剧了这一进程。辛亥革命爆发以后，以李烈钧为代表的一批有影响的江西籍国民党人，曾试图在江西进行一系列改革，壮大本土势力。但是"二次革命"后，李纯率所部北洋军阀第6师进犯南昌，李烈钧逃日，欧阳武被捕，革命势力遭到袁世凯军队的残酷镇压，使得江西"地主的武装在南方各省中又比哪一省都弱"[②]。

---

① 代表作有：廖信春：《国民党在江西势力的消长与中央苏区的起落》，《江西师范大学学报》1992年第4期；饶伟新：《论土地革命时期赣南农村的社会矛盾——历史人类学视野下的中国土地革命史研究》，《厦门大学学报》2004年第5期；陈德军：《乡村社会中的革命——以赣东北根据地为研究中心（1924—1934）》，上海大学出版社2004年版；黄道炫：《一九二〇—一九四〇年代中国东南地区的土地占有——兼谈地主、农民与土地革命》，《历史研究》2005年第1期。

② 《星星之火，可以燎原》，中共中央文献研究室编：《毛泽东选集》第1卷，人民出版社1991年版，第106页。

直到 20 世纪 30 年代初,江西仍没有形成强有力的本土政治集团。

北洋军阀在江西的统治从李纯督赣开始,中经陈光远、蔡成勋、方本仁、邓如琢,历时 14 年(1913 年至 1926 年)之久。江西五任赣督,尽管每任任期都很短,且属于不同的派系,但都是由北京政府任免,相互间没有发生过直接武装冲突,各军阀主政江西后基本上沿用前一任的政策。因此,表面上看来,江西的统治较为平稳。实际上,客籍军阀统治江西期间,极少任用江西人做官,也不招江西人当兵,而是用其从家乡招来的子弟兵。正是由于驻江西的军队都是客军,其中大都以同乡故旧结成关系,因而与地方本土势力不可能有切身利益,"他们对江西地方建设毫无兴趣,唯一关心的是自己的位子和钱袋子"[1]。中央权威因北洋军阀在江西的统治得以在赣延续。

客籍军阀统治江西时期,江西的社会经济并没有得以相应发展。以近代江西工业为例,虽然所设工矿企业有所扩增,但与全国其他各省相比,仍然缓慢得多,整个北洋军阀统治时期,规模较大的企业只有 20 家,只占全国 902 家的 2.2%[2],没有达到其应占有的比例。新旧军阀通过加捐加税向农民收刮大量税款,加重了农民的负担。江西东南的瑞金县,"自民十一以来,叠驻大军,兵差供应,所费甚巨"[3];会昌县从筠门岭到西江短短 180 里路,就设有 9 个"厘金卡",来往江西、广东之间挑脚贩卖的小商小贩,受尽关卡盘剥之苦[4]。20 世纪 30 年代初,江西各县的苛捐杂税,"总计有二百九十八种之多"[5]。农民除负担正赋以外,还需交纳附税,其数为正赋的"百分之三百"。[6]

由于上述政治之高压,经济之掠夺,导致北洋军阀与江西地方豪绅存在较深的矛盾。加之北洋军阀对江西经济建设并无多大贡献,缺乏民众基础,因此其统治很不稳固。

国民党新军阀统治时期,中央权威散失。北伐军于 1926 年 11 月攻占南昌后,滇系军阀朱培德凭借手中掌握的军权占据江西,任省政府主席。其军

---

①　温锐等:《百年巨变与振兴之梦——20 世纪江西经济研究》,江西人民出版社 2000 年版,第 146 页。

②　《北洋政府时期全国工矿企业统计表》,中国第二历史档案馆编:《中华民国史档案资料汇编》第三辑,江苏人民古籍出版社 1986 年版,第 902—923,337 页。

③　《瑞金旅省同乡为桑梓呼吁》,《江西民国日报》1930 年 1 月 5 日。

④　中共赣州地位党史工作办公室:《赣南人民革命史》,中共党史出版社 1998 年版,第 6 页。

⑤　胡家凤:《十年赣政之回顾与展望》(1),江西省政府《赣政十年》编委会:《赣政十年》,1941 年印,第 23 页(文页)。

⑥　《国联专家视察江西报告(一)》,江西省政府秘书处统计室编:《经济旬刊》第 3 卷第 7、8 期合刊,1934 年 9 月 15 日,第 55 页。

队来自云南，只掌握本部的第三军两个师和收编的杨如轩、杨池生的兵力，势力较弱。其统治尚不到一年，毛泽东率领秋收起义之余部，进军罗霄山脉，建立了井冈山革命根据地。朱培德的滇军在江西没有切身利益，只求保住其赖以生存的江西地盘，因而将防御的重点放在国民党其他派系上，这一点可以从其1927年11月的军队部署看出来。朱培德将第三军八师布置在万载，七、九师在修水，第九军的二十七师在樟树，二十八师在抚州一带。① 朱培德调集部队集中在江西北部，以应付国民党其他军事势力的侵入并为自己准备退路，第九军沿江西东部到福建一带驻守，实际上等于放弃江西西南，不与井冈山的红军实力相拼。1929年9月继任的湘系军阀鲁涤平，其属下只有张辉瓒、谭道源两师，另有许克祥第二十四师归其节制，实力与朱培德差不多。但此时红色政权已相继建立，成为鲁涤平难以应对的力量。

此时，统治阶级内部矛盾重重，"主要的为蒋与反蒋的冲突，其次则为土著豪绅与外籍军阀的冲突。这两个冲突，普遍于江西全省"②。其矛盾的根源为地盘和军队，二者是军阀赖以生存的根本。为了争夺地盘，各派军阀之间本已是剑拔弩张，突如其来的武装暴动又使原有的矛盾更加激化。为了应付来自基层社会的革命，统治者虽然就镇压革命暂时达成一致，但是在实际的"围剿"中却相互推诿，钩心斗角，不能配合。在1929年的早春，蒋介石已派遣了11个团封锁东固革命根据地，但此时的他为了争夺中央的领导权，正与桂军交战，因此无法像封锁井冈山那样派遣精锐部队来封锁东固山区。蒋介石所派的军队是战斗力较弱的福建军队，朱德曾尖锐地指出其实质，"福建军队不过是加入国民党军队的职业土匪，奉令来封锁东固……他们唯一的要求是，'能够躲在自己的老家不受干扰地抽税和贩卖鸦片'"③。身为滇系军阀首领的朱培德与蒋介石矛盾颇深，"滇系军队之所谓剿匪，除乘机夺取湘系已占领之地盘或改编当地的反动地方武装，以充实其自己力量外，对于'共匪'，并未曾努力剿过"④。

客籍军阀虽然在江西防着被蒋介石吞噬，但又不得不顺从蒋介石，加

① 《中共江西省委致中央信——目前军阀混战下江西工作的情形与最近的策略》，中央档案馆、江西省档案馆：《江西革命历史文件汇集(1927—1928)》甲，1986年印，第74页。

② 《张怀万巡视赣西南报告》，江西省档案馆、中共江西省委党校党史研究室选编：《中央革命根据地史料选编》(上)，江西人民出版社1982年版，第185页。

③ ［美］艾格妮丝·史沫特莱：《伟大的道路：朱德的生平和时代》，生活·读书·新知三联书店1979年版，第278—279页。

④ 《张怀万巡视赣西南报告》，江西省档案馆、中共江西省委党校党史研究室选编：《中央革命根据地史料选编》(上)，江西人民出版社1982年版，第185页。

入其与其他军阀的混战中。例如,1928 年春,朱培德所部第五路军参加二次"北伐",结果"受了老蒋种种限制与压抑,未得着一点利益"①。中国共产党则利用这一有利时机迅速在江西发展力量,而在江西的军阀也不可能拿出更多的兵力来应付革命武装。比如东固暴动时,其周边地区敌人军事力量薄弱。赣西南四五十县仅驻二十七师和七师两师人,"且战斗力均甚弱";其部署为"二十七师以七十九团守永新,八十一团守遂川,八十团守泰和、万安,吉安仅有师部直属军队六百人,七师则大部集中赣州,派少许部队赴寻乌、兴国镇压暴动"。②

　　总之,1931 年之前的江西,在客籍军阀的统治下,主政者更换频繁,相互间钩心斗角,统治基础薄弱。客籍军阀与中央及地方豪绅均有着很深的矛盾,江西经济虽有所发展但远远落后于全国其他省份,人民的生活处于动荡不安之中。在这样的政治经济格局之下,江西逐渐游离于中央权威之外,成为各种矛盾和冲突的交织地,为土地革命初期革命力量的兴起和迅速发展提供了有利条件。

二、本土豪绅与江西地方社会

　　在传统社会里,县以下的社会控制主要依靠地方绅士,而不是国家官僚体系。但是,自清末科举制度取消后,这种依靠地方精英进行非正式控制的体系逐渐瓦解,地方精英日益向城市迁移。至民国时期,客籍军阀在江西的统治仅仅依靠贫弱的军队,对地方社会的控制十分松散。土豪劣绅开始取代原有的地方精英成为"地方领袖",地方社会成为各种矛盾的交织地。饶伟新对土地革命前夕的江西南部农村社会矛盾的研究发现,在江西南部一带,除了地主与农民之间的阶级矛盾外,还有土客籍的分立对抗、宗族割据和家族主义的盛行,以及地方政治派系林立等一系列严重的社会分化和社会矛盾问题。③

　　江西本土豪绅多表现为姓氏与宗族的利益共同体,其构成了乡村权力的核心,宗族的运作方式不仅得到当地农民的高度认同,而且它的权力触角触

---

　　① 《江西工作近况——综合性报告》,江西省档案馆、中共江西省委党校党史研究室选编:《中央革命根据地史料选编》(上),江西人民出版社 1982 年版,第 3 页。

　　② 《中共江西省委给中央的报告——目前政治形势与朱毛红军发展情况》,中央档案馆、江西省档案馆:《江西革命历史文件汇集(1927—1928)》甲,1986 年印,第 229 页。

　　③ 饶伟新:《论土地革命时期赣南农村的社会矛盾——历史人类学视野下的中国土地革命史研究》,《厦门大学学报》2004 年第 5 期。

及乡村的每一个角落。兴国早期革命领导人之一的陈奇涵谈到,赣南"氏族社会的传统习气浓厚,规模宏大的宗祠到处林立。性情强悍好斗,每因发生个人纠纷都缠到氏族上来解决,调解不清,战祸即开"[①]。另一位革命亲历者肖华回忆:"那时,兴国的姓氏观念很浓厚,肖、陈两姓在兴国很有势力,兴国的伪商会会长历来都姓肖,伪县长来兴就任时都要拜过肖以钱。"[②]

乡村权力结构不仅仅以宗族和姓氏为中心,还呈现出横向发展的趋势。民国初年的于都县,有县绅洪氏兄弟分别创办了于水中学和昌村中学,新学的创办带来了士绅的分野,自此以后,"地方士绅分为两派,不入于雩(于)水即入于昌村,旗帜鲜明……而两校学生毕业回归本乡者,其情亦复如是"[③]。革命亲历者的回忆也证实,于都"全县的土豪劣绅,当时分成了昌村与于水两派对峙,两派之间既有勾结又有倾轧。他们翻手为云,覆手为雨,左右于都全县的反动政权。昌村派代表了农村封建大地主阶级的势力,他们以北乡的银坑、马鞍石、赖村、葛坳、水头,东乡的固院、梓山,南乡的禾丰、小溪等村为基础,……于水派的势力范围在县城和西南两乡,这两个乡中小地主居多,……凡是想在地方上混饭吃的知识分子,不依附于昌村派就得拜倒在于水派下,否则就无进身之阶"。乡村集团的权利纷争尽管非常复杂,既有新旧观念之间的分歧,又有国民党"左派"和"右派"之争,还夹杂着国共两党间的摩擦与分裂,以及地方上的宗族矛盾、土客矛盾等,但是几乎所有的斗争均围绕着争夺地方教育、财政、政权等核心内容而展开,并最终汇集到对县级政权的争夺。陈德军的研究显示,革命爆发前,多种复杂的政治力量,在江西东北各个县城进行了激烈的角逐;县城里的政治分裂,无可避免地削弱了本来就不是很有效的对乡间腹地的统治。[④] 但是,由于特殊的地理、政治、文化等环境,江西始终没有形成全省的共同利益集团。

革命爆发之初,本土豪绅成为首要的打击对象,导致他们大批地向城市逃生。贵溪县的省议员汪楚书、龙虎山上第53代张天师等地方名流人物,纷纷逃亡上海。[⑤] 寻乌最大的地主潘明征全家流亡梅县,另一个大地主

① 陈奇涵:《赣南党的历史》,陈毅、肖华等著:《回忆中央苏区》,江西人民出版社1981年版,第1页。

② 肖华:《兴国革命斗争与"少共国际师"》,陈毅、肖华等著:《回忆中央苏区》,江西人民出版社1981年版,第429页。

③ 《于都观感记》,《江西民国日报》1935年2月11日,第4版。

④ 陈德军:《乡村社会中的革命——以赣东北根据地为研究中心(1924—1934)》,上海大学出版社2004年版,第116页。

⑤ 游秀伯:《我所知道的贵溪大革命情况》,中共贵溪县委革命斗争史编纂办公室:《几个反面人物回忆贵溪有关资料》,1959年印,第16—17页。

邝明经,也"全家走尽";《寻乌调查》所列举的 113 个地主中,明确载明"全家走尽"或"逃走了"的有 20 家①。1930 年的江西西部,"地主豪绅在乡村跑得精光"②。本土豪绅的逃离,使原本就如一盘散沙的乡村权力结构变得更加混乱。而留在乡村的小批本土豪绅则自发组成地方武装。如东固暴动后,为对抗革命势力,当地大地主王初曦积极纠集富田、新圩、陂头、值夏等地的豪绅地主,购买武器,组织了 100 多人的"五市联防"反动武装,几次进扰东固根据地。③ 因兵力不足,军阀政府还与本土豪绅勾结,大办靖卫团,一时间靖卫团"布满了各县市和乡村"。但是,本土豪绅的武装都是各自利益的联合体,大都以乡、村地域为单位,难以统一起来,不少地方武装还"互相仇视或冲突,安福地方的靖卫团曾被商民靖卫团与西乡洋溪靖卫团缴械一次,吉水靖卫团第二五队与三四一队均在暗中冲突,吉安西区四都靖卫团与永安靖卫团互相仇视"。④ 靖卫团虽日渐扩大,但战斗力很弱,而且由于靖卫团所收捐税太多,不得人心。因此,本土豪绅武装不可能抵挡各地革命武装。

三、敌人统治缝隙与革命力量成长

综上所述,民国初年至 20 世纪 30 年代初的江西一直为客籍军阀所统治。客籍军阀的目的只是抢占地盘和掠取钱财,无心于地方经济建设;与江西本土豪绅也不和睦,整体战斗力不强,且与其他军阀钩心斗角。因此,客籍军阀在江西没有深厚的统治基础。北伐战争发动以后,在新军阀的统治下,江西日益游离于中央权威之外,新旧军阀的更替加剧了这一过程。地方上本土豪绅以宗族为单位结成单个的利益集团,革命暴动又进一步促使江西豪绅结成薄弱的地主武装,但地主武装相互间矛盾重重,完全不能与革命武装相抗衡。正是上述矛盾和冲突,使得客籍军阀和本土豪绅两大势力集团在土地革命初期,难以统一并形成强有力的战斗力。

1927 年,党的八七会议后,依照上级指示,江西许多地方党组织发动了秋收暴动,几乎同时在全省各县举行了武装起义。为应对风起云涌的革命势

---

① 《寻乌调查》,《毛泽东农村调查文集》,人民出版社 1982 年版,第 115—124 页。

② 《赣西南(特委)刘士奇(给中央的综合)报告》,江西省档案馆、中共江西省委党校党史研究室选编:《中央革命根据地史料选编》(上),江西人民出版社 1982 年版,第 340—341 页。

③ 中共江西省委党史资料征集委员会、中共江西省委党史研究室:《江西党史资料(东固革命根据地专辑)》第 10 辑,1989 年印,第 9 页。

④ 《中共赣西特委给江西省委的综合报告》,江西省档案馆、中央档案馆:《江西革命历史文件汇集(1929)》(一),1987 年印,第 113 页。

力,本土豪绅与客籍军阀不得不暂时达成一致的目标,但由于客籍军阀与"中央政权"和地方豪绅没有形成利益共同体,因而原本存在着的种种矛盾和冲突难以调和,有时甚至在革命到来之时更加被激化。这种局面客观上为江西土地革命提供了极为有利的社会条件。中国共产党人则利用这一有利时机,对基层社会进行了有效动员,促使革命力量得以在敌人统治的缝隙中成长。

第二节　中央苏区革命

中央苏区革命何以兴起?这是一个似乎古老而又常常引起历史学者思考的问题。毛泽东认为,近代中国社会是一个半殖民地半封建社会,"帝国主义和中华民族的矛盾,封建主义和人民大众的矛盾,这些就是近代中国社会的主要的矛盾,……这些矛盾的斗争及其尖锐化,就不能不造成日益发展的革命运动。伟大的近代和现代的中国革命,是在这些基本矛盾的基础上发生和发展起来的"①。毛泽东这一高屋建瓴的分析,被地方革命史的编撰者加以引用,从而对近代地方革命尤其是中央苏区土地革命的缘起做出学理解释。②笔者认为,这一简单引用并试图对中央苏区土地革命发生原因做出学理解释的行为,忽视了对近代以来赣闽边区社会生态环境的细致考察,缺乏对该地区历史发展多重面相的把握。另外,戴一峰从生态环境与人文环境两个角度考察了20世纪上半叶闽西社会经济的衰败。③饶伟新则从历史人类学的角度分析了土地革命时期赣南地区不同社会人

---

① 毛泽东:《中国革命和中国共产党》,中共中央文献编辑委员会:《毛泽东选集》第2卷,人民出版社1991年版,第631页。

② 例如,《龙岩人民革命史》的编纂者在阐述近代龙岩社会概况的基础上,认为:"在封建地主、帝国主义势力与地方军阀三位一体的统治下,龙岩农村经济残破,广大工农群众为求自身的解放,而走向革命。"《长汀人民革命史》的编纂者在对近代长汀政治经济概况描述的基础上,认为:"在帝国主义和封建主义的残酷掠夺和剥削下,民不聊生,天怨人怒。哪里有压迫,哪里就有反抗。近百年来,长汀人民为反抗压迫、争取自由解放,进行了英勇顽强的斗争,用鲜血和生命谱写了一部光辉的人民革命史。"《连城人民革命史》的编纂者在阐述近代连城政治经济概况的基础上,认为:"帝国主义、封建地主官僚和反动军阀对连城人民政治上的残酷压迫和经济上的疯狂掠夺,在连城2600平方公里的土地上,给贫苦人民留下了血泪斑斑的历史,这就是历史上连城人民不断进行反抗斗争的根本原因。"分别参见龙岩市委党史资料征集研究委员会编:《龙岩人民革命史》,厦门大学出版社1989年版,第4页;中共长汀县委党史工作委员会编:《长汀人民革命史》,厦门大学出版社1989年版,第7—8页;中共连城县委党史工作委员会编:《连城人民革命史》,厦门大学出版社1989年版,第8页。

③ 戴一峰:《环境与发展:二十世纪上半期闽西农村的社会经济》,《中国社会经济史研究》2000年第4期。

群之间的分化与对立,以及由此形成的土地革命中错综复杂的社会矛盾。[①]
黄道炫通过对 20 世纪 20 年代至 40 年代中国东南地区土地占有状况的研究,认为东南地方土地占有不如许多历史著作描绘的那样畸形,东南农村普遍的贫困意味着农村确已酝酿着爆发革命的条件,但在什么情况下发生革命,在什么地方形成革命中心,并不一定必然和当地的土地占有状况相联系,也不能单纯用贫困加以解说;苏维埃革命形成的关键在于中共对农村的历史性介入,是特殊政治态势下各种力量综合作用的结果。[②]

　　上述研究可以说是步步推进,有助于我们了解中央苏区土地革命前后的历史发展脉络并深入思考其爆发的原因。以此为基础,笔者认为,重新梳理近代以来赣闽边区的历史发展脉络,从社会生态环境变迁的角度探究该地区土地革命的缘起,不仅具有学术研究的价值,而且对于当前中国深化改革,妥善处理和解决纷繁复杂的经济、社会困难和矛盾,成功构建和谐社会,都有着重要的现实意义。

一、市场变迁与社会经济剧变

　　赣闽粤边区地处江西、福建、广东毗邻地区,武夷山脉和九连山脉相交于边区的中心地带,境内崇山峻岭、沟壑纵横,交通极为不便,社会经济发展相对滞后。近代以前,清政府实行闭关锁国政策,赣闽粤边区地方区域市场与国内外市场的交流主要凭借着两条运输路线才得以展开。一条是赣东南的贡水贸易线,即由贡水连接赣江—大庾岭商道的水路;另一条是粤东的东江贸易线,即通过东江连接出海口—广州的水路。[③] 因此,在传统社会中,赣闽粤边区一直是全国市场网络的终端,也是三省社会经济的边缘化地区。近代以降,伴随着赣江—大庾岭这条中国南北大通道的衰落,

　　① 饶伟新:《论土地革命时期赣南农村的社会矛盾——历史人类学视野下的中国土地革命史研究》,《厦门大学学报》2004 年第 5 期。

　　② 黄道炫:《一九二〇—一九四〇年代中国东南地区的土地占有——兼谈地主、农民与土地革命》,《历史研究》2005 年第 1 期,第 34 页。

　　③ 同治时期《赣州府志》记载:“省之南顾,则赣州为一省咽喉,而独当闽粤之冲,其出入之路有三:由惠州南雄者,则以南安大庾岭为出入;由潮州者,则以会昌筠门岭为出入;由福建汀州者,则以瑞金隘口为出入。”东江贸易线即赣东南寻乌等县、潮州北部、嘉应州和闽西部分进出口货物循东江到广州贸易,其具体路线是由寻乌水、江江、韩江上游及嘉应州北部各小河入梅江至五华境内的岐岭,取陆运到龙川县的老隆,再循东江南下,以达广州。分别参见同治时期《赣州府志·艺文》卷70;中共中央文献编辑委员会编:《毛泽东农村调查文集》,人民出版社 1982 年版,第 52—54 页;蒋祖缘主编:《广东航运史(近代部分)》,人民交通出版社 1989 年版,第 38 页。

赣闽粤边区似乎更为贫困和破落，并逐渐沦落为被世人"遗忘的角落"。

然而，赣闽边区历史发展的实际情况却与上述认识恰恰相反。19世纪中叶潮汕开埠以后，汕头迅速崛起为我国著名的近代化城市之一；其近代工业、商业、金融业、房地产业、城市公用事业和市政建设等均取得了长足的发展。① 进入20世纪以来，随着潮汕铁路的修建贯通，梅韩水运轮船运输业兴起②；汕头与其腹地——赣闽粤边区的联系更为便捷，也更为密切。在此市场变迁的背景下，赣闽粤边区地方区域市场与国内外市场的物流、人流、科技流、文化信息流路线及其流向逐渐发生了改变。整个"闽西、潮州北部、嘉应州以及惠州西北部等地向西方国家进行贸易的货物，不再循东江而至广州，改走韩江在汕头进出口"③。20世纪初的"梅县、汕头这个市，现在算是华南主要商埠之一，与厦、福、港、粤并驾齐驱……粤省东江廿一市县，甚至闽西上杭、平武、永定，赣南的寻乌、筠门岭、瑞金等县，一切货物出入，商旅往来，均须经由汕头往洛安大埔、梅县等县转运"④；"闽西各县出产的煤、铁、石灰石、木、竹、烟等主要经汀江运往粤东一带出售……汀属各县的进口物资，亦多由潮汕输入，经广东韩江接运至汀江后，分转各县"⑤。20世纪20年代曾经担任两任汕头市政厅长的萧冠英也记述："汕头一埠，据海关报告每岁贸易额六七千万两，为潮梅各属及闽赣边县之门户。凡此等地方，外出南洋群岛及东南亚细亚之移民，与夫对外贸易，悉由此经过。故其商业影响所及范围甚大，含有潮属之潮安……嘉属之梅县、兴宁、五华、平远、蕉岭五属，汀属之长汀、宁化、上杭、武平、清流、连城、归化（今明溪县，笔者注）、永定八属，赣州及宁都之于都、兴国、会昌、长宁（今寻乌

① 林金枝：《解放前华侨在广东的投资状况及其作用》，《学术研究》1981年第6期；林金枝：《近代华侨在汕头地区的投资》，《汕头大学学报》1986年第4期。

② 潮汕铁路是由梅县华侨张煜南兄弟组织公司经营的中国第一家华侨投资的商办铁路，全线长45千米，1905年开始兴筑，1907年完成；1931年以前，平均每日载运旅客约3000人，载货约70吨；30年代以后，平均每日载运旅客4、5千人，货物100吨以上；车辆每日来往潮汕6次，铁路经营长达30年。1913年，梅江开始有电轮行驶；石窟河上的新铺镇，也时时出现上上下下的小火轮；民国时期，航行于梅江水道的汽轮有70艘。分别参见林金枝：《近代华侨投资国内企业概论》，厦门大学出版社1988年版，第87—88页；政协梅县文史资料委员会编：《梅县文史资料》第28辑，第92页；温锐、游海华2000年在蕉岭县新铺镇实地调查；梅县志编纂委员会编：《梅县志》，广东人民出版社1994年版，第462页。

③ 蒋祖缘主编：《广东航运史（近代部分）》，人民交通出版社1989年版，第38—39页。

④ 《汕头商业的今昔观》，《江西民国日报》1936年7月17日，第8版。

⑤ 林开明主编：《福建航运史（古近代部分）》，人民交通出版社1994年版，第276页。

县，笔者注）、宁都、瑞金、石城七属。"①上述不同时期、不同来源的文献记载都表明：自19世纪中叶汕头开埠以后，尤其是20世纪初以来，梅韩水运、汀韩水运、潮汕铁路逐步取代贡水成为边区最繁忙的运输线。

与进出口通道变化一致，20世纪头20年，赣闽粤边区的邮政与电信事业也迅速崛起，并形成网络。边区中心各县（寻乌、会昌、瑞金、平远、蕉岭、梅县、长汀、上杭、武平等）均设立了邮政局（邮政代办所），电报局（电报代办所）也完成了大部分设点工作。②

随着汕头等东南沿海口岸的开埠，赣闽粤边区有了更为便捷的进出口；进入20世纪以后，又有了更为完善的市场网络（梅韩水运、汀韩水运、潮汕铁路、邮政与通信网络），这使得其与国内外市场的联系比之以前更加紧密。因此，19世纪中期尤其是进入20世纪以来，赣闽粤边区不但没有成为"死角"，其社会经济反而呈现出某种新兴的趋势。

赣东南宁都县城乡市场的繁荣典型反映了近代以来的这一新兴趋势。"自资本主义怒潮由都市而侵入农村，一切资本主义商品普遍输入，洋沙、布匹、洋油、火柴、化装（妆）品、奢侈品，以及一切日常必需品等等之输入甚多。同时，因宁都出产甚多，足称富庶，过剩之农产品亦向外输入，因此商业日渐繁盛，县城商店将近千家，典当铺有八家，牙行三十余家，其他如洋货店、南货店、粮食店、旅馆、照相馆、镶牙馆与新式理发店，无不应有尽有。……四乡之商店虽不甚大，但市廛甚多，日渐繁荣。"③20世纪30年代的中共革命者对这一趋势也有着深刻的描述。闽西的革命者说，"城市资本家赚了钱进乡购买土地"，龙岩、连城、永定都成为他们的投资场所，一大批往南洋经商发了财的华侨也积极加入这一投资热潮；与"下乡置田买业"热潮相对应的是"乡村地主的商人化，他们一面在乡村是地主，一面却把从农民剥来的孳钱投入城市经商"，"闽西的商业即在扰乱的政局下仍然是发展的"。④ 江西的革命者则说："在一九二九年前，赣西南的商业经济是发展的形势，原因有二，第一，洋货侵入，吉安、赣州，都有很新的洋货店，仿照上海

①　萧冠英：《六十年来之岭东纪略》，广州培英图书印务公司1925年初版，广东人民出版社1996年影印版，自序第2页。

②　温锐、游海华：《劳动力的流动与农村社会经济变迁——20世纪赣闽粤三边地区实证研究》，中国社会科学出版社2001年版，第69—70页。

③　刘斌：《宁都视察记》，《大公报》（天津）1934年12月22日，第3版，《新赣南报》（赣州）1935年1月11日。

④　《中共闽西第一次代表大会之政治决议案》，江西省档案馆、中共江西省委党校党史教研室选编：《中央革命根据地史料选编》（中），江西人民出版社1982年版，第109—110页。

的模样,商店(如吉安之×强)街道门面,渐趋现代化(资本主义化吉安新开了很多新式饭店,如中山大旅社、大陆饭店,以及原有之吉祥旅馆),等之改新,洋货店、绸缎铺,都是仿照上海汉口的式样渐渐改新,吉安附近比较大的县城市镇,如永新、永阳、横江渡一带,都是如此,几处很小的圩场(……)都有洋货……赣州在革命以前都是商业发展的形势";工商产业的发展和繁荣为劳动力提供了众多的工作机会和出路,"赣州大商人大抵是广东佬,吉安则本地人为多,赣西各比较多大的县城(二等县域口)及大市镇,如永阳、阜田、永新、莲花一带,大半是吉安人为多,赣州亦有很多商人是吉安的,在湖南经商的江西老表,亦大半是吉安人,所以吉安在赣西南占了商业的经济中心。在交通上,政治上,扼赣江的焦点,因此由吉安商业经济之发展,可以推及一般,证明商业时期是向前发展的。第二,地主经济向城市集中(即地主脱化到资本家的一种形势),许多地主把他的金钱拿到城市来开商店,甚至卖掉田到城市来经商的,另有一种是赚了钱,又到乡村来置田买业的"。①

　　与近代商业发展趋势相一致,赣闽粤边区还升腾起现代工业化的气息。19世纪末至20世纪30年代革命前,受市场机制的驱动、政府的提倡和努力,赣闽粤边区各县创办了一些以纺织、印刷、电力为主的近代工业企业。② 例如赣县的日新公司印刷所、光华电灯厂,信丰的采煤厂,上杭的福曜电灯公司,长汀的毛铭新印刷所、锦云织布公司,梅县的黄奕记机械修理厂、泰通玻璃厂、振东有限公司,兴宁的振兴布厂、合益玻璃厂等。其中,粤东北的兴梅地区因临近东南沿海开放口岸的地理优势,无论是企业数量还是规模,均居于领先地位。③ 这些近代工业企业,基本上是半机械化生产,采用当时先进的工业生产工艺和管理模式。

　　浩浩荡荡的近代资本主义市场与工商业大潮在带给赣闽粤边区发展机会与繁荣希望的同时,也带来了残酷的竞争和破产的风险。闽西农村社会的变化堪为典型。近代以降,赣东南各县的农业经济结构以粮食种植业

---

① 士奇、昌廖、天干:《赣西南苏维埃区域的经济状况及经济政策》,江西省档案馆、中共江西省委党校党史教研室选编:《中央革命根据地史料选编》(下),江西人民出版社1982年版,第555—556页。

② 温锐、游海华:《劳动力的流动与农村社会经济变迁——20世纪赣闽粤三边地区实证研究》,中国社会科学出版社2001年版,第227—228页。

③ 20世纪20年代曾经担任两任汕头市政厅长的萧冠英对此有详细的记述。参见萧冠英:《六十年来之岭东纪略》,广州培英图书印务公司1925年初版,广东人民出版社1996年影印版,第23—24、31—36页。

为主,粮食产量比较丰富,闽西则山多田少,粮产不足,长期以来,一直依赖赣东南各县的接济。① 但是,闽西传统的手工业和山林种植业发达,"闽西的出产以纸、烟为大宗,其次是茶叶等。在从前,产纸的数量,即拿连城一县来计算,每年产额有一百多万,闽西的群众,即用这些土产工业,来交换食盐、煤油、布料及日用工业品等"②。此外,闽西还出产大量的木材,清末为汀江流域木材输出的全盛时期,"武平连城各县,每年输出之数量,已各在百万元以上,至全区之统计,年值至少当在三百五十万元"③。这些产品的商品化程度相当高,成为农民家庭经济的另一主要收入来源。戴一峰通过其研究也指出:"在闽西农田不足于养育农民的情况下,林业资源对闽西的社会经济发展起了极其重要的作用。"④然正因为如此,面对着激烈的市场竞争,闽西传统的手工业和山林种植业也遭受着强烈的冲击。"木材价格,逐渐下跌","民元以还,迄未稍减,直至民七八之间,尤益加剧,因是,旧有木商,大半改业"。⑤ 30 年代的中共革命者带着惋惜的语气说:"因为手工业出品不好,成本又贵,比不上机器出品的又好看又便宜,所以,自帝国主义的工业品侵入以后,闽西的手工业便逐渐破产,洋布战胜土布,洋纸打倒土纸,卷烟打倒了条丝。"⑥赣闽边区传统手工业和山林种植业所遭受的冲击,表明边区农民由传统市场进入近代市场经济的搏击中,市场竞争日趋激烈,生存压力愈来愈大。

二、市场变迁与地方社会转型失控

循着通商口岸和市场网络向边区进军的不仅有浩荡的工商大潮、激烈的市场竞争以及破产风险,还有现代新兴思潮、政党组织。20 世纪初新文化运动的兴起、五四运动的爆发,古老的中国又经历了一次又一次新思潮的洗礼。这些新思潮由外出求学的"洋"学生不断地带回家乡,扩散到赣闽

①　温锐、游海华:《劳动力的流动与农村社会经济变迁——20 世纪赣闽粤三边地区实证研究》,中国社会科学出版社 2001 年版,第 173—174、253 页。

②　《中共闽西党第二次代表大会日刊》,江西省档案馆、中共江西省委党校党史教研室选编:《中央革命根据地史料选编》(上),江西人民出版社 1982 年版,第 278 页。

③　《汀江流域之木材业》,福建省政府秘书处统计室:《统计月刊》第 2 卷第 4 期,第 1、10 页。

④　戴一峰:《环境与发展:二十世纪上半期闽西农村的社会经济》,《中国社会经济史研究》2000 年第 4 期,第 2、6 页。

⑤　《汀江流域之木材业》,福建省政府秘书处统计室:《统计月刊》第 2 卷第 4 期,第 1 页。

⑥　《中共闽西党第二次代表大会日刊》,《中央革命根据地史料选编》(上),江西人民出版社 1982 年版,第 278 页。

边山区。1921年,改造社在南昌出版《新江西》;1922年,万安青年学会在家乡创办《青年》;1925年,《吉光》《血痕》《平民》《吉州学生》等进步刊物也先后在吉安出版。① 闽西各县也是如此。1921年以后,以邓子恢为首的龙岩进步知识青年发起组织"奇山书社",开展"青年自修的读书运动",决心"先从改造个人做起,而后及于改造社会",并创办刊物《读书录》,1923年在厦门以《岩声》为名公开发行;类似的进步组织和刊物有永定的"晨钟社"和《钟声》杂志,"上杭青年读书会"与《幻灯》杂志(后改为《上杭评论》),长汀籍青年在广州成立的"汀雷社"和《汀雷》月刊;20世纪20年代初期,闽西各地先后出现的进步刊物有《曙汀》《改进》《虹痕》《奋斗》《赤花》《雷鸣》《突击》《长汀月刊》《莲钟月刊》《到民间去》《新龙岩季刊》等十几种。② 这些刊物主要宣传无政府主义、自由主义、马克思主义、科学主义、空想社会主义、新村主义、工读互助主义等多种西方思潮,并开始尝试着用他们自己理解的、还不是很成熟的西方思潮解剖社会,鼓吹革命,揭露现实社会黑暗,主张改造并变革传统社会。

1924年初,历经风霜的中国国民党和新生的中国共产党在广州实现了合作,联手开创了"大革命"时代。借助东征与北伐的东风,赣闽边区的国共组织初步建立。1926年以后,赣南的南康、赣州、大庾、于都、兴国等地都成立了中共县党部。③ 同年春,寻乌人古柏等在梅县创建中国共产党寻乌小组,属中共梅县特支领导;1927年秋,古柏回寻乌建立中共的地方党组织,隶属东江特委领导。④ 1926年前,闽西的永定、长汀、龙岩等地,已经成立了国民党临时县党部或筹备处;同年底,国民革命军平定福建全省,大大促进了各地国共党组织的建设;1927年以后,闽西各县地方国共党组织纷纷建立,由于地利的原因,闽西中共地方党组织也和寻乌县一样,隶属于广东区委领导。⑤ 国共地方党组织建立以后,积极宣传反帝反封主张,创办农民养成所(讲习所),培训农民运动骨干,组建农民协会,发动农民开展"二五减租"和废除苛捐杂税等运动。值得一提的是,1927年春夏以前,由于前述国共合作的缘故,上述国共党组织往往交织在一起,共同开展活动。

---

① 黄日星、张德意:《江西期刊综录》,江西人民出版社1994年版,第4—5页。

② 林强主编:《中共福建地方史》(上),中央文献出版社1993年版,第85—86页;中共龙岩地委党史资料征集研究委员会编:《闽西革命根据地史》,华夏出版社1987年版,第8—10页。

③ 夏道汉、陈立明:《江西苏区史》,江西人民出版社1987年版,第39页。

④ 寻乌县志编纂委员会编:《寻乌县志》,新华出版社1996年版,第221、460页。

⑤ 林强主编:《中共福建地方史》(上),中央文献出版社1993年版,第154—157页;中共龙岩地委党史资料征集研究委员会编:《闽西革命根据地史》,华夏出版社1987年版,第13—15页。

　　早在新兴思潮和政党组织成立之前,赣闽边区地方士绅之间的斗争硝烟已经悄悄弥漫。中华民国元年以来的龙岩,先是九中派(以龙岩中学校长魏梦云和原松涛小学校长杜连茹为首领的地方实力集团,1916 年龙岩中学改为省立第九中学)与公民派(以公民小学校长丘文甫和郑笔山为首领的地方实力集团)对地方权力的争夺;1924 年以后,变为三民主义促进会(九中派与公民派联合后组成,简称旧派;该集团标榜自己是正统的国民党,奉行的是正宗的三民主义)和新岩同志社(简称新派,该派以国民党老同盟会员,后任福建省政务委员、省党部主任委员的詹调元为后盾)之间的对抗。①民国初年的于都县,有县绅洪氏兄弟各发起创办中学一所,一名于(雩)水,一名昌村,负笈来学者各五六百人;新学的创办带来了士绅的分野,自此以后,于都"地方士绅分为两派,不入于雩水即入于昌村,旗帜鲜明⋯⋯而两校学生毕业回归本乡者,其情亦复如是"②。革命亲历者的回忆也证实,于都"全县的土豪劣绅,当时分成了昌村与于水两派对峙,两派之间既有勾结又有倾轧。他们翻手为云,覆手为雨,左右于都全县的反动政权。昌村派代表了农村封建大地主阶级的势力,他们以北乡的银坑、马鞍石、赖村、葛坳、水头,东乡的固院、梓山,南乡的禾丰、小溪等村为基础,⋯⋯于水派的势力范围在县城和西南两乡,这两个乡中小地主居多,⋯⋯凡是想在地方上混饭吃的知识分子,不依附昌村派就得拜倒于水派下,否则就无进身之阶"③。

　　此外,瑞金有"新派"与"老派",寻乌有中山派(合作社派)与新寻派(青年革命同志会),长汀有所谓的张绍族派和康派,永定有"城内派"与"静庐派",等等。这些地方实力派别之间的斗争非常复杂,既有新旧观念之间的分歧,又有国民党"左派"和"右派"之争,还夹杂着国共两党间的摩擦与分裂,以及地方上的宗族矛盾、土客矛盾等;当然,几乎所有的斗争,均围绕着争夺地方教育、财政、建设、政权等核心内容而展开。

　　赣闽边区地方经济与社会结构的深层变动有赖于强有力的政府对之进行有效的整合,可惜的是,进入 20 世纪后的中国,上至中央政府,下至地方政权,可谓"城头变幻大王旗"。从 1913 到 1926 年,短短 14 年之中,江西便先后更换了 6 任督军,其中五任(李纯、陈光远、蔡成勋、方本仁、邓如琢)赣督都是

---

① 陈仙海:《龙岩二十年代前后的社会政治教育概况》,《龙岩文博》第 6 期,第 46—48 页。

② 《于都观感记》,《江西民国日报》1935 年 2 月 11 日,第 4 版。

③ 丘倜:《回忆于都暴动》,政协江西省文史资料委员会编:《江西文史资料》第 8 辑,1981 年印,第 64 页。

外省人，他们在江西地方建设方面几乎毫无成就。民国初年的福建，表面上看起来似乎政局相对平稳，实际上却是军阀割据、民军林立。20 年代尤其是 1927 年以来，福建省政府"政令不出省门"①，各县地方政权或为军阀专政（如福建陆军王献臣、李凤翔等部相继称雄闽西），或为豪绅（民团）把持（如陈国辉、卢新邦、郭凤鸣、张贞、卢新铭、陈国华、张大成、兰玉田、钟绍葵、江湘、陈荣光等多如牛毛）。为了争夺地盘和税源，大小军阀之间的混战则如家常便饭，据统计，自 1922 至 1925 年间，闽西有大小战争 30 余次之多。②

连年的军阀混战，也给边区各县人民带来了无穷的负担。为了维持庞大的军政开支，大小军阀如抽茧剥丝般强令筹饷。在江西，农民"除原有赋税统税等正税外，其余的杂税竟有十余种之多……最近更为新奇，竟有喜捐丧捐与人头捐"③。赣东南的瑞金县，"自民十一以来，叠驻大军，兵差供应，所费甚巨"④；会昌县从筠门岭到西江短短 180 里路，就设有 9 个"厘金卡"，来往赣粤之间挑脚贩卖的小商小贩，受尽关卡盘剥之苦⑤。在闽西的龙岩，暴动前"捐税有四十多种，每人的负担要二十八元"⑥。预征田赋是各地军阀敛财的主要手段。1925 年，张毅所辖漳州、龙岩二县，田赋已征至 1930 年；李凤翔所辖汀属八县，田赋已征至 1931 年；孔昭同在兴泉永各地，甚至已经预征 1932 年的田赋。⑦ 军阀曹万顺统治上杭时，向人民预征了 20 多年的钱粮。⑧ 不少商家和富户不堪重负，纷纷迁居异地，逃避摊派。1918 年出生的长汀县河田镇李秉清回忆说，为了躲避乡村苛重的捐饷，1925 年，他父亲带领全家由河田镇搬到长汀县城居住。⑨

黑金政治导致动荡的政局，转嫁给农民无穷的负担；前述残酷的市场竞争也恶化了赣闽边区农民的生存环境，堵塞了下层百姓的谋生之途，农民们"迫于生活无奈，不得不去当土匪"；败退的小股军阀部队也往往与他

---

① 《福建赤祸的前因后果（一）》，《申报》（上海）1932 年 7 月 3 日，第 12 版。

② 张鼎丞：《中国共产党创建闽西革命根据地》，人民出版社 1982 年版，第 3 页。

③ 《江西近况工作——综合性报告》，江西档案馆、中共江西省委党校党史教研室选编：《中央革命根据地史料选编》（上），江西人民出版社 1982 年版，第 2 页。

④ 《瑞金旅省同乡为桑梓呼吁》，《江西民国日报》1930 年 11 月 5 日，第 5 版。

⑤ 中共赣州地委党史工作办公室编：《赣南人民革命史》，中共党史出版社 1998 年版，第 6 页。

⑥ 《中共闽西党第二次代表大会会刊》，江西档案馆、中共江西省委党校党史教研室选编：《中央革命根据地史料选编》（上），江西人民出版社 1982 年版，第 280 页。

⑦ 转引自林强主编：《中共福建地方史》（上），中央文献出版社 1993 年版，第 103 页。

⑧ 转引自中共龙岩地委党史资料征集研究委员会编：《闽西革命根据地史》，华夏出版社 1987 年版，第 3 页。

⑨ 温锐、游海华 2000 年在长汀县河田镇实地调查。

们沆瀣一气，拖枪上山，自立为王，干起剪径打劫和绑票吊参的土匪行径。例如，清末民初，从兴国到梅县的途中，"路上不安靖，民团、靖卫团时常搜抢客人身上的钱"①。苏区革命前，"由龙岩至连城庙前这条大路是跑不通的，土匪充斥了旅途"②。下坝至武平县城、江西、广东的几条大路，每条大路都有土匪收取保护费③；"在闽西土匪特别多"④，江西"赣南的土匪极多"⑤，等等。

三、社会生态环境失调与中央苏区革命的兴起

19 世纪中叶以前（太平天国战争以前），赣闽边区地处两省边陲，境内崇山峻岭、沟壑纵横，交通极为不便。由于上述区位和交通条件的限制，在传统市场环境和相对稳定的地方政治结构中，尽管社会经济发展相对滞后，但其社会秩序尚称有序，农民生活尚称安定。

19 世纪中叶以后的赣闽边区，因其有了更为便捷的进出口（汕头）和更为完善的市场网络，这使得她与国内外市场的联系比之以前更加紧密；西方资本主义生产方式、科学技术文化循着韩江水系逐渐向赣闽边区延伸展拓。但是，浩浩荡荡的近代资本主义市场与工商业大潮在带给赣闽边区发展机会与繁荣希望的同时，也带来了残酷的竞争和破产的风险。依赖传统谋生方式的农民面对激烈的市场竞争环境，一时应对失据，生存陷入困境，其对近代市场经济的适应尚需时日。中华民国元年以来，地方军阀的混战与黑金政治，转嫁给农民无穷的负担，进一步恶化了边区农民的生存环境，堵塞了底层百姓的谋生之途。而外来的新兴思潮、政党组织犹如旋风，它们和地方固有的士绅争斗，暗流交汇激荡；阶级矛盾、土客矛盾、宗族矛盾、姓氏矛盾等多种社会矛盾逐渐汇集成社会不稳定的洪流⑥，深深撼动着古

---

① 《兴国调查》，《毛泽东农村调查文集》，人民出版社 1982 年版，第 211 页。

② 《中共闽西党第二次代表大会日刊》，江西档案馆、中共江西省委党校党史教研室选编：《中央革命根据地史料选编》（上），江西人民出版社 1982 年版，第 278—279 页。

③ 温锐、游海华 2000 年在武平县下坝乡实地调查。

④ 《中共福建省委报告》，江西档案馆、中共江西省委党校党史教研室选编：《中央革命根据地史料选编》（上），江西人民出版社 1982 年版，第 69 页。

⑤ 《张怀万巡视赣西南报告》，江西档案馆、中共江西省委党校党史教研室选编：《中央革命根据地史料选编》（上），江西人民出版社 1982 年版，第 183 页。

⑥ 饶伟新对土地革命时期赣南农村的社会矛盾有较为详细的描述。参见饶伟新：《论土地革命时期赣南农村的社会矛盾——历史人类学视野下的中国土地革命史研究》，《厦门大学学报》2004 年第 5 期。

老的赣闽山区。这一切都表明,20 世纪初年以来的赣闽边区,其社会生态环境处于严重的失调状态。

赣闽边区地方经济与社会结构的深层变动,有赖于强有力的政府对之进行有效的整合;被市场竞争机制暂时淘汰出局的边区底层农民,也有赖于现代政府的社会保障制度给予及时的必要的救济;外来西方思潮的本土化也需要一定的时间,思想文化界的新派与旧派,既需要实践中相互之间的磨合,更需要对待思想异己的宽容。遗憾的是,进入 20 世纪以来,帝制的覆灭也伴随着"中央权威"的丧失,中国进入了一个诸侯称雄且连绵不已的时代;新兴的政党势力——国共两党又未能精诚合作,错失整合国家与社会的时代良机。1927 年春夏,国共两党最终走向政治分野;中国共产党在处于政治弱势的形势下,转入农村展开武装割据斗争,寻求夺取政权的另一条道路。社会生态环境严重失调的赣闽边区,恰在此时成为催生革命最好的温床。

第三节　东固农民革命

长期以来,学界乃至社会各界的主流观点认为:帝国主义的压迫与国内尖锐的阶级矛盾、土地占有的不均和农民的极端贫困,是红色革命爆发的根本原因。近年来,随着学界研究的深入,上述陈说日益受到质疑。[①] 笔者曾从社会生态环境变迁的角度,宏观分析了中央苏区土地革命兴起的深层原因。[②] 若从微观层面看,红色革命是否会兴起,又会如何兴起和展开?本节即以吉泰盆地和该地爆发的东固革命[③]为例,做一个案分析,力图通

---

① 例如,饶伟新认为,在革命地区具体的社会历史环境下,土地革命斗争并不完全表现为单纯的阶级斗争;黄道炫进一步指出,红色革命中心的形成,并不一定必然和当地的土地占有状况相联系,也不能单纯用贫困加以解说。毫无疑问,他们的研究成果,对于苏区革命研究的深入开展,都极具理论和方法意义。分别参见饶伟新:《论土地革命时期赣南农村的社会矛盾——历史人类学视野下的中国土地革命史研究》,《厦门大学学报》2004 年第 5 期;黄道炫:《一九二〇—一九四〇年代中国东南地区的土地占有——兼谈地主、农民与土地革命》,《历史研究》2005 年第 1 期,第 34 页。

② 游海华:《中央苏区土地革命缘起的社会生态环境考察》,《福建论坛》2011 年第 2 期。

③ 东固革命根据地时空范围,目前学界比较成熟的看法是:以吉安县东固为中心,北至吉水县水南、白沙,永丰县的罗坊;西至吉安县富田,泰和县中洞、桥市;南至兴国县贺堂、崇贤、枫边;东至永丰县潭头、沙溪、上固等地。全盛时期面积达 2000 平方公里,人口约 15 万,其存续时间为 1927 年 9 月至 1929 年 11 月。参见中共吉安县委党史办:《东固革命根据地概述》,沈庆鸿和白溪生:《试谈东固革命根据地的历史分期和区域范围》,中共江西省委党史资料征集委员会、中共江西省委党史研究室编:《江西党史资料·东固革命根据地专辑》第 10 辑,1989 年印,第 1,220—223 页。

过近代以来该地农民生存环境的变迁，以及大革命中国共两党利用北伐浪潮如何扎根地方乡土，地方知识分子如何因家仇私恨、个人前途等介入地方权力和党争而登上地方政治舞台，等等史实的梳理和分析，再现大革命前后失衡的社会生态环境和历史场景，揭示出中共地方革命兴起的深层原因。

一、暴动前吉泰盆地的生态环境

从江西省政区图上看，东固地区位于赣省的中部偏南，隶属于吉安县，地处吉安、吉水、永丰、兴国、泰和五县交界山区，距离周边各县县城，均在百里以上。境内崇山峻岭，地势险要，交通极为不便。自清末江西巡抚修建一小段公路以来，新型的现代化公路建设事业并未向其他地区延伸拓展[①]，地处山区的东固地区，则更是闭塞如旧。当地的进出口通道仅仅是五条羊肠小道，曲折跌宕地通向山外的世界，日常生活必需品也是由"精苦勤干"的小商贩翻山越岭，蚁运而来，商品和信息的流通缓慢而艰难[②]。

好在大自然赐予了东固人民以优越的生存环境。气象资料显示，东固年平均气温达 17.3℃（江西全省为 16.2—19.7℃），≥10℃积温为 5365℃（吉安县为 5823.5℃，江西全省为 5044—6339℃），无霜期有 250 天（吉安县为 278.4 天，江西全省为 241—304 天），年降水量在 1623 毫米左右（吉安县为 1457 毫米，江西全省为 1341.4—1939.4 毫米）。[③] 东固是吉泰盆地的重要组成部分，该盆地水源充足，土层较厚，土质肥美，传统社会以来，一直就是江西省著名的商品粮基地。丰富的热量资源、充沛的降水量和肥沃的土壤，为以水稻为主的粮食作物和茶叶、油茶、油桐、毛竹、杉木等经济用材林

---

① 1909 至 1910 年，为方便中外人士游览庐山，江西巡抚冯汝骙拨库银修建了本省第一条公路——九江至莲花洞公路。自此以后，江西公路建设中断 15 年之久，到 1925 年，主政者才重续公路现代化进程，修建江西第二条公路——南昌至莲塘公路，1928 年建成通车。参见江西省交通厅公路管理局编：《江西公路史》第一册，人民交通出版社 1989 年版，第 65、66 页。

② 有一个例子相当典型，可作为说明。1927 年 8 月 6 日，吉安国民政府军制造了"八六"事变，密谋逮捕了县城各革命团体的负责人，并枪杀了县总工会委员长梁一清等 3 人。时在家中的赖经邦（东固暴动的领导人）毫不知情，由 14 日由家乡东固步行回吉安，行至富田附近发现路上情况有异，才幸免于难。震惊吉安地方乃至全省的大事变发生一个多星期后，赖居然毫不知情，于此可见东固信息闭塞之一斑。参见江西省军区党史资料征集办公室编：《江西革命暴动（1927.8—1928.6）》，1988 年印，第 81 页。

③ 东固气象资料参见江西省吉安县人民政府地名办公室编纂：《吉安县地名志》，1987 年印，第 73 页；吉安县和江西全省气象资料参见谭钜生等编：《江西省地理》，江西教育出版社 1989 年版，第 66—74、128 页。

木提供了茁壮成长的优良环境，也为当地农民的粮食供给和其他基本生活资源提供了充分的保障。革命领导人段起凤(1893—1930)的家庭生活可资说明。他是永丰县潭头乡芹菜坑丝茅坪村(与东固仅一岭之隔)人，是东固革命的主要组织者之一。他的父亲段新宙是一位农村武术师，"家里没有一丘田，全靠租种地主富农的土地维持生活"，但即便如此，他仍将5个儿子、3个女儿养大成人；其中5个男孩均学了手艺。① 这一典型事例说明，在通常情况下，只要能够勤于劳作，哪怕完全佃耕别人的土地，农民的日常生活当不致陷入困境，其种族繁衍也不会成为突出问题。

当然，东固地区及其邻近山区的绝大部分山民还是过着物资贫乏的生活，生活的重担一直没有离开过他们负重的肩膀。大革命前的东固，有人口15000人，土地22000余亩，大部分田地都为豪绅地主所有，大多数农民都靠租种水田和茶山为生。② 据来自东固区西城村的调查，革命前全村原有28户人家，耕地1800余亩，其中2户地主占有1100余亩，占总数的61％；15户贫雇农仅占有145亩耕地，不到总数的8％；其他阶级成分11户，只占有少量的耕地；其余皆为豪绅地主把持的公田。东固大源坑人、暴动的主要组织人之一汪安国的回忆也证实："在土地革命前，东固境内有3200余户人家。大多是明末清初从福建、广东迁来的客籍人，除李、刘、汪等姓，比较集中居住在黄沙、东固、西城、大源等处外，其余是三五家、十多家不等分散而居，绝大部分是贫农、佃农、中农。他们租富田王家、陂下胡家，以及东固徐、兰两姓和富农的土地耕种(在土地革命初期，东固只有富农之称，不称地主)。"③西城村及东固土地占有不均的状况可能是整个吉泰盆地的普遍反映。吉安全县的情况大致是，70％以上的土地掌握在占人口约10％的地主、富农手里，占人口总数80％以上的贫雇农却只占有10％左右的土地。④ 赣西南各县土地"百分之六十到八十集中在地主阶级手里(包括祠堂寺庙富农)，特别是肥沃的土地，集中在地主富农手里，而且农村一般的现象，是田少人多(只有少数山地的田比较多)，大地主少小地主多"⑤。

---

① 中共吉安地委党史工作办公室编著：《吉安英烈》，中共党史出版社1992年版，第407页。

② 江西省军区党史资料征集办公室编：《江西革命暴动》，1988年印，第79页。

③ 汪安国：《我所知道的东固革命根据地的几件事》，中共江西省委党史资料征集委员会、中共江西省委党史研究室主编：《江西党史资料·东固革命根据地专辑》第10辑，1989年印，第107—108页。

④ 吉安县志编纂委员会编：《吉安县志》，新华出版社1994年版，第516页。

⑤ 赣西南特委：《赣西南的(综合)工作报告》，江西省档案馆、中共江西省委党校党史教研室编：《中央革命根据地史料选编》(上)，江西人民出版社1982年版，第408—409页。

土地占有的不均可能加重了某些农民谋生的艰难。这种艰难其一表现在地租上,其二表现在民间借贷上,其三表现在农民工资低下上。革命者当年的调查对此有充分的显示。赣西南各县"一般的租率是农民地主各半,有的地主得十分之六,还有一种铁租,不论收获如何要照额定数目交租,都是以农产品交租,一般的利率是二分半至三分,农村的富农放债还有十分或五分的,特别是在青黄不接的时候,地主富农故意积谷居奇高抬谷价闭粜等,这是农民觉得最痛苦的事情。工人的生活非常恶劣,长工每年最高工钱八十吊,有的三十吊或二十吊,短工每日二百至三百,工作时间一般的都是日出而作、日入而息。一般的待遇,长工是非常痛苦的,短工要比较好些"①。汪安国则称,东固贫苦农民"在经济上受到地主的重利重租的剥削"②。土地占有不均、地租负担、高利贷以及低工资等种种经济不平等现象可能成为革命的孕育因素之一。

其实,当地农民不仅面临着传统社会以来一直就有的谋生压力,五口通商以后,他们还面临着近代工商经济大潮带来的机遇、挑战与风险。东固所属的吉安地扼赣江的中游,明清以来一直是中国南北大通道上的一颗明珠。进入近代以后,尽管江西身处内陆,吉安则是内陆的内陆,但是,与传统社会相比,她与国内外市场的联系更为紧密;西方资本主义生产方式、商品与文化循着长江流域逐渐向赣省腹地延伸展拓,身为赣西政治、经济中心的吉安,清末民初时期呈现的是一派欣欣向荣的发展势头,"一切货物的出口入口都是这个地方",并出现了"银行银楼等等的大商业"③,"有美孚、亚细亚等油行","市面洋货、西药、纸烟非常充斥"。④ 对此,当年的革命者有着切身的体察,他们描述:"在一九二九年前,赣西南的商业经济是发展的形势……吉安、赣州,都有很新的洋货店,仿照上海的模样,商店(如吉安之×强)街道门面,渐趋现代化(资本主义化)吉安新开了很多新式饭店,如中山大旅社、大陆饭店,以及原有之吉祥旅馆,等之改新,洋货店、绸缎铺,都是仿照上海汉口的式样渐渐改新,吉安附近比较大的县城市镇,如永

---

① 赣西南特委:《赣西南的(综合)工作报告》,江西档案馆、中共江西省委党校党史教研室选编:《中央革命根据地史料选编》(上),江西人民出版社1982年版,第409页。

② 汪安国:《我所知道的东固革命根据地的几件事》,中共江西省委党史资料征集委员会、中共江西省委党史研究室主编:《江西党史资料·东固革命根据地专辑》第10辑,1989年印,第107—108页。

③ 《刘作抚关于赣西情形的综合报告》,中共江西省委党史资料征集委员会、中共江西省委党史研究室主编:《中央革命根据地史料选编》(上),江西人民出版社1982年版,第136页。

④ 张怀万:《张怀万巡视赣西南报告》,江西档案馆、中共江西省委党校党史教研室选编:《中央革命根据地史料选编》(上),江西人民出版社1982年版,第188页。

新、永阳、横江渡一带,都是如此,几处很小的圩场(……)都有洋货";工商产业的发展和繁荣为当地劳动力提供了众多的工作机会和出路,"赣州大商人大抵是广东佬,吉安则本地人为多,赣西各比较多大的县城(二等县域口)及大市镇,如永阳、阜田、永新、莲花一带,大半是吉安人为多,赣州亦有很多商人是吉安的,在湖南经商的江西老表,亦大半是吉安人"。① 浩浩荡荡的近代资本主义市场与工商业大潮在带给吉赣发展机会与繁荣希望的同时,也带来了残酷的市场竞争和破产的高风险。洋油、洋货、西药、纸烟等的充斥,意味着市场上原有的本土同类产品销售的萎缩,依赖制造或销售这些本土产品谋生的农民,面对激烈的市场竞争环境(短时期内)能否适应? 若有破产风险,又能否承受? 可以预测的是,激烈的市场竞争可能意味着部分农民会应对失据,生存陷入困境。

　　与阶级矛盾、经济不平等、市场竞争加剧和高风险并行的是错综复杂的姓氏、宗族等地方矛盾。受区域、交通、文化与自然环境等因素的影响,江西公堂祠堂的土地特别多,公田的部分收获,往往用来救济"同族的贫人",或"补助同族子弟读书",因此,"农民的氏族观念,特别浓厚"②;民国吉安县志的编纂者也感叹:"邑人重宗族,生没嫁娶,必告于宗祠,吉相庆,凶相弔,守望相助,疾病相扶持,闻有同族为他族所凌者,必合群而往救之,或械而助之斗,其为偏袒与否不可知,而睦族之意则笃矣。"③此种现象说明,上述姓氏、宗族的运作方式已经得到当地农民的高度认同。但是,姓氏与宗族的影响和作用远不至此,它的权力触手伸展到乡村社会的角角落落。在与东固一山之隔的兴国县,此种现象堪称典型。崇贤暴动④的亲历者李挺回忆说:"大革命前,崇贤乡的统治权都为地主恶霸、土豪劣绅、几个大族的族长(头人)所操纵,指派一些流氓、地痞、狗腿子,帮县衙门收缴捐税,摊派款项……地主恶霸、土豪劣绅、族长之间为了争权夺利,常常挑拨和发起

---

① 士奇、昌廖、天干:《赣西南苏维埃区域的经济状况及经济政策》,江西档案馆、中共江西省委党校党史教研室选编:《中央革命根据地史料选编》(下),江西人民出版社1982年版,第555—556页。

② 《江西苏区中共省委工作总结报告(一、二、三、四月总报告)》,江西档案馆、中共江西省委党校党史教研室选编:《中央革命根据地史料选编》(上),江西人民出版社1982年版,第445页。

③ 李正谊等修、邹鹄纂:《民国吉安县志》1941年铅印本,江苏古籍出版社1996年影印版,第555页。

④ 1928年5月10日,兴国县崇贤党组织负责人谢云龙,在曾炳春、李文林率领的赣西工农革命军第七纵队的配合下,领导当地农民攻打崇贤靖卫团,占领崇贤圩,并宣布成立"崇贤农民协会",史称"崇贤暴动"。

宗族之间的仇视和械斗。"①不仅崇贤如此,兴国全县和赣南各县皆然。兴国早期革命的领导人之一陈奇涵②说,赣南"氏族社会的传统习气浓厚,规模宏大的宗祠到处林立。性情强悍好斗,每因发生个人纠纷都缠到氏族上来解决,调解不成,战祸即开"③。另一革命亲历者肖华④回忆:"那时,兴国的姓氏观念很浓厚,肖、陈两姓在兴国很有势力,兴国的伪商会会长历来都姓肖,伪县长来兴就任时都要拜过肖以钱。"⑤上述不同革命者的回忆都揭示,宗族纵向或横向的权力网络几乎构成了乡村社会权力的核心,上至县政(如与县长联系密切),下至基层行政(如收粮纳税等),乃至地方社群间的关系,无不如此;同时也揭示,无论是宗族权力掌控者间的"争权夺利",还是纯粹的族众的"个人纠纷",都有可能引发社群间的"仇视和械斗"。暴动前的东固就广泛存在着这种社群间的歧视,汪安国回忆,"在土地革命前……外地的豪绅地主,侮辱东固的劳动人民为'岭背佬'"⑥。这种社群间的歧视可能进一步促使弱势群体(农民)为寻求生存"安全感"而产生对社群的高度认同。也许正因为如此,"农民的氏族观念,特别浓厚"就在情理之中了。

此外,"会匪"等民间秘密组织和洋教(基督教与天主教)也得到农民相当程度的认同。陈奇涵指出:赣南"秘密组织'三点会'亦甚普遍"。⑦另据当地人回忆,在永丰、东固、兴国一带有几股洪帮"三点会"绿林武装力量。这种组织打着"劫富济贫"的旗号,干着"抢劫钱财"的营生,没有明确的阶级路线;他们除了抢劫富有人家的钱财之外,有时还会到一般农民家里行劫。参加者大多数是最苦最穷的山区农民,但有些比较富裕的农民为了保护自己的家产,也加入了"三点会","交五元钱了事,并不参加活动"。⑧现

---

①　李挺:《回忆第七纵队与崇贤暴动》,中共江西党史资料征集委员会、中共江西省委党史研究室编:《江西党史资料·东固革命根据地专辑》第10辑,1989年印,第130页。

②　陈奇涵(1897—1981),男,江西兴国人,早年从军,黄埔一期生,1925年入党,曾任中共赣南特委委员、军事部长等职,1955年被授予上将军衔。

③　陈奇涵:《赣南党的历史》,陈毅、肖华等:《回忆中央苏区》,江西人民出版社1981年版,第1页。

④　肖华(1916—1985),男,江西兴国人,1928年参加革命,1930年入党,曾任共青团兴国县委书记、红军总政治部青年部长等职,1955年被授予上将军衔。

⑤　肖华:《兴国革命斗争与"少共国际师"》,陈毅、肖华等:《回忆中央苏区》,江西人民出版社1981年版,第390页。

⑥　汪安国:《我所知道的东固革命根据地的几件事》,中共江西党史资料征集委员会、中共江西省委党史研究室编:《江西党史资料·东固革命根据地专辑》第10辑,1989年印,第108页。

⑦　陈奇涵:《赣南党的历史》,陈毅、肖华等《回忆中央苏区》,江西人民出版社1981年版,第1页。

⑧　赖孝福:《绿林武装"三点会"》,中共江西省委党史资料征集委员会、中共江西省委党史研究室选编:《江西党史资料·东固革命根据地专辑》第10辑,1989年印,第135—136页。

实的农民不但入"会"，而且信"教"。如表 3-1 所示，19 世纪末 20 世纪初，随着工商大潮而来的基督教、天主教等"洋教"已经遍布东固周边的吉安、吉水等 5 县；有的仅在县城设立教堂，传播福音，有的已经深入乡村，发展教民。农民信教的目的，正如毛泽东在《寻乌调查》中所指出的，不外两部分：一部分是……那乡村中奸猾阴险想当霸王的，他们进教为了利用它达到自己的目的；另一种是受人压迫、贪图保护的贫弱的人，他们的目的在于避祸。① 尽管各有各的目的，但洋教能给他们带来看得见的好处，无疑是最主要的原因。问题的关键是，洋教这一外来权力在乡土中国的融入，势必造成乡村社会权力结构的重组，从而引发不同阶层不同地域群众的激烈冲突。1900 年吉安县的城乡教案、同年泰和县烧毁教堂事件、1904 年兴国县城群众闹教事件②等，就是典型明证。另外，作为政府和社会对立面的"会匪"等民间秘密组织的普遍存在，也无疑给复杂动荡的乡村社会进一步增添了不稳定因素。

表 3-1　东固周边五县近代洋教传播概况表

	基督教				天主教			
	传入时间	传入国别	教众人数	教堂处数	传入时间	传入国别	教众人数	教堂处数
吉安 吉安 *	1923 1894		50 余 360 余	1 3	1923 1928	意大利	13000 80 余	0 1
吉水	1900	意大利		6			80	
永丰	1906	芬兰		2	1880	法国	656	4
兴国					1903	法国		1
泰和	1906	英国		1	1853	法国	500 余	8

说明：1.吉安 * 栏分别为福音教和圣公会。2.教众人数统计年份不详。

资料来源：吉安县志编纂委员会编：《吉安县志》，新华出版社 1994 年版，第 720 页；

---

① 《寻乌调查》，中共中央文献研究室编：《毛泽东农村调查文集》，人民出版社 1982 年版，第 176 页。

② 1900 年，吉安县西南两关天主教堂为民众捣毁；同年，因泰和县云亭乡小翰村、田西村部分教民在地方上长期为非作歹，教外群众利用义和团运动，一举烧毁了上述两村的教堂；1904 年，兴国县城发生群众闹教事件，教民被杀伤 90 余人。分别参见李正谊等修、邹鹄纂：《民国吉安县志》1941 年铅印本，江苏古籍出版社 1996 年影印版，第 39 页；江西泰和县地方志编纂委员会编：《泰和县志》，中央党校出版社 1993 年版，第 756 页；兴国县志编纂委员会编：《兴国县志》，1986 年印，第 707 页。

李正谊等修、邹鹄纂：《民国吉安县志》1941 年铅印本，江苏古籍出版社 1996 年影印版，第 249—250 页；吉水县地方志编纂委员会编纂：《吉水县志》，新华出版社 1989 年版，第529 页；江西永丰县志编纂委员会编：《永丰县志》，新华出版社 1993 年版，第 568 页；兴国县志编纂委员会编：《兴国县志》，1986 年印，第 707 页；泰和县地方志编纂委员会编：《泰和县志》，中共中央党校出版社 1993 年版，第 756 页。

　　总之，清末民国以来，吉泰盆地的地方经济与社会结构正经历着深层变动，并在相当程度上呈现出失衡状态。这一切都有赖于强有力的政府对之进行有效的整合。遗憾的是，进入 20 世纪以来，伴随着帝制的覆灭，"中央权威"的丧失，中国进入了一个诸侯称雄且连绵不已的时代；新兴的政党势力——国共两党旋即于 1927 年分道扬镳。中国政治结构的深层变动深深影响着地方的政治环境。从 1913 到 1928 年，江西的主政者都是外省人，他们对江西地方建设毫无兴趣，唯一关心的是自己的位子和钱袋子[1]；尤其是 20 年代以来，"江西统治阶级内部的冲突，主要的为蒋与反蒋的冲突，其次则为土著豪绅与外籍军阀的冲突。这两个冲突，普遍于江西全省"[2]。具体到县政，则更是"城头变幻大王旗"，县官像走马灯似的变换不停。如表3-2 所示，民国前期，东固所属的吉安、吉水、永丰、兴国及泰和等县的县知事、县长等，每任任期，长的如吉水县，不过 16 个多月，短的如吉安县，不到8 个月，5 县县长平均任期为 10.6 个月。在如此短的任期内，他们几乎不可能着力于地方建设，反而给地方带来了沉重的负担，正如革命者所评述："革命前的剥削状况……国民党军阀统治时代，与北洋军阀统治时代，丝毫没有差别，捐税的种类，如厘金月捐，百货捐，烟酒捐，消防捐以至于人头税，牛捐猪捐老婆捐等，钱粮的预征，有三年到五年者。"[3]延续着传统管理职能和管理思维的县政府，其行政行为，对于已经失衡的吉泰盆地社会，无异于火上浇油。剩下的问题是，谁来点燃革命的星火？

---

　　① 廖信春：《战争与乱世的困顿》，参见温锐、游海华等著：《百年巨变与振兴之梦——20 世纪江西经济研究》，江西人民出版社 2000 年版，第 146—147 页。
　　② 张怀万：《张怀万巡视赣西南报告》，江西档案馆、中共江西省委党校党史研究室编：《中央革命根据地史料选编》（上），第 185 页。
　　③ 《赣西南的（综合）工作报告》，江西档案馆、中共江西省委党校党史研究室选编：《中央革命根据地史料选编》（上），1989 年印，第 409 页。

表 3-2　民国前期东固周边五县县长任职年限概况表

单位：年；月；任

	吉安	吉水	永丰	兴国	泰和
统计年限	1912— 1927.8	1912— 1928.3	1914— 1928.3	1912— 1928.12	1912— 1927
县长任数	24	12	12	19	23
县长任职 平均年数	0.65 年 （7.8 月）	1.35 年 （16.3 月）	1.19 年 （14.3 月）	0.89 年 （10.7 月）	0.70 年 （8.3 月）
五县平均	0.88 年（10.6 月）				

说明：根据下列所列资料编制而成。

资料来源：《吉安县志》，新华出版社 1994 年版，第 851—852 页；《吉水县志》，新华出版社 1989 年版，第 312 页；《永丰县志》，新华出版社 1993 年版，第 377 页；《兴国县志》，1986 年印，第 522—523 页；《泰和县志》，中共中央党校出版社 1993 年版，第 251—252 页。

二、地方中共知识分子与东固革命

点燃革命星火的是赖经邦、曾炳春、高克念、刘经化、汪云从、汪安国等一批东固的地方中共知识分子，赣西南地区第一次武装暴动——东固暴动就是由他们领导和发动的。得益于清末新政以来的教育政策，这些东固山旮旯里的青年们早年接受了或多或少的"新学"教育，这可能增添了他们对山外精彩世界的向往；五四运动以后，这批年轻人先后来到喧嚣繁荣的吉安，进入江西省立第七师范、吉安省立第六中学等学校求学深造（见表 3-3）。其时，新文化运动以来形形色色的新思想、新主义，通过外出求学的"洋"学生不断地被带到吉安，当地学子一方面沐浴着思想解放的春风，一方面积极地创办《吉光》《血痕》《平民》《吉州学生》[①]等刊物，开始尝试着用他们自己理解的、还不是很成熟的新思想来解剖社会，揭露现实社会黑暗，主张改造并变革传统社会。1924 年初，历经风霜的中国国民党和新生的中国共产党在广州实现了"政治联姻"，开创了"大革命"时代，并通过组建新型的政党组织向全国渗透。当年 2 月，吉安成立了社会主义青年团临时支部；1926 年 1 月，中共吉安小组成立，同时吸收了 20 余名团员入党；3 月，吉

---

① 黄日星、张德意：《江西期刊综录》，江西人民出版社 1994 年版，第 5 页。

安小组升为中共吉安特支;4月,党员发展为42人。① 从现有资料看,赖经邦等东固知识分子并没有参加吉安社会主义青年团,也没有成为吉安最早的42名中共党员之一;其重要原因可能是,在中共吉安团、党组织初创时期,他们已经毕业并离开吉安城,到永和、永阳、东固等乡村小学执教谋生去了(见表3-3)。

　　然而这一切在1926年下半年发生了革命性的变化。当年9月,北伐军攻占吉安城,北上的革命洪流迅速淹没了吉泰盆地,也改变了赖经邦、曾炳春、高克念、汪安国等人的命运(见表3-3)。当月,经七师同学、吉安县教育局长梁明哲②的介绍,赖经邦秘密加入了中国共产党,并担任县教育局巡视员,负责家乡纯化区(包括东固、富田一带)各学校的视察工作;同时,受组织派遣,利用回乡巡学的有利条件,到东固建立党组织,开展农民运动。此后不久,赖经邦在涧东书院③发展了教师刘经化、汪云从和篾匠李会风为党员;1927年2月,他们和已在吉安入党的汪安国共5人组建了东固第一个中共党小组,并成立了九区农民协会。与赖一样,曾炳春和高克念也很可能是通过七师同学、吉安总工会委员长梁一清④的关系,得以投身于大革命的洪流。作为梁一清的助手,曾炳春出任吉安总工会秘书兼码头工会主席,积极协助梁领导工人运动,并于1927年上半年成为中共党员。高克念则早在1926年就加入了中国共产党,并在北伐军到达吉安后出任吉安县农民协会筹备处主任委员、县农协常委,从事农民运动的领导工作。刚刚入党的汪安国,也在此时担任吉安县农协筹备处执行委员,兼赣西农运办事处筹备总干事,协助高开展工作。在他们的领导下,吉泰盆地的工农运动蓬勃高涨。

──────────

① 中共江西省委组织部、中共江西省委党史资料征集委员会、江西省档案局编:《中国共产党江西省组织史资料(1922—1987)》第一卷,中共党史出版社1999年版,第36页。

② 梁明哲(1899—1929),吉安县中共党团早期领导人之一,新圩乡梓塘村人。1919年与赖经邦同入吉安省立第七师范学校学习,在校积极参与学生活动,并成为其组织者之一;1923年毕业后,先后任"七师"附属小学教员、校长;1925年,加入共青团;1926年2月,转为中共党员,同年出任吉安县教育局局长,是第一、二、三届国民党吉安县党部委员;1927年7月,任中共吉安县委书记。参见中共江西省委党史研究室编:《江西英烈》,江西人民出版社1989年版,第123—126页。

③ 涧东书院,1888年建于东固道化台,1912年改为涧东高初级两等小学校,是东固周边乡镇的文教中心,地方众多中共知识分子、地方士绅等的童年时期都在此接受新学教育。

④ 梁一清(1899—1927),吉安县中共党团早期领导人之一,陂头乡渼陂人。1920年与曾炳春、高克念同入吉安省立第七师范学校学习,毕业后成为党的职业干部;1924年,任国民党县党部工人部长;1926年3月,加入中国共产党,并任吉安总工会党支部书记;同年10月,当选为吉安总工会委员长;1927年8月,在吉安国民政府军制造的"八六"事变后被枪杀。参见中共吉安地委党免工作办公室:《吉安英烈》,中共党史出版社1992年版,第439—445页。

表 3-3　东固暴动中的地方中共领导知识分子简历

	出生地	出生年份	受教育学校	入校及毕业年份	入党年份	暴动前职业或曾任职务
赖经邦	敖上古瑞林村	1899	江西省立第七师范学校	1919 入校 1923 毕业	1926.9	1923 年 7 月,任吉安永和高等小学教师;1926 年 10 月,任吉安县教育局巡学员;1927 年 9 月,任东龙党支部书记和工农革命军队长
曾炳春	欧家垅村	1902	江西省立第七师范学校	1920 入校 1924 毕业	1927.上半年	1925 年,任吉安永阳小学教师;1926 年,任吉安总工会秘书兼码头工会主席;东固农民协会执委
高克念	和丰坑	1903	江西省立第七师范学校	1920 入校 1924 毕业	1926	1926 年,任县农协筹备处主任委员,后继任县农协常委、农协执委
刘经化	东固街	1901	吉安省立第六中学		1926.冬	1926 年,任东固涧东高等小学教员;1927 年 2 月,任中共东固小组组长;10 月,任东固农民协会执委
汪云从	大源坑	1903	吉安十属阳明甲种商业学校	1921 入校	1927.2	1926 年秋,任东固涧东高等小学教员;1927 年 10 月,任东固农民协会执委
汪安国	大源坑	1902	吉安省立第六中学	1925 毕业	1926.10	1925 年,任东固涧东高等小学教员;1926 年 9 月,任吉安县农协筹备处执行委员,兼赣西农运办事处筹备总干事;1927 年 9 月,任中共东固安乐小组组长

说明:1.根据下列资料编制整理而成。2.《江西党史资料》第 10 辑第 194 页记载高克念的出生年份为 1905 年,《吉安英烈》第 475 页记载为 1903 年,准确年份应当做进一步考证。

资料来源:1.中共江西省委党史资料征集委员会、中共江西省委党史研究室编:《江西党史资料·东固革命根据地专辑》第 10 辑,1989 年印,第 182—204;中共吉安地委党史工作办公室编著:《吉安英烈》,中共党史出版社 1992 年版,第 475、520、562 页。

　　上述东固知识分子,他们不再安于乡村单调的教师生活,而是被革命政府的北伐行动所深深卷入,积极投身于地方新政府的筹建与行政,以及对地方社会有震撼力的工农运动。在此前后,他们先后加入了中国共产党,树立了自己的政治信仰。如果国共两党能够精诚合作的话,那么他们很可能在新政府中大有作为;可惜的是,国共合作的小船不久就遭遇激流和暗礁。早在1927年3月,国民党右派势力先后在赣州、永丰制造了三六惨案①和三七事变②;同年春夏,上海和武汉国共分裂的风暴也侵袭到小小的吉安城。8月6日这一天,驻吉安国民政府军第八师师长朱世贵诱捕了吉安党政农商机关团体负责人,并于12日枪杀了总工会委员长梁一清、商民协会会长晏燃、人民自卫队队长钟翔钦等3人,城乡一时反共风起;此前,为应对紧急局势,中共江西区委先后将吉安几位党政主要负责人转移到外地工作。③ 血腥的屠杀对东固中共地方知识分子而言无疑是一次无情的打击,同时也是一次严峻的考验:革命的导师被无情杀害,革命的理想和事业瞬间幻灭! 个人的政治前途乃至谋生之途又在何方?

事实是,事变发生后,曾炳春、高克念、汪安国等已经被推上政治前台的中共党员不得不潜回家乡避难。摆在他们面前的道路有两条:"一条是龟缩在东固,甘愿做一个别人瞧不起的'岭背佬'怕死鬼,一条是举起革命的义旗,挺身而出,同周围的反动势力,特别是与富田的大土豪王初曦做你死我活的斗争。"④热血沸腾的青年们选择了后者。在上级的指示下,1927年9月,赖经邦在敖上村段尉林家召集并主持了东固的12名中共党员⑤会议,讨论恢复党和农协活动、建立革命武装等问题,最后决定成立东龙(东固和南龙)党支部,赖亲任党支部书记,并着手开展各项决议工作。10月,在东龙党支部领导下,收集原九区农协保存的9条枪和赖经邦自佩的2支短枪,精选了二三十名年轻的贫苦农民组建工农革命军,赖任队长;11月12日晚,赖经邦率领东固地方武装——工农革命军和群众100多人奔赴富

---

①　1927年3月6日,赣州驻军倪弼诱捕并枪杀了赣州总工会委员长、中共党员陈赞贤,此为蒋介石反共的先声,史称三六惨案。参见《江西英烈》1989年版,第21页。

②　1927年3月7日,永丰地方土豪和国民党右派历史袭击了共产党占多数的国民党永丰县党部、县总工会、县农民协会等组织,逮捕20余人并游街示众,史称三七事变。见《吉安英烈》1992年版,第468页。

③　江西省军区党史资料征集办公室编:《江西革命暴动》,1988年印,第81页;中共吉安地委党史工作办公室:《吉安英烈》,中共党史出版社1992年版,第443—445页。

④　汪安国:《我所知道的东固革命根据地的几件事》,中共江西省委党史资料征集委员会、中共江西省委党史研究室选编:《江西党史资料·东固革命根据地专辑》第10辑,1989年印,第109页。

⑤　这12名党员分别是赖经邦、高克念、曾炳春、刘经化、汪云从、李会风、段蔚林、胡鸣岗、黄启绶、戴希贤、汪安国、罗乐天。

田,捉拿富田大土豪王初曦[1],东固革命由此而起;11月底,东固农协重新成立,赖经邦、曾炳春、刘经化、汪云从、李会风等中共党员任农协常委。

1927年的夏秋之交,对于东固的中共地方知识分子来说,是一段值得记忆的日子。在大革命低潮时的刀光剑影之中,他们一个个铩羽而归,所幸的是有惊无险,无一损亡。长期的求学和同窗生涯增进了他们的私人感情,而对革命理想(政治信仰)的追求和作为中共党员的斗争经历更增添了他们之间的组织情感,而今的人生挫折则使他们紧密地团结在一起。为了革命理想(政治信仰)和个人前途,赖经邦、高克念、曾炳春、汪安国等通过政党这一新型组织,将党的事业与个人的命运深深地扎根于家乡的乡土之中。继东固暴动之后,与东固具有类似经历的赣西南的其他知识分子也先后发动了万安暴动、延福暴动、南康潭口暴动、于都里仁桥头暴动、兴国暴动、寻乌暴动、安福暴动等一系列暴动。

对于东固的中共地方知识分子而言,为了巩固和扩大革命成果,他们还不断地把东固革命模式(即公开的武装斗争和秘密割据相结合,党政组织——中共政党组织和农民协会均处于秘密状态,笔者注)复制、输出到周边山区。在北面,1928年初,东固安乐支部从富田花岩向吉水四十都、罗沅坑、水南、白沙一带开展活动,帮助地方秘密建立党小组;5月,白沙和水南相继发动暴动。在南面,1928年初,南龙党支部已向兴国枫边、西林等地开展工作,六渡支部已向兴国崇贤、大龙开展工作;4月,曾炳春受吉安县委派到兴国冰心洞召开中共兴国区委扩大会议,布置革命工作;7月,在曾炳春领导的第7纵队的支援下,谢云龙领导了兴国崇贤暴动。在东面,赖经邦、段月泉、柏金吾、郭梅等先后赴永丰潭头、芹溪、罗坊、潭溪、沙溪等地组织农会或发展党组织,1928年春夏,上述各地均发动暴动。在西面,东龙区委先后委派高克念、罗宗清、林国家、陈老克等人赴泰和中洞、桥市、潭溪一带帮助成立农会和赤卫队组织,革命影响波及泰和县的仁善、仙槎地区。[2]当年参加上述暴动的革命者的回忆也纷纷表明,革命"是从东固发展来的",是"到吉安东固接头搞起来的"[3];赣西特委给江西省委的报告也称:"水南、白

---

[1] 在所有的革命文献和地方文献中,王初曦的家庭背景、发家历史及个人资料或付诸阙如,或语焉不详,只记载了他是富田王家村人,在东固、富田占有大量山林。

[2] 《东固革命根据地概述》,中共吉安县委党史办:《江西党史资料·东固革命根据地专辑》第10辑,1989年印,第7—8页。

[3] 曾广元等:《永丰芹溪革命》,郭祖焕:《罗坊农民协会》,肖培洪:《东固接头闹革命》,中共吉安县委党史办:《江西党史资料·东固革命根据地专辑》第10辑,1989年印,第144—148页。

沙均有了党的组织,是吉水东固区委发展过去的。"①以上事实显示,东固革命的输出方式通常是在东固党组织的领导下,派出党员到周边地区帮助当地建立党、农民协会或赤卫队等组织,有时还需东固军事组织的积极配合。到 1928 年 10 月,东固区委(当年 2 月,中共东龙党支部升为东龙区委;10月,改为东固区委,刘经化任书记)下辖东固、富田、水南、白沙、崇贤、枫边、潭头、沙溪等 20 多个党支部。② 东固中共地方知识分子所开创的革命局面呈现出欣欣向荣的状态。

三、生态环境变迁与东固革命的兴起

吉泰盆地坐落于赣省中部,自然生态环境良好,这为当地农民的粮食供给和其他基本生活资源提供了充分保障。传统社会以来,土地占有不均、地租负担、高利贷以及低工资等种种经济不平等现象已经成为吉泰盆地社会生态环境的基本组成部分。在通常情况下,只要能够勤于劳作,哪怕完全佃耕别人的土地,尽管物质生活依然贫乏,农民的日常生活当不致陷入困境,其种族繁衍也不会成为突出问题。这意味着经济不平等和阶级矛盾并不必然导致革命的爆发,而至多只能在其他相关条件下构成革命兴起的原因之一。

近代以来,吉泰盆地的社会生态环境趋于失衡。首先,浩浩荡荡的近代资本主义市场与工商业大潮在带给吉赣发展机会与繁荣希望的同时,也带来了残酷的市场竞争和破产的高风险。依赖传统谋生方式的农民面对激烈的市场竞争环境,可能一时应对失据,生存陷入困境,进而可能对现存社会秩序产生不满,并发展成为社会不稳定因子。其次,地方矛盾、宗族矛盾、姓氏矛盾、家仇私恨等多种社会矛盾逐渐汇集成社会不稳定的洪流③,"洋教"的进入和"会匪"等民间秘密组织的普遍存在,也无疑给复杂动荡的乡村社会进一步增添了不稳定因素。再次,吉泰盆地的地方经济与社会结构的深层变动,以及相当程度的失衡状态,都有赖于强有力的政府对之进

---

① 《赣西特委给江西省委的报告》,江西档案馆、中共江西省委党校党史研究室主编:《中央革命根据地史料选编》(上),1989 年印,第 77—78 页。

② 中共江西省委党史资料征集委员会、中共江西省委党史研究室选编:《江西党史资料·东固革命根据地专辑》第 10 辑,1989 年印,第 248、253 页。

③ 饶伟新对土地革命时期赣南农村的社会矛盾有较为详细的描述。参见饶伟新:《论土地革命时期赣南农村的社会矛盾——历史人类学视野下的中国土地革命史研究》,《厦门大学学报》2004年第 5 期。

行有效的整合。遗憾的是，进入 20 世纪以来，伴随着帝制的覆灭、"中央权威"的丧失，中国进入了一个军阀混战且连绵不已的时代；延续着传统管理职能和管理思维的县政府，不仅无法完成其整合任务，其行政行为反而进一步使地方的生态环境恶化了。社会生态环境趋于失衡的吉泰盆地，恰在此时成为催生革命最好的温床。

1924 年以后，中国共产党利用大革命浪潮席卷全国的有利时机，积极创造机会将党的基层组织深深地扎根于乡土之中，并大力吸纳吉泰盆地的知识青年；东固的不少知识分子则充分把握了时代赋予的机会，在地方权力舞台中崭露头角。1927 年，国共两党分道扬镳；新型政党组织的分野为地方革命的兴起提供了契机。在大革命党派斗争和地方权力争夺的刀光剑影之中，东固的地方中共知识分子一个个铩羽而归。长期的求学生涯和政治斗争中日益增进的私人与组织情感逐渐使他们成为一个坚强的战斗堡垒，政治斗争的挫折则把他们推到了一个必须采取一致行动的关头。为了革命理想（政治信仰）和个人前途，赖经邦、高克念、曾炳春、汪安国等终于采取了革命行动；社会生态趋于失衡的吉泰盆地，则为他们提供了一大批追随者或行动者。东固革命的风暴由此兴起，并得以扩展。

第四章　中央苏区革命的红色余响

第一节　红军长征后的中央苏区状况

第二次国内革命战争时期,史学界关于南方革命根据地的研究,大致以中共中央和主力红军开始长征为界(1934 年 10 月),形成了苏区史和南方三年游击战争史两个相互关联而又明显有别的研究领域。中共中央和主力红军长征以后,原中央苏区暨赣闽边区重新被纳入南京国民政府的控制版图,关于该地区民众的政治生存状态[①],学界素无专门研究。南方三年游击战争史虽然有所涉及,但其关注重心在于中共游击区,显然无法涵盖本节研究主题。下面,笔者将依据文献资料和实地调查材料,对此做一客观探讨。

一、三年游击战争初期赣闽边区的民众生存状态

1934 年 10 月,中共中央和主力红军长征以后,中共中央分局、中华苏维埃共和国办事处和中央苏区军区相继成立,在赣闽边区顽强坚持斗争,统一领导和"指挥江西、福建、闽赣、赣南及闽浙赣五个军区(闽北军分区在内)及各直属的地方部队与二十四师和十军",以及该地区的党政工作;留在中央苏区的红军和党政工作人员,共约 4 万人(其中中央分局、江西军区和赣南军区领导的部队和地方党政工作人员约为 3 万人[②])。[③]

---

① "生存状态"主要是就原中央苏区军民的政治生存状态而言。另,除特别说明外,本节的中央苏区和赣闽边区地理范围大致相同。

② 中共中央党史研究室:《中国共产党历史　第一卷(1921—1949)》上册,中共党史出版社 2011 年第 2 版,第 404 页;中共赣州地委党史工作办公室编:《赣南人民革命史》,中共党史出版社 1998 年版,第 321 页。

③ 林天乙主编、闽粤赣边区党史编审领导小组著:《中共闽粤赣边区史》,中共党史出版社 1999 年版,第 205—206 页。

　　到 1935 年五六月份,在国民党军的持续围剿[①]下,留守中央苏区的 4万红军部队和党政机关工作人员几乎全部覆没,只有少部分人突围到赣粤边、闽赣边、湘赣边、闽西南、闽粤边等原中央苏区周边山区打游击(其中,闽赣边仍属于原中央苏区,闽西南和原中央苏区部分地区重叠);自此以后,赣闽边区国共争战的尘埃基本落定。[②] 因此,从时间上看,1934 年 10 月到 1935 年春天这段时期,仍然是国民党军和留守红军继续交战的时期。战争时期,双方均以消灭对方有生力量为主要目标。因此,国民党军对留守军民的打击和镇压无疑是残酷无情的。

　　革命亲历者[③]以其亲身经历为这一时期的民众生存状态提供了见闻实证。例如,杨尚奎回忆:"敌人不但搜山、伐林、烧山,实行'树砍光、屋烧光、人杀光'的惨无人道的三光政策,并且采取经济封锁政策。首先是并村……其次是严格控制墟场上的买卖,规定了一个人只能买一定数量的粮菜油盐和日用品,多买了就以'通匪'论罪。……严密控制了保甲制度,加强了基层反动统治力量。"[④]陈丕显记述:"敌人每侵占一地,就进行绝灭人性的'清剿'。卷土重来的地主豪绅、流氓恶棍,组织了'还乡团''铲共团''暗杀团'。无数坚毅不屈的共产党员和革命群众被活埋、挖心、肢解、碎割,真是惨绝人寰! 中央革命根据地当时被反动派杀害的人数达七十余万。"[⑤]伍洪祥回忆说:"敌人在龙岩驻扎有重兵,侵占了苏区各个乡村,建立了保甲制度来实行统治。在各乡都组织民团,建筑炮楼。在国民党军的支

---

　　①　本节的围剿、清剿、收复、规复、阶级报复、反攻倒算,以及与"匪"相关的词汇,都是沿用传统说法。为行文简洁,除特别强调外,下文所有此类词汇均不加引号。

　　②　游海华:《重构与整合——1934—1937 年赣南闽西社会重建研究》,经济日报出版社 2008年版,第 52—57 页。

　　③　新中国成立后,留守中央苏区的陈毅、杨尚奎、陈丕显、方方、张鼎丞、邓子恢、伍洪祥、刘建华、罗孟文等党政领导人先后发表或出版了回忆录。分别参见陈毅:《忆艰苦的三年游击战争》,陈毅、肖华:《回忆中央苏区》,江西人民出版社 1981 年版;杨尚奎:《艰难的岁月——杨尚奎革命回忆录》,江西人民出版社 1987 年版;陈丕显:《赣南三年游击战争》,人民出版社 1982 年版;方方:《三年游击战争》,中国青年出版社编:《红旗飘飘》(18 集),中国青年出版社 1979 年版;张鼎丞:《中国共产党创建闽西革命根据地》,人民出版社 1982 年版;邓子恢:《龙岩人民革命斗争回忆录》,福建人民出版社 1961年版;伍洪祥:《伍洪祥回忆录》,中共党史出版社 2004 年版;刘建华:《风雷激荡二十年——刘建华回忆录》,中央文献出版社 1999 年版;罗孟文:《斗争在杨赣红区与白区》,江西人民出版社 1960 年版。

　　④　杨尚奎(1905—1986),在苏区时历任县委宣传部部长、县委书记、省委宣传部部长,三年游击战争时期曾任赣粤边特委副书记、书记,1949 年后曾任中共江西省委书记。杨尚奎:《艰难的岁月——杨尚奎革命回忆录》,江西人民出版社 1987 年版,第 4 页。

　　⑤　陈丕显(1916—1995),福建上杭人,在苏区时历任共青团福建省委儿童局书记、共青团中央苏区分局委员兼儿童局书记等职,三年游击战争时期曾任共青团赣南省委书记,1949 年后曾任中共上海市委第一书记。陈丕显:《赣南三年游击战争》,人民出版社 1982 年版,第 6 页。

持下,地主还乡团反攻倒算,对苏区群众进行了疯狂报复,烧杀劫掠,穷凶极恶。"①

革命回忆录中所记述的国民党军和地主豪绅对原中央苏区军民的反攻倒算、阶级报复情况,也为新中国成立初期政府的实地访问和新闻记者的实地采访所证实。1950 年,中央人民政府组建南方老根据地访问团,南下慰问革命老区。一些记者随团深入原中央苏区采访,他们的访问经历和成果或在报刊以连载形式发表,或集结出版发行;其中,既有个案描写,也有概括叙述。②

新中国成立以来编撰的赣闽地方党史和革命史,不但提供了不少"大屠杀"实例(例如瑞金国民党军夜袭云集、九堡,以及于都县禾丰地区、桥头天心崖下石洞、菱角山、南门冈、竹马岗、云龙桥、龙岩的白土、永定的内山、上杭坑口的连塘村和稔田的黄沙铺等地的残杀),而且提供了十分翔实的阶级报复和反攻倒算的统计数据。③ 从时间上看,大屠杀大都发生在主力红军长征以后至 1935 年上半年,这段时间正是留守军民和国民党军继续交战的时期。因此,大屠杀中被杀害的人员大都是被俘未降的军人,以及革命群众。

依据地方党史、革命史论著和赣闽边区地方志统计而来的数据(见表4-1),在一定程度上直观反映了三年游击战争时期赣闽边区的民众生存状态。对这些数据展开进一步的相关分析,无疑有助于我们深化对这种生存状态的理解。

---

① 伍洪祥(1914—2005),福建上杭人,在苏区时历任少共福建省委宣传部部长、白区工作部部长、福建省苏维埃政府执行委员等职,三年游击战争时期曾任闽西南军政委员会委员、青年部部长,1949 年后曾任福建省政协主席。伍洪祥:《伍洪祥回忆录》,中共党史出版社 2004 年版,第 113 页。

② 例如,中央人民政府南方老根据地访问团闽浙赣分团编辑的《中央人民政府南方老根据地访问团闽浙赣分团工作报告汇编》(1951 年油印本)、唐铁海著的《中央老根据地印象记》(劳动出版社 1952 年版)、西虹著的《老红区行》(中南人民文学艺术出版社 1953 年版)、王树人撰写的《闽西人民坚持斗争二十年》(华东人民出版社 1953 年版);其中,《闽西人民坚持斗争二十年》是先在《解放日报》上连载发表,然后集结出版的。

③ 除表 4-1"资料来源"中已列举的地方党史和革命史论著外,主要还有:刘勉玉:《中央苏区三年游击战争史》,江西人民出版社 1993 年版;中共寻乌县委党史工作办公室:《寻乌人民革命史》2000 年印;中共长汀县委党史工作委员会编:《长汀人民革命史》,厦门大学出版社 1989 年版;中共龙岩市委党史资料征集研究委员会编:《龙岩人民革命史》,厦门大学出版社 1989 年版;中共连城县委党史工作委员会编:《连城人民革命史》,厦门大学出版社 1989 年版;中共上杭县委党史工作委员会编:《上杭人民革命史》,厦门大学出版社 1989 年版;中共武平县委党史教研室编:《武平人民革命史》,北京广播学院出版社 1995 年版。

表 4-1　苏区革命后原中央苏区各县被难概况

闽 西 地 区								
(A)								(B)
	长汀	上杭	武平	龙岩	永定	连城	合计	岩永杭3县不完全统计
迫害致死人数	32876	76536	8560	2974	4221	1272	126439	14000
抓丁或被捕人数				1333	2400	2768	6501	
抓走妇幼人数	2430	10272	405	756	7892	1049	22804	
逃亡异地人数	3358	2950		1212	5915		13435	
毁灭村庄个数	145	105	12	33	153	76	524	510 多
绝户数（户）	6383	10791	1133	1113	9467		28887	
烧毁民房间数	4516	15737		9625	271218	6574	307670	8000 多
被抢杀耕牛头数	8284	14116			7766		30166	10000 多
荒芜土地亩数		53063	15737		15044		83844	

赣 南 地 区（C）									
	瑞金	于都	兴国	寻乌	会昌	石城	广昌	宁都	上犹
迫害致死人数	18000	3000余	2142	4520	972	576	1000余	4820	2124
烧毁民房间数	6500	5000余	16461		1293			24592	243

续　表

	瑞金	于都	兴国	寻乌	会昌	石城	广昌	宁都	上犹
被抢粮食担数			23500		3492	7395		28557	30820
被抢耕牛头数		1000多	7274		674	618		2361	
被抢猪头数			9274						
被抢衣服件数			53048						
被抢被帐床数			15682						
被抢食油斤数			201052						
被抢农具件数			98425		22844			86567	3270
被抢银洋元数			107349		4956	231755		86520	10662
夺走土地亩数								86542	

说明：1.（A）栏统计时间为苏区革命后至1949年，龙岩、永定两县则从1928年始。2.（B）栏统计时间为1935年8月至12月。3.（C）栏统计时间为三年游击战争期间，于都则为苏区革命后至1949年。

资料来源（A）：长汀县志编纂委员会编：《长汀县志》，三联书店1993年版，第629页；上杭县志编纂委员会编：《上杭县志》，福建人民出版社1993年版，第29、529页；《武平党史通讯》总第13期，第24页；龙岩市地方志编纂委员会编：《龙岩市志》，中国科学技术出版社1993年版，第596页；永定县地方志编纂委员会编：《永定县志》，中国科学技术出版社1994年版，第3页；连城县地方志编纂委员会编：《连城县志》，群众出版社1993年版，第619页。

资料来源（B）：林天乙主编、闽粤赣边区党史编审领导小组著：《中共闽粤赣边区史》，中共党史出版社1999年版，第225页。

资料来源（C）：中共赣州地委党史工作办公室编：《赣南人民革命史》，中共党史出版社1998年版，第347—348页；中共瑞金市委党史工作办公室编：《瑞金人民革命史》，中央文献出版社1998年版，第147页；中共于都县委革命斗争史编辑委员会：《于都人民革命斗争史》，1960年印，第103—104页；中共宁都县委党史工作办公室编：《宁都人民革命史》，中央文献出版社1993年版，第183—184页。

　　首先,正如前文所分析的,1935 年夏以后,赣闽边区国共争战的尘埃基本落定,南京国民政府牢牢控制了原中央苏区腹地各县城乡(赣南的瑞金、兴国、宁都、石城、于都、会昌等,闽西的长汀、宁化等)。1935 年 4 月,江西省政府重划全省行政督察区,把之前的 13 个区缩编为 8 个;将上述赣南 6 县和广昌县划为第 8 区,区署驻宁都。① 自此以后,国民党军对留守红军斗争的重点转移到对赣粤边、闽赣边、闽西南、闽粤边等中共游击区的清剿上来。换言之,在南京国民政府的统治下,原中央苏区腹地各县城乡已由战时社会进入相对和平社会,国民政府已视放下武器、停止对抗的原苏区军民为自己统治下的属民(关于此点,后文将进一步展开论述)。因此,表 4-1 中赣南各县(于都县除外)数据的统计时间虽然是三年游击战争期间,但实际上主要是三年游击战争初期国民党军对各县军民残酷打击的反映。

　　其次,某些数据作为地主豪绅反攻倒算的依据,不太恰当。(A)栏显示,苏区革命后,杭、武、永三县共荒芜土地 83844 亩。关于此点,1929 年 7 月中共闽西"一大"决议中指出,闽西"田地荒芜日多,六县统计荒田占百分之二,尤其是杭、武二县有超过百分之三、四者";1932 年 6 月,福建省苏维埃政府土地部颁布布告称"现查我们福建省区内,尚未开垦的荒田、荒地,为数计约六万余担"。② 1934 年春,在已经"消灭了二十一万担"荒田③的基础上,中央土地部还提出了消灭四十万担荒田④(4 担约合 1 亩,40 万担折合为 10 万亩,笔者注)的春耕号召。可见,所谓荒田问题,苏区革命时已普遍存在,经过长达 1 年之久的第五次"围剿"与反"围剿"战争的破坏,荒田数量还应进一步增多了。因此,荒田问题,主要为战乱所致,而非其他原因使然。另(C)栏显示,苏区革命后,宁都被夺走土地 86542 亩。关于此点,如拙著所指出的,苏区革命后,"地归原主"是"一个自然完成的,相对顺利的过程",是"国民政府对赣闽边区人民原有产业和产权重新进行法律确定的过程"。⑤ 换句话说,所谓"地归原主",是恢复所有业主包括贫雇农、自耕农

　　① 《省府重新划定各行政督察区辖县》,《江西民国日报》1935 年 4 月 25 日,第 3 版。

　　② 《中共闽西第一次代表大会决议案——土地问题决议案》《福建省苏维埃政府土地部布告——号召广大工农消灭六万担荒田事》,转引自许毅主编:《中央革命根据地财政经济史长编》,人民出版社 1982 年版,第 463、468 页。

　　③ 亮平:《把春耕的战斗任务,提到每一个劳苦群众的面前》,《斗争》第 49 期,1934 年 3 月 2 日。

　　④ 胡海:《为消灭四十万担荒田而斗争》,《红色中华》第 152 期,1934 年 2 月 20 日;亮平:《把春耕的战斗任务,提到每一个劳苦群众的面前》,《斗争》第 49 期,1934 年 3 月 2 日。

　　⑤ 游海华:《重构与整合——1934—1937 年赣南闽西社会重建研究》,经济日报出版社 2008 年版,第 214、215 页。

而非仅仅是地主豪绅的土地所有权。如果将"夺走土地"作为地主豪绅反攻倒算的依据,就必然推断出存在一些贫雇农、自耕农对另一些贫雇农和自耕农反攻倒算的结论。很明显,这一结论与阶级报复本身是相矛盾的。

再次,应加以指出的是,1935 年夏直至全民族抗战前,国民党军对留守红军斗争的重点转移到中共游击区后,对赣粤边、闽赣边、闽西南、闽粤边等中共游击区先后发动多期军事"清剿"行动①;其采取的种种"毒辣"手段或政策有经济封锁、移民并村、烧山搜山,颁发"自首自新条例"、"十杀"戒令和"保甲连坐"等,目的在于"消灭我们党和苏维埃红军","消灭红军,消灭革命民众"。② 尤为值得注意的是,张鼎丞、方方、邓子恢、谭震林、伍洪祥等领导的小股红军,于 1935 年 4 月成立闽西南军政委员会,在龙岩、上杭、永定、连城、武平、南靖等县部分地区组成的闽西南地区,坚持游击战争,并创建了小块游击根据地,闽西南的革命力量一直保存到中华人民共和国的成立。③ 显然,三年游击战争时期,国民党军对中共游击区军民的打击和镇压无疑也是残酷无情的;1935 年 4 月以后,处于半军事化状态的闽西南地区,则更是如此。表 4-1 中的数据在一定程度上反映了闽西各县三年游击战争时期的民众生存状态。但是,因其绝大部分县份属于游击区,并非本节的论述主题,此处不予展开论述。

二、从战后处置看赣闽边区的民众生存状态

作为战胜方的南京国民政府,其对战败方(原中央苏区军民)的处置,从一个特殊视角,为我们充分展示了赣闽边区民众的生存状态。

战后赣闽边区社会的重建与规复④,对于南京国民政府来说,不失为一

①　刘勉玉:《中央苏区三年游击战争史》,江西人民出版社 1993 年版,第 50—155 页;林天乙主编、闽粤赣边区党史编审领导小组著:《中共闽粤赣边区史》,中共党史出版社 1999 年版,第247—284 页。

②　张鼎丞:《日益成熟着的反攻形势》,《闽西南军政委员会关于目前新的形势与新的任务决议》,福建省档案馆、福建省军区党史资料征集小组、龙岩地区党史资料征集小组:《福建军事斗争史料选编(1934.10—1938.2)》,1983 年印,第 268、61 页。

③　张鼎丞、邓子恢、谭震林:《闽西三年游击战争》,中国人民解放军福建省龙岩军分区政治部、中共龙岩地委党史资料征集研究委员会编:《闽西地方武装概略》,1987 年印,第 186—213 页;《闽西南军政委代表方方给中央的报告》,福建省档案馆、广东省档案馆编:《闽粤赣边区革命历史档案汇编》第 2 辑,档案出版社 1987 年版,第 399—419 页。

④　"规复"是南京国民政府当局和当时新闻界对"匪区"经常使用的一个词语,语意多解,大意是指在国民政府各级党政军机构的组织和指导下,依照法律、法规、政策等文本,以及民间习惯等非文本,恢复和平(常态)社会所应具有的秩序,振兴战后"匪区"的社会与经济。

个政治难题。对此,南京国民政府是相当重视的,也是比较慎重的。早在第五次"围剿"战争发动之前,在吸收历次失败经验教训的基础上,南京国民政府就制定了"三分军事、七分政治"的策略,希望以政治配合军事行动,求得"匪区"问题的圆满解决。[1]

围剿战争发动前后,南昌行营先后颁发多种法令,具体落实"三分军事、七分政治"的政策策略。1933年8月,颁布《招抚赤匪办法》13条,认为"五省剿匪","不专恃军事",而应"以封锁绝匪经济,以招抚促匪分化",应"对匪自新奖励,优容备至"。[2] 同月,"为感化投诚与俘虏分子",南昌行营于第四厅下设立感化院,《感化院条例》第20条规定:"被感化人已届出院时,得请求感化院就其能力,为其介绍相当工作。"[3]9月,蒋介石在"改造军政本身"、"检讨过去军队缺点"的基础上,颁布8条救济民众办法,认为剿匪尤应"取得民众信仰,积极救济民众,再进与民众合作"。[4] 10月,蒋介石"以匪区即将收复",又颁布《赣粤闽湘鄂五省处理收复匪区民事纠纷大纲》5条,认为匪区"所有人民违反法律行为,原非出本意,如有婚姻事项、典质事项、共同财产事项,及其他一切人事各种问题,系受环境之驱使,致失常性者,均应顺合人情,稍从宽大,就事实与法律可能范围内,并计划处理之"[5]。11月,再颁《剿匪区临时施政纲要》13条,并强调"剿匪必以培养地方元气为先,而培养地方元气又以修明政治为主,故本行营历次所颁各种法令,均系注重安居、复业两大要点"[6]。12月,南昌行营令饬江西省民政厅会同别动队修订《督促各县清乡实施办法》,该办法之一为,在收复区内,应"调和来归难民与未逃民众之情感,严防互相仇视与报复(以不算旧账为唯一的口号)"[7]。1934年11月,在赣闽边区行将全部收复之机,南昌行营在其政治工作报告中总结说,"一年以来,行营所用力最勤者,为一面集中力量,与赤匪争取最大多数之善良民众,凡赤匪欺骗压迫之者,吾人必爱护救

---

① 黄道炫认为,第五次围剿战争中的"三分军事、七分政治"更多地反映了蒋介石的期望,这一政策的真正效果并不像想象的那样大,但对围剿的最终走向发挥了一定作用。黄道炫:《第五次"围剿"中的"三分军事、七分政治"》,《江西师范大学学报》2010年第5期,第156页。

② 《赣行营颁布招抚赤匪办法》,《申报》(上海)1933年8月5日,第8版。

③ 《赣行营颁布招抚赤匪办法》,《申报》1933年8月5日,第8版。

④ 《蒋委员长颁布救济民众大纲》,《申报》1933年9月14日,第8版。

⑤ 《蒋颁布匪区民事纠纷纲要》,《申报》1933年10月16日,第8版。

⑥ 《蒋颁剿匪区临时施政纲要》,《申报》1933年11月1日,第11版;《剿匪区施政纲要 蒋委员长饬属一体遵行》,《大公报》(天津)1933年11月3日,第3版。

⑦ 《民厅督促各县积极清乡》,《大公报》1933年12月4日,第3版。

济之而促其来归……"①于此可见,对于苏区民众,南京国民政府本身并无寻仇报复的冲动,主观上也无引导地主豪绅进行反攻倒算的动机;对于收复后的赣闽边区社会,亦希望通过各种举措,以恢复战前的和平秩序。

然而,主观愿望并不等于现实。上述各种法令的颁布,也不意味着其在实践中不折不扣地得以执行。那么,收复后的赣闽边区社会,人们到底处于怎样一种政治生存状态呢?

以瑞金为例。1934 年 11 月 10 日,国民党东路军第 10 师师长李默庵率军进占瑞金后,组织成立瑞金临时清乡善后委员会。办理"自新"(投诚自首)是该委员会的主要工作之一;据统计,11 月 13 日到 12 月 10 日之间,办理自新人数共计 379 人;自新者经善后委员会"派员调查属实后,乃发给自新证,准其各安职业"。② 到 1935 年初前后,自新民众"每日约二三十人或四五十人不等",瑞金清乡善后委员会副委员长傅振华(12 月 10 日左右,第 10 师移防,由汤恩伯的第 4 师接任瑞金城防;傅为第 4 师 10 旅参谋主任)向记者出示的自新人登记名册中,共有"男女四百余人"。③ 另据曾任第 4 师补充团第 5 连上士排附的胡汉文的记述,汤恩伯师接任李默庵师驻防瑞金后,在其贴出的督令"自首"的布告中,有"自首"者"一律从宽,既往不咎"的规定。1935 年 1 月底 2 月初,在还乡团和别动队的配合下,汤部在全县施行"清乡","共逮捕了男女约有两千人,其中少数被汤恩伯在瑞金命令枪杀了,极大多数送到南昌去'感化'";被捕后关在城内的 3 百多名女干部,其中"一百多人被保释","其余一百多名比较年轻的女干部,被国民党军中一些中级军官奸污后,被迫与他们结了婚"。④ "自首、枪杀、感化、保释、迫嫁",胡对"匪都"瑞金的典型记述,大体反映了战败后原苏区军民的不同命运。

如前所述,部分留守军民遭到国民党军或地主豪绅的屠杀和报复,这种情况各县都有;前期(主力红军长征以后到 1935 年夏)主要集中在原中央苏区,后期(1935 年夏至 1937 年)主要集中在中共游击区(地方党史和革命史论著对此多有论述,在此不赘)。这一事实也为《大公报》记者徐盈于

---

① 南昌行营编:《国民党军事委员会委员长南昌行营处理剿匪省份政治工作报告·第一总说》,1934 年印,第 1 页。

② 《瑞金县临时清乡善后委员会工作概况》,中国国民党陆军第十师特别党部编:《收复瑞金纪事》,1935 年 1 月 1 日出版,第 104 页。

③ 《赣省收复匪区现况》,《大公报》1935 年 2 月 3 日,第 4 版。

④ 胡汉文:《国民党军进入瑞金》,政协江西省委文史资料委员会编:《江西文史资料选辑》第 21 辑,第 175—176 页。

1937 年春到赣东南各县的走访内容所佐证。他说,收复初期的保甲长,"就是由随着军队回家的'难民'来接充,他们多半正是现存的农民的对头,对头碰上对头,纠纷又怎能免得了。虽然政府严禁'报复'和'索旧债',可是又怎禁得'天高皇帝远',小村落里死个几十人,谁也是不会晓得的"。①

笔者的实地调查也提供了诸多例证。如石城县横江镇烟坊村的刘春水,曾任苏区干部,"这个人六亲不认,对自己的叔伯兄弟姐妹都不留情②,国民党回来后,他被抓住押回村里,结果打得要死,村里人讲,这种人不能留,最后五马分尸"。被调查人陈裕华说,刘的上述情况"是我亲自做过调查的"。③ 石城屏山镇的红军干部傅保庭④,他不是被国民党所杀,而是被地方宗族所杀,"因为苏区时他当干部杀了人"。⑤ 曾经担任红军军事部长的大由乡王沙村人董盛良,苏区革命后参加游击队坚持斗争,他的老婆在东坑被濯龙村的保长杨汉辉带兵抓获,被逼问丈夫的下落,遭拒后"抓到大由,被杀掉了",董氏夫妇躲藏时带在身边的儿子也被冻死,死时只有两三岁。⑥

大批被俘的红军战上和未暴露身份的苏区干部,大部分被"甄别"后,情节轻微者不加追究就被释放了。1934 年底出任中央苦力运输工会委员长的王贤选(赣州人),1935 年 3 月在于都被俘后,"被押解到了大余",他说:"我没有文化,不出名,敌人搞不清楚我的身份",之后"我就被解往南昌,不久被释放了"。⑦ 1935 年 3 月,担任会昌独立营连指导员的彭国辉(于都人),被俘后和几个女同志"一起被广东军押到于都城",后来被释放。⑧ 曾任《红色中华》编委委员的韩进和另一红军干部赵品三,1935 年春突围时被俘;韩进回忆说:我们"被押到信丰县城,由于没有暴露身份,所以后来也

---

① 徐盈:《赣南杂写(一)》,《大公报》1937 年 4 月 22 日,第 3 版。

② 地方资料记载,刘春水"曾率众斗争近亲土豪刘茂东"。石城县志编纂委员会编:《石城县志》,书目文献出版社 1990 年版,第 632 页。

③ 游海华 2006 年 1 月在石城县城实地调查。受访人:陈裕华,1942 年生,大由乡濯龙村人。

④ 地方资料记载,傅保庭是革命烈士。石城县志编纂委员会编:《石城县志》,书目文献出版社 1990 年版,第 667 页。

⑤ 游海华 2006 年 1 月在石城县城实地调查。受访人:陈裕华,1942 年生;赖德仁,1939 年生,屏山镇长溪村人;陈必琳,1945 年生,琴江镇人。

⑥ 游海华 2006 年 1 月在石城县大由乡茜坑村实地调查。受访人:董桃兵(董盛良的儿子),1941 年生。

⑦ 王贤选:《往事回忆——关于中央分局和中央政府办事处的点滴回忆》,中共江西省委资料征集委员会、中共江西省委党史研究室编:《江西党史资料》第 2 辑,第 192、196 页。

⑧ 彭国辉:《赣南省机关部队突围的情况》,中共江西省委资料征集委员会、中共江西省委党史研究室编:《江西党史资料》第 2 辑,第 209、211 页。

被当作普通俘虏给释放了"①。

　　情节稍重者被送进感化院进行"感化"。寻乌县"三·二五"暴动领导人古柏的夫人曾碧漪（曾任中共寻乌县妇女部长、红四军总前委秘书），被捕后没有暴露身份，被"送到九江感化院（感化院后由南昌迁到九江，笔者注）关押"，第二次国共合作以后，"感化院解散，关在里面的人全部释放"，她也获得了自由。② 石城县屏山镇亨田村老红军黄元发，随军长征，整个军团在湖南被打散后，他"日走夜走"，被"广东军阀抓到，送到南昌"，入感化院"感化"后回乡，不久（19 岁）就结婚生子，共生了 6 个女儿、1 个儿子。③ 据战后到南昌考察的东北大学生考察团记载，1933 年 8 月至 1934 年 8 月一年之中，经过南昌行营感化院"感化"后重新获得"自由"的，共"有六千余人"，另外当时还有"二千余人"留在感化院继续接受"感化"。④

　　情节严重者被投入监狱长期关押，直至第二次国共合作后被释放。担任过中共宜黄、兴胜县委组织部部长、妇委书记的万香（兴国县人），1935 年在泰和县被捕，被国民党军军官引诱嫁人，万坚贞不屈，被"押往国民党南昌九江监狱"，于 1937 年国共合作后重获自由。⑤ 曾任资溪特区青妇部部长、中共闽赣省委青妇部副部长的张士英，1935 年随闽赣省委在宁化打游击时被捕，先被关押在宁化个把月，后被押到漳州监狱里，直到 1938 年 3 月才被释放。⑥

　　即使暴露身份的中共高级干部，被俘后有的被营救出来，有的被判刑坐牢，到国共合作后才被释放。前者如原中共江西省委书记、江西省苏维埃政府副主席陈正人的夫人彭儒，被广东独九师部所俘，后经彭儒哥哥彭瑛（时在国民党广东省党部任职）的营救，"便顺利的被释放，并偕其哥哥回到广州"。⑦ 参加长征的原中共福建省委书记罗明夫妇，受组织委派留在贵州工作，在关岭县遭敌怀疑被拘，出狱后辗转到上海，先被堂兄出卖被抓进

　　① 韩进：《红军长征后的〈红色中华〉报及其他情况》，中共江西省委资料征集委员会、中共江西省委党史研究室编：《江西党史资料》第 2 辑，第 167 页。

　　② 江西省妇女联合会编：《女英自述》，江西人民出版社 1988 年版，第 223、233 页。

　　③ 游海华 2006 年 1 月在石城县屏山镇亨田村实地调查。受访人：黄元发，1916 年生，16 岁参加革命工作，17 岁入团，18 岁当兵。

　　④ 东北大学豫鄂皖赣收复匪区经济考察团编：《东北大学豫鄂皖赣收复匪区经济考察团报告书》，东北大学编辑部 1934 年版，第 101 页。

　　⑤ 江西省妇女联合会编：《女英自述》，江西人民出版社 1988 年版，第 316、324—326 页。

　　⑥ 江西省妇女联合会编：《女英自述》，江西人民出版社 1988 年版，第 298、302—303 页。

　　⑦ 陈正人：《我的自传》，中共江西省委资料征集委员会、中共江西省委党史研究室编：《江西党史资料》第 1 辑，第 185 页。

监狱，后在狱中被叛徒指认，作为政治犯被押送至南京监狱关押；受尽折磨的罗明身体极度衰弱，经过其上海同乡的活动，他被保释出狱就医，后回到了家乡广东大埔县，当中学教员谋生。①

后者如原苏区中央政府内务部长梁伯台的妻子周月林②，1984 年她回忆说：1935 年春与瞿秋白等一起被捕后，"我们先被关在上杭，不久瞿秋白和我被叛徒指认，听说瞿秋白被解往长汀，英勇就义。我也被押往龙岩，敌人判了我十年徒刑"。③ 曾任红军第 33 师参谋长的郭如岳，1935 年春在于都被俘，被敌人识破了身份，他说："就这样，我在敌第八师师部关押了三个月。后来，敌人派专人将我押送到宁都，一九三五年九月间送到南昌。江西省保安处的军法处并行营军法处以'危害民国罪'将我判刑十五年。第二次国共合作后，我才被释放出来。"④

除上述政治清算行为外，还乡的地主豪绅对原苏区军民的处置，主要还有"收老租、逼老债、强迫回婚"等。地方党史和革命史论著对此多有论述，表 4-1 中的数据（如被抢妇幼人数）也有一定程度的反映。不过，笔者想补充的是，苏区革命后的租债与婚姻问题，尽管有地主豪绅反攻倒算的成分，其背后还有更为复杂和广阔的社会经济因素，需要做进一步的考量和分析。⑤

值得强调的是，即使地主豪绅有着强烈的报复意愿，而其意愿能否实施还受其个人所能调动的社会资源的限制。项英曾经提及，三年游击战争时期，"地主只有依靠反动武装的保护才能进坑收租"；而有些地主，"只能当农民出到外面圩场阻拦追索，农民一进坑就不敢来，有少数逼使（原文如此，笔者注）狡猾而聪明的地主，常常用可怜哀求的方式，请求农民多少给点谷他们充饥，这样在农民的怜悯心下给他们点租"；在基本的游击区，"实

---

①　《瞭望》编辑部编：《红军女英雄传》，新华出版社 1986 年版，第 182—185 页。

②　周月林，1906 年生，上海市人，1925 年加入中国共产党，1926 年由党派往苏联学习，1931 年回国；曾任中华苏维埃共和国妇女生活改善委员会主任、苏区中央局妇女部长、中华苏维埃共和国执行委员、国家医院院长等职。

③　江西省妇女联合会编：《女英自述》，江西人民出版社 1988 年版，第 150、160 页。

④　郭如岳：《红军主力长征后中央苏区的斗争》，中共江西省委资料征集委员会、中共江西省委党史研究室编：《江西党史资料》第 2 辑，第 168、173 页。

⑤　关于此点，可参见笔者的相关论述。游海华：《债权变革与农村社会经济发展秩序——以中央苏区革命前后的民间借贷为中心》，《中国农史》2010 年第 2 期；游海华：《重构与整合——1934—1937 年赣南闽西社会重建研究》，经济日报出版社 2008 年版，第 107—108、228—234、130—131 页。

际上是不还租的"。① 项英虽然讲的是游击区的情况,但在原中央苏区,又何尝不是如此。经过苏区革命的冲击,不少地主豪绅的家庭经济不但江河日下、今非昔比,而且人单势薄、门庭冷落,并不是所有原来的地主豪绅都有能力进行反攻倒算和阶级报复的。

三、停止对抗后的原苏区军民的实际生存状态

从更广阔的视角看,在国共激烈战争尘埃落定以后,重获自由或放下武器、停止对抗的原苏区军民,绝大部分在赣闽边区得以生存,他们在原中央苏区有着较大的生存空间。毕竟,革命高潮之后,不管是暂时的失败还是永久的胜利,人人都要居家过日子。这是社会的常态。大致分为以下四种情况:

其一是尽管生存下来,但不同程度地受到地主豪绅等地方势力的报复和折磨,或备受社会歧视。据原任登贤县苏维埃政府主席的钟家瑶回忆,他随登贤县挺进营打游击,失利后在于都庵山的一个小村子里藏匿,得到房东赖芳盛的帮助和照顾,"后来,当地的'铲共团'知道了赖芳盛掩护了红军战士",因而"经常到他家找麻烦,逼着他交出'土匪',并抄了他的家"②,所幸赖并没有因庇护红军而遭杀身之祸。类似情况相当普遍。项英在向党中央的报告中提到,在长期的游击区域,"敌人对于群众的监视过严,对于红军家属压迫最凶残,将老婆强卖掉,一发现某某有人当游击队立即将全家或父母拉去拷打追问罚款"。③ 苏区革命后,石城县屏山的一些大姓纷纷修谱,"本地起了坏作用的人(指参加红军且在地方上不得人心的人,笔者注),不准他上谱"。④ 1936 年夏,宁都石上镇鲤鳌村的一位老太太,因其已经去世的儿子曾经在苏区政府工作,而屡次遭到回乡地主的辱骂,最后忍无可忍试图自杀。⑤ 瑞金沙洲坝村的共青团员黄秀英,1935 年因坚持斗争被敌捉住,吊打三天,关押一个半月后被释放,在家乡平安地度过了整个

---

① 项英:《三年来坚持的游击战争》,中共江西省委资料征集委员会、中共江西省委党史研究室编:《江西党史资料》第 1 辑,第 96 页。

② 钟家瑶:《登贤挺进队挺进油山》,中共江西省委资料征集委员会、中共江西省委党史研究室编:《江西党史资料》第 2 辑,第 212、216 页。

③ 项英:《三年来坚持的游击战争》,中共江西省委资料征集委员会、中共江西省委党史研究室编:《江西党史资料》第 1 辑,第 93 页。

④ 游海华 2006 年 1 月在石城县城实地调查。受访人:陈裕华,1942 年生;赖德仁,1939 年生,屏山镇长溪村人;陈必琳,1945 年生,琴江镇人。

⑤ 实业部江西农村服务区管理处编:《农村服务通讯》1936 年第 15 期,第 14 页。

抗战岁月。[①]

其二是在家乡找不到生路，只好流落异乡谋生（大部分仍在赣闽边区）。20世纪90年代，曾任吉安东固镇镇长的张云德回忆，他家本在兴国鼎龙，父亲和两个叔叔都当了红军，1935年以后，他的父亲张昆礼"不敢回家乡"，反而留在在东固打长工的伯父处。[②] 石城县屏山镇长溪村一曾任裁判部长的苏区干部，虽"受到本地熟人的保护，没有杀头，出了200银圆，但在当地还是难以生存，便跑到宁都山里谋生"。[③] 兴国县游击队员林孟兰夫妇在敌人围剿下被迫放弃斗争，回到家乡城西睦敬村后，丈夫被敌抓住枪毙，她为逃避敌人迫其改嫁，"就逃到外乡去谋生活"，中华人民共和国成立后出任兴国城关区西街妇女主任。[④] 上杭县才溪镇离休干部林攀阶，苏区革命失败后，他和本县一些共产党员、原苏区干部、革命群众和红军战士纷纷跑到古蛟傅柏翠处避难，他本人在古蛟以做泥水匠为生。[⑤] 曾任中央政府机关消费合作社主任的杨久庆，在突围的过程中，"因有病被留在白竹寨休养"，后来"离开白竹寨转移到南城县隐蔽，直到一九四二年才回到瑞金"。[⑥] 原闽赣省委书记钟循仁、省苏主席杨道明，于国民党军"围剿"中突围脱险后，在福州附近的永泰县隐居并出家当和尚。[⑦]

其三是受到宗族、士绅等地方势力的保护，得以在家乡安居乐业。前述石城县大由乡的董盛良在打游击的过程中，多次遭受地主豪绅的抓捕；"第一次是陈聂华抓他，抓住后，打他，背上打烂后，倒烧酒到上面"，他是赶集被抓起来的，"结果被人救了出来"；第二次在屏山，濯龙村的保长杨汉辉带兵抓他；最后一次是水南村的陈水良"把我爸抓起来，捆起来吊在梁上打，说要杀他"，当时，董姓绅士董宝魁和陈姓主持人陈水银去赶集，正好听说了这件事，经过他们的营救，才将董保了出来。之后董便在水南村帮人

---

① 唐铁海：《中央老根据地印象记》，劳动出版社1952年版，第32—34页。

② 游海华2007年10月在吉安市青原区东固镇实地调查。受访人：张云德，1943年生。

③ 游海华2006年1月在石城县城实地调查。受访人：陈裕华，1942年生；赖德仁，1939年生，屏山镇长溪村人；陈必琳，1945年生，琴江镇人。

④ 西虹：《老红区行》，中南人民文学艺术出版社1953年版，第13—16页。

⑤ 温锐、游海华2000年在上杭县才溪镇实地调查。受访人：林攀阶，1917年生。

⑥ 杨久庆：《中央政府办事处在宽田》，中共江西省委资料征集委员会、中共江西省委党史研究室编：《江西党史资料》第2辑，第184、186页。

⑦ 转引自林天乙主编、闽粤赣边区党史编审领导小组著：《中共闽粤赣边区史》，中共党史出版社1999年版，第213页。

打长工，也做零工，砍柴卖，直到 1979 年去世。① 另据屏山亨田村的黄元发回忆，从南昌“感化”回乡后，“有些人想整我，因我是大姓的人，而没有整我，我也没有被罚钱，各个宗祠会保护各自的人”。② 东固暴动的几个主要领导人赖经邦、段起凤、黄启绶在 30 年代初去世后都留有后代（包括过继的）；苏区革命后，在熬过最初几年的艰难岁月后，他们都再次在当地安家落户，到今天已经繁衍成了大家族；其中，赖经邦的二儿子赖鹏还在当地乡公所当过乡丁。当然，他们的安居，除得益于苏区革命后“国民党军队没有经常来，所有事情都是叫保甲长处理”这一外在环境外，还得到了当地保长石朝云的保护。③

其四是几乎没有经过什么变动，他们回到家乡，重振家园。吉安东固的老红军刘信平，他在于都被捕并关押 10 多天后，被黄龙区民众医疗所的医生保释出来做司药生，干着当红军时一样的工作，1935 年农历十二月底，他“回来后，没有人管”。④ 另一老红军杨私臻在所在的部队于 1934 年被打散后，就回家种田了，他说：“没有写自新书，也没有罚款”，因为“我参加革命后，也不是头头，没有仇恨”。⑤ 这种情况，在赣闽边区相当普遍。例如，第五次反“围剿”战争中“挂了花”的红四军副班长熊彬，回到瑞金老家，在其参加游击队之前的近 1 年中（他在 1935 年底参加了钟得胜领导的游击队），并未遭敌骚扰过。⑥ 苏区革命后，原随中央印刷厂搬迁瑞金的 20 多个东固当地职工，有 12 或 16 人回到东固。其中，有邱祖贻（排字工人）、邹如玉、古远来（副厂长）、古远宏（参加长征中途回来）、戴林祥、郑家胜、郑传芳、郑传飞等。回来后，古远宏种田隐居，结婚生子，于 1982 年去世；邱祖贻和邹如玉夫妇则回到家乡三彩做医生，开了惠济药店，邱还代他的哥哥做过 3 个月的保长。⑦ 再如闽西，曾经当过兆征县苏维埃政府副主席的吴

① 游海华 2006 年 1 月在石城县大由乡茜坑村实地调查。受访人：董桃兵（董盛良的儿子），1941 年生。

② 游海华 2006 年 1 月在石城县屏山镇亨田村实地调查。受访人：黄元发，1916 年生。

③ 游海华 2007 年 10 月在吉安市青原区东固镇敖上村、崩江下村实地调查。受访人：赖明河（赖经邦孙），1944 年生；段家海（段起凤孙），1964 年生；黄昌久（黄启绶孙），1958 年生；刘信平，1918 年生。

④ 游海华 2007 年 10 月在吉安市青原区东固镇崩江下村实地调查。受访人：刘信平，1918 年生。

⑤ 游海华 2007 年 10 月在吉安市青原区东固镇敬老院实地调查。受访人：杨私臻，1914 年生，东固螺坑村人，1929 年参加红军。

⑥ 西虹：《老红区行》，中南人民文学艺术出版社 1953 年版，第 64—71 页。

⑦ 游海华 2007 年 10 月在吉安市青原区东固镇实地调查。受访人：夏淑英（原中央印刷厂职工邱祖贻和邹如玉夫妇的儿媳），1959 年生，娘家为六渡村；古珍葵（原中央印刷厂石印部主任古远宏的儿子），1941 年生，三彩村人；刘宗沛，1926 年生，西城刘家人。

秀英,上杭暴动领导人黄进兴的妻子何细妹,她们并未因与革命相连而丢失性命。[①]

有意思的是,在留守军民中,个别的甚至力农致富,成为发家致富的典型。曾任石城县文化局长的陈裕华回忆,他家是大由乡濯龙村马面排,父亲陈辉盛(1916 年生)"人长得高大、英俊,16 岁就参加了红军,任排长,负责军士训练,很有号召力,后任红军看守所长",红军长征后,他父亲和 36 人留下来坚持了几个月的斗争,"后看形势不对,剩下的几个人便到山里,把枪埋了,各自回家,后来在家被抓,便一一交代枪支埋藏地点,这些人便没有事,地方政府不了了之。我父亲便这样留下来了,没有受苦。至于是否写了自新书,他没有说,我不清楚";自此以后,陈辉盛专心家业经营,加上老婆很精明,家境逐渐富裕,积累到 100 多亩田,到中华人民共和国成立时,他家还被划为地主。[②]

四、革命高潮过后的平凡日常

三年游击战争时期赣闽边区民众的生存状态,是一个十分有趣的话题,也是一个素为学界所忽视的课题。

1934 年,随着第五次军事围剿的进展,赣闽边区重新被纳入南京国民政府的控制版图。对于战后赣闽边区的重建与规复,蒋介石和当时的南昌行营是比较慎重的,他们希望在"三分军事、七分政治"的策略下,通过各种举措,包括重建赣闽边区地方政权、恢复社团组织、调适社会心理(难民救济和民众思想整合等)、调整社会关系(妥善处置战后婚姻纠纷等)、"地归原主"和复苏社会经济等,以恢复战前的和平秩序。[③]

在此背景下,对于战败方——原中央苏区军民,除顽强抵抗的给予枪杀外,其他均视不同情况加以处理。情节轻微或自新具结者不加追究;情节严重者区别对待:有的关押一段时间后予以释放,有的被送进感化院加以"感化",有的被投入监狱长期关押,后来陆续获得自由。重获自由或停止对抗的原苏区军民,绝大部分在赣闽边区得以生存,但各自有着不同的经历和命运。有的不同程度地受到地主豪绅等地方势力的报复和折磨,或

---

① 唐铁海:《中央老根据地印象记》,劳动出版社 1952 年版,第 65—69 页。

② 游海华 2006 年 1 月在石城县城实地调查。受访人:陈裕华,1942 年生。

③ 游海华:《重构与整合——1934—1937 年赣南闽西社会重建研究》,经济日报出版社 2008 年版。

备受社会歧视;有的在家乡找不到生路,只好流落异乡谋生(大部分仍在赣闽边区);有的受到宗族、士绅等地方势力的保护,得以在家乡安居乐业;有的几乎没有经过什么变动,他们回到家乡,重振家园;有意思的是,在留守军民中,个别的甚至力农致富。

值得强调的是,三年游击战争时期的赣闽边区,国民党军和地主豪绅的阶级报复是清晰可见的,是有迹可循的。地方党史和革命史论著对此多有论述,这在一定程度上折射出战后民众的生存环境和状态。不过,应加以指明的是,从时间上看,1934年10月到1935年夏天这段时期,是国民党军和留守红军继续交战的时期,前者对后者的打击和镇压无疑是残酷无情的。从地点上看,1935年夏,国民党军牢牢控制了原中央苏区腹地各县城乡,自此以后,国民党军和地主豪绅的打击和镇压对象主要转向了中共新开辟的游击区。

综上所述,绝大部分原中央苏区军民得以生存的事实,表明1935年夏以后的赣闽边区(不包括中共游击区),尽管不乏阶级报复的行为和情绪,但总体看来仍是一个相对和平的社会,基本上恢复了普通民众所需要的相对稳定的生存环境。毕竟,革命高潮之后,不管是暂时的失败还是永久的胜利,老百姓还是要居家过日子。这是社会的常态。正因为这样,接踵而至的抗日战争时期,赣闽边区迅速成长为中国东南抗战大本营的中心,并迎来了边区的第一次现代化浪潮[①];边区逐步恢复的社会秩序和政治秩序,也为东南抗战夯实了基础,有力支持了中国的持久抗战。[②]

---

① 温锐、游海华:《抗日战争时期赣闽粤边区的第一次现代化浪潮》,《抗日战争研究》2004年,第4期。

② 抗日战争期间,以赣闽边区为中心的浙闽粤赣皖5省毗邻地区的国统区,成为国民政府东南抗战的大本营。其中,浙江省政府先后迁到浙西之金华、永康,浙南山区云和县;福建省政府和保安处内迁闽西北之永安县;国民党广东省党部、省政府和第四战区司令部先后北迁粤北之曲江、连县、龙川和平远县;江西省政府南迁泰和县,继迁宁都县;第三战区长官部和政治部则一直驻扎在赣东的上饶县,1942年浙赣战役中,一度撤迁闽北建阳。分别参见政协浙江省委员会文史资料研究委员会编:《浙江文史资料选辑》第24辑,第165页;政协福建省上杭县委员会文史资料编辑室编:《上杭文史资料》总第8期,第38页;福建省政协文史委员会编:《福建文史资料》第5辑,第50页;政协梅州市文史委员会编:《梅州文史》第3辑,第144—145页;政协江西省文史委员会编:《江西文史资料》总第16辑,第166、169、152、162—163页。

第二节　红军官兵日记中的长征印象

长征，是中共党史和军史上的恢宏篇章，是中国共产党革命精神的生动写照。长期以来，社会各界对长征的认识，似乎已然定格。然而，历史的面相是丰富多彩的，历史的内涵和机制是极其复杂的。随着资料的发掘和研究视角的拓展，不同时代的人，都有可能对定格的历史做出不同的解读，长征的研究也不例外。就关于长征的资料而言，近 30 年来出版了不少红军官兵长征途中撰写的日记，如红一军团童小鹏的《军中日记》、萧锋的《长征日记》《彭绍辉日记》《赖传珠日记》，红五军团的《陈伯钧日记》，红九军团赵镕的《长征日记》和林伟的《"战略骑兵"的足迹》，红六军团的《王恩茂日记》等。这些日记，多是个人每天经历的事情的记录，或是当天感受与思考的记载。对后来的研究者而言，无疑是还原历史的珍贵史料。正因为如此，流传下来的各色日记被学者们广泛用于研究，取得了不少显著成果。[①] 不过，长征日记虽被学界广泛使用，但系统而大量的使用并加以综合考察的并不多见。[②] 基于此，本节在研读以上红军日记的基础上，以红一方面军为例，从当年红军官兵们的视角，解读长征中的减员与扩红、搬家与减负、空袭与防空三个问题，以深化我们对红军长征史的认识。

一、减员与扩红

中共中央党史研究室撰写的《中国共产党历史》，在叙述湘江战役时写

---

① 代表作有：郝平《〈退想斋日记〉所见抗战时期的民众生活——以太原为中心》，《史林》2005年第 4 期；杨奎松《蒋介石与战后国民党的"政府暴力"——以蒋介石日记为中心的分析》，《近代史研究》2011 年第 4 期；陈红民《〈蒋介石日记〉中的"约法之争"》，《史学月刊》2015 年第 4 期；徐茂明、胡勇军《清末兴学与常熟士绅的权力嬗递——以〈徐兆玮日记〉为中心》，《史林》2015 年第 6 期。

② 从学术研究的角度看，仅见李安葆、罗平汉、高华等写过的几篇文章，且严格说来，高华的文章不是使用日记资料。其中，李安葆介绍了红军日记概貌，并使用日记资料对长征路线、途中战役，党和红军内部的斗争、政治与群众工作、少数民族工作，红军指战员日常生活情趣等进行了简略研究；罗平汉主要使用《陈伯钧日记》和《萧锋日记》对长征中的减员与扩红、长征初期失策的"大搬家"进行了考察；高华介绍了 1937 年以 100 篇回忆文章编成的《红军长征记》在新中国成立后只出了选编本，几乎半数被删除的情况。分别参见李安葆《略论长征日记》，《贵州社会科学》2001 年第 1 期；罗平汉《红军长征日记中透露的信息》，《同舟共济》2008 年第 8 期；高华《被删去的长征日记》（原载《羊城晚报》2010 年 12 月 4 日），《报刊荟萃》2011 年第 3 期。

道:"湘江战役是中央红军长征以来最壮烈的一战。红军以饥饿疲惫之师,苦战五昼夜,终于突破敌军重兵设防的第四道防线,粉碎了蒋介石围歼中央红军于湘江以东的企图。但是,红军也为此付出了极为惨重的代价。渡过湘江后,中央红军和中央机关人员由长征出发时的 8.6 万人锐减至 3 万余人。"①简单一窥,似乎湘江战役中,红军损失了 5 万多人。

研读日记,不难发现,从长征开始,到 11 月底湘江战役发动之前,受日夜行军打仗、越走越远离家乡、吃不饱等多种因素影响,红军不断减员。红一军团第 15 师师长彭绍辉于 10 月 22 日记载,"今日夜间行动较疲劳,开小差掉队者相当多";11 月 11 日延寿圩战斗中,"我师伤亡及失联络者颇多,伤兵无法抬走"。② 红五军团第 13 师师长陈伯钧记载,长征开始后的前 3天,"全师开小差的计三十三名",陈当时就认识到,这"是一个极端严重的问题"③,并采取了一些防止措施。但是,成效似乎不大,在 1934 年 10 月底的几天中,仅该师所辖的 39 团,"逃跑现象最为严重,前后共计三四十名"。④ 红九军团供给部长赵镕 10 月 29 日记述,"运输员越走离家越远,担心期满后回家困难,所以开始大量掉队了",途中虽经兵站和监护连的同志大力说服,均收效不大。⑤

到湘江战役发动前,红军不仅在不断减员,减员的幅度似乎还不小。红一军团 1 师 3 团总支书记萧锋 11 月 14 日记述,他所在的红 3 团从兴国出征时,有 2724 人,到宜章县城附近的白石渡镇时,只剩下 1700 人。⑥ 减员幅度接近 38%,这还不包括沿途扩红增加的红军人数。

与作战人员相比,运输队伍的减员情况可能更为严重。赵镕于 11 月 6日记述道,"我供给部运输队第一队和第二队的运输员,差不多快掉完了。究其原因,主要是这两个队来部队的时间早一些,苏区乡政府动员时说为期 3 个月,现期限已满,离家乡又越走越远,思想顾虑越来越大,且连日昼夜行军,体力上吃不消"⑦。11 月 8 日又记述,"昨今两日,掉队者又急剧上

---

①　中共中央党史研究室:《中国共产党历史　第一卷(1921—1949)》上册,中共党史出版社 2011 年第 2 版,第 384 页。

②　彭绍辉:《彭绍辉日记》,解放军出版社 1988 年版,第 41、44 页。

③　陈伯钧:《陈伯钧日记(1933—1937 年)》,上海人民出版社 1987 年版,第 319 页。

④　陈伯钧:《陈伯钧日记(1933—1937 年)》,上海人民出版社 1987 年版,第 322 页。

⑤　赵镕:《长征日记(1933 年 12 月 14 日—1936 年 10 月 24 日)》,山西人民出版社 1990 年版,第 143—144 页。

⑥　萧锋:《长征日记》,知识产权出版社 2006 年版,第 2 页。

⑦　赵镕:《长征日记(1933 年 12 月 14 日—1936 年 10 月 24 日)》,山西人民出版社 1990 年版,第 149—150 页。

升,民伕掉队现已达百分之五十以上"①。出发时,红九军团供给部下辖的运输员共有1000多名,编为5个队。另有3000名短期民伕。结合赵镕的记述,不难想象运输队伍的减员幅度和规模。当时每天都是急行军,如碰上雨天,泥泞路滑,一旦掉队了就几乎跟不上来。加上这些从事运输的人员毕竟不是正规的红军,追上部队的意愿往往不如回家来得迫切。

这些减员的红军,有打仗中牺牲的,有被飞机空袭炸死的,有受伤后就地安置的,有生病后得不到及时医治而死亡的,有掉队后赶不上部队最终流失的,还有自杀的②,更多的则是开小差的,等等。因上述原因造成的红军减员,伴随着长征的始终。

好在有减员,也有增员。增员主要来自长征途中的"扩红"。从江西出发到湘江战役前,沿途扩红不少。面对着战斗减员、敌机空袭接二连三炸死我红军战士,以及上级布置的就地安置伤员、沿途扩大红军等任务,萧锋于10月25日记述,"我们远离苏区,现在是牺牲一个少一个,损失一个就要设法补回一个"③。萧的记述似乎表达了对不断"减员"和"扩红"任务的某种隐忧。近20天之后,萧的这种隐忧完全为喜悦所代替。红3团在白石渡一带"扩红三百多",其中许多是粤汉铁路的修路工人,部队一下子从1700人增加到2000多人,胜利完成了上级布置的扩红任务。④

彭绍辉的第15师,11月14日也派人在白石渡的修路工人中进行大力动员,结果"两个钟头的时间,争取五六百名新兵,并组成一个补充营";当月28日,在从文市到鲁塘圩的行军中,又"扩大红军百余人,大多数是修马路的工人";第二天,在鲁塘圩"扩大新兵二十余人"。⑤

萧锋将顺利扩红的原因归结为,"群众热爱红军,愿意当红军,这是共产党的威信起作用"⑥。红一军团政治保卫局秘书童小鹏,则进一步揭示了修路工人踊跃参军的深层原因,原来白石渡"系粤汉交通的大道,粤汉铁路正在开修,故工人很多,因老板、工头跑了,而失业饿饭的生活正在进行着"⑦。正是"因失业与受革命影响",才有大批的工人当红军。

---

① 赵镕:《长征日记(1933年12月14日—1936年10月24日)》,山西人民出版社1990年版,第153页。

② 1934年11月16日,赖传珠记载,"三营长自杀"。沈阳军区《赖传珠日记》整理编辑领导小组:《赖传珠日记》,人民出版社1989年版,第5页。

③ 萧锋:《长征日记》,知识产权出版社2006年版,第6页。

④ 萧锋:《长征日记》,知识产权出版社2006年版,第16页。

⑤ 彭绍辉:《彭绍辉日记》,解放军出版社1988年版,第45、48页。

⑥ 萧锋:《长征日记》,知识产权出版社2006年版,第16页。

⑦ 童小鹏:《军中日记(1933年—1936年)》,解放军出版社1986年版,第105页。

　　进入黔滇川等省以后,红军继续吸纳着新鲜血液。赵镕记述,1935 年1 月,红九军团在贵州的余庆、湄潭等县,扩红 4700 多名;4 月底 5 月初,在云南的宣威县,扩大红军 1000 余人,编成一个新兵营。萧锋则从长征开始,到 1935 年 6 月中旬翻越夹金山之前,连篇累牍地记述红 3 团扩红情况和人数,虽然每次扩红人数不多,几人、十几人、几十人,但累加起来也是一个可观的数目。

　　总之,在红一方面军的长征途中,交替上演着减员与扩红的变奏曲。其中,扩红较少,减员更多。减员以突破前四道封锁线为多,尤以突破第四道封锁线的湘江战役为最多。[①] 红军就是一座铁打的营盘,历经艰苦革命的考验,除去伤亡难以为继之外,意志坚定的留下来,薄弱的淘汰出去,最后到达陕北的,都是军队的精华。正如埃德加·斯诺所描述的,"在漫长的艰苦的征途上,有成千上万的人倒下,可是另外又有成千上万的人——农民、学徒、奴隶、国民党逃兵、工人、一切赤贫如洗的人们——参加进来充实了行列"[②]。

二、搬家与减负

　　如前所述,红军长征之初突破敌人的四道封锁线,付出了极为惨重的代价。长期以来,人们认为,红军带着笨重的印刷机器、军工机器等进行大搬家式的行动,因而行军迟缓,是导致长征前期作战不利,尤其是湘江惨败的主要原因,并认为这是当时中央"左倾"领导者退却中犯了逃跑主义错误的结果。[③] 日记记载的情况,与此传统认识可能有一定差距。

　　关于行军迟缓的原因,10 月 30 日这天,赵镕一条短短的记述对此有较全面的阐述。赵镕记载:"前面中央纵队和军委纵队辎重过多,行动不便,且有强大敌人前堵后追,几面夹击,一、三军团任务繁重,故常堵塞去路,我

　　[①] 据石仲泉研究,突破第一道封锁线减员 3700 余人,第二道减员 9700 余人,第三道减员 8600 余人,共 22000 余人;突破第四道封锁线暨湘江战役,红军减员 3 万多人。参见石仲泉《悲壮与沉思:惨烈的湘江之战》,《学习导报》2006 年第 9 期,第 59—60 页。

　　[②] 埃德加斯诺:《西行漫记》,董乐山译,生活·读书·新知三联书店 1979 年版,第 181 页。

　　[③] 中共中央党史研究室撰写的《中国共产党历史》记述:"战略转移变成大搬家式的行动。红军带着许多笨重的印刷机器、军工机器等物资,形成一支很庞大、累赘的队伍,造成部队行动迟缓,对于行军打仗极为不利";尤其是湘江战役中,"大部队因携带辎重过多,行动迟缓,尚未过江即遭到优势敌军的夹击……损失惨重"。中共中央党史研究室:《中国共产党历史　第一卷(1921—1949)》上册,中共党史出版社 2011 年第 2 版,第 383、384 页。

们走在后面的部队只好等待。"①显然，赵记述的原因有三个，而非仅仅一个。这三个原因，一是辎重过多，二是敌人的围堵和夹击，三是红军大部队行军造成的堵塞。

第一个原因，容后详述。

第二个原因自不待言。途中因敌围追堵截、战斗频仍，或被迫绕道而影响行军的情况，无可避免。此外，敌人的快速应对、新型战术、优势兵力和武器，不仅迟滞了红军的行军速度，而且给红军以致命威胁。如"交通清匪"政策，各省遍修公路、铁路；普遍建立保甲、保卫团和碉堡；数倍于红军的敌军围追堵截，飞机、大炮、装甲车在战场的大量使用，机枪在连排的普遍配置；等等。这些既是红军第五次反"围剿"失败的重要原因，也是长征前期行军迟缓、作战频频失利不应忽视的因素。

第三个原因，其他日记提供了佐证。陈伯钧于 10 月 25 日记述，"是日与军团会合行军。因后方机关过多，所以更显得迟缓与混乱"；26 日记述，"拂晓，过坪石……因一桥之阻，偌大部队无法通过。最后，由右侧弯过坏桥，才徒涉过去。过河后，部队十分紊乱，拥挤不通"；27 日，"因部队过多，行进较迟"；31 日，"是夜，本来很早就可到达目的地，但途中一节石壁十分崎岖，加之军团后方部队又从中插来，更加糟糕"，以至于该师 37 团于次日 7 时左右才到目的地。②红九军团司令部参谋处测绘员林伟于 10 月 31 日记述，"因为前面大军麇集，走不出去，所以我军今天仍在这个四面山岗、人烟稀少的地方休息待命"，直到"下午 7 时又进入行军"。③彭绍辉于 11 月 12 日记述，"我们刚走过山坳，很多部队以四路五路到六路纵队拥挤在一条路上运动，加上下雨，道路泥泞且滑"，"行进至百丈岭时，遇红五军团，两支部队不分你我，肩并肩地走，……拥挤，混乱，深夜才到文明司"。④

事实上，从 10 月中旬长征开始，到 11 月中旬为止，在近一个月的时间中，红军都是在赣粤湘边界的南岭山脉中曲折穿行。此后，才得以进入湘

---

① 赵镕：《长征日记（1933 年 12 月 14 日—1936 年 10 月 24 日）》，山西人民出版社 1990 年版，第 144 页。

② 陈伯钧：《陈伯钧日记（1933—1937 年）》，上海人民出版社 1987 年版，第 319、320、322 页。

③ 林伟：《"战略骑兵"的足迹》，战士出版社 1983 年版，第 44 页。

④ 彭绍辉：《彭绍辉日记》，解放军出版社 1988 年版，第 44 页。

南平原地带大踏步前进。① 山路不仅狭窄，而且时上时下、崎岖不平，加上雨天泥泞、路滑，近十万大军一起出动所造成的拥堵，从而影响行军速度的情况，自然不应忽视。

行军迟缓，还有其他原因。如战时因敌情未明，决策耽搁时间；如等待掉队人员等，均不可避免，甚至常常发生。林伟于11月17日记述，"因前面敌情还未搞清楚，同时我军昨天行军掉队的很多，部队十分疲惫，军团决定在此休息片刻，等待军委命令"，到"下午三时又奉命西进"。② 林是参谋部工作人员，其关于"敌情未明"而迟滞行军的记述无疑是可信的。这种情况也不应忽视。

由此可见，行动迟缓、为敌所乘，是多个原因叠加导致的结果，而非仅仅"辎重过多"一个原因使然。

第一个原因，辎重的多与少，在一定程度上确实会影响行军速度。这是相对的，是相对于运输能力而言的。假使有足够优良的运输设备和人员，再多的印刷机器、军工机器等辎重也不是问题。反之，再少的辎重，如无足够的运输能力，那也是一个累赘。

辎重的多与少，在一定程度上确实会影响行军的速度。对此应客观评估，不应夸大。并且，在当时的情况下，中共中央和红军是能够根据实际情况灵活应变、加以调整的。下面以红九军团为例。

据赵镕记述，部队刚刚出发没几天，10月21日，军团就根据"部队已出苏区，沿途有土豪可打"等新情况，"将从苏区担来的食盐、大米大部分分给了沿途的穷人，这样，供给部减轻了400多担，行军就轻便多了"。③

11月5日，军团再次减负。当日记述，"鉴于目前形势和部队连日行军极为疲劳的状况，军团决定再次减轻行装，将一切不必要的东西，包括文件、单据都清理出来，处理掉，一些可要可不要的东西坚决不要，尽力做到

---

① 童小鹏于11月13日记述："出发经花树下到白石渡（五十里）。突破了三道封锁线。……连绵的大高山今天已始与之离别，霏霏的雨丝也已开始断绝，久在深山绵雨进行着的红色战士，此时格外的兴奋，忽而走入豁然开朗的地方，眼界都扩大了万倍。"林伟于11月15日记述："从今起我军已由山地进入了湘南广阔大平原行军。大军向西急进，每天行进上百里，忘记了疲劳和饥饿。部队边走边打，情绪之高昂，精神之紧张，为红军历来所罕见。"童小鹏：《军中日记（1933年—1936年）》，解放军出版社1986年版，第105页；林伟：《"战略骑兵"的足迹》，战士出版社1983年版，第55页。

② 林伟：《"战略骑兵"的足迹》，战士出版社1983年版，第56页。

③ 赵镕：《长征日记（1933年12月14日—1936年10月24日）》，山西人民出版社1990年版，第137页。

轻装前进，以求顺利通过敌人第三道封锁线"①。

1935年1月上中旬，供给部在贵州湄潭增加了许多新的物资，有筹集来的现款，有缴获维修的轻机枪、步枪、迫击炮，有没收来的布匹、棉花、烟土等。除增添21头牲口外，还给兵站和运输队增加了40多付担子。② 为减轻行军中的负担，1月31日，军团决定，"每人发给一元银洋作为零用钱。这样减去银洋13担，再抽出3匹骡子给收容队，加强了收容队的力量"。③

2月8日记述，根据中央决定，供给部在扎西（今威信）的麻河塘精简了物资，"奉命将我部保存着的缺少脚架的6挺重机枪，缺少底盘的4个迫击炮筒，缺少底火的38发八二迫击炮弹，暂时无法修理的87支步枪和一些破旧刺刀、行军锅以及其他文件等等进行埋藏、毁掉处理"。赵还记述，"军委纵队今天在这一带也埋了许多笨重武器、器材和军用物品，销毁了不少文件"。④

3月底，为了摆脱敌军围追堵截，中共中央决定脱离黔北，向南进军。同时决定红九军团暂留黔北地区活动，以迷惑和钳制尾追之敌。为落实中央指示，军团长罗炳辉与新任政治委员何长工召开干部会，采取了整编等措施；关于军需和军械，3月26日记述，"该发的就发放各连队，该清除的就清除，以便行动轻捷，应付裕如"。⑤

4月16日，因在老木孔缴获甚多，又在瓢儿井筹了几千元现款，军团"为减轻供给部运输上的困难，决定每人发给云南镍币津贴费10元（折合

---

① 同一天，林伟记述："我军近日来连续日夜行军，甚为疲劳。军团今天再次命令继续减轻行装。我们处里又清理了一次文件箱，烧毁了沉重的文件，从五担减成三担。最后，我把携带的《共产主义ABC》，列宁论《共产主义运动中的"左派"幼稚病》《苏联步兵战斗条令》三本好书烧掉了。此外，在龙布补充的衬衣也减去了，现在只剩下一个小包袱，一个皮包，一把雨伞，轻便多了。"分别参见赵镕：《长征日记（1933年12月14日—1936年10月24日）》，山西人民出版社1990年版，第149页；林伟：《"战略骑兵"的足迹》，战士出版社1983年版，第47页。

② 赵镕：《长征日记（1933年12月14日—1936年10月24日）》，山西人民出版社1990年版，第213页。

③ 赵镕：《长征日记（1933年12月14日—1936年10月24日）》，山西人民出版社1990年版，第222页。

④ 同一天，林伟记述："军委纵队在这一带埋藏了许多笨重装备、器材。"分别参见赵镕：《长征日记（1933年12月14日—1936年10月24日）》，山西人民出版社1990年版，第226页；林伟：《"战略骑兵"的足迹》，战士出版社1983年版，第115页。

⑤ 赵镕：《长征日记（1933年12月14日—1936年10月24日）》，山西人民出版社1990年版，第256—257页。

大洋 5 元)"①。

不难看出,在长征的前半年中,为适应战时环境变化,红九军团多次对自身进行了减负。既然红九军团可以灵活减负,那么其他军团也可以做到,当时的中央纵队和军委纵队同样可以做到。

除此之外,辎重的多与少,也是相对于需求而言的。从当时的角度看,印刷机器、军工机器等辎重,都是苏区不容易到手的宝贝。中共中央战略转移的最初目的,是赴湘西和红二、六军团会合,创造新的根据地,这些机器无疑都用得着,带着它们上路是有长远考虑的。并且,对于近十万大军来说,这些辎重,真算不上十分严重的问题。如果说湘江战役前没有处理掉这些辎重,是一个问题。那么此后,军委纵队接着带着这些笨重辎重四渡赤水、转战黔川滇边界,直到 1935 年 1 月底和 2 月初才在赤水河②和扎西一带加以处理,那又算是什么问题呢? 回过头想想,当时中共中央带着适当的辎重行军,其实都在情理之中,不可一概加以否定。

三、空袭与防空

飞机是 20 世纪发明并投入战场的新式武器。早在对中央苏区的多次"围剿"中,国民党军就调集年轻的空军进行"协剿",数百架飞机在第五次"围剿"中发挥了一定作用。长征途中,国民党的飞机如影随形,日夜追踪着这支长途跋涉的队伍。飞机,因而是红军日记中高频度出现的词汇之一。然而,长期以来,国民党空军与红军长征的关系,却没有受到应有的关注。

长征初期,国民党一面急于搞清楚红军的去向和路线,一面企图实现消灭红军的既定目标。因而,这段时期,不管晴天还是雨天,飞机从南昌、衡阳、曲江、全州、桂林等机场频频起飞,充当侦察红军去向的先锋。1934年 10 月 19 日,赵镕记述:"敌机侵扰了 5 次";26 日,虽然整天淫雨霏霏,

---

① 同一天,林伟记述:"军团首长因老木孔胜利,瓢儿井筹款甚多,运输又不便,决定每人发给生活费十个云南半圆的银币。"分别参见赵镕:《长征日记(1933 年 12 月 14 日—1936 年 10 月 24日)》,山西人民出版社 1990 年版,第 137 页;林伟:《"战略骑兵"的足迹》,战士出版社 1983 年版,第 160 页。

② 萧锋于 1 月 30 日记述,红军在中央苏区缴获的重机枪、大炮、印刷机和 X 光机,以及部队多余的枪支等,都在桥西附近丢入赤水河。萧锋:《长征日记》,知识产权出版社 2006 年版,第 53 页。

"但敌机仍不放过我们,终日不断前来扰乱"。① 11 月 2 日,彭绍辉记述:"敌机来骚扰两次";16 日,"敌机几次盘旋侦察,骚扰";23 日,"敌机数次来骚扰";30 日"敌机几次来骚扰"。②

在军事侦察的同时,敌机不失时机地对红军进行空袭。1934 年 10 月 18 日,赵镕记述:"敌机 10 余架在梅林江以西轰炸";11 月 15 日,"敌机十来架整天沿途扰乱,有时低空扫射,有时投弹"。③ 林伟 11 月 1 日记述,"敌机约十多架,沿途袭击我们,扔了不少二百磅的炸弹";12 日,"敌机十余架,今天狂炸了宜章附近,并整日在粤汉线上盘旋窥察我军动向"。④

空袭对红军的打击不小。炸死炸伤几人的现象司空见惯,死伤几十人的情况仅见数例。1934 年 10 月 19 日,萧锋记述,"沿途敌机盘旋扫射,九连遭突袭,有九名战士伤亡,赤卫队将他们抬回苏区于都县去了";1935 年 1 月 8 日,在贵州湄潭,"敌机仍然不断空袭,乱扫乱炸,我们宣传队又有两名战士被炸伤";28 日,"途中遭敌机扫射,伤亡五人"。⑤ 1935 年 3 月 5 日,童小鹏记述,当日遭遇 3 架敌机轰炸,因处置不妥,"伤亡连保卫队在内六十人以上"。⑥ 同年,4 月 4 日,陈伯钧记述,由新铺子经长田到大石板,"后方部队之卫生部及卅七团,被敌机炸伤十余人";4 月 24 日,敌机四架在云南沙寨一带轰炸与侦察,我后方部队被炸伤十余人;5 月 17 日,"敌机在小高桥炸伤我工炮连战士二十一名,亡三人";5 月 21 日,"卅七团……在礼州附近被敌机发觉,掷弹六枚,死伤十余人"。⑦ 10 月 11 日,彭绍辉记载,行军途中被敌机发现轰炸,"因我防空动作和伪装不注意,行军纪律很差,伤亡五十余名"⑧。

对于空袭对象来说,每一次受袭,都伴随着莫名的恐惧。陈伯钧亲见一次敌机来临时,部队的"行李担子丢得到处都是"⑨。可见人们躲避飞机时的慌张程度! 而赵镕则留下了纵队司令员倪志亮在百丈作战中,因躲避

① 赵镕:《长征日记(1933 年 12 月 14 日—1936 年 10 月 24 日)》,山西人民出版社 1990 年版,第 136、141 页。
② 彭绍辉:《彭绍辉日记》,解放军出版社 1988 年版,第 42、45、47、48 页。
③ 赵镕:《长征日记(1933 年 12 月 14 日—1936 年 10 月 24 日)》,山西人民出版社 1990 年版,第 135、159 页。
④ 林伟:《"战略骑兵"的足迹》,战士出版社 1983 年版,第 44、53 页。
⑤ 萧锋:《长征日记》,知识产权出版社 2006 年版,第 4、46、51 页。
⑥ 童小鹏:《军中日记(1933 年—1936 年)》,解放军出版社 1986 年版,第 121 页。
⑦ 陈伯钧:《陈伯钧日记(1933—1937 年)》,上海人民出版社 1987 年版,第 383、389、398、400 页。
⑧ 彭绍辉:《彭绍辉日记》,解放军出版社 1988 年版,第 85 页。
⑨ 陈伯钧:《陈伯钧日记(1933—1937 年)》,上海人民出版社 1987 年版,第 374 页。

飞机轰炸使部队遭受损失,而受到撤职处分的记载。①

敌机还常常散发传单,"说他们已经占领了瑞金"了,等等,对红军实施心理战。长征开始不久的1934年11月15日,赵镕和林伟均记述,在麻田镇,十来架敌机在空袭的同时,散发了很多小传单,说他们已经占领了瑞金。② 11月26日,赵镕和林伟均又记述,在石塘坝,多架敌机不仅整天轰炸和扫射,而且散发传单。③

利用心理战企图瓦解红军军心,效果到底如何? 没有具体材料加以证明。但是,频繁出动的敌机确实迟滞了红军的行动。1934年11月12日,赵镕记述,在湖南花坪,"沿途敌机几次袭扰,我们多次隐蔽,弄得人困马乏"④。11月15日,童小鹏感叹,"敌机数架盘旋时许,这又是晴天行军的障碍也"⑤。11月30日,陈伯钧记述,当日由文市到石塘圩,拂晓"行未三里,敌机来扰,前面亦走不动,结果迟延时间过久"⑥。12月2日,彭绍辉记述:"敌机来侦察和轰炸数次,对我之运动妨碍极大。"⑦1935年5月6日,萧锋抱怨:"路实在难走,敌机又在不时地扫射,一天工夫才走几十里。"⑧5月10日,陈伯钧记述,由平山经张官冲到仙人洞,沿途因飞机扰乱,"迟迟不能前进。到张官冲已天黑。继由张官冲到仙人洞,已是次日一时了";11日,由仙人洞到观音桥,"集合时因敌机扰乱,延迟半时许"。⑨ 10月7日,林伟记述,在榜罗镇,"由于一路敌机扰乱,耽搁了二三小时"⑩。

1934年12月中旬,红军进入黔东南之后,蒋介石忙于调兵遣将,进行新的围追堵截,空袭曾一度进入休眠期。从1935年1月下旬红军四渡赤水开始,到1935年夏红军翻雪山、过草地之前,又是敌机非常活跃的时期。翻阅当年红军的日记,大致可以得出这个总体印象。

---

① 赵镕:《长征日记(1933年12月14日—1936年10月24日)》,山西人民出版社1990年版,第411页。

② 赵镕:《长征日记(1933年12月14日—1936年10月24日)》,山西人民出版社1990年版,第159页;林伟:《"战略骑兵"的足迹》,战士出版社1983年版,第55页。

③ 赵镕:《长征日记(1933年12月14日—1936年10月24日)》,山西人民出版社1990年版,第168页;林伟:《"战略骑兵"的足迹》,战士出版社1983年版,第62页。

④ 赵镕:《长征日记(1933年12月14日—1936年10月24日)》,山西人民出版社1990年版,第156页。

⑤ 童小鹏:《军中日记(1933年—1936年)》,解放军出版社1986年版,第105页。

⑥ 陈伯钧:《陈伯钧日记(1933—1937年)》,上海人民出版社1987年版,第336页。

⑦ 彭绍辉:《彭绍辉日记》,解放军出版社1988年版,第49页。

⑧ 萧锋:《长征日记》,知识产权出版社2006年版,第88页。

⑨ 陈伯钧:《陈伯钧日记(1933—1937年)》,上海人民出版社1987年版,第336、395、396页。

⑩ 林伟:《"战略骑兵"的足迹》,战士出版社1983年版,第276页。

　　国民党不仅利用飞机进行侦察和空袭,还借以散发传单进行心理战,当双方发生较大规模的会战时,更是频频出动飞机助战,企图借助空军优势,给红军以致命一击。如湘江战役中红军本想夺取全州城,不想数万敌军反而从城中冲出,敌机随军出动,猛烈反攻。1934 年 12 月 2 日,萧锋记述,"数十架飞机低飞乱轰,我军被迫全线撤退下来,连全州是个什么样子都没有看到"①。赵镕和林伟在 12 月 1 日记述,从桂林北上的广西军数万人已过兴化,敌机 20 余架配合,前来轮番轰炸扫射;1935 年 6 月 13 日,两人均记述,在小山坳,九团与邛崃山追来的川军对战约三小时,川军还派来了飞机轰炸。② 1935 年 11 月百丈战役中,赵镕于 11 月 12 日记述,"敌人不断向百丈、黑竹关……周围增加兵力,并利用飞机、大炮掩护,……对我百丈之线形成半包围之势,加上 10 几架飞机轮番轰炸,致使我百丈全线战斗无进展";22 日记述,"这两天百丈前沿的战斗,是我红军自南下以来最激烈的一场,敌人有大量的飞机大炮助战,形势对我极为不利"③。

　　从情感上说,对于甩不脱、蚂蟥式的敌机,广大红军指战员和战士无疑是害怕的、讨厌的、痛恨的。1934 年 10 月 25 日,萧锋记述,在广东省南雄县境,"上午遭四架敌机轰炸,三连伤三人,死四人。战士直骂蒋介石";11 月 10 日,"敌人的飞机像蚊子一样,每天都有八九十架次,真讨厌";11 日,"途中遭敌机扫射,我团伤亡八个同志,大家恨透了蒋介石";12 月 31 日,因"上级布置强渡乌江"任务,"敌机炸来炸去,我们也不管,一个劲地走。大家边走边骂蒋介石,害得我们连过个元旦都没有时间"。④ 没有敌机跟踪的日子,广大红军指战员和战士心中都为之一松。1935 年 4 月 14 日,童小鹏记述:白天休息,夜晚行军,"路平,月亮大,夜晚走路倒是有趣,既无酷热侵人,又无敌机捣乱,只可惜打瞌睡还是一件讨厌的事情"⑤。

　　当然,红军不可能仅仅被动挨打。在长期的行军作战中,红军积累了一套防空的办法。如选择夜晚行军。陈伯钧的日记中,1934 年整个 10 月中下旬,几乎都是夜行军的记录。赖传珠的日记中,长征初期夜行军的记录也不少。10 月 17 日,"夜出发到达黎板桥";18 日,"下午 5 时出发到乱石

---

　　① 萧锋:《长征日记》,知识产权出版社 2006 年版,第 26 页。
　　② 赵镕:《长征日记(1933 年 12 月 14 日—1936 年 10 月 24 日)》,山西人民出版社 1990 年版,第 173、314 页;林伟:《"战略骑兵"的足迹》,战士出版社 1983 年版,第 66、202 页。
　　③ 赵镕:《长征日记(1933 年 12 月 14 日—1936 年 10 月 24 日)》,山西人民出版社 1990 年版,第 397、398 页。
　　④ 萧锋:《长征日记》,知识产权出版社 2006 年版,第 6、13、14、42 页。
　　⑤ 童小鹏:《军中日记(1933 年—1936 年)》,解放军出版社 1986 年版,第 130 页。

圩";10月23日,"继续追至距安息圩5里之地待机,当夜行动";25日,"上午到寺前休息半天,当夜行动";11月7日,"一团及直属队摸夜路,遍山蜿蜒火把行军"。① 如发现敌机立即吹响防空号,利用就近树林或草丛隐蔽,折树枝做防空帽、挖防空洞等。1934年10月19日,赵镕记述,在安远茶梓圩,敌机来时,"只听得一声防空号响,指战员们都敏捷地蹲在树下不动,并将骡马迁到杂草丛中,迅速用树枝、草捆遮盖起来。敌机盘旋两周未发现目标,向西北方向飞去。一天之内,就这样,敌机侵扰了5次";12月3日,在苗山,"恐被敌飞机发现目标,故加强了防空措施。……整理防空帽"。② 同一天,林伟见到"董老(指董必武,笔者注)、徐老(指徐特立,笔者注),还有白发苍苍的林老(指林伯渠,笔者注),……头戴防空帽随军前行";1935年3月11日,"白天敌机前来数次,……我军团大部都在这个高山上疏散隐蔽休息";4月26日,在云南利坝,"我军沿通往宣威的新公路上北进。这一带都是平原,马路宽平。为了防空,部队顺着路旁的大树行进"。③ 1935年2月5日,萧锋记述,在攻打赤水时,"遇敌机袭击,山高林多,战士、干部们隐蔽在山上休息";7月10日,"到毛尔盖宿营。左权参谋长通过管理科通知各部队,……要警惕敌机的空袭,挖好防空洞"。④

在敌机活动频繁的时期,红军则干脆整日上山或找隐蔽处"躲飞机"。1934年11月23日,陈伯钧记述,下灌、红岭之线,"飞机来此盘旋,即令各团队至野绿丛中隐蔽";1935年3月8日,"因近日敌机活动频繁,所以我也同大家一起去山上躲飞机,晒太阳";3月12日,"午间敌机来此,乱掷弹十余枚。下午,去附近水沟处隐蔽,睡了一觉"。⑤

这些防空的办法,常常在部队中传授,或在红军大学课堂中加以讲授,并组织学生进行防空演习。1935年4月26日,赵镕记述,在云南利坝,"鉴于敌机复又活跃起来,且我又多路在公路上行进,有加强防空的必要,昨晚我供给部专门召集了各单位会议,布置了防空注意事项,今天人马伪装比昨天强多了"⑥。1935年9月26日,任红军大学教员的陈伯钧记述,"上午

---

① 沈阳军区《赖传珠日记》整理编辑领导小组:《赖传珠日记》,人民出版社1989年版,第3、4、5页。

② 赵镕:《长征日记(1933年12月14日—1936年10月24日)》,山西人民出版社1990年版,第136、177页。

③ 林伟:《"战略骑兵"的足迹》,战士出版社1983年版,第68、132、166页。

④ 萧锋:《长征日记》,知识产权出版社2006年版,第55、78、116页。

⑤ 陈伯钧:《陈伯钧日记(1933—1937年)》,上海人民出版社1987年版,第332、373、375页。

⑥ 赵镕:《长征日记(1933年12月14日—1936年10月24日)》,山西人民出版社1990年版,第280页。

在讲堂讲连的进攻及防空"；11 月 17 日，"上午由驻地向小寨演习行军中的防空"。①

对于空袭的飞机，红军战士往往能指出哪架是德制的，哪架是法制的，它们携带的炸弹是大是小、可不可怕等。

这些防空办法，当然都是消极的。虽然不能获得击落敌机的快感，但常常使得敌机"哀鸣而去"！

苦于武器不良，红军常常无法主动回击，致使敌机处处耀武扬威、骄横无比。

1934 年 10 月 21 日，赵镕记述，在安远版石圲，上午"6 架敌机沿公路低飞"；同一天，林伟记述，"十一时许，有敌机六架，沿公路树梢低飞"。② 1935 年 4 月 25 日，在云南源头，林伟记述，"下午有法制黑色单引擎的轰炸机来侦察轰炸，飞机飞得很低，在树梢上空掠过，投下不少重磅炸弹"；4 月 27 日，在云南丰坝，"敌机活动猖獗，整日不断前来侦察轰炸，飞得很低，几乎都在树梢上掠过"。③

鉴于敌机的威胁，长征中的红军已开始建立起机枪高射连，利用并抓住敌机轻视的心理，狠狠给予打击。1934 年 11 月 19 日，在湖南道县，一架敌机被红一军团 2 师击落。第二年 3 月中旬，在贵州茅台镇，一架敌机在红三军团的高射连打中坠毁。对于这样的惊人战绩，日记当然不会漏过不载。关于湖南道县击落敌机情况，赵镕记述："出发时得悉我红一军团二师已胜利渡过潇水，占领了湘、桂边境的要地——道州，并击落敌机 1 架。总政治部还将此捷报印成小传单。"④在贵州茅台镇击落敌机的情况，赵镕于 3 月 17 日记述："据说昨天下午 3 时左右，有敌机 5 架飞到茅台上空轰炸扫射，被我三军团的高射炮连打中一架，坠入河西地区。"⑤林伟于 3 月 12 日记述，"下午三时许，敌机五架来扰，有一架轰炸机在茅台镇附近低飞时，为我三军团高射连击中起火燃烧，堕入河西远处敌军地区"；第二天虽是晴天，"因昨日敌机被我击落，所以今天整日不敢飞来了"⑥。陈伯钧于 3 月 18

---

① 陈伯钧：《陈伯钧日记（1933—1937 年）》，上海人民出版社 1987 年版，第 465、486 页。

② 赵镕：《长征日记（1933 年 12 月 14 日—1936 年 10 月 24 日）》，山西人民出版社 1990 年版，第 138 页；林伟：《"战略骑兵"的足迹》，战士出版社 1983 年版，第 38 页。

③ 林伟：《"战略骑兵"的足迹》，战士出版社 1983 年版，第 165、166 页。

④ 赵镕：《长征日记（1933 年 12 月 14 日—1936 年 10 月 24 日）》，山西人民出版社 1990 年版，第 161—162 页。

⑤ 赵镕：《长征日记（1933 年 12 月 14 日—1936 年 10 月 24 日）》，山西人民出版社 1990 年版，第 248 页。

⑥ 林伟：《"战略骑兵"的足迹》，战士出版社 1983 年版，第 133—134 页。

日记载,"午后,敌机一架在茅台下游被我军委防空连击落"①。关于第二架飞机被击落的情况,尽管赵镕、林伟、陈伯钧三人记载的时间不同,但 3 月中旬击落敌机一事当无疑问。

长征期间国共之间的空袭与防空,充斥着军事上的不对等。然而,正是这种不对等,充分说明了武器并不是最终决胜的砝码,智慧、信念和民心才是!

四、日记揭示的长征新面相

综上所述,以红一方面军论,红军日记揭示的长征,与目前社会各界定格中的长征,在某些方面无疑有着明显的差异。

其一,整个长征途中,红军交替上演着减员与扩红的变奏曲。在突破第四道封锁线的湘江战役中,红军损失并未达到 5 万人。实际上,从长征开始,受多种原因的影响,红军就不断减员。减员以突破前四道封锁线为多,尤以突破第四道封锁线的湘江战役为最多。当然,有减员,也有增员(扩红)。只不过,扩红较少,减员更多。最后到达陕北的,都是军队的精华。

其二,辎重过多、大搬家式的行动导致长征初期(包括湘江战役)作战不利,这一学界主流观点可能夸大了辎重过多这一因素。实际上,长征初期红军行动迟缓,还有敌人的围堵和夹击、山路崎岖狭窄、雨天泥泞路滑、红军大部队行军造成的堵塞、因敌情未明致使决策耽搁时间、等待掉队人员等多种因素,非仅仅辎重过多一个因素使然。并且,辎重过多在一定程度上确实会影响行军速度,但是,在当时的情况下,中共中央和红军能够根据实际情况,灵活加以调整。事实上,在长征的前半年中,红军就多次适时减负。

其三,长征途中的国共间的空袭与防空,为学界所忽视。从时间上看,长征初期,国民党急于搞清楚红军的去向和路线,因而进行空袭,飞机出动频繁;红军进入黔东南之后,空袭曾一度进入休眠期;从四渡赤水开始到1935 年夏红军翻雪山、过草地之前,又是敌机非常活跃的时期。从内容上看,国民党利用绝对的制空权,不仅经常对行进中的红军进行空袭,而且频频出动飞机协助大规模的会战,还常常散发传单对红军实施心理战。对红军而言,敌军的空袭是恐怖的、令人厌恶的,不仅炸死炸伤我红军官兵,而

①　陈伯钧:《陈伯钧日记(1933—1937 年)》,上海人民出版社 1987 年版,第 377 页。

且常常迟滞红军的行动。在长期的行军作战中，红军积累了一套防空的办法，既在部队中传授，也在红军大学课堂中加以讲授。消极的防空，常使得敌机"哀鸣而去"；积极的防空，则击落过几架敌机。从某种程度上说，空袭与防空，既是红军长征军事史不可或缺的部分，也是红军长征社会生活史的重要组成部分。

应加以注意的是，和使用其他任何史料一样，对于红军日记这一"私人"记载，当保持足够的"戒心"，善加鉴别使用。如萧锋日记，到目前为止，共出版了 4 次，期间多次修订。据其第一次再版"前言"交代，曾"进行了一些必要的核实和修订"；而据其女儿记述，延安时期，萧锋曾利用 3 个月的时间，"对日记中记载的战役、事件一一进行补充和调整"。① 作者当然有修订的权利和自由，但使用者当牢记，事后修订、补充和调整的日记，与真正意义上的日记已有一定的距离。林伟的日记同样存在这种情况，其第一版以《"战略骑兵"的足迹》出版，2006 年又以《一位老红军的长征日记》再版。与第一版相较，第二版有的地方语句有所调整，有的地方则增加了内容。② 再如赵镕和林伟，两人均为红九军团机关人员，日记中记载相似之处，自可理解，但若多处叙述结构和语气高度雷同，自必是一人参考另一人日记修订的结果。相对而言，林伟的日记出版于前，赵镕的日记出版于后，前者的可信度无疑比后者高。相对来说，在战火纷飞的岁月，言简意赅、惜墨如金的日记，内容虽不多，但可信度高。赖传珠的日记就是典型。一般说来，若使用同一作者的红军日记时，最好使用最早的版本；若不同作者的日记对同一事件的记载大致相同，则最好使用较早版本的记载。不同日记和其他资料相互参照、考订，可以更好地还原历史。

本节只是简略地利用红军日记，在减员与扩红、搬家与减负、空袭与防空三个问题上初步揭示了不同于以往关于长征的某些认识。笔者相信，对红军日记善加利用，不仅可以丰富关于长征路线、战役、纪律、后勤、妇女、

---

① 萧锋：《长征日记》，知识产权出版社 2006 年版，"前言"第 4 页、"正文"第 235 页。

② 例如，1934 年 11 月 15 日，林伟记述："清早就行动，从今起我军已由山地进入湘南广阔大平原上行军。大军向西急进，人变成像机器一样，每天上百里的行进，忘记了疲劳和饥饿。边走边打，情绪之高昂，精神之紧张，为红军历来所罕见。"与第一版相比，增加了"上""人变成像机器一样"，删除了"部队（边走边打）"两字，将"每天行进上百里"改成了"每天上百里的行进"。关于湖南道县击落敌机的情况，第一版没有记载，再版时记述："在冯村休息时接到军委电，我一军团二师渡过潇水占领湘桂边要地——道州，并击落敌机一架。政治部油印了捷报在部队先头散发。"与第一版相比，增加了"并击落敌机一架""先头"等语句，显系参考赵镕日记后补充的结果。分别参见林伟《"战略骑兵"的足迹》，战士出版社 1983 年版，第 55、57 页；林伟：《一位老红军的长征日记》，中共党史出版社 2006 年版，第 52、54 页。

党内分歧、群众工作、宣传与动员、少数民族工作等传统内容的研究,而且可以开辟红军长征防空史、医疗史、社会生活史、心态史和观念史、沿途地方社会经济史等许多新的研究领域。笔者更相信,红军长征是在极其复杂的历史场景中展开的,其面相无疑是丰富多彩、包罗万象的,只有系统使用包括日记在内的各种史料,并加以综合考察,才有可能还原历史的真实面相,并深化我们对红军长征史的认识。

第三节　苏维埃革命与国民党政治制度变革

中国共产党领导的苏维埃革命,是中国近代史上一次划时代的革命。长期以来,这场革命得到了学界的极大关注,是中共党史、中国革命史和中国近现代史研究的重点领域,相关论著汗牛充栋。综观以往的研究,大多从"我方"的角度,阐述苏区变革的贡献和积极影响,对这场激烈革命的对象——国民党和南京国民政府,基本上是从"镇压革命""围剿红军""反共剿共"等政党政争、阶级斗争的角度对其进行党史、革命史书写。

苏维埃革命对国民党构成了巨大威胁,被南京国民政府视为"心腹大患",自然深深地影响了对手的政治决策和行为。那么,作为"对手方",国民党和南京国民政府,除军事"围剿"以外,采取了哪些措施加以应对?这些应对措施对之后的历史有无影响?这是一个被苏区史、党史和革命史学界相对忽视的话题。要回答这个问题,必须从中共与国民党互动的角度去考察苏区史和"后苏区史",必须从整体史的角度去考察中华民国史,尤其必须从长时段变迁的角度去考察中国近代史和中华人民共和国史。从这个意义上说,中华人民共和国成立以后,从学术的维度探讨这个问题似乎更为可能,也更为适宜和"科学"。

这是一个宏大而又复杂的问题,需要多学科学者长时间的深入探讨。1957 年,赵希鼎曾以《第二次国内革命战争时期反动派对地方政制的变更及其作用》为题,对第二次国内革命战争时期南京国民政府的地方政治制度变革做了简要梳理。全文以论带史的痕迹比较明显,多从阶级斗争和政党政争的角度得出结论,认为地方政制的变动是反动派"想出镇压人民的组织方法,中国人民在中国共产党领导下终于把这一个压在头上反动的国家机器,坚决地推翻了"①,而罔顾中国共产党借鉴并继承旧政府地方行政制度的事实。

之后近 30 年内,少有学者继续这一主题的探讨。改革开放以后,国民政府地方政制重新进入学术讨论的范围。其中,保甲制度的探讨最早,谢增寿、毛园芳和台湾学者沈松桥是较早的开拓者;20 世纪 90 年代前中期朱德新博士有系统研究,出版了专著并刊发了专题论文。② 行政督察专员制度的讨论也较早,以陆建洪、翁有为和台湾学者沈怀玉的研究为代表③;进入新世纪以后,相关成果多如泉涌,但良莠参差,其中,翁有为、冉绵惠、杨红运等取得了较为系统的研究成果。④ 相对来说,省政府合署办公和县政府裁局改科、分区设署讨论较少,前者以招宗劲和林绪武为代表,⑤后者以周联合和游海华为代表。⑥ 另有些学者在讨论民国县制变迁、县政实验或

① 赵希鼎:《第二次国内革命战争时期反动派对地方政制的变更及其作用》,《史学月刊》1957年第 4 期,第 18 页。

② 谢增寿:《国民党南京国民政府保甲制度述论》,《南充师院学报(哲学社会科学版)》1984年第 4 期;沈松桥:《从自治到保甲:近代河南地方基层政治的演变(1908—1935)》,"中研院"近代史研究所集刊》1989 年第 18 期;毛园芳:《试析国民党南京政府保甲制度的反动作用》,《湖州师专学报》1990 年第 2 期;朱德新:《二十世纪三四十年代河南冀东保甲制度研究》,中国社会科学出版社 1994 年版;朱德新:《试论二十世纪三十年代河南保甲制度的建立》,《史学月刊》1995 年第 1 期;朱德新:《民国保甲制度研究述评》,《安徽史学》1996 年第 1 期。

③ 陆建洪:《试论南京国民政府专员制度的演变及其特点》,《史学月刊》1988 年第 5 期;陆建洪:《论南京国民党政府行政督察专员制度之性质》,《华东师范大学学报》1988 年第 4 期;沈怀玉:《行政督察专员制度之创设、演变与功能》,"中研院"近代史研究所集刊》1993 年第 22 期;翁有为:《南京国民政府行政督察专员制度探析》,《史学月刊》1997 年第 6 期。

④ 翁有为:《南京国民政府行政督察专员制度废止实践考》,《历史研究》2003 年第 1 期;《南京政府行政督察专员制度的法制考察》,《史学月刊》2004 年第 12 期;《民国时期的行政督察专员制度及其知识背景》,《史学月刊》2006 年第 6 期;《行政督察专员区公署制研究》,社会科学文献出版社 2012 年版;冉绵惠:《民国时期保甲制度在四川推行的历史概况》,《西南民族学院学报(哲学社会科学版)》2001 年第 11 期;《民国时期保甲制度在赣鄂皖豫四省的前期推行》,《天府新论》2005 年第 3 期;《民国时期保甲制度研究》,四川大学出版社 2005 年版;杨红运:《从江北到江南——抗战前江苏省保甲制度分区推行的原因及影响》,《中国社会经济史研究》2014 年第 2 期;《孙中山、蒋介石与民国保甲制度的复兴》,《中国国家博物馆馆刊》2014 年第 7 期;《复而不兴:战前江苏省保甲制度研究(1927—1937)》,山西人民出版社 2013 年版。

⑤ 招宗劲:《国民政府省政府合署办公制度概述》,《中山大学研究生学刊(社会科学版)》2003年第 3 期;林绪武、奚先来:《南京国民政府的省政府合署办公问题探析》,《南开学报(哲学社会科学版)》2007 年第 6 期。

⑥ 周联合:《南京国民政府县政府裁局改科研究》,《晋阳学刊》2004 年第 6 期;游海华:《重评南京国民政府时期县政府的"裁局改科"——以江西、福建为中心》,《江西师范大学学报(哲学社会科学版)》2009 年第 4 期。

改革时,对裁局改科有所论及。①

总体而言,中华人民共和国成立以来,学界关于南京国民政府地方政治制度的研究,呈现以下特点和不足:其一,除赵希鼎以外,几乎所有学者都是对某一项制度,如行政督察专员制度展开专门研究,缺乏对地方政治制度变迁作整体考察,窥树木易而见森林难。其二,以往的研究,虽关注到制度变革缘起于"剿匪""反共",但并没有将苏维埃革命的具体历史场景与制度变革结合起来进行有机论述,因而研究大多停留于制度史梳理,难以显示出关键历史事件——"苏维埃革命的兴起与南京国民政府的政治制度应对"对此后历史的形塑作用。其三,从研究内容看,重保甲和行政督察专员制度,而轻县政(裁局改科和分区设署),尤其轻省府合署办公制度;从研究时段看,重在南京国民政府时期,而没有和中华人民共和国时期贯通起来考察;从研究角度看,多从制度变迁的角度加以探讨,忽视了从国家治理的角度进行考察。

从"对手方"看,对于苏维埃革命这样一个"心腹大患",国民党和南京国民政府,在政治制度上采取了哪些措施加以应对? 这些应对措施仅仅是"剿匪"的应急手段,还是近代以来中国政治现代化的必然发展,在多大程度上形塑了此后中国政治制度的走向? 带着以上问题,重归历史现场,本节以南京国民政府的地方行政制度为例,在前人研究的基础上,重点考察南京国民政府在苏维埃革命兴起之后的政治制度应对,从国家治理、政治现代化的角度,探讨中国现代化进程中关键历史事件与国家权力的演变,从而深化我们对民国政治史的理解,以及近当代中国政治演进逻辑的认识。

一、扎根基层:厉行保甲以"剿匪清乡"

大革命失败以后,为了回应国民党的血腥镇压,1927 年 8 月至 1928 年初,中国共产党在全国各地先后发动了上百次武装起义,掀开了苏维埃革命的序幕。客观地说,苏维埃革命大潮的初起并未引起统治者足够的重视。尽管其中不乏南昌起义、秋收起义、广州起义等著名的军事暴动,对国

---

① 于建嵘:《近代中国地方权力结构的变迁——对衡山县地方政治制度史的解释》,《衡阳师范学院学报》2000 年第 4 期;刘海燕:《30 年代国民政府推行县政建设原因探析》,《民国档案》2001年第 1 期;贾世建:《浅析南京国民政府的县政实验》,《天中学刊》2003 年第 1 期;翁有为:《国民政府县政问题探析》,《史学月刊》2011 年第 1 期。

民党统治产生了一些震动和冲击，但是国民党很快平息了暴动，恢复了对这些地区的控制。此后，鉴于现实形势，身处第一线的暴动组织者逐步转入山区和农村，找寻生存之地；到 1930 年左右，先后开辟了井冈山、东固、鄂豫皖、湘鄂西、赣东北、湘鄂赣、左右江、赣西南、闽西等 10 多块农村革命根据地，形成燎原之势。此时的红军和中共才逐渐引起国民党的惊恐和重视，随之而起的是大规模的军事"会剿"和"围剿"。

但是，单纯的军事征战并未达到预期效果，反而连连失利。对此，1931年初，出任陆海空军总司令南昌行营主任的何应钦，在南昌不失时机地为即将发动的第二次"围剿"做政治动员时说："要消灭共匪，非党政军全体总动员集中力量团结意志不能挽救危机，军事只可以治标，正本清源以及休养生息的种种任务，是望政府和党部来担当责任。"①同年 6 月，赴赣筹划第三次"围剿"的陆海空军总司令行营参谋长熊式辉②，认为"匪乱为政治病，不当专重军事"，此番宏论得到同行者杨永泰、曹浩森、周佛海等的认同；熊并将"匪患"之根源归结为"纯粹于人祸，完全系乎政治施为之臧否"。③1932 年秋，蒋介石向国民政府呈文称："年来匪共猖獗，毒痛数省，揆其原因，内政不修，吏治不振，实为致乱酿匪之大端。"他们的看法在相当程度上反映了统治者对自身政治作为、风气和制度不足的反思。显然，消灭"匪患"的根本手段自应从政治入手，蒋介石对此的结论是，"苟非于军事之外同时整理地方革新行政，断难以安阜民物而奏根本肃清之功"④。面对汹涌的革命浪潮，政府当局迫切希望行政和党务能够配合军事行动，一举扑灭革命的燎原之火。

在地方行政制度上，南京国民政府最为关注的是如何将农村民众纳入战时体制，其主要对策便是建立保甲制度。早在 1928 年，国民党就动议实行保甲制度。1929 年 9 月，蒋介石饬令各省必须在三个月至半年内将各县保甲一律办竣的同时，明确指出：军队"剿共"只是治标救急之策，举办保甲

---

① 《在赣欢宴各界之演说》，《江西民国日报》1931 年 2 月 26 日。

② 熊式辉(1893—1974)，男，字天翼，江西安义人。1931 年 12 月至 1942 年 2 月任江西省政府主席，期间先后兼任南昌行营办公厅主任、中国国民党五届中央执行委员等职。

③ 熊式辉：《海桑集——熊式辉回忆录(1907—1949)》，香港明镜出版社 2008 年版，第 107、113 页。

④ 《国民政府关于批准"剿匪区内各省行政督察专员公署组织条例"备案的训令》，中国第二历史档案馆编：《中华民国史档案资料汇编》第 5 辑第 1 编·政治(一)，江苏古籍出版社 1994 年版，第 104 页。

清查户口才是"正本清源、长治久安,清除共产党的根本"办法。① 次年底,国民党四中全会做出决议确定,"清查户口,兴办保甲"为地方施政的中心工作,蒋介石电令湘鄂赣三省厉行保甲。② 1931 年初,蒋又电令江西方面及驻军在严密"清剿"之余,必须严行保甲制度,速办联结,做好"收复"地区的治安工作;③行政院亦严令鄂、豫、皖、湘、赣、浙、闽等 7 省,在 8 月 1 日前组织民团,办理保甲。④

保甲组织并不是一个新事物,秦汉以来就有,各朝名称不一,是历代统治者统治民力、教化民众、维持治安的基层行政制度。只不过各代侧重点不一样,有的侧重于教化,有的侧重于刑罚,有的侧重于兵役,有的侧重于户籍,有的侧重于治安,有的侧重于杂役,有的侧重于检察,加上"历朝所用之术,莫不备使",导致"保甲之法疲弊,其目的与运用,亦杂乱相左",⑤没有发挥其应有的作用。清末民初,随着中央权威的逐步丧失,保甲制度遭到废弃。代之而起的,是清末新政以来地方自治思维指导下的城镇(市)乡或区(市)村等基层自治组织。南京国民政府成立以后,依照 1928 年颁布的"县组织法",以"自治"精神为指导,县以下设区,区以下设村(里)、闾、邻等,区长、村长等为"民选"产生,其行政工作接受相应监督。⑥ 由于上述历史变化和法律扞格,尽管最高军政当局三令五申,原有的基层自治组织均未能转化为保甲组织,其本不完善的"自治"功能无法满足"自卫"的迫切需求。

1931 年 8 月,成立不久的陆海空军总司令行营党政委员会为了严密民众组织,增强自卫力量,便利"剿匪清乡",颁布了"剿匪区域内保甲条例",将江西全省 43 个"匪区"县划为"剿匪"区域,该区域内原有自治组织一律停办,改编保甲。保甲之编组,以户为单位,户立户长,十户为甲,甲设甲长,十甲为保,保设保长,二保以上设保长联合办公处,保长互推一人为主

①　郭廷以编著:《中华民国史事日志(1926—1930)》第 2 册,"中研院"近代史研究所 1984 年印,第 492 页;王怡柯:《农村自卫研究》卷下·附录,河南村治学院同学会 1932 年印,第 268—269 页。

②　郭廷以编著:《中华民国史事日志(1926—1930)》第 2 册,"中研院"近代史研究所 1984 年印,第 649 页;熊式辉:《海桑集——熊式辉回忆录(1907—1949)》,香港明镜出版社 2008 年版,第 111 页。

③　《蒋总司令电令本省严行保甲制度》,《江西民国日报》1931 年 2 月 2 日,第 6 版。

④　郭廷以编著:《中华民国史事日志(1931—1937)》第 3 册,"中研院"近代史研究所 1984 年印,第 23 页;熊式辉:《海桑集——熊式辉回忆录(1907—1949)》,香港明镜出版社 2008 年版,第 112 页。

⑤　闻钧天:《中国保甲制度》,商务印书馆 1935 年版,第 2 页。

⑥　《国民政府公布县组织法令》,中国第二历史档案馆编:《中华民国史档案资料汇编》第 5 辑第 1 编·政治(一),江苏古籍出版社 1994 年版,第 87—90 页。

任。"保甲条例"除规定保甲编组方法、保甲的名称、保甲经费、保甲长资格与任用、保甲长的惩戒等外,其核心任务为:境内人口异动之检查和报告、编组壮丁队或"铲共"义勇队、"匪患"之警戒通报及搜查、维持治安连坐切结、筑设和维护公路碉堡桥梁电话等。① 其中心工作无不以"剿匪清乡"为指归。这是江西实施保甲制度的开始,也是各省保甲制度实施的先声。

当年 12 月,熊式辉出任江西省政府主席,新成立的江西省政府"鉴于保甲制度之便利",认为"江西情形特殊,非厉行保甲不足以清匪源而端治本",于 1932 年春将保甲制度推行于全省,规定进度,限期完成。② 到 1934年 12 月,"除未经收复匪区外,举办完竣者实得六十二县,其后复经整理",到 1935 年 12 月,江西全省 83 县及南昌、九江 2 市,共有 2648 保联、25584保、269066 家,保甲组织全部编组完成。③

鉴于江西保甲制度的实施成效,1932 年 8 月,"为严密民众组织,彻底清查户口,增进自卫能力,完成剿匪清乡工作",鄂豫皖三省"剿匪"总司令部在吸收江西经验的基础上,颁发《剿匪区内各县编查保甲户口条例》,要求鄂豫皖三省于条例颁布日施行。④ 9 月以后,三省开始编查保甲;第二年,三省除少数特殊县份外,大部分县份完成保甲编查工作;到 1934 年,随着军事进展,三省保甲全部编组完成。⑤ 在此前后,保甲制度逐步推向全国其他各省。1936 年,国民政府立法院通过《保甲条例》;1937 年,修订后的《保甲条例》重新颁布,通令全国实施。⑥ 1936 年,全国有 13 个省和北平、南京2 市先后推行了保甲制度。来自 1942 年 16 省份的统计显示,全国共建保379681 个、甲 4118412 个。⑦ 另据统计,1947 年初,除西藏外,全国 35 省实施了保甲制度,总计有 657882 保、6668436 甲。⑧

不难发现,由"剿匪"而起的保甲制度成为民国后期基本的基层行政制度。

---

① 《剿匪区域内保甲条例》,《江西省政府公报》第 14 期,1931 年 8 月 10 日,第 16—22 页;《军事委员会委员长行营政治工作报告》,1935 年 11 月,第 17—18 页。

② 江西省政府统计室编印:《江西年鉴》,1936 年印,第 207 页。

③ 胡家凤:《十年赣政之回顾与展望》,江西省《赣政十年》编委会编印:《赣政十年》,1941 年印,第 4 页(文页)。

④ 彭明主编:《中国现代史资料选辑(1931—1937)》第 4 册,中国人民大学出版社 1989 年版,第 242、249 页。

⑤ 《军事委员会委员长行营政治工作报告》,1935 年 11 月,第 18 页。

⑥ 程方:《中国县政概论》,商务印书馆 1939 年版,第 571、580 页。

⑦ 林炯如、傅绍昌、虞宝棠编著:《中华民国政治制度史》,华东师范大学出版社 1995 年版,第 249 页。

⑧ 国民政府主计处统计局编:《统计月报》第 121、122 号合刊,1947 年 9、10 月,第 16—18 页。

二、强化省政：从行政督察专员制度到省府合署办公

除了创设和实施保甲制度，扎根农村基层夯实政权根基外，南京国民政府还大力强化省政，凸显并发挥省府在镇压革命中的地方中枢作用。其关键举措，一是创设行政督察专员制度，二是实施省府合署办公。

行政督察专员制度的创设源于党政委员会分会的设立。1931 年夏，"为指导督促剿匪区域党务政务之设施及改善，以谋地方之善后"，陆海空军总司令行营先后颁布系列条例，①组建党政委员会，将江西"匪区"43 县划分为 9 个区，每区设党政委员会分会，分会委员长兼任驻在地县长，负责处理辖县一切党政军事务，"是即行政督察专员之滥觞"，"试办以来，颇著成效"。② 党政委员会结束以后，江西省政府"鉴于匪患时期，省县间上下远隔，秉承督率，两俱难周"，于是在 1932 年 2 月，仿照党政分会办法，首创行政区制度，"斟酌交通经济及匪情轻重"，将全省划分为 13 个行政区，各设长官兼任驻在地县长，指挥监督辖区内各县行政及保安事宜，以期"转移政治风气，而形成澄清吏治、铲除匪患之契机"。③

因制度缺陷而遭遇指挥问题的江西省政府，并非个案，其他各"匪患"省份同样如此。为"剿匪清乡"，此一时期各省均做了相应的制度来应对及探索，"于省与县之间增设特种行政组织"。此种组织各省名称不一，如安徽省称首席县长制，江苏省称行政区监督制，浙江省称行政督察专员制，所管辖的区域、所赋予的职权也不一样。为统一名称和事权，1932 年 6 月，内政部长黄绍竑向行政院提出设置行政督察专员的提案。8 月，行政院公布《行政督察专员暂行条例》，准许省政府应实际需要临时设置督察专员。不久，蒋介石将鄂豫皖三省"剿匪"总司令部拟定实行的《剿匪区内各省行政督察专员公署组织条例》上呈国民政府，并请求行政院备案。10 月，国民政府发布批准备案的训令，并抄发了该"组织条例"，事实上认可了蒋介石的

---

①　《陆海空军总司令行营党政委员组织条例》《陆海空军总司令行营党政委员会分会组织条例》《县党政委员会组织条例》，《江西省政府公报》第 12 期，1931 年 7 月 27 日，第 21—23 页；《县党政委员会区办公处组织条例》，《江西省政府公报》第 15 期，1931 年 8 月 17 日，第 25—28 页。

②　胡家凤：《十年赣政之回顾与展望》，江西省政府《赣政十年》编委会：《赣政十年》，1941 年印，第 7 页（文页）；《国民政府关于批准"剿匪区内各省行政督察专员公署组织条例"备案的训令》，《中华民国史档案资料汇编》第 5 辑第 1 编·政治（一），江苏古籍出版社 1994 年版，第 104 页。

③　胡家凤：《十年赣政之回顾与展望》，江西省政府《赣政十年》编委会：《赣政十年》，1941 年印，第 7 页（文页）。

做法。① 该"组织条例"因而成为"剿匪"各省实行行政督察专员制度的范本。

　　行政督察专员制度的实施要点有:(1)每省划分为若干区,每区辖若干县,区设专员一人。(2)专员直隶总司令部(后直隶行营),并受省府之指挥监督。(3)专员兼区保安司令和驻在县县长,综理区内各县军政警大权和"剿匪清乡"等一切事务。(4)专员公署设秘书一人,须由曾任县长且具有县政经验者充任,以便辅佐专员,在专员出巡时处理兼县政;另设署员和事务员若干人。(5)公署设保安副司令一人,襄助专员管辖、指挥保安团队及处理保安事务;另设参谋、副官若干人。②

　　值得注意的是,作为省政府的派出机构,行政督察专员制度的设置不但弥补了当时行政制度的不足,而且满足了战时需求。南京国民政府建立以后,地方制度实行省县两级制。这种制度设置的不足表现在:从省府看,管辖范围过大,下辖县市过多(多的超过百个),加上交通通信不便,监管往往鞭长莫及或精力不济,导致政令难通。反之,从县府看,每遇问题或须请示时,难以得到及时的指示和帮助,从而演变成因循蒙混之风气。历代统治者早就遭遇了这个问题,因而在省县之间有州、府、道等中间层级组织的设立。民国以来,北京政府承袭了清"道"的设置,但 1924 年将其裁撤了。③ 作为"辅助省政府"④的行政督察专员制度的设置,显然弥补了这一制度"真空"。在"剿匪"省份,专员公署权力高度集中,已"完全等于省政府之一分府";⑤其目的即为"增进行政效率,以便彻底剿匪清乡及办理善后"。⑥

　　还应加以注意的是,行政督察专员制度的设置历经了从"临时"到"正式"的变化过程。在黄绍竑提请颁定行政督察专员暂行条例的提案中,其

---

　　① 《内政府为抄送设置行政督察专员提案及行政督察专员暂行条例草案提交国务会议讨论事致行政院秘书处公函》《行政院公布行政督察专员暂行条例令》《国民政府关于批准"剿匪区内各省行政督察专员公署组织条例"备案的训令》,《中华民国史档案资料汇编》第 5 辑第 1 编·政治(一),江苏古籍出版社 1994 年版,第 97—109 页。

　　② 《国民政府关于批准"剿匪区内各省行政督察专员公署组织条例"备案的训令》,《中华民国史档案资料汇编》第 5 辑第 1 编·政治(一),江苏古籍出版社 1994 年版,第 106—109 页;《军事委员会委员长行营政治工作报告》,1935 年 11 月,第 4—5 页。

　　③ 林炯如、傅绍昌、虞宝棠编著:《中华民国政治制度史》,华东师范大学出版社 1995 年版,第 81 页。

　　④ 《行政院公布行政督察专员暂行条例令》,《中华民国史档案资料汇编》第 5 辑第 1 编·政治(一),江苏古籍出版社 1994 年版,第 101 页。

　　⑤ 《军事委员会委员长行营政治工作报告》,1935 年 11 月,第 5 页。

　　⑥ 《国民政府关于批准"剿匪区内各省行政督察专员公署组织条例"备案的训令》,《中华民国史档案资料汇编》第 5 辑第 1 编·政治(一),江苏古籍出版社 1994 年版,第 106 页。

提请理由和拟定办法明确有"在此特种地方与特种情况之下,须临时增设"
"以不破坏省县两级制为原则""在某项特种事件办理完竣之日,应即撤废"
等限定词。① 其后,在行政院公布的《行政督察专员公署暂行条例》中,仍然
明确为"暂行条例""不抵触中央法令范围内",继承了"临时设置""办理完
竣后,即撤废之"等精神。② 再其后,在国民政府发布的训令和抄发的《剿匪
区内各省行政督察专员公署组织条例》中,已找不到上述限定词了。换言
之,在"剿匪"各省,行政督察专员制度已成为省县间的正式行政制度。这
样,就将之前国民政府省、县两级的地方行政制度变为省、专员公署、县三
级了。到1935年下半年,河南、湖北、安徽、江西、福建、四川、贵州、陕西、
甘肃、浙江等省分别设立了若干行政督察区。③ 1936年12月,行政院修正
公布《行政督察专员公署组织暂行条例》,规定可在各省视情况需要设立行
政督察专员公署。④ 这样,行政督察专员制度正式成为国民政府的正式地
方行政制度。之后,历经抗战和内战,行政督察专员的职权和公署的编制
等虽然发生了变化,但行政督察专员公署作为正式的层级行政组织,以及
省政府的辅助机关,一直延续到整个民国后期。

　　行政督察专员制度的创设只是强化省政的一环,另一环则是省府合署
办公。1933年9月,湖北省政府主席张群呈文国民政府,建议推行省府合
署办公制度,得到了蒋介石的认同。蒋认为这是"统一政令、集中事权、增
进效率、节减冗员之唯一有效办法"。⑤ 1934年7月,蒋介石"以剿匪各省办
理地方政务及善后事宜,非有组织严密、权力集中、意志统一、用费节省、效
能增高之省政府,不足以善其事",因而制定《省政府合署办法大纲》,由南
昌行营饬令鄂豫皖赣闽五省,"筹备实施"。⑥ 其核心点有:(1)凡省政府所
属的秘书处、民政厅、财政厅、建设厅、教育厅、保安处等一律并入省政府公
署内办公,如无足够房屋等条件,也应在可能范围内尽量并入。(2)除上述

　　① 《内政府为抄送设置行政督察专员提案及行政督察专员暂行条例草案提交国务会议讨论
事致行政院秘书处公函》,《中华民国史档案资料汇编》第5辑第1编·政治(一),江苏古籍出版社
1994年版,第99页。

　　② 《行政院公布行政督察专员暂行条例令(1932.8)》,《中华民国史档案资料汇编》第5辑第1
编·政治(一),江苏古籍出版社1994年版,第101页。

　　③ 《军事委员会委员长行营政治工作报告》,1935年11月,第6—12页。

　　④ 《修正行政督察专员公署组织暂行条例》,国家编制委员会编印:《国民党各级政府组织法
规选编(1927—1948)》,1982年印,第129页。

　　⑤ 《一周间国内外大事述评》,《国闻周报》1933年第11期,第47页。

　　⑥ 江西省政府统计室编印:《江西年鉴》,第120页;熊式辉:《海桑集——熊式辉回忆录
(1907—1949)》,香港明镜出版社2008年版,第157页。

各厅处外，其他直属省府机构，应分别裁并或尽量缩小；所有省府直属机构，其内部组织和职权，均应按需重新划定，裁并减员。(3)合署办公后，所有对上对下文书概以省府名义行之，由省府秘书处总收总发，主管厅处承办、签署意见后由省府主席定夺。(4)省府秘书处酌设技术、法制、统计、公报等室，统办各厅处原有相关事务。(5)省府及各厅处的经费集中管理。①

省府合署办公制度是为弥补当时省政制度设置不足而出台的。依照南京国民政府颁布的《省组织法》，省政府主席代表省政府，综理全省政务，但省政府委员会为一省最高权力机关，省政府主席与其他省政府委员地位平等。与此同时，省府所属各厅只形式上隶属省府，实际上自成系统，上以五院及其所属部会为自己的直接上级机关，下对各县局发布命令。这种制度设置的主要不足在于：从横的方面看，容易造成各厅处各自为政、相互争诿的局面，省府委员会间也易议而不决、决而不行；从纵的方面看，省主席权力易架空，省政易失去重心。新制的出台在于纠正此弊，重塑省政府主席的省政权力中枢地位。

依照南昌行营法令，1934 年 9 月 21 日，江西省政府正式合署办公；合署办公以后的省政，渐渐呈现政令统一、经费节省、时间经济、效率增加等优点。② 9、10 月间，河南、湖北、安徽、福建四省也先后正式加以实行，到1935 年底前，江苏、浙江、陕西、甘肃、四川、河北等省及上海市等，"均以此制确足矫正积弊增加效率，先后仿照实行"③。1936 年 10 月，行政院公布《省政府合署办公暂行规程》，通令各省遵行，这一制度被正式确立。④

三、夯实县政：从临时"剿匪"机构的设立到裁局改科、分区设署

保甲是县政的基础，而县政则是国家政权的根基。县政不稳，则国本不固。苏维埃革命兴起初期，国民政府不少省份的县政遭受了红军的猛

---

① 江西省政府统计室编印：《江西年鉴》，第 120—121 页；《军事委员会委员长行营政治工作报告》，1935 年 11 月，第 3 页。

② 《合署办公后之省府》，《江西民国日报》1934 年 11 月 1 日，第 3 版；《省府合署办公后之本省政况》，《江西民国日报》1935 年 5 月 26 日，第 6 版。

③ 《军事委员会委员长行营政治工作报告》，1935 年 11 月，第 3—4 页。

④ 《省政府合署办公暂行规程》，国家编制委员会编印：《国民党各级政府组织法规选编(1927—1948)》，第 125—129 页；林炯如、傅绍昌、虞宝棠编著：《中华民国政治制度史》，华东师范大学出版社 1995 年版，第 81 页。

烈打击和冲击,陷于支离破碎的境地。如何重整并夯实承上启下的县政,是统治者面对的至关重要的问题。为此,先有临时清乡善后委员会和特别区政治局的设立,后有县府裁局改科和县以下分区设署的实施。

1920 年代末期的县政府,基本上依照 1928 年的"县组织法"设置和运行,即县设县长 1 人,由省府任命,接受县参议会的监督;在县政府内设两科至四科,科长由县长呈请民政厅委任,科员则由县长委任;县政府下设公安、财政、建设、教育等局,县以下设区、村、里,各局长包括公安分局局长均由省政府主管各厅考选委任,区长、村长等均由"民选"。[①] 因县政的指导思想为"自治",县为自治单位,其明显不足之处在于县政府组织不充实,权力不集中,事权不统一,科长、局长、区长、村长等的任免都和县长没有实质性的关系,县下各级行政机构尤其是各局往往各行其是,结果"办事少而冗员多"[②]。若在承平之时,这种制度安排尚可维持局面,不会有太大问题,至多各自为政、人浮于事。但若在险境和战时,县府则无异于一盘散沙,没有什么凝聚力,更无多少战斗力,易陷于任人宰割的境地。

中央苏区革命初起之时,面对革命的打击,赣闽边区地方当局短期内分崩离析就是明证。在红色暴动和朱毛红军的打击下,赣闽边区地方权力的掌控者要么被杀,要么逃亡,要么积极引退,无法经受住革命的冲击。前者如长汀县县长邱耀骊,瑞金县县长刘兆德,瑞金第一、第二届两任县执委杨耐斋、钟闻奇,寻乌县前后两任县长胡泽寰、潘梦春等,皆为"党国"捐躯。[③] 后者如宁都、安远、大庾等县县长,纷纷向省民政厅称病辞职;1930 年 6 月在任的瑞金彭县长也萌生退意。[④] 大部分地方权力机关则退入白区,暂避锋芒。例如,1929 年,红军攻陷龙岩后,乘机进攻永定,"知事余辉照、团长黄月波先后逃至峰市"。[⑤] 1931 年,宁都公安局和地方团队率领难民到南

---

① 《国民政府公布县组织法令》,《中华民国史档案资料汇编》第 5 辑第 1 编·政治(一),第 87—90 页。

② 《鄂豫皖赣等十省最近施政报告(九)》,《大公报》1934 年 6 月 12 日,第 3 版。

③ 黄恺元修、邓光赢纂:《长汀县志》,1941 年铅印,长汀县博物馆 1983 年重刊本,第 28 页;《瑞金县长被匪惨杀》,《江西民国日报》1929 年 4 月 10 日,第 1 版;陈诒修:《瑞金县志稿》,1941 年铅印本,第 57 页;《江西民国日报》1929 年 4 月 10 日,第 1 版;痴生:《寻乌的赤祸》,《江西民国日报副刊》1931 年 8 月 11 日;温锐、游海华 1999 年在寻乌县城实地调查。

④ 《宁都等县县长呈请辞职》,《江西民国日报》1930 年 6 月 7 日,第 6 版;《瑞金共匪极形猖獗》,《江西民国日报》1930 年 6 月 24 日,第 7 版。

⑤ 徐元龙修:《永定县志》大事卷一,1941 年印,第 18 页。

丰、南城躲避；同年，兴国县"警察队及各机关职员，亦纷纷逃避江口地方"。[①] 另据统计，1930 年底，有 13 处县政府的领导到赣县躲避的县政府。[②]

为挽回军事和政治颓势，南昌行营不得不创设临时清乡善后委员会，以代替被革命冲击得支离破碎的县级政权机构。1932 年底，南昌行营颁布《剿匪区内各县临时清乡善后委员会组织大纲》，饬令江西、闽北、闽西和鄂南等"曾经匪患之县，为办理清乡、护维善后"，相机成立临时清乡善后委员会，全权办理协剿、清乡、善后等事项。[③] "大纲"规定：(1)临时清乡善后委员会为各县唯一清乡善后之机构，由当然委员和委员组成；当然委员由县政府、县党部、保卫团、各公法团及驻在县军队，各推一人产生，委员由县长遴聘地方素行公正且负有声望的士绅充任，每区至少 1 人，至多 5 人；县长为委员长，遴聘委员中推出 3 至 5 人为常务委员，承委员长之命处理会内日常事务，其他入会的工作者称干事。(2)临时清乡善后委员会内设编查、宣抚、建设、财务四组，各组由委员长指定一名委员为主任。其中，编查组担任组织训练铲共义勇队，布置岗哨，搜索"零匪"，清查户口，侦查"匪情"，调查农村状况及逃亡等事务；宣抚组担任宣传讲演，安抚投诚，召集流亡及赈济等事务；建设组担任构筑碉堡，架设电话，修筑道路、桥梁等事务；财务组担任筹集管理清乡善后等经费事务。(3)在"剿匪"军事进展时期，应由委员会选派委员或干事编成若干班，随军前进，逐段接收新收复的地区，会同当地军队办理清乡善后事务，并随进展情形轮班继续进行。

依据该组织大纲，各"匪区"县先后成立了临时清乡善后委员会，配合军事重整地方。随着第五次军事"围剿"的进展，1934 年初，蒋介石以各县清乡善后委员会为"地方一切善后事宜"负责办理之机关，特通令各地军政长官，对于该会"应力加维持，以利进行"；江西省政府也饬令各县，除封锁管理所外，所有"纷歧"机关"一律裁撤，归并于清乡善后委员会负责办理"。[④] 1934 年底，兴国、宁都、于都先后收复，各县均成立县长领导下的清

---

① 《呈请救济宁都难民及团警》，《江西省政府公报》第 9 期，1931 年 7 月 6 日，第 37—38 页；《兴国县城已成一片焦土》，《江西民国日报》1931 年 6 月 20 日，第 5 版。

② 直公：《剿匪与县长》，《江西民国日报》1930 年 11 月 22 日，第 3 版。

③ 彭明主编：《中国现代史资料选辑(1931—1937)》第 4 册，中国人民大学出版社 1989 年版，第 242、249 页。

④ 《蒋通令各地军政长官维护清乡善后会》，《江西民国日报》1934 年 1 月 30 日；《省府令各路裁撤纷歧机关　归并清乡善后会办理》，《江西民国日报》1934 年 2 月 1 日。

乡善后委员会,开展工作。[①] 1935 年初,江西省第八行政区督察专员邵鸿基[②]赴南昌出席江西省绥靖会议,曾向记者介绍说:"所辖之广昌、石城二县,收复最早,招抚早已分别藏事,正从事民众组织,复兴农村经济,清查土地,疏河筑路等工作。瑞金、于都、会昌三县,除各县努力善后外,专员公署各科长亦曾派往协助指导。现所有收复地区保甲组织,均已完竣,正在施以训练,办理救济,清理财政,厉行新生活运动,修筑公路堤□桥梁,组织农村兴复委员会,解决民间土地纠纷,各县区长依照六个月工作计划,逐步实行……"[③]可见,在清乡善后委员会的领导下,收复区的政治秩序已经基本稳定,社会经济建设工作业已开始。当年 6 月底,江西省政府通令各县撤销临时清乡善后委员会,赣东南新收复区广昌、石城、兴国、瑞金、会昌、宁都等县因"尚未完全趋入安全状态",清乡善后委员会"仍旧设置"。[④]

临时清乡善后委员会只是战时的常规应对手段。非常规的应对手段,则是特别区政治局的设立。1933 年,南昌行营"为适应剿匪需要,增进行政效率起见",颁布《江西省特别区政治局组织条例》,先后在江西设立藤田、龙岗、凤岗、新丰、找桥、慈化、洋溪、大汾等八个特别区政治局。其实施要点有:第一,特别区政治局受行营和省政府双重管辖,处理区内一切行政事务,其行政级别与县府等同。第二,设局长 1 人,科长 2 人,科员和事务员若干人,局长由行营遴选富有政治军事知识的人,咨请省政府任用。第三,特别区按地方情形,划为若干区,区设办公所,依照江西省政府区办公处组织暂行条例执行职务。[⑤]

与县府同级别的特别区政治局,是专门针对特殊地区而设置的。其特殊之处在于:地处偏僻,层峦叠嶂,交通不便,距离县治较远,政治力量未逮,劳师远征不易,且仅凭军事不足以安定地方。实际上,这些地方都地处

---

　　① 吕咸:《兴国善后工作及匪区状况纪要及匪区状况纪要》,《大公报》1934 年 11 月 30 日,第 3 版;《宁都正式成立善后委员会》,《江西民国日报》1934 年 11 月 24 日,第 3 版;《于都正式成立清乡善后委员会》,《江西民国日报》1934 年 12 月 20 日,第 4 版。

　　② 邵鸿基(1889—?),男,河北玉田人,肄业于奉天高等警务学堂。1931 年 2 月任监察院监察委员;1934 年 6 月起,任江西省第 12 行政区专员,兼任保安司令和宁都县县长。当时的第 12 行政区专员公署管辖宁都、广昌、石城、于都、瑞金、会昌 6 县,公署驻广昌,1934 年 11 月迁宁都;1935 年 5 月,江西省重划行政,宁都公署改为第 8 行政区专员公署,增辖兴国县。

　　③ 《邵专员鸿基谈十二区各县善后状况》,《江西民国日报》1935 年 2 月 12 日,第 3 版。

　　④ 《各县临时清乡善后委员会应分别裁留令仰转饬遵照》,《江西省政府公报》第 231 号,1935 年 7 月 3 日,第 7—8 页。

　　⑤ 《国民政府军事委员会委员长南昌行营处理剿匪省份政治工作报告》,1934 年 11 月,第 18—22 页。

省际或县际交界地带,是省政或县政力量鞭长莫及之地,俗称"三不管"地区。在这些地方设立特别区政治局,不仅便于军事"剿匪",而且可"以为收拾民众,复兴农村之张本";1934 年 4 月,依照江西经验,南昌行营又在湖北设立大畈特别区政治局。① 1935 年 3 月,随着第五次"围剿"的结束,新收复区政治秩序的相对稳定,各特别区政治局相继撤销,改设联防区署;政治局原辖各区,一律归还原县管辖。②

临时清乡善后委员会和特别区政治局主要是战时的应对手段,都是暂时设置的机构。随着战争的结束、收复区政治和社会秩序走向相对稳定,它们也随之撤销。相对而言,县府裁局改科、县以下分区设署更具县政改革意味,是县级行政制度的重大改革。

如前所述,"自治"思维下的县府设置没有多大实权,名实不符。苏维埃革命兴起以后,各"剿匪"省份就不乏改革县政的呼声。县政府"裁局改科"即为当时的主流声音,最早的提议可能来自江西。1931 年上半年,江西省地方整理委员会和省民政厅就有在"匪区"各县"裁局改科"的决定,③但囿于战时环境和混乱时局,直到 1934 年春,"各县尚未完全照办"。④ 1930年代初的福建省,也对县政府进行了一些裁局改科方面的改革,但既未全面铺开,措施亦未完全到位。⑤ 随着第五次"围剿"的进展,地方政局需要进一步稳定和巩固,尤其是省府合署办公以后,"为求上下连贯运用敏活起见,县制自应继续改革"。⑥ 就这样,县政的改革被提上了日程。

1934 年底,南昌行营"为谋县政府权力责任之集中","以增进县政效率起见",颁布《剿匪省份各县政府裁局改科办法大纲》;与此同时,为使区署"确能协助县长增进县政效率",颁布《剿匪省份各县分区设署办法大纲》,饬令鄂豫皖赣闽五省政府遵照办理。

其中,县府裁局改科的主要实施点有:(1)县政府所属公安、财政、教育、建设各局,全部裁撤,其职掌分别归并于县政府各科管理。(2)县政府对上下行文,概以县长名义行之。(3)县佐治人员由县长遴选,呈经省政府

---

① 《国民政府军事委员会委员长南昌行营处理剿匪省份政治工作报告》,1934 年 11 月,第 20 页。

② 《指示结束各特别区政治局办法电饬遵照》,《江西省政府公报》第 130 号,1935 年 3 月 6日,第 5 页;王次甫:《十年来之江西民政》,江西省政府《赣政十年》编委会:《赣政十年》,1941 年印,第 5 页(文页)。

③ 《江西各县政府原设各局改科办法》《被匪灾县份原设各局一律改科》,《江西省政府公报》第 5 期,1931 年 6 月 8 日,第 18—19、34—35 页。

④ 《鄂豫皖赣等十省最近施政报告(九)》,《大公报》1934 年 6 月 12 日,第 3 版。

⑤ 《闽省改行新县制》,《大公报》1933 年 7 月 3 日,第 6 版。

⑥ 《军事委员会委员长行营政治工作报告》,1935 年 11 月,第 13 页。

核委或备案。(4)在县政府和各区署中分别设警佐、巡官各 1 人,另设警长、警士若干人,分别派驻重要乡镇的保联办公处,办理基层保甲、社会治安等各项事务,将警政寄予保甲之中。(5)除特税外,县府设经征处或由主管科统一征收应征的省县正附税捐,同时设置县金库统收统支。(6)教育和建设经费,专款专用;裁撤各局结余的经费,移充本县事业费和分区设署经费;因实行裁局改科而导致人员增加所需的经费,由省库下拨。① 南昌行营希望通过这一改革,实现县政五个方面改良:一是"集中权责",将权力集中于县府,县府集中于县长;二是"充实组织",扩增县府组织,增加职员和经费;三是"教建合一",两者相互促进;四是"警卫连系",以"警"之点带动和创建社会"卫"之网;五是"统收统征",收支分开,科学管理。②

县以下分区设署的主要实施点有:(1)将"区公所"改名为"区署",将全县原有的区改编为 3 到 6 区。(2)扩大区署组织,增加其经费,区长、区员、书记等都有适合乡村生活的政府"薪俸"。(3)提高区长、区员的地位,政府对其加以专门训练并保障其任期。(4)明定职权,区内所有管、教、养、卫事项,统由区长秉承县长之命负责执行。③ 分区设署,继承了 1932 年鄂豫皖三省"剿匪"总司令部所颁行的《区公所组织条例》精神(即将"自治"的"区"改为"自卫"的"区公所",区长由"民选"改为"委任"),并进一步推进了改革。经此改革以后的区署,"乃为官治之行政机关,绝非向日之自治机构"④;与以前相比,区署不仅权能增加了,而且地位提高了。

1935 年 7 月 1 日,江西省各县政府采取统一步骤,全部实施裁局改科,同时也开始了分区设署的工作。⑤ 10 月 1 日,福建全省正式裁局改科。⑥ 裁局改科通常是一步到位,而分区设署则是分期进行。到 1936 年,江西、福建两省基本完成分区设署的相关工作。

1937 年 6 月,行政院会议决定,裁局改科的县政制度改革在全国施行,旋因抗战爆发而中辍;1939 年 9 月,国民政府公布《县各级组织纲要》,继续推进县政改革,史称新县制改革。⑦ 新县制虽然规定"县为地方自治单位",

① 江西省政府统计室编印:《江西年鉴》,第 122—123 页。
② 《剿匪省份县府裁局设科》,《申报》1935 年 1 月 1 日,第 18 版。
③ 江西省政府统计室编印:《江西年鉴》,第 123—126 页。
④ 《行营令饬剿匪身份各县改设区制》,《申报》1934 年 12 月 29 日,第 3 版。
⑤ 《今日廿四年度开始　各县府实施新组织》,《江西民国日报》1935 年 7 月 1 日,第 5 版。
⑥ 《闽省将改革地方行政制度》,《申报》1935 年 9 月 20 日,第 8 版。
⑦ 林炯如、傅绍昌、虞宝棠编著:《中华民国政治制度史》,华东师范大学生出版社 1995 年版,第 239 页。

县政府"办理全县自治事项",区署"为县政府辅助机关,代表县政府督导各乡(镇),办理各项行政及自治事务",[①]并设立县参议会,但是"剿匪"时期裁局改科和分区设署的要点、精神等全部得以继承。其实质,意味着国家权力在基层的延伸有了制度上的保证。

四、地方行政制度应对的特点及效果

南京国民政府的地方行政制度改革,是在"剿匪"背景下,针对原有制度的不足而做出的。对统治者来说,原有制度最大的不足主要表现在三个方面。

第一,从纵的方面看,是"上下隔阂"。因地方行政制度采省县两级制,对省府来说,下辖的县,多的过百,少的也有六七十,往往有鞭长莫及或精力不济之感,对于政令下达后的实施情况,难以随时督察。对县府来说,因省县远隔,不易秉承,县长易因循守旧,不求上进;同时因管辖人口众多(多的达五六十万),县以下没有法定的行政机构督促实施,政令往往不出县城。因此,"省与县间,县与民众间,均俨然形成两截,治官治民,遂均失脉络贯通臂指相使之效"[②]。

第二,从横的方面看,是"机构散漫"。按照当时的省组织法和县组织法,省府各厅处和县府各局,虽名义上隶属于省府和县府,但实际上各成系统,并肩而立;中央部会往往认厅处为其直属机关,省之厅处认县之局科亦然,彼此直接行文。这样,不但造成厅处和各局间权则相争、过则互诿、各自为政的局面,而且架空了省府和县府的权力,使得省政和县政失却重心,省政府主席和县长徒有虚名。

第三,整体看来,是"头重脚轻,基础不固,论组织则省庞大而县缩小,论经费则省极巨而县极微,治官之机关太多,而治民之机关太少,一切政令,无法执行"[③]。

基于此,应"剿匪"的迫切需要,南京国民政府出台行政督察专员制度、县以下分区设署办法、保甲制度等,以打通"上下隔阂";实施省府合署办公、县府裁局改科等,以根治"机构散漫"之弊,重塑省府和县府的地方中枢

---

① 《省政府合署办公暂行规程》,国家编制委员会编印:《国民党各级政府组织法规选编(1927—1948)》,第 161—162、165 页。

② 《军事委员会委员长行营政治工作报告》,1935 年 11 月,第 2 页。

③ 《国民政府军事委员会委员长南昌行营处理剿匪省份政治工作报告》,1934 年 11 月,第 1 页。

权威;而临时清乡善后委员会和特别区政治局的设置,则是解决特殊时期特殊地方问题("剿匪清乡善后")的暂时应对举措;同时,将省府合署办公后结余的经费,"悉数增拨为各县之政费",将县府裁局改科后结余的经费,"悉数移充地方事业费及分区设署经费"。①

这些行政制度改革举措,除了具有自上而下、整齐划一等通常行政变革的特点以外,还有着自身明显的特点。首先,都因苏维埃革命而起,是南京国民政府镇压革命的"杰作"。如保甲制度、分区设署制度、行政督察专员制度、临时清乡善后委员会、特别区政治局是应"剿匪"的迫切需要而创设的,县府裁局改科、省府合署办公则是应"剿匪"的实际需要而改革和完善的。其次,实施步骤有着先后性。绝大多数制度都是先在苏维埃革命的中心所在地江西实施,再在湖北、河南、安徽、福建等其他"剿匪"省份实施,而后逐步推行至全国其他地区的。再次,这些制度具有相对的系统性和内在的协调性,便于发挥战斗力。上至地方的最高权力机构省政府,中至地方的县政府,下至农村基层的保甲,都有相应的制度创设或改革,上下形成了一个相对协调的系统,利于采取一致行动,易于形成比较集中的战斗力。最后,制度变革具有突出的"管控"指向。保、区署、县政府、行政专员公署、省政府等各级行政组织都在战时得以充实;与以前相比,人员、经费都有增加,所有地方行政权力都集中到各级行政组织,下级对上级负责,最后集中到省政府,战时集中到行营,目的在于将乡村和社会的资源集中于政府和国家,强化了国家权力中心对地方和社会的控制力。

南京国民政府地方行政制度改革的目的,在于扎根基层、夯实县政、强化省政,提高应对中共和红军的行政效能。那么,这些制度安排在配合军事"围剿",以及"清乡善后"方面有无发挥实际作用? 若有,则到底发挥了多大的作用呢?

在上述地方行政制度系统改革前,地方政府在配合军队"围剿"红军方面很多地方、很多时候都是低效的。如1932年9月,赣闽粤边区"剿匪"总司令部致函江西省政府,内称:"军队进剿,对于侦探向导递信,以及备办给养,雇伕等,地方政府及人民应担负之任务,均无人办理,甚至逃避一空,全不过问,竟视剿匪为军队专责,殊非军政合作之本意。"②1933年6月,江西省政府在"通令各县长应督率团队剿办散匪,不得依赖军队"的训令中,仍

① 《军事委员会委员长行营政治工作报告》,1935年11月,第15页。
② 《县切实奉行前颁协助清剿各办法并速组铲共义勇队》,《江西省政府公报》第27期,1932年9月30日,第36页。

称:"近查各县县长,平时于维护地方之计,多漫无建树,一闻谣诼,或有少数溃匪,或邻县有警,即张皇失措,置防堵剿办于不问,仅以发电请兵为了责,连日接各县吁调大军,及请飞机之电,连篇累牍,络绎不绝,而确查匪情,多为团队所能剿办者,系县长应负之责,乃该县长等不设法防剿,徒知依赖军队,不尽职责,畏葸无能,实饴尸位素餐之消。"①从某种程度上说,正是这种低效的地方行政制度,使得苏维埃革命的兴起和发展壮大获得了广阔的空间。

随着新的地方行政制度的次第推行,其在实践中暴露出各种各样的问题。1933年初,随着军事"进剿"的进行,南丰县"各区保长甚多因循推诿,借词搪塞,不予实力协助",南丰县县长因而电请江西省政府,转请前敌总指挥部或驻军最高机关,对办差不力、贻误戎机的区保长,"以军法从事之处"。② 9月,江西省特务处处长黄光斗向江西省政府报称,封锁"匪区"实行食盐公卖以后,各地时有"保甲长假借封锁名义从中操纵渔利"。③ 1934年2月,宜黄县公卖会常委(县政府二科科长)朱家厚"借公卖舞弊"、县长郭文"失察",分别受到南昌行营"解办""记过罚俸"的处罚。④ 3月,永丰、乐安两县县长对于通讯事宜,"办理不良",被"剿匪"军别动总队长康泽检举,受到南昌行营的"申戒"。⑤ 10月,万年县第四区被"匪"攻击,区办公处员兵6人被杀,第四区区长陈光祖、保安第一中队长熊金龙、分队长饶华毅等被指为"保甲组织不严""防范不力",被"各记大过一次",县长何育仁"督率无方",被"申戒"。⑥ 同月,星子县长王斌"办理封锁不力",被"记过降级";⑦吉安县县长温惠畴,"对于所收护照费存余之款,延不呈报","没收济匪物品,变卖价金",未能按时依法处理,"对县公卖会组织紊乱,不认真监督纠正",被

① 《通令各县长应督率团队剿办散匪不得依赖军队——军队进剿并须随军协助》,《江西省政府公报》第55期,1933年7月10日,第31页。

② 《各县区保长办差不力贻误戎机准以军法从事通令遵照》,《江西省政府公报》第46期,1933年4月10日,第28页。

③ 《通令严禁保甲长假借封锁名义从中操纵渔利——县长考查不力亦应同罪》,《江西省政府公报》第63期,1933年9月30日,第25页。

④ 《宜黄县公卖会常委朱家厚借公卖舞弊县长郭文失察经行营分别解办记过罚俸令民厅遵照》,《江西省政府公报》第79期,1934年3月10日,第56页。

⑤ 《转令各县对于剿匪期间通讯事宜不得玩忽并将办理不力之永丰乐安两县长申戒》,《江西省政府公报》第80期,1933年3月20日,第31—33页。

⑥ 《奉行营令据万年县长何育仁呈报第四区被匪经过情形应予分别处分等因转饬凛遵》,《江西省政府公报》第9号,1934年10月11日,第12—13页。

⑦ 《奉行营令据万年县长何育仁呈报第四区被匪经过情形应予分别处分等因转饬凛遵》,《江西省政府公报》第10号,1934年10月12日,第4—5页。

"降一级改叙"；①修水县县长陈永荣"对于合作事业,封锁法规,均置不问,任人越俎,致地方酿成盐荒",被"予以降级处分"。② 11月,泰和县县长帅学富"办理封锁敷衍,并违法擅收护照及通行证费,账不公布","禾市一带米谷被劫,事后并不呈报"等,被"降二级改叙"。③ 黄道炫在其研究中也指出,无论是身处前线指挥的陈诚,还是总揽政权的蒋介石,对于第五次"围剿"前后的国民党政权建设,总体评价并不高。④

客观审视,上述地方新行政制度实施过程中暴露出的许多问题,大多不是制度建设和改革本身的问题。如保甲长"办差不力",可能是险恶的战时环境、保甲长人选和素质等导致的。保甲长"假借公卖操纵渔利",宜黄县政府二科科长朱家厚"借公卖舞弊",吉安县县长对于钱款未能按时依法处理等,是任何政治制度下都可能存在的现象。万年县第四区被"匪"攻击,即使地方"厉行保甲""严加防范",也有可能因对手强大而遭受打击。其他如星子、修水、泰和等县"通讯办理不良""封锁办理不力""合作事业不问"等,均系具体施政中的问题,非制度建设本身的不足。尤其应加以注意的是,这些具体施政中的问题,无论是"人"的问题还是"事"的问题,正是新的行政制度建立后,应逐步加以解决的,也是新的行政制度完善以后,在和平时期假以时日是可以解决的。1935年底,江西省第八行政区督察专员邵鸿基就痛责部分保甲长,"擅理民刑诉讼,逮捕拘禁,违法滥罚,越权妄为",并为此制定颁布"保甲长遵守简则"12条,严禁保甲长的不法行为。⑤ 邵的行为,即反映了新行政制度建立以后地方政府的"纠错"努力。

总的来说,实施后的地方新行政制度,在配合军事"围剿"及"善后清乡"方面发挥了重要作用。事实上,在第五次军事"围剿"发动前后,作为新制度的具体实施者和"剿匪善后"的施政者,许多县长为此受到表彰。如1933年5月,永丰县城被围,县长"督率团队,协同驻军严密防守,匪不得逞,所全实大",被"传令嘉奖"。⑥ 8月,资溪县县长率队"攻入资溪县城,与

---

① 《吉安县长温惠畴办理封锁服务不力奉令准降一级改叙》,《江西省政府公报》第20号,1934年10月24日,第29—31页。

② 《卸修水县长陈永荣在任服务不力贻误要公罚一个月月俸百分之二十以示惩儆》,《江西省政府公报》第21号,1934年10月24日,第23—24页。

③ 《泰和县长帅学富办理封锁不力并违法擅收照证等费应降二级改叙》,《江西省政府公报》第32号,1934年11月7日,第29—30页。

④ 黄道炫:《第五次"围剿"中的"三分军事、七分政治"》,《江西师范大学学报》2010年第5期。

⑤ 《宁都邵兼县长规定区保甲长遵守简则》,《江西民国日报》1935年12月17日,第7版。

⑥ 《永丰县长呈报匪扰经过情形指令妥筹善后安辑流亡——保全城池应予传令嘉奖》,《江西省政府公报》第51期,1933年5月30日,第60页。

匪激战,及夺获枪枝,击毙赤匪,救出难民",并恳请江西省政府"迅颁急赈",被江西省政府通令嘉许。① 1934 年 10 月,吉水县清乡善后委员会常委周文雅,因"破获匪巢","予记大功一次,其在事出力干事均予传令嘉奖"。②在第五次"围剿"战争中,对于行政制度建设并不十分满意的蒋介石,在与中共和红军的对决中取得了暂时胜利。1935 年底,他充分肯定了政治变革包括制度改革的功效。他说:"中正比年对于各剿匪省份之政治,无论在制度及事业暨风纪方面,均有整个及因时因地之改进。而鄂豫皖赣闽等省巨股赤匪,得以次第催拉,捣其巢穴,一般民众得以渐有组织,略具自卫能力,胥有赖于此方面之努力。所以裨补于军事进展者,效用殊大。"③

绝大多数制度的最先实施地是苏维埃革命的中心所在地江西,民国主政方在回顾"剿匪"时期全省施政情况后总结说,"本省剿匪军事,能于三年之内,克奏肤功,不可谓非集中政治力量,以剿匪为总动向之效也",并将"许多新事业新制度在江西首先试行,有了成效,然后为中央所采用而颁行于全国"看作 20 世纪 30 年代江西"对于国家的贡献"。④ 行政院政务次长彭学沛,代表行政院参加北路军第三路军于 1934 年 12 月 25 日在江西宁都召开的阵亡将士追悼会,在江西一周的匆匆行程中(沿途经过九江、南昌、南城、广昌,回程经过临川、鹰潭、贵溪等地),令他印象深刻的是:"第一是我所看见的那些军队确实是可爱的。……二是江西地方各级政府确是十分努力的。虽然有许多地方也许还可批评,但他们总是在那里拼命的做事,善后的工作确是迅速进展的。第三是江西的民众经过这次的浩劫……现在全省差不多都武装化,农民壮丁都能有荷戈执矛,保卫闾里,平时苦工筑路,有事便协助军队,剿匪的胜利,他们协助的力量不小。"⑤

作为制度安排的设计者、采纳者、推动者和实施者,在"剿匪"战争尘埃落定后,蒋介石和其他主政者对"剿匪"中的地方行政改革功效自是大加肯定,但也难免有自卖自夸、自吹自擂之嫌。那么,参与一线"剿匪"的国民党军政人员,他们的实际体验是怎样的呢?

---

① 《令知资溪县长率队规复县城奉令嘉许》,《江西省政府公报》第 61 期,1933 年 9 月 10 日,第 63 页。

② 《吉水县清乡善后委员会常委周文雅破获匪巢一案经呈核准分别嘉奖令饬知照》,《江西省政府公报》第 12 号,1934 年 10 月 15 日,第 15—16 页。

③ 《军事委员会委员长行营政治工作报告》,1935 年 11 月,第 1 页。

④ 胡家凤:《十年赣政之回顾与展望》,江西省《赣政十年》编委会:《赣政十年》,1941 年印,第 8、23—24 页。

⑤ 彭学沛:《江西农村匪区视察记》,各省实干政治研究会编:《游客话江西》,上海汗血书店1937 年版,第 33 页。

在对中央苏区第五次"围剿"中,国民党北路军第三路军总结了六条"围剿"成功的经验,其第二条即为"政治军事之协同",正因为此,"党政军联系确贯,剿匪政治力量增加,匪区民众,逐渐归附。探匪充响导,颇奏伟功。至于自动擒获积匪俘献军前者,亦属所在皆有"。① 1935 年 6 月,国民党第 89 师北调湘鄂赣边区"追剿"徐彦刚率领的红 16 师,据其师长王仲廉记述,"追剿"过程中,"沿途地方各乡镇均直接向我报告所得情报,使余对匪之行动了如指掌。地方军民合作无间,阳新县李专员辉武,尤为得力";作为地方行政首脑,李不但接受王的命令,为军队提供汽车运输、食物补给,而且"随时用电话向各乡镇蒐集匪活动情报"以向王报告。② 1934 年春,浙赣边区党政军召开联席会议,积极筹备和布置"围剿"方志敏部。会后,衢州行政督察专员汪汉滔根据会议精神,转饬辖区各县,要求严密保甲组织,切实清查户口,办好联保和连坐工作,筹建运输队"支援前线",各县政府及保安团队,要切实控制各种武力确保治安;据称"以上计划实施后,确实增加了怀玉山区红军供给的困难,收到了效果"。③ 1936 年,出任闽赣浙皖边区"清剿"总指挥的张发奎后来回忆,边区内党政机构"直接接受我的指挥'剿匪',边区的政治、经济机构都要配合军事需求。譬如,当我们决定出动到某县'清剿'共军残部时,我直接向县长下达命令。他就分别下令属下的保甲长动用地方保安团队执行'剿匪'任务,各保甲长都兼任地方武装的头领。共军俘虏会被转解给县政府。保甲组织起了很大作用,这是一个组织民众的良好制度"④。这些来自不同地区的一线国民党军政人员记述,证实了国民政府改革后的地方行政制度,在协助军队"剿匪清乡"中发挥了重要作用。

作为国民党的政治对手,在红军长征后,留在原苏区坚持斗争尤其是三年游击战争的革命者的回忆,则从另一个角度证实了国民党地方行政制度的作用。留在中央苏区坚持斗争的项英 1937 年底回忆:敌人"进占一地即组织民团铲共义勇队,以建立地主武装力量,建立保甲制度,以地主富农

　　① 《第三路军赣南剿匪作战经过概要(一九三三年十月—一九三四年十月)》,中国第二历史档案馆编:《国民党军追堵红军长征档案史料选编(中央部分)》上,档案出版社 1987 年版,第 101 页。

　　② 王仲廉:《征尘回忆》,台北煜洲打字排版印刷有限公司 1978 年印,第 119、123 页。

　　③ 刘崇朴:《衢属边区党务特派员办公处的几件往事》,中国人民政治协商会议全国委员会文史资料委员"围剿"边区革命根据地亲历记"编审组编:《"围剿"边区革命根据地亲历记——原国民党将领回忆》,中国文史出版社 1996 年版,第 140—142 页。

　　④ 张发奎口述:《张发奎口述自传》,夏莲英访谈及记录,胡志伟翻译及校注,当代中国出版社 2012 年版,第 156—157 页。

充当保甲长来恢复国民党的统治";"加以敌人利用堡垒封锁的特点,更使我们活动受到最大的限制,因为敌人进攻中央苏区的结果,使汽车公路普遍建筑起来,敌人的追击和增援很迅速的便利的适应进攻的要求,到处组织民团,增加他们进攻力量和耳目作用,这样使我们不能有巩固的根据地,同时也不能作大部队的游击战,否则只有被消灭和不断的打击"。①

在南方各游击区,红军的生存境地可谓异常艰难,虽保存了革命的火种,但难以拓展生存空间。在赣粤边,陈毅回忆,敌人"在政治上用保甲制度、村庄连坐、收买欺骗、反动宣传,军事上采取修筑碉堡、搜山抄山、经济封锁、昼夜巡逻、突然袭击,在我们内部搞叛徒破坏。用这些办法来对付我们";"由于环境的恶劣",他所领导的"原有一千五六百人的游击队,最后只剩下三百多人了";并坦承"三年游击战争,是我一生中所经历的最艰苦的斗争。整年整月在山里睡,外面跑。……根本不是人过的生活,像野兽一样"。②

在湘赣边,据湘赣边临时省委常委、游击司令部参谋长兼大队长段焕竞回忆,红六军团西征以后,进占湘赣苏区的敌人在实行"三光"政策的同时,"还在政治、经济、组织等方面采取多种毒辣手段……在占领区实行'保甲连坐'……在经济上,敌人除对食盐、粮食、火油、电池实行'公卖',继续封锁外;同时,还平毁山区的村寨,强迫群众移民并寨,以切断我们同人民群众的联系",他也坦承"三年的游击战争,我们是在极其艰苦的环境下坚持的"。③

在闽赣边,1935年5月以后,仅存的三支游击队(即钟得胜领导的瑞金游击队、刘国兴领导的武阳游击队、彭胜标和胡荣佳带领的陶古游击队),在国民党统治下,只保存了一线生机。其中,1935冬天,陶古游击队只有20多人,1936年冬发展到50多人;瑞金游击队原有100余人,经过1年多的艰难游击,到1936年秋只剩22人;武阳游击队原来也有100多人,在国军穷追不舍的"进剿"之下,中途只剩下刘国兴等两人,到1936年底才恢复

① 项英:《三年来坚持的游击战争》,中共江西省委党史资料征集委员会、中共江西省委党史研究室编印:《江西党史资料》第1辑,1987年版,第5、87页。

② 陈毅:《忆艰苦的三年游击战争》,陈毅、肖华等:《回忆中央苏区》,江西人民出版社1981年版,第515、529页。

③ 段焕竞:《漫天烽火举红旗——忆湘赣边三年游击战争》,王首道、萧克等:《回忆湘赣苏区》,江西人民出版社1986年版,第154、156页。

到 20 多人。①

　　在闽西南,1935 年 4 月成立闽西南军政委员会,在张鼎丞、邓子恢、谭震林等领导下,顽强坚持游击战争,但生存环境异常艰苦。敌人"一年多来,用尽了他卖国残民的办法——划区清剿,建筑了几千个炮楼堡垒,派匪军或团匪驻守,完成了他的纵横封锁线,实行了残酷的移民烧杀,施行严厉的联防保甲制度,调查户口,强用良民证,强编壮丁队,强迫开马路,强迫烧山砍柴,不断的大肆搜山搜剿",从而"一年多来,我们党和红军游击队与广大革命群众确实处在敌人恶势力摧残之下,是处在最艰难的环境";闽西南军政委员会深刻认识到:"壮丁队、炮楼堡垒与保甲制度是蒋介石法西斯蒂在闽西南的统治骨干,不摧毁这些反动工具,要开展群众斗争,要粉碎清剿,恢复苏维埃,要大举反攻也是不可能的。"②

　　上述革命者所记述的组织民团、壮丁队和铲共义勇队,搜山抄山,移民并村,修筑公路和碉堡,经济封锁,保甲连坐,清查户口等,都是国民政府保甲、区署、县府、清乡善后委员会、特别区政治局等的基本职能,并且,越是基层的行政组织如保甲和区署,越是能对红军游击队造成巨大困扰。由此不难窥见,国民政府地方行政制度改革以后,尽管其在实践中存在着各种各样的问题,制度建设本身也有待时日加以完善,但是地方政权在配合军事"围剿"红军,以及其后"清剿"红军游击队中的重要作用,是不可否认的。事实上,1935 年春夏,在国民党军的持续"清剿"下,留在中央苏区坚持斗争的 4 万红军部队和党政机关工作人员几乎全部覆没,只有少部分人突围分散到赣粤边、闽赣边、闽西南、闽粤边等原中央苏区周边山区打游击;此后,原中央苏区腹地各县几乎全部成为国民政府稳定的管辖之地。③ 国共争战之后的原中央苏区暨赣闽边区,这些地方行政制度的继续完善和维持,显然有利于战后社会的稳定和社会经济的恢复,为即将到来的民族抗战夯实

　　① 张昭娣:《野火烧不尽　春风吹又生——忆汀瑞游击队组建前后》,中国人民解放军福建省龙岩军分区政治部、中共龙岩地委党史资料征集研究委员会编印:《闽西地方武装概略》,1987 年版,第 443、445 页;邓海山:《回忆汀、瑞地区三年游击战争》,黄长娇:《我所知道的汀、瑞地区游击队片断》,中国人民政治协商会议江西省委员会文史资料研究委员会编印:《江西文史资料选辑》第 7辑,1981 年印,第 68—76 页。

　　② 张鼎丞:《日益成熟着的反攻形势》(1936 年 7 月 9 日)、《闽西南军政委员会关于西南事变与目前党的紧急任务的决定》(1936 年 6 月 20 日),福建省档案馆、福建省军区党史资料征集小组、龙岩地区党史资料征集小组编印:《福建军事斗争史料选编(1934.10—1938.2)》,1983 年版,第 236、268 页。

　　③ 游海华:《重构与整合——1934—1937 年赣南闽西社会重建研究》,经济日报出版社 2008年版,第 56 页。

了基础,有力地支持了中国的持久抗战。①

五、苏维埃革命、国民党的应对与国家治理的现代化

众所周知,中共的苏维埃革命,源于 1927 年的国共分裂。其后,这场持续近 10 年之久的苏维埃革命,在中国大地上演练了制度变革与创新的伟大尝试,从建军整党到工农武装割据,从"打土豪分田地"到统一财经,从保护工商到发展文教卫,从群团创设到社会再造,从革命委员会到中华苏维埃共和国的创建,等等,向国民党统治展开了全面挑战和冲击。

中共的苏维埃革命,被国民党视为威胁统治的"心腹大患"。为镇压革命,消灭红军,南京国民政府在进行军事"围剿"的同时,采取了系列举措创设和改革地方行政制度:农村基层厉行保甲制度,设置临时清乡善后委员会和特别区政治局,县府裁局改科,县以下分区设署,省县之间推行行政督察专员制度、省府合署办公等,目的在于扎根基层、夯实县政、强化省政,提高应对中共和红军的行政效能,形成政治配合军事打击苏维埃革命的合力。这些制度应对举措,构成了国民党镇压革命"七分政治"方针的核心环节,并在日后的逐步完善中成为民国后期国民政府正式的、基本的地方行政制度。尽管其在实施过程中存在着各种各样的问题,但当时在协助军队扑灭革命烈火方面发挥了重要作用,战后在维持国民党统治方面起着不可或缺的作用。

值得注意的是,这些战时的制度应对举措,不仅在民国后期作为正式制度确立下来,得以延续,而且其中的某些制度为中共的抗日根据地政权所继承。人所共知,苏维埃革命时期,中国共产党在各革命根据地的局部执政,其地方行政制度通常设置为省、县(市)、区、乡四级,省、县之间虽然出现过地区级性质的政府,但这种政府是个别的、临时的,不是普遍的正式的制度设置。②然而,到了全面抗战时期,中国共产党领导下的抗日根据地,省、县之间却有行政督察专员公署的设置。统计显示,截止到 1945 年 3 月,各抗日根据地共建立了 104 个专员公署。对此,有学者指出,抗日根据地的专员公署是"直接援引国民党地方行政层级中的专员制度,间接起源于土地革命战争时期介于

---

① 游海华:《农村合作与金融"下乡"——1934—1937 年赣闽边区农村经济复苏考察》,《近代史研究》2008 年第 1 期;《南方三年游击战争时期赣闽边区民众政治生存状态考察》,《中共党史研究》2012 年第 7 期;《苏区革命后赣闽边区地方公产处置研究》,《近代史研究》2013 年第 3 期。

② 黄志仁编著:《中国新民主主义政治制度史》,厦门大学出版社 1988 年版,第 44 页;张皓:《中国现代政治制度史》,北京师范大学出版社 2004 年版,第 265—266 页。

省、县苏维埃政权之间的特区苏维埃政治制度"。①

更值得注意的是,这些战时的制度应对举措暨民国后期的地方行政制度,大都(尤其是职能)为中华人民共和国所继承(尽管有的名称或叫法不一样)。如行政督察专员制度,据统计,1950 年,全国共建立专员区(专员公署)190 多个,1953 年底缩减到 152 个,1960 年为 116 个,1964 年底增加到了 155 个。② 不难看出,虽然新中国专员区设置的数量有变化,但是其制度设置却前承国民党,后继抗日根据地。专员公署是省、自治区人民政府的派出机关,不是一级政府,但实践中却设有一级政府的工作机构,实际起着接近于一级政府的作用。改革开放以来,我国实行了"地市合并"的地方管理体制改革,专员公署为地级"市"所取代,但有的省份仍保留了专员公署这一制度设置。再如分区设署制度,区公所作为县、自治县人民政府的派出机构,更是在新中国长期存在,直至 20 世纪 80 年代中期,很多省份推行"撤区并乡"以后,区公所才逐渐成为历史。作为区公所下面的乡甚至行政村,在中华人民共和国初期则是当时的基层行政组织;1954 年以后,撤销了行政村建制,确立乡和民族乡为农村基层行政区域;20 世纪 80 年代以来,乡、镇成为我国的基层行政组织。③ 又如今天的行政村(相当于民国时期保甲制度的"保")虽然不是国家的正式行政组织,但是村干部"工资"都由国家或地方财政补贴,行政村所承担的清查户口、计划生育、农村治安、义务教育、集体经济发展等基层行政职能,与民国和平时期相比,无疑是大大增强了。④ 县府裁局改科和省府合署办公更是自然而然地继承了,因为无论是之前的中国国民党,还是之后的中国共产党,其和平时期承担的都是同样的执政职能。只不过,与以前相比,新中国的政府职能大大加强了。

以上国共政治制度变革的历史,反映的是南京国民政府"剿匪""反共"以来国家权力集权的趋势。不过,此前的中国,国家权力展现的,恰恰是集权与分权的并进趋势,以及两者之间的互动与博弈。从中国政治制度变革的历史和趋势看,至少"秦皇汉武"以至明清,国家权力是集权的趋势,无论

---

① 翁有为:《抗日根据地政权建设中的重要地方制度:行政督察专员制度》,《中共党史研究》2004 年第 2 期。

② 翁有为:《政府法制化的艰难探索:新中国成立后专员区公署制度的推行及变化》,《中共党史研究》2007 年第 1 期。

③ 浦兴祖主编:《当代中国政治制度》,复旦大学出版社 1999 年版,第 177—178、193—194、197—199 页。

④ 游海华 20 世纪 90 年代在赣闽粤边区各县实地调查,2015 年 12 月在浙江省台州市黄岩区实地调查,2016 年 3 月于广东省江门市新会区电话调查。

朝代如何更迭,中央集权的趋势一以贯之,行政权也是愈来愈大。但是,鸦片战争以后,集权趋势戛然而止。随着大清帝国日益陷入半殖民地半封建社会的深渊,中央权威随之日遭侵蚀,行政权威也难以统摄"天下"。与之相伴的,一方面是"救亡图存"下对重塑国家(中央)权威的渴望和努力,另一面却是地方自治和地方力量的日益崛起。进入 20 世纪的中国,在列强欺凌、军阀混战、民教冲突、土匪作乱、民智未开等背景下,集权与分权没有相辅相成、相得益彰,反而颠顿不已,中国政治与社会呈现出相当程度的"失控"状态。

1927 年南京政权的建立,似乎带来了新的希望。但是,延续着自治思维的地方政制设置,导致省府、县府和区署等仍存在组织不充实、权力不集中、头重脚轻、散漫自由等问题,因而各级地方政府,面对着苏维埃革命的挑战和冲击,或支离破碎、土崩瓦解,或疲于奔命、乏力回击。然而,反观世界各国的现代化,其国家权力的现代化却是一路高歌猛进。在欧洲,商业资本主义时代(17、18 世纪)的现代国家,都"极力扩张政府职能,拥有并控制各类企业……由政府掌握经济大权被视为保障国家安全和征服别国不可缺少的手段";19 世纪,政府的作用虽在某些方面有所削弱,但"在两战期间和战后得到进一步发挥和扩展"。① 另有学者指出,强有力的中央政府和紧密的地方控制是现代化后起之秀(如日俄)的基本特征。② 虽然中国不同于欧洲,也有别于日俄,但是在向现代转型中各国面临的基本问题是一样的,各国政府职能转型的要求是一致的。作为现代中国象征的中华民国,随着现代化的全面开启,尤其是维护国家主权和民族独立的实际需要,重构国家和中央权威比以往任何时候都显得更为迫切。如何破解国家治理现代化的困局,对于南京新政权而言,无疑是一个必须加以妥善解决的问题。

面对苏维埃革命的兴起,20 世纪 30 年代初南京国民政府在地方行政制度上所采取的系列制度创设和改革举措,无疑"表现出一种偏离孙逸仙的地方自治概念,并向着更有力的官府控制体制发展的总趋向",③实际上奠定了此后中国地方行政制度变革的基调,在相当程度上改变了清末以来的地方自治趋势,使得民国后期的地方自治空有虚名:纵的方面,使得国家

---

① [美]尼古拉斯·施普尔伯:《国家职能的变迁:在工业化经济体和过渡性经济体中的私有化和福利改革》,杨俊峰等译,辽宁教育出版社 2004 年版,第 221、254 页。

② [美]吉尔伯特·罗兹曼主编:《中国的现代化》,国家社会科学基金"比较现代化"课题组译,凤凰出版传媒股份有限公司、江苏人民出版社 2010 年版,第 443、449 页。

③ [美]费正清、费维恺编:《剑桥中华民国史(1912—1949)》下卷,刘敬坤等译,中国社会科学出版社 1994 年版,第 393 页。

权力深入乡村基层,加强了国家对乡村的渗透;[①]横的方面,强化了各级地方政府的权力,加强了国家对社会的控制。换言之,南京国民政府对苏维埃革命的政治制度应对,改变了清末新政以来国家(中央)集权与地方分权齐头并进的趋势,最终以国家(中央)集权胜出而告终。当然,这种国家(中央)集权趋向在便于快速推进现代化、维护国家主权和实现民族独立的同时,也存在着破坏地方和社会主动性及灵活性的可能性。就国家治理的现代化而言,如何找到两者之间的动态平衡点,保持有效的张力,不仅是值得学界继续讨论的话题,也是现代政府面临的改革新课题和难题[②]。

　　以上事实也从侧面反映,苏维埃革命,只不过是在近代"救亡图存"背景下,在政治现代化的关键关头,不经意间充当了历史不自觉的推手,"巧妙地"透过国民党和南京国民政府,从另一个层面形塑了近现代中国历史的走向。以上事实同样揭示,政治制度只是关于国家权力分配、组织、运行等的规范,有些政治制度是中国现代化尤其是政治现代化背景下的产物,具有稳定性和长期性的历史功用,尤其是地方行政制度,并非和阶级意识、政党性质等全然关联,也并非像政治宣传那样泾渭分明、非敌即友,完全可以为不同的阶级、政党所改造利用并发挥作用。

---

　　① 黄伟英的研究表明,在革命尘埃落定之后的"地归原主"中,国家权力的主导随处可见,对乡村社会的控制力显著加强。参见黄伟英《"地归原主"中的国家与乡村——土地革命后赣南社会状况分析》,《近代史研究》2013 年第 4 期。

　　② 尼古拉斯指出,"关于国家的作用没有什么单一的、完全可预见的变革模式,这不仅在高度发达国家而且在俄罗斯及原共产主义国家都是如此。……我相信人们会继续对国家作用的重新界定进行努力和尝试"。尽管尼古拉斯的观点主要是就国家的经济职能变迁而言的,但在政治领域,同样如此,中国也不例外。2005 年,从河北省推进行政权力公开透明运行改革、给权力划定边界试点开始,各地政府相继晒出本地本部门的"权力清单",中央政府同样如此。新世纪中国政府的"权力清单"公示,正是政府在国家与市场、社会方面进行行政权力边界界定的积极探索。分别参见尼古拉斯·施普尔伯:《国家职能的变迁:在工业化经济体和过渡性经济体中的私有化和福利改革》,杨俊峰等译,辽宁教育出版社 2004 年版,第 223 页;《河北行政权力公开透明运行改革引起各界关注》《人民日报》(海外版)2006 年 1 月 16 日,第 5 版;瞿芃:《权力清单:改革新起点》,《中国纪检监察报》2014 年 2 月 28 日,第 4 版;张双:《权力清单:划定政府职责边界》,《经济日报》2014 年 9 月 21 日,第 1 版。

第五章 抗日烽火中的陕北公学

第一节 革命熔炉：陕北公学的干部教育

全民族抗战爆发前后，为适应新的革命形势发展需要，中国共产党亟须大量知识青年充实革命队伍。因为"政治路线确定之后，干部就是决定因素"，"因此，坚持而有计划地培养大批的新干部"，是党的紧迫任务之一。① 西安事变和平解决以后，大批知识青年风尘仆仆地奔赴中国革命和抗日圣地延安，这正好契合了中共革命的需要。如何在短时期内将这些知识青年造就成抗日救国的革命先锋，是中国共产党亟待破解的。当时的延安，除中央党校和红军大学主要负责轮训党的已有干部外，还没有培养新干部的革命学校。虽然中共中央将红军大学改名为中国人民抗日军政大学，增设第四大队专门训练来自全国各地的知识青年，但是兼训的抗日军政大学显然无法独立承担时代的重任。全民族抗战的爆发，对中国共产党提出了更多更快培养抗日救国先锋的要求。在这种形势下，1937 年 7 月底，中共中央决定，"在积极扩大抗大的同时，创办陕北公学"②。

陕北公学是中共中央抵达陕北后新创办的第一所革命大学。学界对其进行的探讨，已有的少量成果，或集中于中共领导人与陕北公学的讨

---

① 毛泽东：《论新阶段（抗日民族战争与抗日民族统一战线发展的新阶段——一九三八年十月十二日至十四日在中共扩大的六中全会的报告）》，中央档案馆编：《中共中央文件选集 第十一册（一九三六—一九三八）》，中共中央党校出版社 1991 年版，第 648 页。

② 李维汉：《回忆与研究》，中共党史资料出版社 1985 年版，第 395 页；成仿吾：《战火中的大学——从陕北公学到人民大学的回顾》，人民教育出版社 1982 年版，第 17 页。

论①，或以某籍贯的学生群体为考察对象②，或从民族高等教育的角度进行考察③。对于陕北公学的干部教育，多是梳理简要史实，将其纳入延安时期中共干部教育的宏观视野中加以考察④。至于陕北公学如何培养革命干部，培养什么样的革命干部，这些革命干部对中共革命与建设事业有着怎样的影响和作用，则缺乏系统而深入的个案研究。本节即以陕北公学为个案，对此做一详细探讨。

一、陕北公学的干部教育方针

党的教育方针和教育政策，从来都是一定历史条件下的产物，是同当时斗争环境或建设环境紧密结合的，干部教育尤其如此。长征结束到达陕北时，剩下的红军和干部总共才三万余人，难以适应抗日救亡新形势发展的需要。能否在短期内培养出大批干部充实革命队伍，是一个关系中共革命事业能否持续的关键问题。更重要的是，西安事变的和平解决与日本的全面侵华，使得国内政治局面发生了重大变化。这一重大变化要求中共迅速适应新的形势，尽快实现从土地革命战争向民族革命战争的转变。为此，早在瓦窑堡会议上，中共中央就及时批评了党内长期存在的"左"倾关门主义错误，提出了建立抗日民族统一战线的理论和策略，初步解决了党的政治路线和策略问题。在此基础上，1937 年 4 月，中共中央提出党的六条基本任务，其核心是"坚持抗日统一战线的政策，坚持抗日的救国的方针"，同时"坚持共产党的独立性"⑤。5 月，毛泽东在于延安召开的中国共产党全国代表会议上指出，中国共产党在抗日时期的中心任务是"对于全国人民的政治领导"，"抗日救国的总参谋部的职务，共产党是责无旁贷和义

---

　　① 李国强：《邵式平与陕北公学》，《江西教育科研》1992 年第 1 期；王仕琪：《毛泽东与陕北公学》，《档案天地》2010 年第 11 期；王梨花：《成仿吾与延安时期党的干部教育——以陕北公学和华北联大为中心的考察》，硕士学位论文，湘潭大学中共党史专业，2013 年。

　　② 谢振声：《陕北公学的甬籍学生》，《中共宁波市委党校学报》2008 年第 2 期。

　　③ 陆继锋等：《陕北公学与中国共产党早期民族高等教育探索》，《民族教育研究》2012 年第 4 期。

　　④ 赵耀宏：《延安时期干部教育的基本特征及其启示》，《党的文献》2005 年第 6 期；惠海涛：《延安时期的干部教育》，硕士学位论文，延安大学中国近代史专业，2008 年；张腾霄主编：《中国共产党的干部教育（抗日战争时期）》，中国人民大学出版社 1988 年版；曾鹿平主编：《延安大学史》人民出版社 2008 年版。

　　⑤ 《国民党三中全会后我们的任务——中央宣传部宣传大纲》，中央档案馆编：《中共中央文件选集 第十一册（一九三六——一九三八）》，中共中央党校出版社 1991 年版，第 174 页。

不容辞的"①。这表明，中共中央在主力红军到达陕北以后，已将中共革命事业的重心从以前的阶级斗争转到抗日救国上来了，从以前的夺权斗争转到民族解放大业上来了。可以说，抗战时期，坚持抗日救国和对全国人民的政治领导就是中共最大的时代重任。

政治路线确定之后，干部就是决定因素。在国共斗争走向相对和平、抗日救亡成为时代主流这一新的革命形势下，造就大批坚持抗日民族统一战线政策、保持党的独立性的抗日救国先锋式的干部，无疑显得尤为重要且迫切。中共中央对此有着大量的决议、政策或指示。在瓦窑堡会议中，党的决议指出："必须大数量的培养干部。党要有成千成万的新干部，一批又一批的送到各方面的战线上去。"②1937 年 4 月，中共中央提出的 6 条党的基本任务中，有两条是关于党的干部的，一是"建立全国范围内的工作，培养每个地区的坚强的、独立的干部"，二是"重新教育干部使他们了解新策略和新的工作方式"，其工作中心"都是要环绕在抗日的问题上"。③ 5 月，毛泽东指出，"指导伟大的革命，要有伟大的党，要有许多最好的干部"，"我们的党组织要向全国发展，要自觉地造就成万数的干部，要有几百个最好的群众领袖。这些干部和领袖懂得马克思列宁主义，有政治远见，有工作能力，富于牺牲精神，能独立解决问题，在困难中不动摇，忠心耿耿地为民族、为阶级、为党而工作"。④ 8 月，中共中央在洛川会议上通过了《中国共产党抗日救国十大纲领》，其中抗日的教育政策规定，"改变教育的旧制度旧课程，实行以抗日救国为目标的新制度新课程"⑤。这些决议、政策和指示的中心含义，一是迫切需要培养大量的新干部，二是新干部的培养和工作必须围绕着抗日救国而展开，三是党的伟业和抗日救国干部的培养是高度统一的。

1937 年 8 月，陕北公学的创办，就是为了具体落实上述党的干部教育

① 《中国共产党在抗日时期的任务》，《毛泽东选集》第 1 卷，人民出版社 1991 年版，第 263、262 页。

② 《中央关于目前政治形势与党的任务决议（一九三五年十二月二十五日中央政治局通过，瓦窑堡会议）》，中国人民大学中共党史系资料室：《中共党史教学参考资料·第二次国内革命战争时期》（下），1980 年版，第 172 页。

③ 《国民党三中全会后我们的任务——中央宣传部宣传大纲》，中央档案馆编：《中共中央文件选集 第十一册（一九三六—一九三八）》，中共中央党校出版社 1991 年版，第 174 页。

④ 《为争取千百万群众进入抗日民族统一战线而斗争》，《毛泽东选集》第 1 卷，人民出版社 1991 年版，第 277 页。

⑤ 《中国共产党抗日救国十大纲领——为动员一切力量争取抗战胜利而斗争》，中央档案馆编：《中共中央文件选集 第十一册（一九三六—一九三八）》，中共中央党校出版社 1991 年版，第 330 页。

政策,贯彻实施培养抗日救国先锋这一党的干部教育方针。陕北公学是中共中央抵达陕北后新创办的第一所革命大学。在其创办之初的开学典礼中,中共大批党政军领导前往祝贺,或给予指示,寄予了殷切希望。毛泽东希望陕北公学要"造就大批的民族革命干部,他们是有革命理论的,他们是富于牺牲精神的,他们是革命的先锋队"①,并为陕北公学的成立与开学题词纪念。陕甘宁边区政府副主席张国焘给予了言简意赅的指示,他说:"打日本救中国是全国人民最紧迫的最神圣的任务。陕北公学的成立,为的是要完成这一任务。"②中央组织部副部长李富春指出,创办陕公"目的是为着培养具有高度民族觉悟与必要的革命知识的民族革命的青年先锋战士!"③中央宣传部代部长凯丰明示,陕北公学"是抗战的教育,教育上的抗战","应以抗战教育的模范……展开崭新的国防教育,为抗战胜利而服务","把中华民族解放的伟大事业,担在自己的肩上"。④　中央宣传部副部长吴黎平(即吴亮平)勉励:应"以新原则、新精神、新方法,教育中国新青年来为创造中华民族的新生而坚决奋斗,使陕北公学能够成为全国真正的新的救亡教育的模范"⑤。陕甘宁边区教育厅厅长陈正人指出,陕北公学的设立,"是为着适应抗战需要培养领导抗战的人材",因而同学们应"以战时的飞机的速度,锻炼成为坚强的能领导组织广大人民抗战的干部,成为在今天实现全面全民族抗战中一支最有力的先锋队","向着争取抗日的模范的国防教育□个目标前进"⑥。八路军后方留守处主任萧劲光指出,陕北公学的时代重任是"制造大批的为民族解放而奋斗的先进战士之烘炉,他应准备千万的富于牺牲精神的抗日战士,散布到全国的各地,担负着组织群众和领导群众来大规模地参加抗日战争的使命"⑦。

不难看出,对于陕北公学的创办,中共中央是非常重视的。高层领导

①　毛泽东:《目前的时局(在陕北公学开学典礼的演讲词)》,陕北公学编辑:《陕北公学》,新华书局 1937 年版,第 3 页。

②　张国焘:《陕北公学开校纪念祝辞》,陕北公学编辑:《陕北公学》,新华书局 1937 年版,第 4 页。

③　李富春:《对陕北公学同学们的希望》,陕北公学编辑:《陕北公学》,新华书局 1937 年版,第 5 页。

④　凯丰:《抗战与教育——陕北公学的诞生》,陕北公学编辑:《陕北公学》,新华书局 1937 年版,第 8 页。

⑤　吴黎平:《陕北公学与救亡教育》,陕北公学编辑:《陕北公学》,新华书局 1937 年版,第 10 页。

⑥　陈正人:《献给陕北公学全体同学》,陕北公学编辑:《陕北公学》,新华书局 1937 年版,第 12 页。

⑦　萧劲光:《庆祝陕北公学成立》,陕北公学编辑:《陕北公学》,新华书局 1937 年版,第 16 页。

们的讲话或指示，既指明了陕北公学的办学思想和教育方针，也突出反映了中共中央急于培养新干部的迫切心情。为进一步落实中央精神，陕北公学制定了五条具体的教育方针①，其中心任务就是"培养抗日救国的革命干部"②。

二、政治思想造就：革命干部理论素养的提升和锤炼

那么，如何培养抗日救国的革命先锋呢？

毛泽东在陕北公学成立与开学纪念时，用题词的方式为"抗日救国的革命先锋"画了一个像："这些人是革命的先锋队。这些人具有政治的远见。这些人充满着斗争精神与牺牲精神。这些人是胸怀坦白的、忠诚的、积极的，与正直的。这些人不谋私利，唯一的为着民族与社会的解放。这些人不怕困难，在困难面前总是坚定的，勇敢向前的。这些人不是狂妄分子，也不是风头主义者，而是脚踏实地富于实际精神的人们。中国要有一大群这样的先锋分子，中国革命的任务就能够顺利的解决。"③在毛泽东看来，抗日救国的革命先锋必须具备上述种种的特点和优点，其中最重要的特点和优点就是"具有政治远见"。只有具有政治远见的人，才有可能具备其他各项特点和优点，完成党的嘱托和重任。而如何才能具有政治远见呢？这离不开党的政治思想教育传统，即"要使我们的干部在思想上武装起来，学习马列主义，掌握马列主义的武器"④。秉承党的意志办学的陕北公学校长成仿吾对此至为清楚，他后来回忆说："陕北公学是以革命的政治教育为主"，"教育计划的安排原则是七分政治、三分军事"⑤。

显然，培养抗日救国的革命先锋，最重要的就是对学员进行政治思想

---

① 这五条教育方针的内容是：1.使得学员获得革命的宇宙观、社会观与人生观，获得社会发展规律的知识与民族解放、社会解放的知识；2.使学员获得当前革命运动发展规律的知识，获得坚定正确的政治方向；3.使学员获得抗日民族战争的知识，首先是游击战的知识；4.培养学员成为抗日战争中的民众运动工作者和文化教育工作者；5.培养学员敢于斗争和艰苦奋斗的精神，培养革命的实际主义与民主作风。李维汉：《回忆与研究》（上），中央党史资料出版社1986年版，第400页。

② 成仿吾：《战火中的大学——从陕北公学到人民大学的回顾》，人民教育出版社1982年版，第26页；《陕北公学实施国防教育的经验与教训》，李国强选编：《邵式平教育文选》，江西教育出版社1989年版，第2页。

③ 毛泽东：《为陕北公学成立与开学纪念》，陕北公学编辑：《陕北公学》，第1页。

④ 洛甫：《关于抗日民族统一战线的与党的组织问题》，中央档案馆编：《中共中央文件选集第十一册（一九三六——一九三八）》，中共中央党校出版社1991年版，第708页。

⑤ 成仿吾：《战火中的大学——从陕北公学到人民大学的回顾》，人民教育出版社1982年版，第27页。

教育,进行马列主义基本原理教育,使之成为为党的政治路线服务的革命干部。为此,在教学内容和课程设置上,陕北公学采取了一系列举措保证政治教育课程的绝对比重。

首先,开设的课程以政治教育为主。普通班(即学员队,一般学习三到四个月,有时会根据实际需要缩短学制)开设了四门主干课程,其中"政治常识"(又称"社会科学概论")和"抗日民族统一战线"是纯粹的政治理论课程,另两门"游击战争"和"民众运动"是理论和实践相结合的课程。"政治常识"主要讲授社会发展史、政治经济学、辩证唯物主义与历史唯物主义等方面的基本知识,使学生初步懂得关于社会发展的规律,懂得马克思主义的阶级斗争学说,认识到中国革命不仅有当前打倒日本帝国主义、求得民族解放的问题,而且还要谋求社会解放、阶级解放。"抗日民族统一战线"主要讲授抗日民族统一战线的基本理论,统一战线的产生、形成和意义,以及在实践中如何坚持独立自主、又斗争又团结,正确处理民族斗争与阶级斗争的关系等[1]。高级班(即高级队,学习期限一年,主要是培养师资)的课程不仅门数多,而且内容深得多,主要有中国革命运动史、马列主义、辩证唯物主义和政治经济学、世界革命运动史、科学社会主义、三民主义研究、世界政治、中国问题讲座和战区政治工作等。此外,不论是高级班还是普通班,都还有不列入课程表的课程存在,如时事教育、敌后抗日斗争、敌人法庭、监狱中的斗争,都经常地、大量地和理论教育结合在一起,成为一门主课[2]。普通班的课程侧重于马列主义"启蒙性"教育,使学员能够掌握并运用这些革命的基本理论独立解决问题。高级班的课程侧重于革命理论的深层次讲解,旨在提高学员的理论素养,进而能够胜任马列主义课程的教学任务。

其次,学校非常注重引导学员对马列原著的研读。学校给每个普通班发了12本延安解放出版社出版的《列宁选集》,还发了几部《马恩选集》和《斯大林选集》,要求学员在教员的指导下选读若干篇章,学习原汁原味的马列主义。高级班则直接开设原著课程,讲授《共产党宣言》《社会主义从空想到科学的发展》《马克思主义的三个来源和三个组成部分》,甚至还要学习《资本论》。希望学员通过对马列原著的研读,"能完整准确地学习和掌握马克思列宁主义的思想体系",同时学校要求并强调学员应"学习运用

①　李维汉:《回忆与研究》(上),中央党史资料出版社1986年版,第401页。

②　马毅、赵志萱:《忆陕北公学女生队》,中国人民大学校史编写组、高等教育研究室编:《血与火的洗礼——从陕北公学到华北大学回忆录》第1卷,1997年印,第121页。

马克思列宁主义的立场、观点、方法去解决实际问题"。①

再次,经常邀请中央领导来校做时事报告,以提高学员马克思主义中国化的水平。据成仿吾和陕公副校长、党组书记李维汉回忆,许多中央领导受邀来校做过报告。如毛泽东讲过国共合作问题、张国焘叛逃问题、抗战的基本规律和党的基本战略持久战问题、中国宪政运动、青年运动的方向等;周恩来讲过大后方的形势和平江惨案情况;朱德讲过敌后战场的开辟和发展、根据地经济;董必武讲过正统观和六法全书的批判;张闻天讲过新民主主义文化和青年修养;陈云、李富春讲过关于党的性质、组织原则的报告;此外,任弼时、王若飞等也到陕北公学做过演讲②。这些报告和演讲大都讲的是时事问题,是中国的现实问题,处处闪现着中央领导运用马列主义基本原理解决中国现实问题的理念和智慧,实为一堂堂生动的马克思主义中国化课程。这不仅开阔了学员的视野,使他们及时了解到国内外政局和党内外形势的变化,而且能够帮助学员清醒地把握阶级斗争和民族斗争的脉搏,提高了他们对马克思主义中国化的理论认识水平。

再其次,无论是普通班还是高级班,学校有计划地上党课,将"接受新党员及有计划地进行党内教育",作为"陕公支部最重要的工作"。③ 学校编写了一本《共产主义与共产党》的油印教材,对学员进行党的基本知识教育,开展基本的党性教育。同时贯彻实施 1938 年 3 月 15 日中央发出的《关于大量发展党员的决议》的指示,大批发展学员入党。因学员在校时间很短,一般只有几个月,因此发展工作抓得很紧。通常是学员一入校,支书和助理员就找他们谈心,积极了解情况。而学员一到陕公,也是立即找党组织谈思想、写自传。支部经过仔细研究,确定考察对象;一段时间后,就找他们谈话,进行党的教育,重点培养;不久之后,就填写志愿书,介绍、审查并批准入党。

在教学方法上,陕北公学则采取了多种灵活举措以提高政治教育的效果。如批评与自我批评,学员每星期以班组为单位开一次生活检讨会,"来更广泛地执行自我批评"④。这种方法还被广泛植入学员的日常生活中,学员对此较为认同,认为这"是以辩证法的理论、自我批判的精神,更正每个

① 张腾霄:《难忘的历程——回忆陕北公学学习生活片段》,中国人民大学校史编写组、高等教育研究室编:《血与火的洗礼——从陕北公学到华北大学回忆录》第 1 卷,1997 年印,第 57 页。

② 成仿吾:《战火中的大学——从陕北公学到人民大学的回顾》,人民教育出版社 1982 年版,第 30 页;李维汉:《回忆与研究》(上),中央党史资料出版社 1986 年版,第 399 页。

③ 李维汉:《回忆与研究》(上),中央党史资料出版社 1986 年版,第 420 页。

④ 陕公同学会编辑委员会:《陕公生活》,读书生活出版社 1939 年版,第 82 页。

人的思想"①。这种民主生活会，无疑促进了思想上的进步和政治上的团
结。如组织集体讨论会，"平均每天有一次小组讨论会（约八人或十人为一
小组）或小队（约百二十人至百五十人）的讨论会"②。讨论的主题有的是关
于当天课程的，有的是关于理论要点或时事热点的；讨论题目要提前公布，
让学员有充分的时间准备，每人都必须有发言提纲，讨论时可以自由发表
意见；如有不能解决的问题，则可以交给科代表转请教员来解答③。如实行
学习竞赛，在竞赛中，"不单要考察谁完成了计划，谁超过了计划，谁没有完
成计划；同时，还要考察谁帮助了并且怎样帮助了别人，能够完成计划超过
计划而又切实的帮助了别人的人"④。这种学习竞赛的风气普遍存在于个
人与个人、班与班、分队与分队、队与队之间，实质上形成了一种你追我赶
的、战斗式的学习氛围，以至于白天处处可见学员"三两人一群各抱着自己
所要看的书本到田野里，到大树下埋头攻读去了"，晚上则"像菩萨般盘着
爬围坐在炕上，静悄悄的让脑子像耗子般在看书本"⑤。每个队每周还会出
版一次《学习周报》，内容包括学习评论、学习收获、学习方法介绍、讨论会
总结、参考书指导、问题质疑与解答等⑥，帮助学员化解学习中的各种困难
问题，提升理论水准。总之，多种灵活的举措，使得学员们"加深对党的路
线、方针的理解，学会必须的理论、政策和党的基本知识"⑦，连个别混入学
生当中的国民党特务，"经过一段学习教育，思想觉悟提高了，就主动向我
们交代了自己的问题，揭发国民党的罪行，决心跟共产党走"⑧。

---

① 某队的救亡室壁报上就曾出现这样一则批评："×××诸位同学：你说过不惯这里的生活
要退学，换地休养，我请你不必作这个念头，天津北平上海已非我们所有，杭州莫干山，也非安全之
地，在全民族抗战形势下，你们勿想得到一个舒服生活着的地方，只有大家参加抗战，以斗争为生
活，才能生存，公子小姐的生活习惯，绝对过不来斗争的生活，睡懒觉，吃面包，坐摩托，游公园比不
了早起，吃小米包麦，跑步自习，我希望你们还是收回成见，继续学习，以免自己的生存发生问题。"
徐行：《一个抗战的学校》，田嘉谷编著：《抗战教育在陕北》，明日出版社1938年版，第27—28页。
② 谢克著：《延安十年》，上海青年出版社1946年版，第76页。
③ 陕公同学会编辑委员会：《陕公生活》，读书出版社1939年版，第56页；李去非：《陕公学生
生活素描（特写）》，《时事类编》第12期，1938年4月1日；小川：《陕北公学的轮廓画》，《民锋半月
刊》第5期，1940年3月20日。
④ 罗迈：《陕北公学分校的成就——缘自"陕公"周年纪念大会上的演词》，《解放》第54期，
1938年10月15日。
⑤ 小川：《陕北公学的轮廓画》，《民锋半月刊》第5期，1940年3月20日。
⑥ 李维汉：《回忆与研究》（上），中央党史资料出版社1986年版，第405页。
⑦ 孙德山编著：《回忆延安时期的学习与生活》，1991年印，第13页。
⑧ 李凡夫：《从陕北公学到华北联大的回忆》，中国人民大学校史编写组、高等教育研究室编：
《血与火的洗礼——从陕北公学到华北大学回忆录》第1卷，第32页。

　　此外，学校领导层的加强和高素质的师资，也是造就政治干部的重要保障。陕北公学直属中央宣传部和组织部领导，成立之初，中央就任命成仿吾（陕公校长，原中华苏维埃共和国中央政府教育委员、中央党校教务长）、邵式平（陕公教务长，原赣东北根据地创始人）、周纯全（陕公生活指导委员会主任，原鄂豫皖苏区保卫局局长、红四军政治部副主任）、袁福清（陕公总务处长，原中华苏维埃共和国中央政府办公厅主任）、鲍建章（陕公总务副处长，原红军师级参谋、长征干部）等一批老干部组成学校的领导机构。后来，又调李维汉（陕公副校长兼党组书记，原中央政治局常委、中央组织部部长）、金维映（陕公生活指导委员会副主任，原中华苏维埃共和国中央执行委员）等加强学校的政治领导。

　　学校师资队伍日益齐整，政治理论水平高，可谓群贤毕至。最初，中央指名从国统区抽调了艾思奇、何干之等知名学者到陕公任教。不久，他们便和周扬、李初梨等一起，从上海辗转到延安。随后，徐冰、李培之、李凡夫、杨松、何定华、陈维实、吕骥等一批知名文化人也先后进入陕公任教。这批知名学者大多都是精通马克思主义学说的左翼知识分子，平素就以马克思主义为指导思想进行学术研究或创作。如艾思奇，1936 年就出版了以通俗的语言和浅近的事例来阐述辩证唯物主义理论的《哲学讲话》（后改名《大众哲学》）；如何干之，是 20 世纪 30 年代中国社会性质和社会史问题论战的干将。后来，学校培养了一些工作人员作为年轻的教员，如孙力余、刘春、季凯、温济泽、李维一等。此外，学校还聘请或约请了一些教员，如张如兴、宋侃夫、贾克、陈昌浩、陈伯达、王观澜、李舜初、任引戈、王思华等，当然也包括前述的毛泽东等中央领导人，他们都先后在陕公讲过课。正因为拥有如此强大的师资力量，陕北公学在课程全新、内容全新，并且没有现成教材的情况下，仍能"完全由教员总结自己在过去革命时期的工作经验和理论研究成果，根据党的文件和政策，结合抗日战争中的新鲜经验进行备课和组织教材"，如艾思奇、何干之、李凡夫等十多位教师集体编写了《社会科学概论》而成，成仿吾和徐冰合译了《共产党宣言》等；不仅帮助学员们"提高了理论水平、政策水平，树立起革命的人生观，而且学会了做抗日工作的本领"[①]。

---

① 成仿吾：《战火中的大学——从陕北公学到人民大学的回顾》，人民教育出版社 1982 年版，第 29 页。

三、实践造就:革命干部实干本领的养成

如果说政治思想教育是造就抗日救国革命先锋的火车头,那么在实践中培养干部的实干本领则是造就抗日救国革命先锋的车厢队列。政治思想教育是纲,实干本领养成是目,两者缺一不可,应相辅相成。革命的理论和革命的行动必须相互配合,才能发挥最大效用。

那么,如何在短时间内造就学员们的实干本领呢?陕北公学的主要做法是:

第一,教授学员动员民众和开展行政工作的理论,锻炼学员动员民众和开展行政工作的能力。陕北公学的重点是办好普通班,即培养前线与后方急需的抗战民运干部。普通班的四门课程中,因而开设有"民众运动"的课程,主要传授学员民众运动的能力和基本的行政能力。这是一门旧学校所没有的内容全新的课程,也是一门实践性非常强的课程,主要由邵式平等富有领导群众运动和政权工作经验的老革命干部主讲,有时也请一些在职干部(如关中分区专员、县长等)来校做抗日政权工作报告。课程包括两方面内容,一方面是讲民众运动的理论和经验,教育学员了解民众运动在中国革命和抗日战争中的意义和作用,以及如何动员、组织、训练、领导广大群众参加抗日战争,掌握党在民众运动中对各阶层的政策,等等。另一方面是讲如何建立敌后抗日根据地政权的理论和政策,教育学员了解根据地实行民主制度和政权建设的重要性,以及如何领导和帮助根据地群众建立抗日民主政权,等等[1]。

除了理论讲授以外,陕北公学还经常组织学员走出校门、走向社会,参加边区政府行政、民众动员和抗日救亡等各种实际工作,让学员接受实践工作的锻炼。例如学校规定每周三为救亡日,学员应有计划地开展各种救亡活动,应走出学校到地方政府和民众组织中去做政权工作、统一战线工作和群众工作。事实上,学员对抗日救亡工作非常积极,他们经常"走出课堂,到街头,到乡村,到群众家里进行宣传工作"[2]。他们在活动中并非扮演机械的、被动的角色,而是能动的主角。他们发现课堂讲授的工作大纲中教授的办法(先是贴标语、漫画和壁报,跟着是唱一个救亡的歌曲,以招引

---

① 成仿吾:《战火中的大学——从陕北公学到人民大学的回顾》,人民教育出版社1982年版,第32—33页。

② 《学生日》,《新中华报》第444期,1938年7月5日。

群众的注意，然后向群众演讲）并不能引起群众多大的兴趣，就灵活采用了另外一种宣传方式，即"分别用谈话的方式跟群众接近，用发问的方式向群众解释反侵略的意义"，结果效果良好①。陕北公学学生会的动员能力非常强，1938 年底，在一次响应边区政府和抗敌后援会募捐慰劳八路军的号召中，几天之内，学员们就为八路军捐献了价值超过五千大洋的物品②。再如，后期陕北公学（1939 年 12 月至 1941 年 8 月）多次组织学员参加了边区的各级政府选举、参议会选举、办冬学扫盲、下乡搞社会调查、演出宣传，以及参加镇压汉奸、反革命分子的公审宣判大会等。又如，陕公分校（1938 年 5 月至 1939 年 1 月）驻地枸邑与国统区只隔一条山沟，双方互有来往。为了贯彻抗日民族统一战线，分校派出第二区队长朱改带领数名学员和隔壁的国民党当局交涉，订立了互不打扰、互通物资、团结抗日的协定；之后，朱改向全体师生做了报告。此外，陕北公学在延安时，组织了陕北公学剧团和陕北公学合唱团，后期组织了文工团，经常在各种场合参演节目，进行各种抗日宣传和动员；1938 年 8 月，又成立了有 30 多个成员的陕北公学流动剧团，他们多次下乡巡回演出，甚至到邻近的国统区开展抗战宣传③。这些都是陕公学员在实践中锻炼革命实干本领的生动写照。

第二，传授学员基本的军事知识，并将其训练成"招之能战"的战士。传授学员军事知识并对其进行军事化训练的目的，就是"准备在任何时候，任何情况之下，学校都能够应付。如果说真的枪响起来了，那么我们就可以及时地都变为学生军，与敌进行战斗，至少绝不至于惊惶失措，因而星散"④。

普通班四门课程中的另一门课程是"游击战争和军事常识"，由政治部正副主任、身经百战的老红军周纯全、张然和主讲。课程中心内容除了一些基本的军事常识如站岗放哨、观察敌情、兵器性能与作用、射击与投弹，如何急行军、躲避子弹、辨别方向、隐蔽等外，还包括步兵班、排、连的进攻与防御战斗，以及与游击战争相关的特种战斗（如夜间战斗、村落战斗、行

① 陕公同学会编辑委员会：《陕公生活》，读书出版社 1939 年版，第 84 页。
② 《响应朱总司令号召，陕公分校募捐五千元》，《新中华报》第 470 期，1938 年 12 月 5 日。
③ 成仿吾：《战火中的大学——从陕北公学到人民大学的回顾》，人民教育出版社 1982 年版，第 32、34—35、57—62 页；李维汉：《回忆与研究》（上），中央党史资料出版社 1986 年版，第 409、418 页。
④ 《陕北公学实施国防教育的经验与教训》，李国强选编：《邵式平教育文选》，江西教育出版社 1989 年版，第 11 页。

军宿营、遭遇袭击、伏击、近战和运动战术等)①。总之,既讲十年内战时期的游击战争经验,也重点讲解敌后战场的游击战经验,尤其是将朱德、刘少奇、彭雪枫、王若飞等撰文总结的抗战以来的敌后游击战争经验,及时组织到课堂教学中去。

为了提高学员的军事素质,使之能适应军事生活,陕北公学采取军事编制,学员生活完全军事化、行动战斗化。八至十人为一班,三至四个班为一个分队(相当于排),三至四个分队为一个学员队(相当于连),三至四个学员队为一个区队。区队配备军事副区队长,分队配备军事干部。在这种军事编制之下,学员的生活和行动实现了军事化、战斗化。每天早晨五点吹号起床,一起出操,晚上统一吹号就寝;白天一起学习,一起劳动,一起参加其他各种工作。军事演习如同家常便饭,通常结合军事课程开展,如紧急集合、夜间行军、防空演习、模拟作战等。除了小规模的课后演练外,还经常组织大规模的军事演习,以提高学员的实战技能。此外,因为陕甘宁边区不时受到日机空袭与国民党方面的骚扰,学员也经常组织起来,配合当地军民做好戒备工作,每晚持枪站岗放哨,派出流动哨武装巡逻②。

第三,培养学员自力更生、艰苦奋斗的能力,使其能够克服生活和工作中的各种困难。学员除学习以外,还必须参加各种生产劳动,如挖窑洞、建操场、修公路、挖厕所、清洁、印刷、搬运、开荒种菜、打柴等,这是学校教育计划的一个重要部分。这样做的目的,既是为了洗刷城市知识分子气息,培养其劳动人民的思想感情,更是学员毕业后到敌后与农民打成一片的需要。加上学校初创,经费很少,条件简陋,需要学员们自己创校建家,解决实际困难。

挖窑洞以解决栖身之所是新学员入校的第一课。新学员报到后,每人发一把镢头,在清凉山上挖窑洞;七八个人一组,一个星期挖一孔,挖完了全组就搬进去住。盖大礼堂是师生齐心协力完成的一个大工程,礼堂于1938年底建成,人们称为"中央大礼堂",中华人民共和国成立后仍得以长期使用。最大最重要的生产劳动则是垦荒生产。1939年春,为了克服国民党顽固派经济封锁带来的经济困难,刚刚从延安总校迁到关中与分校合并的全体师生,远赴陕甘边界的何家山开荒种地。为了完成任务,学员们几

---

① 胡华:《发扬人民大学的光荣革命传统》,李挽伦:《陕北公学的军事教育》,中国人民大学校史编写组、高等教育研究室编:《血与火的洗礼——从陕北公学到华北大学回忆录》第1卷,第69、97页。

② 成仿吾:《战火中的大学——从陕北公学到人民大学的回顾》,人民教育出版社1982年版,第37—39页;李维汉:《回忆与研究》(上),中央党史资料出版社1986年版,第408页。

乎"所有课外活动时间都用在捡粪抬土,开荒和除草上面去"[1],即使是女学员,"对于手上的血泡、脚下的污泥、汗水浸透的衣衫全不在意"[2];在 20 多天的时间里,开荒 2100 亩,种粮 1000 多亩,种菜 400 多亩;并在那里建立了"陕公新村",师生轮流劳动、学习和做群众工作。这种高强度的劳动对于来自国统区的知识青年来说,绝非一件易事。当时已有一定劳动经历的陕公分校大学部第 6 队学员葛叔华后来回忆,他就是在何家山的开荒劳动中,被无产阶级的集体主义精神所感染,开始树立为集体服务的思想的[3]。成仿吾后来回忆时也不无自豪地说,许多学员参加建校劳动和农业生产劳动,不仅学会了如何劳动,而且改掉了学生腔;后来他们在群众中工作,竟然分不出谁是陕公学生,谁是边区农民了。[4] 当然,也有少数学员"因为经不起于很短的期间中从都市到乡村,从洋房到窑洞,从鱼肉到素菜的更变,特别是一般抱着过高希望的人,和带着观光心里的富家子弟,在病倒了几次之后,灰心失望了……于是中途离校的有,偷偷开小差的也有"[5]。在某种程度上,生产劳动成为一道分水岭,真心革命的留了下来,意志力薄弱的学员被淘汰出去,这是革命学校在生产劳动上对青年知识分子的一次政治过滤。

四、陕北公学干部教育的成效与影响

成仿吾后来回忆,为了适应抗日战争和中国革命发展的需要,"陕北公学的教育计划是要在短短三四个月内,把青年培养成为有一定政治觉悟和初步军事知识,有独立进行群众工作、政治工作能力的抗战建国干部"[6]。确实,"短期轮训"是陕北公学干部教育的一个重要特点,学员最短的培训时间不过两个月左右。但是,尽管是短期轮训,如以学校本身的教育计划和目标,尤其是学员的综合素质和贡献来衡量,陕北公学的办学实践无愧于历史

---

① 小川:《陕北公学的轮廓画》,《民锋半月刊》第 5 期,1940 年 3 月 20 日。

② 马毅、赵志萱:《忆陕北公学女生队》,中国人民大学校史编写组、高等教育研究室编:《血与火的洗礼——从陕北公学到华北大学回忆录》第 1 卷,第 125 页。

③ 葛叔华:《我在陕北公学受到的集体主义教育——纪念马克思逝世一百周年》,《新乡师院学报》1983 年增刊。

④ 成仿吾:《战火中的大学——从陕北公学到人民大学的回顾》,人民教育出版社 1982 年版,第 39、40—41 页。

⑤ 小川:《陕北公学的轮廓画》,《民锋半月刊》第 5 期,1940 年 3 月 20 日。

⑥ 成仿吾:《战火中的大学——从陕北公学到人民大学的回顾》,人民教育出版社 1982 年版,第 27 页。

赋予她的重任。

据统计,在短短四年(1937年8月至1941年8月)当中,陕北公学培训了约11000名抗日救国的先锋。其中,延安的总校(1937年8月至1939年1月,1月以后,总校迁至栒邑与分校合并)培训了2000多名学员,栒邑的陕公分校培训了3000多名学员。并且,陕北公学创办近两年所培训的这6000多名抗战干部中,有3000多优秀青年加入了中国共产党[①]。这些加入中国共产党的几千名学员,是万余抗日救国先锋的优秀代表。

学校应战时而设,学员则满足战时之需。学员一毕业,立刻奔赴各条抗日救国战线,被分配到全国各地,甚至是国统区和敌占区,从事宣传群众、发动群众、组织群众、武装群众的战时工作。表5-1显示,陕公第1至第10队的1186名毕业学员,除了东北、新疆、西藏等少数边疆省份外,几乎遍布全国各省。当然,留在边区的约占总人数的51.7%,这是为了满足延安和边区的需要。但这只是前期暂时的情况,此后毕业的学员,大概80%上了抗日前线,约10%留在了边区,还有约10%到大后方去工作了。[②]

表5-1　陕北公学第1至第10队学员毕业分配去向表

单位:人

去向	人数	去向	人数	去向	人数	去向	人数	去向	人数
江苏	37	四川	14	广西	1	河南	31	陕甘宁边区	613
湖北	79	福建	2	宁夏	12	华北	54		
安徽	7	上海	16	贵州	4	绥远	9		
湖南	18	广东	14	山东	17	甘肃	6		
江西	15	浙江	30	山西	129	陕西	78		
合计	1186								

说明:据李维汉:《回忆与研究》,中共党史资料出版社1985年版,第422—423页编制而成。

[①] 另据曲士培考证,是一万三千多名。参见《陕公纪念四周年,抗战来造就万余干部》,《解放日报》1941年8月5日;李维汉:《回忆与研究》(上),中央党史资料出版社1986年版,第422、413页;成仿吾:《战火中的大学——从陕北公学到人民大学的回顾》,人民教育出版社1982年版,第42—43、29页;曲士培:《抗日战争时期解放区高等教育》,北京大学出版社1985年版,第79—80页。

[②] 《陕公纪念四周年,抗战来造就万余干部》,《解放日报》1941年8月5日;陈大伦:《双重意义的纪念会》,《新华日报》1940年11月8日。

很多毕业生是成批地前往急需新鲜血液的抗日前线，为敌后抗日根据地的广泛开辟和全民族抗战的最终胜利流汗流血。1937 年 12 月，即开学典礼后的一个月，学校培养的第一批毕业生（第 1 队和第 2 队）200 多人，就开赴华北的各个战场。[①] 1938 年冬，分校的第一批毕业生，有 1000 多人被分配到晋东南的抗日前线。[②] 其中，被分配到山西长治一带的 20 多位学员，经过第十八集团军政治部谈话后，被"派在乡间住联保，做宣传工作"[③]。学员们虽然奋战在不同战线不同岗位上，但都为民族独立与解放做出了不可磨灭的贡献，许多学员为此献出了宝贵的生命。如毛泽东妻子杨开慧的侄女、分校第 38 队学员杨展，1941 年在晋察冀反"扫荡"中英勇牺牲；38 队模范队长倪淑英和学员刘玉芬，都在反"扫荡"中英勇献身[④]；1943 年，原高级班 6 队学员姜祥征、5 队学员张明、原陕北公学剧团团长黄天等，也牺牲在晋察冀战场上[⑤]。

陕北公学不仅培养了大批抗日救国的干部，而且造就了大批夺权建国的先锋，为新民主主义革命的最后胜利和新中国建设打下了坚实的干部基础。表 5-2 仅仅是《血与火的洗礼——从陕北公学到华北大学回忆录》（第 1 卷）中标明陕公学员身份的一份学员履历统计。该表显示，从行业或部门看，学员们所工作过的有教育、宣传、农业、工业、交通、财经、新闻、能源、科研、公安、文艺、医疗卫生、外事外贸、军事等各行各业；从其经历看，他们不仅在夺取全国政权的解放战争中各尽所能，忠于职守，而且在中华人民共和国成立以后的抗美援朝、政权改造、社会主义制度和道路建设中贡献了力量，担当了重任。其中，不少学员成长为各自行业的领头羊，或成长为党和国家的高级干部。前者如中共党史学科的奠基人胡华、沈阳军区军事医学研究所所长马兴惠、著名电影导演郭维和演员石岚等。后者如江西省政协副主席胡德兰、中国人民大学党委书记张腾霄、国家计委常务副主任顾明、中国人民解放军北京卫戍区副司令员张西帆等。以管窥豹，不难看出陕北公学的

---

① 成仿吾：《战火中的大学——从陕北公学到人民大学的回顾》，人民教育出版社 1982 年版，第 26 页。

② 李维汉：《回忆与研究》（上），中央党史资料出版社 1986 年版，第 423 页。

③ 柳絮：《从陕公到八路军》，《抗战与文化》第 4 期，1941 年。

④ 中共石家庄市委党史研究室编：《中国共产党石家庄历史大辞典（1921—1949）》，国家行政学院出版社 2007 年版，第 612 页；马毅、赵志萱：《忆陕北公学女生队》，中国人民大学校史编写组、高等教育研究室编：《血与火的洗礼——从陕北公学到华北大学回忆录》第 1 卷，第 125 页。

⑤ 成仿吾：《战火中的大学——从陕北公学到人民大学的回顾》，人民教育出版社 1982 年版，第 123—125 页。

干部教育对中共革命和中华人民共和国建设事业的重大贡献。①

表 5-2　陕北公学部分学员主要履历表

姓名	所属队别	主要履历
胡华	大学部 6 队学员	华北大学区队长、中国人民大学中共党史系主任
张时杰	35 队学员	湖南省文教办主任、湖南省宣传部副部长
袁成隆	35 队队长	中共中央华东局农村工作部副部长、第二机械工业部副部长、国防工业办公室政治部副主任
胡德兰	5 队队员、37 队队长	晋察冀边区粮食局秘书主任、嫩江省粮食局局长、江西省妇联副主任、江西省第四届政协副主席
张腾霄	34 队学员	华北联大教员,华北大学二部教育科副科长,中国人民大学党委书记、副校长
马兴惠	社会科学部学员	沈阳军区军事医学研究所所长
顾稀	42 队学员、大学部 5 队学员	华北联大教育学院党总支书记、上海铁道学院党委书记
顾明		延安八路军部政治部组织部干事、榆树县县长、国家建委副主任、国家计委常务副主任、国务院副秘书长
陈庆泉	8 队和 15 队党支部书记	延安中央财政经济部秘书,淮南市市长,安徽省总工会主席和党组书记、省机械厅厅长、省基建委党委副书记兼副主任
齐语	1 队党支部书记	中共北方局宣传干事、驻冀鲁豫刘邓前线记者团团长兼总编辑、新华社铁道部分社社长、人民铁道出版社社长
季凯	分校第 1 区队副区队长	华北电管局副局长、国家能源委员会办公厅主任

---

① 谢振声以宁波籍的陕公学生为研究对象,对这些学生毕业后,为新中国的诞生浴血奋战,以及在社会主义建设时期为祖国的繁荣富强建功立业做了较好的描述。谢振声:《陕北公学的甬籍学生》,《中共宁波市委党校学报》2008 年第 2 期。

续　表

姓名	所属队别	主要履历
马毅	5 队和 14 队学员	北京对外贸易大学离休干部
赵志萱	第 3 区队副区队长	合江省妇女联合会主任、哈尔滨三大动力（电机厂、汽轮机厂、锅炉厂）厂长、中国科学院电工研究所所长兼党委书记、国务院技术经济中心顾问
陈怡	9 队学员、38 队队长	黑龙江省公安厅党组副书记
曹云屏	25 队学员	广州市计委主任、市政府秘书长、市顾委副主任
郭维	34 队学员	华北联大文工团戏剧组组长、河北省文工团团长兼导演、北京电影制片厂导演、中国电影协会党组书记和常务副主席
石岚	流动剧团团员	中央新闻纪录电影制片厂演员
胡海珠	流动剧团团员	华北联大文工团团员、《人民文学》编辑部主任、北京电影制片厂编导室主任
王丹一	5 队学员	中央党校离休干部
潘清平	42 队指导员	华北联大军训处情报参谋
张西帆	17 队队长	华北联大学军事科长、晋察冀军区兵站部部长、中国人民志愿军第 20 兵团第 67 军参谋长、中国人民解放军北京卫戍区副司令员
韩雪	分校学员	华北联大干部、北京市二轻局离休干部
何少梅	高级班 5 队学员	华北联大妇女工作委员会干事、中共中央调查部离休干部
张藻南		华北联大教员、北京积水潭医院党委书记
金岚	31 队指导员	华北联大卫生处协理员、兵团后方办事处干部处副处长、中国无线电器材总公司局长兼党委副书记
金崇一	37 队指导员	华北联大校部干部、海关总署离休干部
戈华	28 队队员、大学部 5 队副主任	华北联大社会科学部第 1 队队长、北京大学党委副书记

说明：人物履历主要从"百度"网站搜索而来。

资料来源：中国人民大学校史编写组、高等教育研究室编：《血与火的洗礼——从陕

北公学到华北大学回忆录》第 1 卷,第 12、30、36—37、49、54、56、59、71、92、94—95、99、102、103、104、105、107、114—115、119、126、127、131、136—137、138、149、150、157、188、193、196、197、216、222、331、335、336、339、380、383、384—385 页。

此外,陕北公学的办学模式对延安及其他根据地,乃至于新中国的高等教育和干部教育产生了重要影响。如前所述,陕北公学是中共中央抵达陕北后新创办的第一所革命大学。之后的延安,还办了 10 多所干部学校,如安吴堡青年训练班、延安工人学校、中国女子大学等。陕北公学无疑是这些后来者的学习榜样,也给予了这些学校不同的支持。陕公分校前后办了 5 个高级队(学习期限 1 年,1939 年 1 月有四五百名学员)和几个研究室,后期陕公成立了师范部,都是为了培训师资。培养的师资除了充任陕公教员,还支持兄弟院校。如中央青年工作委员会创办安吴堡青训班,就从陕北公学分校的高级队中抽调了一些学员①。

陕北公学不但是敌后抗日根据地各抗大分校的母校之一,也是今天中国人民大学、延安大学等很多大学的前身。抗战进入相持阶段以后,我党在敌后开辟了晋察冀、晋西北、晋冀豫、冀鲁边、山东和大青山等广大抗日根据地,亟须大批干部。为适应抗战需要,中央决定从陕公总校和分校抽调干部,前往晋察冀和晋东南建立抗大分校。1939 年 1 月,周纯全率领 1000 多人到晋东南建立抗大一分校,邵式平率领 1000 多名师生到晋察冀边区建立了抗大二分校②。此后,各个根据地先后建立了 10 多所抗大分校,都和陕公有着师承或人事关系。1939 年 6 月,中央决定将陕北公学、延安鲁艺、工人学校、安吴堡青训班四校合并,成立华北联合大学,迁往晋察冀根据地办学。该校后来发展成为华北大学和中国人民大学。1941 年底,中央又决定将后期陕公和中国女子大学、泽东青年干部学校合并,成立延安大学;1949 年,延安大学迁入西安。因此,陕北公学不仅是今天延安大学的前身,也与今天西安的一些高校有着不可分割的历史联系。由于这种历史联系和前后相连的人事关系,陕北公学的办学模式和教育方针对后来的干部教育产生了不可磨灭的影响。以至于在新世纪初先后创办的井冈山干部学院、延安干部学院、浦东干部学院,依然可以找到这种影响的影子,如直属中央管理、短期轮训、以政治教育为主(教育与政治形势紧密结合)、

---

① 张时杰:《关于陕北公学和华北联大一些历史情况的回忆》,中国人民大学校史编写组、高等教育研究室编:《血与火的洗礼——从陕北公学到华北大学回忆录》第 1 卷,第 37 页。

② 成仿吾:《战火中的大学——从陕北公学到人民大学的回顾》,人民教育出版社 1982 年版,第 37—39 页;李维汉:《回忆与研究》(上),中央党史资料出版社 1986 年版,第 408 页。

理论与实践相联系等。

第二节　党性锻造:陕北公学的党建

　　陕北公学是全民族抗战时期中国共产党创办的抗日民族统一战线性质的干部学校。学界对陕北公学的研究,主要集中在中共领导人与陕北公学,以及陕北公学基本史实的梳理上,[①]专题研究还比较薄弱。本节从高校党建的角度,探讨抗战时期陕北公学党建的背景、举措、成就和现实启示。

一、陕北公学的创办与中央大量发展党员的指示

　　陕北公学是中共中央抵达陕北后新创办的第一所革命大学。它的创办和发展,和国际国内政治形势密切相关,是中国革命和抗战形势发展的产物。

　　20 世纪 30 年代前中期,从九一八事变到长城事变,从华北五省自治到卢沟桥事变,日本侵华之路逐步由“蚕食”走向“鲸吞”。此时,以蒋介石为首的国民党仍然坚持“攘外必先安内”的政策,逼迫张学良、杨虎城西北“剿共”,终于酿成了震惊中外的西安事变。在中国共产党的帮助下,西安事变得以和平解决,蒋介石初步接受了中共停止内战、一致对外的政治主张。国共合作成为可能,全民族抗战有了希望。与此同时,西安事变的和平解决,大大提高了中国共产党在全国的声望。此时的共产党,不再是苏区革命时期“打土豪、分田地”,主张革命夺权的政党,而是倡导以国家民族利益为重,建立抗日民族统一战线以保家卫国的政党。延安逐渐成为中国的抗战中心之一。

　　毋庸讳言,全民族抗战爆发前后,中国共产党及其领导下的红军力量还比较弱小。据统计,1937 年抗战开始时全国的中共党员只有 4 万人,中共领导下的军队只有 3.2 万人。[②] 因此,如何在短时期内造就千千万万的

---

　　① 李国强:《邵式平与陕北公学》,《江西教育科研》1992 年第 1 期;孙国林:《“中国不会亡,因为有陕公”——毛泽东与陕北公学》,《百年潮》2006 年第 4 期;《陕北公学》,《人民日报》2007 年 1 月 29 日;陆继锋等:《陕北公学与中国共产党早期民族高等教育探索》,《民族教育研究》2012 年第 4 期。

　　② 《中国共产党几个时期党员人数统计简表(1921—1949)》《中国人民军队逐年增长统计表(1937—1950)》,北京大学国际政治系:《中国现代史统计资料选编》,河南人民出版社 1985 年版,第 133、244 页。

革命干部,以应对即将来临的全民族抗战,是中国共产党亟待破解的课题。和平解决西安事变以后,延安成为青年们向往的抗日"圣地"。那时候,"从西安到延安的几百里路上,每天都有成群结队的男女青年,背着行装,唱着抗日歌曲,风尘仆仆地奔向延安"①。中共中央当然不会忽视这些宝贵的人力资源。将这些爱国青年锤炼成抗日的将士,让其奔赴各条抗战前线,奔赴敌后开辟和壮大抗日根据地,是中国共产党义不容辞的职责。但是当时的延安,只有中央党校和红军大学,前者负责轮训党的高级党政干部,后者主要轮训部队的高级军事指挥员。为了满足形势发展的需要,中共中央将红军大学改名为中国人民抗日军政大学,增设第四大队,专门训练来自全国各地的抗日青年。②

全民族抗战爆发以后,随着平津的沦陷、东南沿海的沦陷、华北华中的沦陷,投奔延安的抗日青年与日俱增,兼训的抗日军政大学显然无法独立承担时代的重任。与此同时,全国抗战形势的日益深入,对中国共产党提出了更多更快地养成抗战人才的要求。"党要向全国发展,八路军要迅速壮大,以实现全面的全民族抗战,就必须培养大批抗战干部"③。在这种形势下,1937 年 7 月底,中共中央决定,"在积极扩大抗大的同时,创办陕北公学"④。

1937 年 8 月,中共中央委派组织部部长李富春直接领导创办陕北公学,调任并任命中央党校教务长成仿吾为陕北公学校长兼党组书记。陕北公学实行党团领导下的校长负责制,直属中共中央领导。陕公创办的目的是"实施国防教育,培养抗战人才",校风是"忠诚、团结、紧张、活泼"。开设的课程主要有社会科学概论、抗日民族统一战线、游击战争、民众运动,以及时事报告等,大都是中国共产党关于抗战的路线、方针、政策和基本理论,领导武装斗争的基本知识以及对时局的认识。

经过一个月的筹备,9 月 1 日,到校的 300 多学员正式编班上课。学校主要的教学组织是教务处、队、班。队分普通队和高级队,前者主要培养抗战民运干部,学习期限一般为三四个月;后者主要培养学校师资,学习期限为一年。学校的重点是办普通队。10 月,学员增加到 600 多人,编为 5 个

① 李维汉:《回忆与研究》(上),中央党史资料出版社 1986 年版,第 395 页。

② 成仿吾:《战火中的大学——从陕北公学到人民大学的回顾》,人民教育出版社 1982 年版,第 16 页。

③ 成仿吾:《战火中的大学——从陕北公学到人民大学的回顾》,人民教育出版社 1982 年版,第 17 页。

④ 李维汉:《回忆与研究》(上),中央党史资料出版社 1986 年版,第 395 页。

队。11 月 1 日，举行开学典礼，正式宣告陕公的诞生。1938 年 3 月，中央党校校长李维汉调任陕公副校长，兼任党组书记。7 月，中共中央在关中栒邑看花宫开办陕北公学分校，李维汉任分校校长。1939 年 1 月，陕北公学总校由延安迁至栒邑，与分校合并。6 月，中共中央将陕北公学、延安鲁艺、工人学校、安吴堡青训班四校合并，成立华北联合大学，成仿吾为校长，校址迁往晋察冀根据地。12 月，为了培养更多抗战干部，中共中央恢复陕北公学，在延安重新招生，称为后期陕公。1941 年 8 月底，中共中央将后期陕北公学、中国女子大学、泽东青年干部学校合并，成立延安大学，结束了陕公的历史。

在调任李维汉去陕北公学工作之前的 3 月 15 日，中共中央决定大量发展中共党员。中共中央决议指出，由于日本帝国主义的压迫与民族革命的新高潮，党的抗日民主统一战线政策的正确领导，党的影响和威信的扩大与提高，大批的革命分子要求入党。但是，党的组织力量，还远远落在党的政治影响之后，甚至许多重要的地区，尚无党的组织，或者党组织非常微小。因此，为承担起扩大与巩固抗日民族统一战线，彻底战胜日本帝国主义的神圣职责，"大量的十百倍的发展党员，成为党目前迫切与严重的任务"。[①] 被任命为陕北公学副校长兼任党组书记的李维汉，向中央书记处书记、中宣部部长张闻天征询工作意见，张闻天所提两条意见中的一条就是："要放手吸收新党员，可在青年学生中发展百分之六十至八十。"[②]

二、陕北公学的党建举措

陕北公学是中国共产党创办的抗日民族统一战线性质的干部学校。学员来自全国各地，五湖四海。从党派和社团来说，有共产党员，也有国民党员，还有"民先"队员；从出身来说，有工人，也有农民，有从朝鲜、泰国等回国的华侨，还有国民党高级人士的子女，如邓宝珊的女儿；从民族来说，有汉族，也有藏、蒙、回等少数民族；从经历来说，有学生，有红军战士，还有白区地下党员；从年龄来说，有十几岁的小弟弟、小妹妹，也有年过半百的老大哥、老大姐。在抗战救国的形势下，如何将这些来源复杂、思想不尽统一的革命干部进一步发展成中共党员，并将之锤炼成信仰坚强的共产主义

---

① 《中央关于大量发展党员的决议》，中央档案馆编：《中共中央文件选集 第十一册（一九三六——一九三八）》，中共中央党校出版社 1991 年版，第 466 页。

② 李维汉：《回忆与研究》（上），中央党史资料出版社 1986 年版，第 389 页。

战士,是李维汉和陕北公学亟待完成的一个新任务。

中共陕公总支委,是学校专做党务工作的组织。第一任总支委书记为宋琏(女),以后是季凯、申力生等。总支上面设党组,总支书记为党组成员。在分校总支上面设党委,党委书记同样为党组成员。陕北公学分校的党委书记是申力生,兼任宣传委员,党委组织委员为陈伯村。后期陕公总支委书记为石砚之,副书记为吴景直。陕公党组书记前为成仿吾,后为李维汉。

陕公的党员和党的活动有明显的特点。一是共产党在全国还没有公开获得完全合法的地位,加上出于斗争的需要,党的组织生活没有完全公开。二是绝大多数党员是学生党员,是正在过着学习生活的新党员,教工党员是"少数派"。三是新来的学员大部分是非党青年,他们有极高的革命热情和学习热情,把参加共产党作为自己人生追求和崇高的理想,迫切要求加入党组织。四是学员在校学习时间很短,一般只有三四个月(普通队),长的才一年(高级队),因此党的组织发展工作、思想教育工作,必须特别抓紧。

根据这些特点,为贯彻中央方针,保质保量发展党员,同时推进学校党建工作正常、健康地开展,陕北公学施行了以下举措:

第一,中央组织部直接抓陕公的组织发展工作。组织部部长陈云、副部长李富春经常亲自找陕公的总支书,听取汇报并指导其开展工作。他们还亲自给学员上党课,参加新党员的宣誓仪式。陕公第一期新党员的入党宣誓仪式,就是在中央组织部举行的。

第二,明确陕北公学党支部的工作任务。党支部的第一个任务,也是最重要的任务,就是发展新党员,吸纳新鲜血液。第二个任务就是要团结校内的一切力量,保证学校全部教学计划和工作计划的完成,保证学习任务的完成。"学习第一",不仅是对学员的要求,更是对党支部工作的要求。党支部要对组织好学员的学习,起保证作用。

第三,解放思想,放手大胆地发展新党员。中央对此的指示是,党组织要大胆地向工人、雇农、青年学生、知识分子、下级官兵开门,要"把发展党的注意力放在吸收抗战中新的积极分子与扩大党的阶级基础上",要"打破党内在发展党员中的关门主义倾向","严防汉奸,托派分子,阴谋家,投机家混入党内,但不能因此妨碍党的大量发展"。[1] 根据中央精神,陕公党总

① 《中央关于大量发展党员的决议(1938.3.15)》,中央档案馆编:《中共中央文件选集 第十一册(一九三六—一九三八)》,中共中央党校出版社1991年版,第466—467页。

支发展新党员，"强调不要受家庭出身的限制，不要怕社会关系复杂，只要表现好、思想进步、历史清楚，就可以发展"；从国统区来的青年学生，尽管其家庭和社会关系比较复杂，但主要看他们本人的政治表现，他们来延安这件事本身就是一个政治觉悟高的表现，"对他们搞'唯成分论'，是完全错误的"。① 在这一思想指导下，陕公党组织接纳了大批新党员。不少新党员很年轻，"一个叫徐光的，入党时才十五岁，田家英入党时才十六岁"②。

第四，在有限的时期内抓紧发展新党员。中央的指示是，"为适合于大量发展党员的需要，新党员候补期暂时重新规定：工人雇农不要候补期，贫农，小手工工人一个月，革命学生革命知识分子，小职员，中农，下级军官三个月，但在特殊情形之下得伸缩之"③。陕公的做法是，学员一入校，支书、助理员就同他们谈心，积极了解他们的情况。因共产党在学员心目中威信高，学员一般一到陕公，就立即找党组织谈思想，写自传。支部经过仔细研究，确定考察培养对象。一二十天后，就找学员谈话，进行党的教育，端正其入党态度，积极发展入党。高级队学员冯纪汉，1938 年 10 月入陕公学习，11 月 20 日就入党了，前后不到两个月。④

第五，按组织程序发展新党员。中央的指示是，"大量的发展党员，不是采用不经审查的拉伕式的办法，新党员的入党，必须经过支部一定党员的介绍与一定党部的审查"⑤。陕公的做法是，新党员必须填写入党志愿书，要求有两个正式党员介绍。介绍人就被介绍人的优缺点写出报告，说明介绍的理由。党支部审查通过后，要写出支部讨论的意见和评语。经总支批准后，新党员履行宣誓仪式，最后编入支部，成为正式党员，过党的组织生活。

第六，严格党组织的生活，抓紧对新党员的思想教育。为了使党员尤其是新党员继承革命传统，保持优良作风，发扬更大光荣，陕公强调，党员在学习中必须比非党同志学得更刻苦努力，在职的党员必须比非党同志承担更多的工作，并积极完成在职干部的学习任务。在这方面，成仿吾、李维

---

① 李维汉：《回忆与研究》（上），中央党史资料出版社 1986 年版，第 420—421 页。

② 李维汉：《回忆与研究》（上），中央党史资料出版社 1986 年版，第 421 页。

③ 《中央关于大量发展党员的决议》，中央档案馆编：《中共中央文件选集 第十一册（一九三六——九三八）》，中共中央党校出版社 1991 年版，第 467 页。

④ 杨静琦：《对纪汉生平的追忆和思念》，冯南星等编：《冯纪汉纪念文集》，中州古籍出版社 1995 年版，第 284 页。

⑤ 《中央关于大量发展党员的决议》，中央档案馆编：《中共中央文件选集 第十一册（一九三六——九三八）》，中共中央党校出版社 1991 版，第 467 页。

汉等老党员、老红军同志，以及众多的教师党员都发挥了很好的带头作用。陕公的做法，完全贯彻了中央关于"对新党员应注意给他们以初步的马列主义与党的建设的教育，使他们了解共产主义与其他党派的理论思想的基本区别"的指示。[①]

第七，以民主作风促使党建工作健康发展。这种民主作风是从中央党校带过来的。据李维汉记述，中央党校的办学经验之一就是按民主集中制原则组织党内生活。党的多数组织均由民主选举产生，党内生活充满民主气氛，上下左右互称同志，大家平等相待，友爱相处，亲密无间。批评和自我批评也开展得很好。[②] 陕公较好地移植了中央党校的民主作风。大到学校管理方针的决定、校内的党派关系、教学等各项工作的安排和管理，小到学员干部的选举、学生会工作的开展和学生活动的组织，都是民主选举或采用民主集中制决定。这种良好的民主作风，保证了党建工作的健康发展。

三、陕北公学的党建成就及现实启示

陕北公学的党建工作成就主要表现为发展了大量的新党员，为民族抗战训练了大批的革命干部。据李维汉记述，陕公创办不到两年，在培养训练的 6000 多名抗战干部中，发展的新党员就有 3000 多人；陕公创办的近四年中，共培训了 11000 多名学员。[③] 这些新党员和学员干部，毕业后除少数留在陕甘宁边区工作外，大多数响应学校提出的"到抗战前线去！到民众中去！到困难的地方去！"的号召，奔赴全国各地的战斗岗位。有的被分到敌后根据地，有的被分到国统区或敌占区。虽然处在不同的岗位、不同的战线上，但他们都为民族抗战、民族的独立与解放做出了不可磨灭的贡献。其中，还有不少的学员为此献出了宝贵的生命。如毛泽东妻子杨开慧的侄女杨展，1938 年 8 月编入陕公分校第 38 队学习，1939 年 7 月随华北联大到晋察冀抗日根据地工作，1941 年在反"扫荡"中英勇牺牲。[④] 1943 年，有多位陕北公学党员学员牺牲在晋察冀，如原高级班 6 队学员姜祥征、5 队学员

---

① 《中央关于大量发展党员的决议》，中央档案馆编：《中共中央文件选集 第十一册（一九三六——九三八）》，中共中央党校出版社 1991 年版，第 467 页。

② 李维汉：《回忆与研究》（上），中央党史资料出版社 1986 年版，第 391—392 页。

③ 李维汉：《回忆与研究》（上），中央党史资料出版社 1986 年版，第 422 页。

④ 中共石家庄市委党史研究室编：《中国共产党石家庄历史大辞典（1921—1949）》，国家行政学院出版社 2007 年版，第 612 页。

张明、原陕北公学剧团团长黄天等。[①]

回顾陕北公学的党建工作，总结陕北公学的党建经验，尽管时代不同，教育对象也有差异，但对当前我国高校的党建工作仍具有现实的启示意义和借鉴作用，主要有：

第一，要充分发挥党委的核心领导作用。陕北公学党建工作成绩斐然，党的领导作用主要表现在三个方面。一是中央领导高度重视，中央组织部领导亲自抓，学员的党建工作在某种程度上上升为"中央工程"。二是党总支的任务非常明确，不仅要将发展新党员作为最重要的任务，而且要组织好全校学员的学习，要起保证作用。三是党组成员都是革命历史长、党性强、威信高、任劳任怨的老同志，他们以身作则，起着模范带头作用。如陕北公学党组书记李维汉，最早的中共党员之一，曾任中央政治局常委、中央组织部部长；校长成仿吾，是创造社成员，曾任中华苏维埃共和国教育委员（相当于部长）、中央党校教务主任；教务部长邵式平，是闽浙赣苏区和红十军的创建者与领导者之一；政治部主任周纯全，是黄麻起义的参加者，曾任鄂豫皖中央分局常委。他们是陕公党建工作的灵魂。当然时代不同，当前我国高校的党委成员，不可能有陕公党组成员的辉煌革命经历，但是，党委（组）成员的职责是一样的，党赋予高校党委的重任是一样的。与本校大多数普通党员相比，党委成员的党龄都是比较长的，工作经历是比较丰富的，都是做出过一定贡献的，是被党选拔到领导岗位并赋予党建职责的。党委成员理应起着模范带头的作用，党委班子理应对高校党建承担起核心领导的职责，发挥强有力的领导作用。

第二，应紧扣时代的需要而开展。陕北公学的党建工作主要是两个，即前文所述的两个任务，一是大量发展新党员，二是保证学员学习任务的完成。从本质上说，中心任务只有一个，即培养大批合格的抗战干部尤其是党员干部，去完成民族抗战的重任。其基本要求是在党员合格（"质"）的前提下，发展党员一是要"快"，二是要"多"。应该说，在战时，陕公很好地完成了这一时代赋予的重任。当前的高校，要明确党建工作的重心和任务，是"快"是"多"还是"质"，或是其他什么，尤其要搞清楚为什么目的而培养。明确了这几个问题，高校党建工作才能有的放矢，事半功倍。

第三，应大力继承和发扬民主作风，这是高校党建工作的精髓。陕北公学党建工作中的民主作风，是由成仿吾、李维汉、邵式平等从中央党校带

---

① 成仿吾：《战火中的大学——从陕北公学到人民大学的回顾》，人民教育出版社1982年版，第123—125页。

过来的。这种作风不仅仅表现在党建工作中,而且贯穿在学校的每一件工作中。邵式平总结陕公的办学经验,第一条就是"民主自由的作风。陕公是很民主的",还有"发扬自我批评的精神。陕公把这种精神作为自己的作风之一"。[①]党建工作中发扬民主作风有以下几个好处:一是可增强党组织的吸引力,学生、教师愿意加入。二是可增加党组织的认同感和归属感,从而最大限度地激发党员的主动性和创造性。三是可群策群力开展工作,所谓"众人拾柴火焰高",如此党的事业才能像滚雪球一样越滚越大。

　　第四,理论联系实际,在实践工作中锻炼、培养和发展党员。战时陕北公学的教学安排比较特殊,特殊之一是,学员学习以自学为主,自学的时间多于上课的时间。特殊之二是,要求课堂教学与实践密切联系,提倡课堂讨论、辩论会、问答晚会等多种学习方法。特殊之三是,组织学员挖窑洞、修操场、建礼堂、开荒生产,使其接受革命集体主义教育。据曾在河南省立第一中学和河南省立第一师范学校受过教育的葛叔华自述,之前沾染了资产阶级和小资产阶级的感情,1938 年 10 月和冯纪汉一起入陕北公学分校高级队,四个多月后既不习惯队部的学习生活,也不习惯学习纪律,不愿意参加学习小组的讨论;1939 年春,在学校组织的何家山的开荒劳动中,他开始接受无产阶级集体主义教育,树立了为集体服务的思想,增强了无产阶级的组织纪律性。[②] 虽然他没有像同学冯纪汉一样在陕公入党,但陕公的理论和实践教育毕竟对其产生了影响,因此,1942 年 7 月,葛叔华正式加入了中国共产党,为民族抗战和新中国建设做出了贡献。[③] 葛叔华的思想成长经历说明了实践工作对高校党建的重要性。因此,当前高校的党建工作,应在课堂和学校以外,大大地向实践延伸,向社会延伸,在实践的内容和形式,以及理论联系实际上大做文章。

　　第五,要创新政治教育工作的内容和形式。陕北公学是一所"以革命的政治教育为主"[④]的学校,其优异的党建工作与此密切相关。陕公的政治教育工作,一是有计划地上党课,所有的学员都必须上"共产主义与共产党"这门课程,接受党的基本知识教育。二是经常邀请党中央的领导讲课,主要讲授时事和形势,阐释党的最新政治策略、方针和路线,回答学员的种

　　①　邵式平:《邵式平教育文选》,江西教育出版社 1989 年版,第 9 页。

　　②　葛叔华:《我在陕北公学受到的集体主义教育——纪念马克思逝世一百周年》,《新乡师院学报》1983 年增刊,第 3—6、9 页。

　　③　河南当代人物辞典编纂委员会编:《河南当代人物辞典》,2006 年印,第 203 页。

　　④　成仿吾:《战火中的大学——从陕北公学到人民大学的回顾》,人民教育出版社 1982 年版,第 27 页。

种疑问,帮助学员用革命的政治理论分析并解决革命实际问题。毛泽东"规定政治局委员都要来讲课,他自己第一个带头来讲",周恩来、朱德、董必武、张闻天、任弼时、李富春、王若飞都做过讲演。陕公的政治教育"从教学内容到教学方法都和旧学校根本不同",所讲授的很多问题是学员"闻所未闻"的,大大激发了学员的兴趣,"非常受欢迎"。① 从某种程度上说,陕公独特的政治教育,为其党建工作夯实了基础。当前高校很好地继承了陕公党建的政治教育模式,给入党积极分子开设了党课,给全体学生开设了"形势与政策"的讲座,但似乎更多只具有形式上的意义。党课和讲座仅仅是相关知识、相关背景的介绍,没有将时代的重任、发展和学生的成长紧密联系起来,难以激发学生内心的兴趣。其中原因复杂,不仅仅是高校党建工作本身不足的问题。不过,在现有条件下,进一步创新高校的政治教育工作,仍然是高校党建工作必须正视的问题。

---

① 成仿吾:《战火中的大学——从陕北公学到人民大学的回顾》,人民教育出版社 1982 年版,第 29—31 页。

第六章　红色文化与苏区史研究刍议

第一节　红色文化

一、红色文化的时限定义分歧

长期以来,红色文化是学界讨论的问题之一,21 世纪以来渐渐形成热潮。

近年来,学界关于红色文化的定义,从时限进行划分,主要有以下几种说法。

第一种说法认为,红色文化即中国共产党领导中国人民,在新民主主义革命时期所创造的反帝反封建的先进文化。持这种观点的学者可分 3 类,定义各有侧重。

其一,强调中国共产党在红色文化创造中的领导和主导地位。他们认为,红色文化是新民主主义革命时期,在中国共产党的领导下,由中国共产党人、一切先进分子和人民群众共同创造的,具有中国特色的先进文化[①];红色文化是新民主主义文化的核心与灵魂,在本质上是党在新民主主义革命时期倾力打造的社会核心价值体系。[②] 按照这种说法,红色文化的起始时间无疑应该是中国共产党诞生的 1921 年。

其二,强调红色文化是党领导下,在革命战争年代形成的。其中,井冈

[①] 王以第:《"红色文化"的价值及其实现》,山东大学马克思主义理论与思想政治教育专业 2002 级硕士学位论文,第 6 页;王以第:《"红色文化"的价值内涵》,《理论界》2007 年第 8 期,第 149 页;傅小清、龚玉秀、张国芳:《试论红色文化的生存机制》,《井冈山大学学报(社会科学版)》2010 年第 4 期,第 28 页。

[②] 李水弟、傅小清:《红色文化之源:中国共产党的先进性》,《求实》2008 年第 5 期。

山精神和苏区光荣革命传统,是红色文化中最核心和最精华的部分。①

其三,认为红色文化即革命文化,是新民主主义革命时期革命斗争的产物。他们强调红色文化"就是无产阶级领导的人民大众的反帝反封建的文化"②,或是"五四运动以来中国先进文化的代表"③;是"社会主义核心价值体系的源头"④。因此,从时间上看,红色文化应起源于新民主主义革命开始的 1919 年。

持第一种说法的学者,对于红色文化形成的时间,尽管稍有差别,有的认为是新民主主义革命开始的 1919 年,有的认为是中国共产党诞生的 1921 年,但红色文化结束的时间是共同的,即新民主主义革命结束的 1949 年,红色文化的内涵并无冲突,基本相同。

第二种说法认为,红色文化是中国共产党带领中国人民在新民主主义革命时期、社会主义建设时期和改革开放时期,所创造的特殊文化。作者表述各有侧重。

有的认为,红色文化是以革命理念为中心的文化,它应该包括新民主主义文化和社会主义建设时期以革命为内核的文化。⑤

有的认为,主要指"中国共产党领导我国人民在新民主主义革命时期乃至社会主义建设时期的重要革命纪念地、纪念物及其承载的革命事迹和精神等。"⑥

有的认为,从广义上讲新民主主义文化和社会主义文化都是红色文化,是红色文化在中华人民共和国成立后新民主主义时期和社会主义建设时期的发展。⑦

---

① 汤红兵:《湘鄂西红色文化的形成及开发——以洪湖、监利红色文化资料为主体透视》,华中师范大学 2006 级硕士学位论文;刘寿礼:《苏区"红色文化"对中华民族精神的丰富和发展研究》,《求实》2012 年第 7 期,第 33 页。

② 汪木兰:《摧毁封建文化 缔造红色世界——论红色文化对创建红色体制的主导作用》,《江西师范大学学报》2004 年第 5 期,第 94 页。

③ 刘孚威:《传承红色文化》,《江西日报》2011 年 9 月 9 日。

④ 李平:《弘扬红色文化 抵制"三俗"》,《光明日报》2010 年 9 月 3 日,第 7 版;杨建辉:《试论红色文化在建设社会主义核心价值体系中的价值及其实现途径》,《思想理论教育导刊》2010 年第 11 期,第 101 页。

⑤ 魏本权:《从革命文化到红色文化:一项概念史的研究与分析》,《井冈山大学学报(社会科学版)》2012 年第 1 期,第 19 页。

⑥ 陶璐、胡松:《"红色资源"相关概念的辨析》,《江西科技师范学院学报》2012 年第 2 期,第 42 页。

⑦ 何克祥:《红色文化与马克思主义中国化要论》,《中共南昌市委党校学报》2007 年第 1 期,第 10 页。

尽管表述稍有不同,但红色文化都开始于新民主主义革命时期,或是中国共产党诞生之日,贯穿了整个社会主义建设时期,包括传统社会主义时期和发展中的中国特色的社会主义时期。持相同或类似观点的还有许多作者。[①]

第三种说法认为,红色文化作为一种特殊的历史文化,反映的是近代以来在不同经济基础条件下,人民群众在先进文化思想指导下的精神生活的历史内容和历史水平。中国特色的社会主义红色文化本质是共产主义文化思想,包括新民主主义文化思想、社会主义文化思想和中国特色社会主义文化思想。[②]

从时间上看,作者认为,红色文化是1840年以来的一种文化现象;而中国特色社会主义红色文化则孕育于五四以来,经历社会主义改造和建设时期,成熟于改革开放以来中国特色社会主义新时期。显然,后者等同于第二种说法。

由于概念定义的分歧或含混,以至于有些作者使用起"红色文化"概念来比较随意,时间自相矛盾。例如,同一作者,在此文章中,认为红色文化"包括中国新民主主义革命时期和社会主义建设初期的文化形态和文化价值体系"[③];在彼文章中,又认为"红色文化反映中国新民主主义革命时期和社会主义建设时期的文化形态和价值体系"[④]。在同一篇论文中,作者一面认为红色文化是"在实现中华民族的解放与自由的历史进程中和新中国社会主义三大改造时期"生成的,一面又认为红色文化的"红色","应当是中国共产党成立以后,新中国成立以前,主要包括红军长征、抗日战争、解放战争时期的一个的时间指代概念"。[⑤] 在另一篇硕士论文中,作者一面定义红色文化"是我们党在革命战争年代形成的革命文献、文物、文学作品和革命战争遗址、纪念地以及凝结在其中的革命精神、革命传统和红色风情",

① 赖宏、刘浩林:《论红色文化的建设》,《南昌航空工业学院学报》(社会科学版)2006年第4期;罗春红:《红色文化与党的政治文化的生成》,《福建党史月刊》2006年第8期;王小康:《红色文化的社会价值探析》,《中共郑州市委党校学报》2011年第5期,第80页;韩振江:《论"红色文化"建设》,《大连干部学刊》2011年第8期;孙红霞:《"红色文化"内涵探析》,《商丘职业技术学院学报》2012年第4期,第5页。

② 王金华:《论中国特色社会主义红色文化建设的意义与路径——社会主义核心价值体系的视角》,《湖北社会科学》2012年第8期,第187、188页。

③ 管仕廷:《论马克思主义大众化视域中的红色文化》,《社科纵横》2011年第10期,第10页。

④ 管仕廷:《论红色文化的内涵与特征》,《传承》2011年第13期,第74页。

⑤ 孙晓飞:《"红色文化"的当代社会价值及其实现》,山东大学马克思主义理论与思想政治教育专业2005级硕士学位论文,第5、12、11页。

一面又认为红色文化内容包括物质形态的和非物质形态的，其中，"非物质红色文化指的是中国共产党领导中国人民在新民主主义革命到社会主义革命过程中指导人们互动与解决困难的知识、信仰、价值、精神、制度和规范等"①。

二、从红色、文化到各自表述的红色文化

那么，什么是红色文化，如何定义它呢？在此，我们有必要分析"红色"和"文化"两个词汇的本来含义，及其在不同语境下的具体含义。

先看红色。红色本为色彩之一种，是最原始、最富有生命力的色彩之一。原始社会中，人类往往赋予红色以超自然的力量；古代社会中，中国的王公贵族、西方基督教主教和宗教仪式中的教民，都崇尚红色，通常将红（紫）色作为外衣的颜色，象征着"高贵""权威"和"圣爱"。②

红色代表着健康、吉庆、幸福、庄严、神圣、朝气与欢乐；红色使人联想到"血"与"火"，象征着生命、活力、希望、未来、激情、斗志与革命，也象征着激进、暴力、危险、苦难、色情等。红色使人年轻，催人奋进，意味着前途光明、鹏程万里；红色也使人负重，步履维艰，意味着赤字、负债、羞愧、恐怖等。

正因为红色是一个褒贬兼具、词义丰富的词汇，它常常被电影艺术家用为颜色道具，展现复杂多变的场景，烘托特定人物的复杂心境或面貌。③20世纪60年代，红色文化则被用来指称流行于大学校园里的"左"的政治文化，这种文化表现为教条主义地理解和执行马列主义、否定人类优秀历史文化成果的虚无主义、各种花样的形式主义（如红色海洋般的各种政治色彩的标语、口号）等。④

19世纪中叶，随着共产主义思潮的兴起，红色在法国大革命、苏俄革命、二战前后的欧亚民族革命、中国共产党领导的革命斗争等国际共产主

---

① 曾喜云：《红色文化资源开发利用中存在的问题、原因及对策》，华中师范大学政法学院马克思主义理论与思想政治教育专业2005级硕士论文，第4、8页。

② 吴玲英、黄文命：《汉英语言中"红色"的文化内涵及翻译》，《长沙大学学报》2000年第3期，第70页；陈岩：《"红色"的中外文化审视》，《黑龙江社会科学》2007年第2期，第104—105页。

③ 王卓：《红色的辉煌——浅论张艺谋"红色系列"中红色道具及意义》，《河池师专学报》1993年第4期。

④ 潘伦理：《论大学校园的文化色彩》，《四川师范学院学报》（哲学社会科学版）1995年第2期，第79页。

义运动、民族解放运动,以及社会主义运动中的"革命"象征性意义日益凸显,红色成为典型符号,几乎成了革命的天然代表颜色。在中国,第一个马克思主义传播者李大钊满怀信心地预言:"试看将来的环球,必是赤旗的世界!"这句话不仅被 20 世纪风起云涌的民族解放运动和二战后风靡世界的社会主义浪潮所证实,而且揭开了 20 世纪中国百年革命的序幕。

自此以后,苏俄(联)经验加上自身的摸索,中共逐步构建了自身的革命文化,中共革命与红色也结下了不解之缘,并赋予了红色以新的含义,如民族独立、救国救民、反帝反封、翻身解放、自由新生等。中国共产党创建的苏维埃政权,称为红色政权;所创建的工农武装,称为红军;所举起的革命旗帜,称为红旗;所创建的革命根据地,称为红区。中共所创办的现代报刊事业,也以红色为主调。例如,所创办的第一份日报,叫作《热血日报》;中共中央的政治机关报,叫《红旗》(后来先后改为《红旗日报》和《红旗周报》);在中央革命根据地,第一个中共中央级机关报,取名《战斗》;中共中央和中央工农民主政府等中央机关的联合机关报,叫作《红色中华》;中共苏区中央局机关报,叫《斗争》;中国工农红军总政治部机关报,叫《红星报》;中国工农红军学校政治部出版的具有学报性质的刊物,叫《革命与战争》;中国工农红军第三军团政治部主办的不定期油印小报,叫《火线》;各级党政军群团创办的报刊还有《福建红旗》《赤塔周刊》《红旗报》《少年先锋》《红色江西》《红色战线》《战士》《挺进》《红光》《赤湖》……此外,鄂豫皖根据地有《红旗报》《红色战士》,川陕根据地有《红军报》《战场日报》《赤化金川》《血花报》,湘鄂西根据地有《红旗日报》《战士的话》《红星》,湘赣根据地有《湘赣红旗》《湘赣斗争》《红色湘赣》,湘鄂赣根据地有《红旗》《苏维埃》《新浏阳》,闽浙赣根据地有《红色赣东北》《红色战线》等。①

这种革命文化,历经八年抗日战争、三年国内战争,中华人民共和国成立以后的抗美援朝、三反五反、社会主义改造、人民公社化、四清运动、"文化大革命"、改革开放等,得到了进一步的发展和丰富,逐渐沉淀为今天的红色文化。

再看文化。文化是一个含义非常广泛的词汇。首先,文化是一种历史现象,是社会历史发展的积淀物。其次,文化是一种社会现象,是人类社会发展过程中长期形成的某种产物。再次,文化有狭义和广义之分。其中,狭义的文化,是指意识形态所创造的精神财富,通常称为小文化。它排除人类社会历史生活中关于物质创造活动及其结果的那个部分,而专注于精

---

① 倪延年、吴强:《中国现代报刊发展史》,南京大学出版社 1993 年版,第 296、320—324、336—337、343、345、348—350 页。

神创造活动及其结果，其中主要是指心态文化。与此相对应，广义的文化又叫大文化，它立足于人类与一般动物、人类社会与自然界的本质区别，立足于人类卓立于自然的独特的生存方式，是指人类在社会历史发展过程中所创造的物质财富和精神财富的总和。

由于文化含义的广泛，对其的分类也就多种多样。有两分的物质文化、精神文化和生产文化、精神文化，也有三分的物质文化、制度文化、精神文化和高级文化、大众文化、深层文化，还有四分的物态文化（人类可感知的、有物质实体的文化事物）、制度文化（人类在社会实践中组建的各种社会行为规范）、行为文化（人际交往中约定俗成的以礼俗、民俗、风俗等形态表现出来的行为模式）、心态文化（人类在社会意识活动中孕育出来的价值观念、审美情趣、思维方式等）等。

文化含义的广泛和文化分类的多样，使得学者对红色文化的理解和定义也就各取所需，多种多样。

有的认为，红色文化是党在革命战争年代形成的革命文献、文物、文学作品和革命战争遗址、纪念地以及凝结在其中的革命精神、革命传统和红色风情。[①]

有的认为，红色文化也有狭义和广义之分。狭义红色文化是指中国共产党在领导中国人民实现民族解放、民族自由，以及建设社会主义现代中国的历史实践过程中凝结而成的观念意识形态。与之相应，广义的红色文化，是指世界社会主义运动历史进程中，各国革命者的物质和精神力量所呈现的方式、所能达到的程度，或者所取得的成果。[②]

有的认为，红色文化是诞生于江西井冈山革命根据地时期和苏区时期，以井冈山精神、长征精神、延安精神、抗战精神、西柏坡精神等优秀精神品质为内核的中国共产党创建和领导的一种反帝反封建的进步文化形态，是中国共产党人和广大革命群众共同作风、共同信念、共同精神品质和思维方式的集中体现。[③]

还有的认为，红色文化包括中国新民主主义革命的遗址、遗物、纪念物等物质文化和在这一革命过程中孕育出来的革命历史、革命精神、革命文

① 曾喜云：《红色文化资源开发利用中存在的问题、原因及对策》，华中师范大学马克思主义理论与思想政治教育专业 2005 级硕士论文，第 4 页。

② 赖宏、刘浩林：《论红色文化建设》，《南昌航空工业学院学报（社会科学版）》2006 年第 4期，第 66—69 页。

③ 何克祥：《红色文化与马克思主义中国化要论》，《中共南昌市委党校学报》2007 年第 1 期，第 10 页。

学艺术、革命事迹等非物质文化两种形态。①

有的认为,红色文化是以爱国主义为核心的民族精神、革命精神和时代精神相统一的凝结,是马克思主义中国化、时代化、大众化的载体,是中国共产党和中国人民极其宝贵的精神财富,是中华民族共有的精神家园。②

学者们的上述表述尽管不尽相同,但红色文化的内涵和外延并无冲突,而是相互交叉、重叠和补充。

三、革命文化、党史文化与红色文化

要进一步界定红色文化,还要先了解清楚革命文化、党史文化的内涵。

与红色一样,"革命"同样是一个含义丰富且异常含混的词汇。据学者研究,自清末至 20 世纪 20 年代,革命话语一直处于流变与演化之中,革命被建构成为一种与自由、解放、翻身、新生等含义相关联的主流政治文化;20 世纪 20 年代,无论中国国民党、中国共产党还是中国青年党,都主张革命而反对改良,三党都有一套唯己独革、唯己最革的革命话语。③ 其实,革命何止流行并"泛滥"于 20 世纪初的几十年中,放眼观之,整个中国近代史,在某种程度上就是一部中国革命史,革命是中国近代历史的主调。美国著名学者费正清认为,"革命是近代中国的基调"④;我国著名学者张海鹏认为,"在近代中国 110 年的历史进程中,由中国的革命政党推动的包括旧民主主义革命和新民主主义革命,组成了近代中国社会发展进步的主旋律"⑤。大学课堂多年开设的"中国革命史"课程,讲授的内容从旧民主主义革命到新民主主义革命、从社会主义革命到十一届三中全会的伟大转折,时间涵盖了 1840 年到 20 世纪 70 年代末长达近 140 年的历史。

中国革命史,是近代以来中国各民族、各阶级、各阶层反对三座大山的斗争史,以及中国人民进行传统社会主义建设的探索史。与此相适应,中国各民族、各阶级、各阶层斗争中和人民探索中所创造的物质、制度和精神财富总和,就是革命文化。

党史文化则是新世纪以来学界所使用的概念。大致有以下几种说法:

---

① 李平:《弘扬红色文化　抵制"三俗"》,《光明日报》2010 年 9 月 3 日,第 7 版。

② 刘孚威:《传承红色文化》,《江西日报》2011 年 9 月 9 日。

③ 王奇生:《"革命"与"反革命":一九二〇年代中国三大政党的党际互动》,《历史研究》2004 年第 5 期,第 105 页。

④ ［美］费正清:《观察中国》,四川人民出版社 1992 年版,第 96 页。

⑤ 张海鹏:《近年来中国近代史若干问题的讨论》,《思想理论教育导刊》2008 年第 6 期,第 64 页。

其一,党史文化是中国共产党领导人民群众在长期革命、建设、改革实践中创造的各种物质和精神财富的总和。这是一种广义的说法。其二,党史文化是政党文化,是指中国共产党在改造客观世界和自身发展历程中,逐渐形成的为党内所认可的一系列规范体系、行为模式、价值理想和信念。其三,是指党的文化史,即中国共产党在不同历史时期推进文化建设的实践和理论。其四,内容上包括党史文献的征集与编辑、研究和宣传,以及由此形成的反映党的历史,弘扬党的精神的文化作品。总的说来,党史文化是与中国共产党的实践、理论和精神相关的文化,在党的奋斗史、探索史和自身建设史中形成,包括物质、制度和精神三个层面,以精神层面为核心。[①]

红色文化有广义和狭义之分。

广义的红色文化是指近代以来中国各民族、各阶级、各阶层人民在争取民族独立、人民解放和实现国家的繁荣富强即国家经济的现代化这两项根本历史任务中,所创造的各种物质和精神财富的总和。它包括物质、制度和精神三个方面,物质文化指革命、建设和改革以来的遗迹、遗址、遗物、纪念地、纪念碑、纪念馆、纪念堂等实物;制度文化指理论、纲领、路线、方针、政策等一系列规范体系和行为模式;精神文化指所凝结的知识、信仰、价值、精神、道德等。

红色旅游以红色文化为主题,红色旅游经典景区是红色文化的重要载体之一。2011年,中共中央、国务院联合下发的《2011—2015年全国红色旅游发展规划纲要》。该文件明确提出两个要求。第一,应将1840年以来我国所发生的以爱国主义和革命传统精神为主题、有代表性的重大事件,以及重要人物的历史文化遗存纳入红色旅游发展范围;其中,以中国共产党领导下的革命战争时期的内容为重点。第二,在已经确立的100多个红色旅游经典景区的基础上,再重点建设130个红色旅游经典景区,形成全面反映4个历史时期(即1840至1921年、1921至1949年、1949至1978年、1978年以来,笔者注)的红色旅游经典景区体系。[②] 从这个文件可以看出,广义的红色文化为党和政府所认同。

至于狭义的红色文化,它是指中国共产党领导中国人民在新民主主义革命时期、传统社会主义建设时期、中国特色社会主义建设时期所创造的各种物质和精神财富的总和。

从时限看,广义的红色文化和革命文化都起始于1840年,狭义的红色

① 陈晋:《深化文化自觉 弘扬党史文化》,《观察与思考》2012年第9期,第20页。
② 《2011—2015年全国红色旅游发展规划纲要》,乐途旅游网,http://www.lotour.com/news/20110630/619116.shtml。

文化和党史文化则起始于 1921 年；革命文化以"党领导下的革命战争时期"为重心，而结束于十一届三中全会以前；红色文化和党史文化的下限是迄今为止，是一个发展的概念、一个与时俱进的概念。

从语境看，革命文化主要是革命战争年代的产物，是反对"三座大山"的产物。红色文化是在新的历史条件下，为适应社会主义先进文化和社会主义核心价值体系构建应运而生的。党史文化则是为了彰显党史研究宣传领域的文化自觉和文化自信，推进中国特色社会主义文化大发展大繁荣而使用的概念。三者都有"除旧布新"的含义，但革命文化重在"除旧"，而党史文化和红色文化重在"布新"。

从相互关系看，革命文化和党史文化是红色文化的本源与根基，红色文化更多的是革命文化、党史文化精华的当代提炼和大众化呈现。失却革命文化和党史文化，红色文化则为无源之水、无本之木。革命文化、党史文化和红色文化都是马克思主义中国化、大众化的集中体现。假使说革命文化和党史文化更多体现的是马克思主义的中国化，那么，红色文化则更多体现的是马克思主义的大众化，是中国民众对革命精神、党的优良传统、红色经典的当代追求、怀念和传承。

第二节　苏区史研究刍议

2007 年是全国各革命根据地创建 80 周年的纪念年。在此背景下，江西、福建、湖南、湖北等省份的众多革命老区举行了隆重的纪念活动暨学术研讨会，学界也贡献了一大批研究成果。细细研读上述成果，笔者在深受教益的同时，感觉到不是很满足。无须讳言，不少成果都是对以往学界研究的重复，或仍是在传统范式下展开研究，难以有新的突破。笔者认为，要改变此种现状，必须在理论与方法、史料的挖掘以及研究的宏观视野等方面"兼筹并顾"，"埋头苦干"。基于此，本节以东固苏区①的研究为例，谈谈

---

①　关于东固革命，目前学界比较成熟的看法是：大革命失败后，东固地方党组织了一系列暴动，进而建立了东固革命根据地。其时空范围，目前学界比较成熟的看法是：以吉安县东固为中心，北至吉水县水南、白沙，永丰县的罗坊；西至吉安县富田，泰和县中洞、桥市；南至兴国县贺堂、崇贤、枫边；东至永丰县潭头、沙溪、上固等地。全盛时期面积达 2000 平方千米，人口约 15 万，其存续时间为 1927 年 9 月至 1929 年 11 月。参见中共吉安县委党史办《东固革命根据地概述》，沈庆鸿和白溪生《试谈东固革命根据地的历史分期和区域范围》，中共江西省委党史资料征集委员会、中共江西省委党史研究室编《江西党史资料·东固革命根据地专辑》第 10 辑，1989 年印，第 1、220—223 页。

对上述问题的不成熟的看法。

一、理论与方法应进一步提升

研究的理论与方法是任何一个学科都必须认真关注的问题。近年来，党史和革命史在学术规范方面取得了较大成就，并逐步形成了自己的特色。但总体而言，其研究仍然在传统意识形态的思维方式中"打圈圈"。[①]最明显的例子就是，把苏区革命简单理解为敌我双方阶级阵线分明，且不是你死就是我活的激烈斗争。特别是在苏区革命史的研究中，研究者多是以革命史的视角和阶级斗争的理论来阐释，对理论的理解僵化片面，应用的研究方法单一，研究课题陈旧、重复，所得出的结论往往千篇一律，难以令人信服。因此，党史和革命史的研究要有突破，首先应在研究理论与方法上进一步提升。

第一，应坚持马列主义和唯物史观的指导。这种指导，绝不是对马列主义和唯物史观作教条化、简单化、片面化的理解，以及生搬硬套的应用。陈德军在研究赣东北苏区革命时，曾对这种理解和应用做了批评，他认为：以某种庸俗的历史唯物主义来分析地方革命的起源和发展，形而上学地把阶级斗争模式套到赣东北革命身上[②]，是极其不恰当的。黄琨的研究则提醒研究者，必须抛弃一种简单化的革命史叙事思维，脱离意识形态化的解释途径。[③] 那么，如何坚持马列主义和唯物史观的指导呢？

笔者认为应体现在尊重基本的历史事实上，体现在实事求是上。这就要求研究者不仅仅要从阶级斗争的角度，从中央到地方的角度（从上到下），从革命者的视野对苏区史展开研究，而且要对地方历史的特殊性、农民的传统文化、地方革命精英、当地自然环境，以及地方绅士等都给予足够的关注，地方社会对革命和政府的应对也应给予充分的重视和认识。

第二，应采用跨学科的方法对苏区史展开研究。历史学的方法当然是

---

① 关于传统党史和革命史研究的不足，老一辈专家盖军、张静如、金春明、杨奎松、郭雄等早就有过类似批评，近十年来，虽有改观，但努力的余地似乎仍十分广大。老一辈专家的批评参见《锲而不舍 永创一流》，《中共党史研究》1999 年第 3 期；《中共党史研究前沿和热点问题座谈会摘要》，《中共党史研究》1998 年第 4 期。

② 陈德军：《乡村社会中的革命——以赣东北根据地为研究中心（1924—1934）》，上海大学出版社 2004 年版，第 6 页。

③ 黄琨：《从暴动到乡村割据：1927—1929——中国共产党革命根据地是怎样建立起来的》，上海社会科学出版社 2006 年版，第 1 页。

苏区史研究的主要方法,但仅有此还远远不够。在社会科学高度发达的今天,我们还必须借鉴和利用经济学、政治学、社会学、人类学、生态学、法学、社会心理学等多学科方法对苏区进行研究。例如,从经济学的角度,研究各阶层在苏区革命中的表现及其经济利益得失之间的互动关系。[①] 从政治社会学的角度,考察东固社会与政治过程之间的相互作用,或者说是社会和政治之间、社会结构和政治机构之间的相互联系。从社会学和人类学的角度,对地主、富农、中农、贫农、宗族、宗教、妇女、少年等不同阶层、不同社会组织、不同社会身份的人群展开研究,探讨他(它)们对革命的反应、应对有何不同,以及不同阶层、社会组织和不同人群之间是如何互动与相互影响的。[②] 从社会心理学的角度,来研究为什么东固和延福地区有非常多的地主富农子弟成为革命的先导者和领导者。[③] 又如,从社会生态学的角度,对东固所处的吉泰盆地的社会生态环境进行长时段的考察,来揭示革命兴起的真正原因。如果将上述学科的理论与方法有机结合,灵活运用,苏区史的研究必将开辟一个新的天地。

第三,应重视田野调查。理论可以为我们的研究开启智慧,指明正确的方向,而田野调查则不仅能加强研究者对历史现场的"真实"感受,而且

---

① 传统研究认为:苏区农民主要是为了土地利益而参加革命,并为了保卫土地这一成果而支持革命。问题是,众所周知,苏区中共土地政策到 1931 年底才逐渐成熟,1933 年为了应对第五次"围剿"战争又发动了"查田运动"。因此,此前此后的苏区土地产权处在不断的没收、重分和变动之中。如果将 1932 年的实际执行情况考虑在内(即土地政策成熟是一回事,实际执行情况可能是另一回事,成熟的政策及其贯彻执行至少还有一个时间差,在不同地区得到落实的程度也不一样),则在整个苏区时期,对于农民来说,土地似乎并不是一个容易把握的东西。所以,笔者初步认为,农民参加苏区革命的原因和动机多种多样,土地利益只是其中之一,上述所引传统观点并不是定论,还值得商榷和深入探讨。

② 已有学者做了这方面的尝试,但远远不够。参见邵雍:《苏区少年先锋队述论》,《江西师范大学学报》2007 年第 6 期;周利生:《中国早期马克思主义对富农问题的论述》,《江西师范大学学报》2008 年第 2 期;李红梅:《苏区社会变迁中的非正式制度分析——基于对宗族改造的反思》,《江西师范大学学报》2008 年第 3 期。

③ 史沫特莱记载,1929 年春,朱德"到了东固,他和他的同志们发现当地共产党领导人中间有个很特别的现象。这些人乃是地主的儿子,有的甚至本身就是地主,但大部分都年轻,受过教育,在大革命时期担负过重要工作,而且就在那时参加了共产党。有几个还是黄埔军校毕业生,其中有一个是该校的教官"。曾山回忆说:"延福(吉安、新余、分宜、峡江、安福几县之间的边区,笔者注)地区参加革命的多是青年学生,有不少的青年知识分子党员家里有钱,有很多土地。开始发展革命武装,主要是采用买枪的办法武装起来的。"分别参见[美]艾格妮丝·史沫特莱:《伟大的道路——朱德的生平和时代》,生活·读书·新知三联书店 1979 年版,第 279 页;曾山:《回忆赣西南的革命斗争》,中共江西省委党史资料征集委员会、中共江西省委党史研究室编:《江西党史资料·东固革命根据地专辑》第 10 辑,1989 年印,第 106 页。

有利于研究者获得第一手资料，以将自己的研究建立在坚实的史料基础上。对于江西本土的研究者来说，应该充分利用自己优越的"地利"条件，展开实地考察。就东固苏区史的研究而言，重视田野调查的方法，就是深入东固，发掘新史料，力求对东固革命前后的社会矛盾和社会文化因素有一客观认识。即通过对革命亲历者口述史料的发掘，查阅当地历史文献，包括民国地方政府档案、未出版的个人回忆录、民间文书、宗族族谱等，理顺东固当时社会的政治、经济和文化等关系，力求使东固苏区研究有所突破。

二、史料有待于进一步挖掘

由于历史原因，东固苏区史的研究长期以来被边缘化，相关史料保存甚少，新史料的挖掘和整理的力度很不够，革命斗争的历史经验没有得到深入研究，其应有的地位和作用没有得到充分肯定。目前研究东固苏区的专辑史料比较少，主要有两部，一为中共江西省委党史资料征集委员会、中共江西省委党史研究室编的《江西党史资料·东固革命根据地专辑》（第 10 辑，1989 年印），全书约 20 万字；一为中共江西省委党史研究室、中共吉安市青原区委等合编的《东固·赣西南革命根据地史料选编》（第 1、2 辑，中央文献出版社 2007 年版），全书共 116 万字。名为两部，实为一部，因为后者几乎将前者资料全部照录。很显然，研究东固苏区史，单有上述资料是远远不够的。除此之外，还有一些和东固苏区直接相关的资料。例如中共江西省委赣东南中央苏区革命史料调查队 1959 年编的《东固地区的革命武装》《中央苏区兴国县人民革命斗争史》《中央苏区的胜利县》《杨殷县人民斗争史》等系列史料，周振清著《水南革命斗争史》（1959 年印），应得志的《焚枫市记》（1928 年撰写）①，李正谊等修、邹鹄纂《民国吉安县志》（1941 年印），《东固镇志》（1995 年印）、《富田乡志》（1989 年印），等等地方史料，很少见到学界同仁引用。

史料是研究的基础，史料不足，研究则难以深入。前述出版的史料虽然为东固苏区史的研究提供了可能和基础，但是，要继续深化研究，还是不

---

① 1928 年底，红二团参谋长刘泽民即应得志为消除不良影响，唤起枫边群众革命觉悟，亲撰"焚枫市记"张贴在枫边街头，枫边宝贤书院教员黄润生将其抄录于笔记本，后被胡玉春在黄亲戚处发现。参见胡玉春：《〈焚枫市记〉的发现与考校——一份记载红七纵队斗争历史的珍贵历史文献》，中共江西省委党史研究室编：《纪念东固革命根据地创建 80 周年学术研讨会论文汇编》，第 289 页。

够的。因为一些关键性史料的缺失,使得东固苏区史研究中的一些重大问题,无法做出合理性解释,至于革命前后的一些历史细节,更无法得到真实的描述。例如,众所周知,和东固革命起源密切相关的一个人是王初曦,遍阅当前的党史和革命史资料,我们只知道王是大地主,是革命的对象,是反革命的代表。[①] 但是,王初曦的个人资料(年龄、受教育程度、小家庭情况)、发家历史、家族背景,以及王在地方权力网络中的位置等,没有任何史料能够说清楚。我们在最近的一次富田调查中[②],查阅王氏族谱后得知,王初曦的父母在光绪末年相继去世,当时王还是一个 10 岁左右的孤儿,到 1927 年冬东固暴动时,王不过一个 30 岁左右的年轻人。那么,年纪轻轻的他,如何在革命前突然成为大地主、大反革命呢(或者说,年轻的他,是怎么成长为地方一个大"士绅"的呢)? 在幼年时,他庞大的家产是谁替他照管的呢? 他的小家族,是如何积累起庞大的家产的呢? 王氏族谱记载王死于 1930 年(民国庚午年),那么,王在 1928 至 1930 年的生存状况和行为又是怎样? 王是如何死的,死因何在? 等等。因相关史料的缺乏,一连串的疑问被留下了。

对革命面的了解也很不够,相关史料的挖掘还有不少待开垦的"处女地"。例如,关于东固的第一个中共党小组,其 5 个成员中的 4 个(赖经邦、汪安国、刘经化、汪云从)我们比较清楚,但是篾匠李会风[③]的情况,我们却很不清楚。李有别于其他 4 个知识分子,他是一个手艺人,当时的他为什么入党? 他的生存环境和状况怎样? 入党之前,他和其他 4 人的社会关系如何? 东固暴动以后,他的革命表现如何? 红军转移以后,曾经作为革命积极分子和发动者的他,是如何生存下来的? 李会风实际上代表了一个阶层,解剖他的个案,有助于我们分析手工业者对革命的理解和应对。再如发动东固暴动的东龙党支部的 12 名中共党员,关于其中的重要人物黄启绶和段尉林,我们的了解也相当有限。据相关史料记载,我们只知道黄后任东固平民银行行长,并遭到错杀。但黄的年龄、教育程度、家族背景,以及黄加入革命和出任银行负责人的原因,我们几乎一无所知。段尉林的情

---

① 王初曦是富田王家村人,他家在东固有大片山林,东固很多农民以租种他家土地为生。汪安国在《吉安民国日报》上发表了一篇关于王初曦被关押的短文,文中将其描述为"土豪王初曦在东固、富田一带横行霸道,鱼肉乡民,无所不为,无恶不作,罪行昭著"。汪安国:《我所知道的东固革命根据地的几件事》,中共江西省委党史资料征集委员会、中共江西省委党史研究室编:《江西党史资料(东固革命根据地专辑)》第 10 辑,1989 年印,第 108 页。

② 游海华 2007 年 10 月 16 日在吉安市青原区富田镇王家村实地调查。

③ 我们在调查中了解到,李会风在大跃进中,还曾因被割"资本主义尾巴"给毛泽东写过信,毛为此还给他寄了 300 元钱。游海华 2007 年 10 月 15 日在吉安市青原区东固畲族乡实地调查。

况也类似。据相关史料记载,我们知道东龙党支部成立会议是在他家召开的,在争取段起凤加入革命的过程中,段是重要的联系人和争取人。至于段家为什么会成为东固革命分子的活动中心,段与赖经邦、段起凤的关系,段暴动前的生存环境和状况、暴动后的表现、死因及情况等,我们所知极为有限。值得注意的是,笔者尽其所能,都未能找到黄和段的个人传记,这说明他们两人并未受到地方党史修撰者的注意,也没有得到传统党史和革命史研究者的重视。

以上仅举了几个例子,从中亦可看出,东固苏区史料的挖掘还有相当余地,这对学界研究的深入尤为必要。史料的挖掘,特别要注重对历史细节材料的收集。目前,东固尚有一批老红军或经历过革命的前辈,可以当地人力为主,采用田野调查的方式去"抢救"这批口述资料。对于已有的革命前辈的回忆录,也应加以整理利用,并以此为基础,可做进一步的补充调查。因为这些回忆录中的内容可能并不是研究者所需要的史料,因此,研究者可根据已有的资料,设计好自己的问题,对健在的革命老前辈做针对性的补充调查。在最近的 5 年至 10 年中,假如不抓紧时间去挖掘这批财富,将来必定追悔莫及。此外,挖掘史料,还应充分搜罗、利用民国档案材料(如各县民国档案、民国《江西省政府公报》)、报刊资料(如《江西民国日报》《扫荡报》《中央日报》《申报》《大公报》《经济旬刊》),即研究东固苏区的历史不仅要有我党的文字材料,革命的对立面——国民党政权下的相关资料,也应大量收集,加以鉴别利用。

三、视野应进一步展拓

东固暴动是土地革命战争初期,江西地方党组织一次比较成功的暴动;东固地区后来逐渐发展成为"李文林式"的革命根据地,1930 年底以前,她还是赣西南苏区乃至江西苏区的重心。因此,做好东固苏区史的研究很有必要,但须进一步拓展其研究视野。

第一,要采用比较的视野来做东固苏区史的研究。任何事物都存在着差异性和同一性,这成为比较研究的客观基础。通过比较,"能够更好地对近似点进行严格的分类和论证,就有可能希望得到对事实做出假设少得多,而精确程度却高得多的结论"[①]。东固苏区在江西区域内创建了"秘密

---

① [法]马克·布洛赫:《比较历史之方法》,转引李振宏:《历史学的理论与方法》,河南大学出版社 1999 年版,第 472 页。

割据"的根据地,采用了"飘忽不定"的游击战术,经济建设开苏区之先,被毛泽东称为"李文林式"的革命根据地。但是,同一时期,江西区域内还建立了井冈山、闽浙赣、湘鄂赣等多个苏区,各苏区在政权、经济及文化建设等方面各具特色。因此,对东固苏区的研究应采用比较史学的方法,即将东固苏区与江西区域其他苏区进行横向与纵向、宏观与微观的比较,将东固苏区与其他苏区的有机联系梳理清楚。

第二,要做好东固苏区的研究,也要关注东固周边"白区",以及江西乃至整个国统区的研究。学界对东固苏区的研究多将重点放在东固苏区本身上,即集中在苏区的建设、特点、历史地位和作用等方面,很少突破传统党史和革命史的界限。即或对白区有所涉及,也是作为背景叙述,或牵涉到相关苏区问题而不得不"蜻蜓点水"(例如反"围剿"战争中的国军情况)。问题是,缺少对白区和革命"反面"的透彻了解,我们传统的党史和革命史研究,哪怕做得再好再深入,也只能说仅仅反映了分币的一面。例如前文提到的王初曦,他只是东固革命中一个最为典型的代表,而对于类似王的一大批在革命中或被杀或逃亡的地主富农,关于他们个人与家族的信息,以及其在地方权力网络中的位置,革命后他们的遭遇及其应对,国民政府对苏区周边白区的统治政策与情况(包括封锁、征工、难民救济等),红白边界民众对红白的态度与应对,等等,我们只有粗线条的了解,或者说根本不了解。因此,将红区和白区置于同等重要的研究位置,并做好其互动研究,打破传统党史、革命史、现代史和民国史的学科界限,真正从地方历史变迁的脉络来整理当地的历史,也许能开辟一个新的研究领域。

第三,要从中国近代社会转型和现代化发展的角度来研究东固苏区,进一步发掘苏区革命与建设对当前社会转型的借鉴意义。中国近代社会转型是16世纪以来(明末始)现代化趋势的继续,物质多样化、市场一体化(全球化)、思想与人性解放、政治民主化等都是不可逆转的潮流,尽管其中有逆流(例如康乾盛世的专制主义)和反复(例如17世纪的经济危机、康熙和道光时期的市场萧条、18世纪经世致用启蒙思潮的夭折等)。在这一趋势下,20世纪的国共两党都面临着现代化发展和重新建构社会发展观的任务。苏区就是中国共产党人领导底层民众演练制度创新和变革传统农村社会的伟大尝试和探索。在当时战时环境下,这一尝试和探索既有成功的经验,也有必须总结的教训,即所有的研究既要放在当时战时环境下进行考察,也要用当前社会转型的眼光予以关照,以探求其现实借鉴意义。学界已有的一些研究,既没有将所研究的问题放在当时战时环境下进行客观考察,更没有厘清历史和现实发展的逻辑关系,有生搬硬套之嫌,结论自然难以令人信服。作为历史研究者和学术研究者的我们，必须力矫此弊。总之，我们只有将苏区置于中国近代社会转型的宏观框架内，放在现代化发展的总体进程中进行审视，厘清历史与现实、传统与当代的内在理路和逻辑关系，才能客观总结出经验与教训，从而得出科学的认识，以服务于今天的社会主义市场经济建设。

第七章　红色文化考证

第一节　平江起义部队党员考证

一、几种说法

平江起义是中国共产党继南昌起义、秋收起义、广州起义之后领导的又一次武装起义,是土地革命战争时期的重大历史事件之一,在中共党史和军史上都有着重要地位。众所周知,参加起义的部队是湘军独立第5师第1团(团长彭德怀)、第3团第3营(营长黄公略),以及第5师的随营学校(教育长贺国中)。① 发动和组织起义的党组织力量薄弱,党员很少,部队中秘密建党的历史只有3个月左右。② 平江起义部队中的共产党员到底有几人? 具体有哪些人? 关于这些问题,学界的研究尚无定论,歧见纷然。

吴家丕等认为:起义前,"彭德怀的部队内有共产党员七人",除彭德怀以外,分别是彭团的书记官邓萍(一说团部副官)、李光(彭的马弁)、张荣生(一说是张云生③,彭团传令班长)、黄公略、贺国中和黄纯一;起义前几天,他们和刚到的新任湘鄂赣边界特委书记、湖南省委特派员滕代远,在一家

---

① 中共湖南省委党史资料征集研究委员会主编:《湖南党史大事年表》,湖南人民出版社1986年版,第71页。

② 《彭德怀自述》,人民出版社1981年版,第103—104页。

③ 《彭德怀自述》中记述是"张荣生",滕代远、李光、李寿轩3人的回忆文章中记述是"张云生"。分别参见《彭德怀自述》,人民出版社1981年版,第21页;滕代远:《平江起义前后》,《红旗飘飘》第19辑,中国青年出版社1980年版,第230页;李光:《平江起义和红五军的诞生——彭德怀同志组织红军第五军的经过》,湘鄂赣革命根据地文献资料编选组:《湘鄂赣革命根据地回忆录》,人民出版社1986年版,第27页;李寿轩:《从九都山到井冈山》,《星火燎原》选编之一,中国人民解放军战士出版社1979年版,第257页。

旅馆"召开了有八人参加的党的紧急会议,决定立即起义",正是这 8 名共产党员,"团结一致,分工负责",布置各项起义工作的。吴文又提到,参加这次紧急会议的,还有李灿同志。① 可是,李灿又不在其前文所列举的 7 人名单之中。何敏的文章两次提到起义部队的党员数量问题,一是"起义部队原来是一支旧军阀武装,起义发动时部队只有七八个中共党员,党的基础并不牢靠";二是"一团在起义前有团长彭德怀等七八个优秀的共产党员,有了党支部"。② 黄国华记述,"平江起义时彭德怀领导的一团之中党员不过八、九人,都是合作破裂后才发展入党的";"1928 年 2 月于彭德怀正式入党宣誓仪式的会议上,成立了直属特委领导的党支部,此时全团党员仅 7 人。1928 年 4 月,独五师开赴平江,彭团党支部发展为团党委,也仅仅 8 个党员"。③ 在黄的这篇文章中,先说是约数"八九人",后又说是确数"7 人"和"8 人",在同一篇文章中,党员的数量都难以一致。其他一些作者在相关研究文章中,介绍了第 1 团党组织的情况,尽管有详有略,但未明确提到党员的数量问题。④

在长期的艰苦革命斗争中,党的档案文献资料保存不易;即使得以保存,不少资料也没有得到及时整理,自然难以看到。因此,学界的说法只能主要依据历史当事人的回忆录。平江起义领导者或参与者彭德怀、滕代远、李光、李寿轩(1 营 2 连班长)、李聚奎(3 营 9 连班长)等都撰写了相关回忆文章。彭德怀在总结平江起义的经验时说:"起义时……党的成员只有八九人。"⑤

滕代远在回忆起义前党的组织情况时说:"黄公略、黄纯一、贺国中同志,原是湘军选送到广州黄埔军训学习的。他们在黄埔军校第四期毕业后,又继续读完了军校高级班,随即加入了中国共产党,大约在一九二七年四月离开广州。一九二八年春,他们三人由党组织派到周磐的部队去工作。邓萍同志由党组织派到一团时间更早些,名义上是团部的候差副官,

---

① 吴家丕、夏光暹、徐平中:《关于平江起义的几个问题》,《湘潭大学学报》1981 年第 1 期,第 60、57、61 页。

② 何敏:《回眸与重识:平江起义 80 周年祭》,《求索》2008 年第 11 期,第 228 页。

③ 黄国华:《试论平江起义的特点与历史地位》,《功昭千秋的彭大将军——彭德怀生平与思想研究文集》(会议论文集),1998 年印,第 87 页。

④ 韦杰廷:《平江起义和湘鄂赣根据地的开辟》,《历史教学》1979 年第 8 期,第 25—26 页;李衷凯:《中共湖南省委与平江起义关系初探》,《湘潮》1988 年第 7 期,第 11 页;蒋国海:《论中国共产党在平江起义中的领导作用》,《湖南师范大学社会科学学报》2009 年第 2 期,第 75 页;林玉莲:《彭德怀与黄公略》,《中学历史教学参考》1999 年第 7 期,34 页。

⑤ 《彭德怀自述》,人民出版社 1981 年版,第 104 页。

实际上是负责一团我党的工作。除以上四同志外,当时一起做革命工作的共产党员,还有一营二连连长李灿同志和张云生、李光、贺夷同志。张云生同志是班长。李光同志是彭德怀的马弁,实际上担任党的交通工作。贺夷同志是学生出身,担任连的文书。"[1]据此算来,起义前党的成员共有 9 人(加上彭德怀)。

李光回忆是 11 人。他记述:"彭德怀同志是团长,入党三个月;李光同志是彭的马弁,老党员,工人出身;邓萍同志是团部副官,党员;李灿同志是第一连连长,党员,中学生;黄纯一同志是第七连连长,党员,黄埔军校高级班毕业生;张云生同志是步兵连的班长,党员;贺夷同志是连的文书,党员,学生。此外,还有四个党员与彭德怀同志有直接的关系:黄公略同志是第二团第三营营长,党员,黄埔学生;贺国中同志是该师随营学校大队长,党员,黄埔学生;还有两个学生是党员。"[2]

李寿轩的回忆是 8 人。他说,除担任随营学校领导工作的共产党员黄公略、贺国中、黄纯一同志外,1 团党的秘密组织情况是:"团长彭德怀同志、团部书记官邓萍同志、九连连长黄纯一同志、我们二连连长李灿同志都是这个团的党的领导干部。还有彭团长的传令班长张云生同志,南县党派来给彭团长当马弁的李光同志都是做党的联络工作的。"[3]

李聚奎的回忆文章中明确提到 8 名党员的名字。他说:"彭德怀同志的部队一共有 2000 多人,军队里党的力量很薄弱。团长彭德怀、团部书记官邓萍、连长李灿和黄纯一,是党的主要领导干部。还有南县党组织派去做党的工作的几位同志";另外还有彭推荐办理随营学校的共产党员黄公略、贺国中同志,学校中收容了一部分被国民党追捕的共产党员李光、潘泗浜同志。[4]

上述 5 位历史当事人的回忆,不仅党员数量不一,而且具体人员也有出入,这是导致学界歧见纷然的主要原因。

---

① 滕代远:《平江起义前后》,《红旗飘飘》第 19 辑,中国青年出版社 1980 年版,第 230 页。

② 原载李光:《中国新军队》,1936 年 1 月出版;李光:《平江起义和红五军的诞生——彭德怀同志组织红军第五军的经过》,湘鄂赣革命根据地文献资料编选组:《湘鄂赣革命根据地回忆录》,人民出版社 1986 年版,第 27 页。

③ 李寿轩:《从九都山到井冈山》,《星火燎原》选编之一,中国人民解放军战士出版社 1979 年版,第 256—257 页。

④ 李聚奎:《平江起义时期的彭德怀同志》(原载《人民日报》1979 年 1 月 16 日第 2 版),彭刚编:《人民的怀念:彭德怀纪念文集》,解放军出版社 2000 年版,第 18 页。

二、人数考证

平江起义部队中的共产党员到底有几人？这个问题似乎成为一个难解之谜。

1985 年出版的《湘鄂赣革命根据地文献资料》收录了滕代远于 1929 年 1 月撰写的《向湖南省委的报告》，该报告是我们迄今所能见到的最早提及平江起义的党的档案文献。滕代远在报告中记载，"自平江暴动的时候（一九二八·七·二二），只有 C. P. 党员十二人（内计团长一个，营长一个，连长三个，副官一个，兵士三个，马弁一个，司书二个）"①。作为平江起义的决策者和领导者之一，滕在起义半年后的这一最早记载应该说较为准确。但问题是，滕的记载仅仅是一个孤证，并且滕只记载了这 12 名党员在部队中的任职，而未载明其姓名。因此，平江起义部队中的共产党员是否为 12 人？具体是哪 12 人？这些问题还值得进一步考证。

要进一步解开这个谜底，我们应从《彭德怀自述》入手。彭的自述对第 1 团中国共产党成立历史的来龙去脉有比较详细的论述，可为我们提供基本线索。

中国共产党是随着北伐战争而进入彭德怀所在军队的。彭回忆：1926 年夏，湘军改编为国民革命军，他所在的湖南陆军第 2 师改编为国民革命军第 8 军第 1 师，改编后的第 1 师由中共党员段德昌、米青、欧群化分别担任师政治部秘书长、团指导员和营指导员；此后近半年中，段同彭"谈话有好几次"，彭接受了段所宣传的革命思想，并"都在救贫会（救贫会是彭德怀、张荣生、李灿等 1919 年在部队中成立的一个秘密社团②）中传达"。国共分裂以后的 1927 年 10 月，彭在召集张荣生、李灿、李力等救贫会成员商讨对策时，4 人均表示将来"是走共产党那条路"③。

与此同时，彭与军队驻地的中共南、华、安特委代表张匡发生联系，并将"在沙市一带搞暴动，负轻烧伤"的段德昌安排在李灿家养伤；不久，彭又接纳特委或南县派遣的中共党员邓萍、李光到营部任职；1928 年 4 月，彭正式加入中国共产党，并在第 1 团秘密成立"直属特委领导"的中共支部，彭

---

① 《滕代远向湖南省委的报告》，《湘鄂赣革命根据地文献资料》第 1 辑，人民出版社 1985 年版，第 49 页。

② 《朱德 彭德怀 贺龙 陈毅 罗荣桓军事活动大事记》，战士出版社 1983 年版，第 27 页；《彭德怀自述》，人民出版社 1981 年版，第 23—24 页。

③ 《彭德怀自述》，人民出版社 1981 年版，第 43、49、45、57—58 页。

担任书记,支部成员有邓萍、李光、张荣生和新加入的李灿、李力等;1927年冬,第1师师长周磐筹办师随营学校,缺乏办校人才,彭趁机推荐即将于黄埔军校毕业的黄公略;次年2月,已在广州加入中共的黄公略带领两位同志黄纯一、贺国中(贺当时为候补党员,4月底转为正式党员)来到南县,在不久以后召开的开学典礼上,周磐"宣布黄公略为校长,贺国中为教育长,黄纯一为大队长";4月,支部升格为团党委,"随校成立分支,黄公略为分支书,受团党委领导",彭为团党委书记;7月18日,黄纯一向彭汇报:"现在准备介绍三个人加入共产党。九连有班长李聚奎。"①

下面,我们将上述5人回忆文章中所指的中共党员及其军中任职列成表格(见表8-1所示)。这有助于我们讨论问题。

彭德怀、滕代远、李光是平江起义的决策者,他们的回忆有相当的可信度。表8-1显示,彭、滕、李3人所提及的党员中,8人姓名完全相同,且基本上得到另两人回忆的认同。因此,我们可以确定,平江起义部队中的中共党员至少有8人,即彭德怀、邓萍、李光、张荣生、李灿、黄公略、贺国中、黄纯一。

对比彭、滕、李3人的回忆,其分歧点或存疑点有四:一是李力其人及其党员问题,二是李聚奎等3人的入党时间问题,三是贺夷其人及其党员问题,四是李光提及的随校两个学生及其党员问题。下面,我们分别进行讨论。

表 8-1　平江起义亲历者回忆部队中的中共党员及
其军中任职概况表

	彭德怀回忆		滕代远回忆		李光回忆		李寿轩回忆		李聚奎回忆	
	人名	职务	人名	职务	人名	职务	人名	职务	人名	职务
1	彭德怀	团长	彭德怀	团长	彭德怀	团长	彭德怀	团长	彭德怀	团长
2	邓萍	文书	邓萍	副官	邓萍	副官	邓萍	书记官	邓萍	书记官
3	李光	马弁	李光	马弁	李光	马弁	李光	马弁	李光	随校学员
4	张荣生	传令排长	张云生	班长	张云生	班长	张云生	传令班长		

① 《彭德怀自述》,人民出版社1981年版,第62—67、71、74—78、88页;中共湖南省委党史资料征集研究委员会主编:《湖南党史大事年表》,湖南人民出版社1986年版,第67—68页。

续 表

	彭德怀回忆		滕代远回忆		李光回忆		李寿轩回忆		李聚奎回忆	
	人名	职务	人名	职务	人名	职务	人名	职务	人名	职务
5	李灿	2连连长	李灿	1营2连连长	李灿	1连连长	李灿	2连连长	李灿	连长
6	李力	特务连长								
7	黄公略	3团3营营长	黄公略	2团3营营长	黄公略	2团3营营长	黄公略	随校领导	黄公略	随校校长
8	贺国中	教育长	贺国中	随校负责	贺国中	随校大队长	贺国中	随校领导	贺国中	
9	黄纯一	9连连长	黄纯一	3营9连连长	黄纯一	7连连长	黄纯一	9连连长	黄纯一	连长
10	李聚奎	9连班长								
11	某某	士兵								
12	某某	士兵								
13			贺夷	连的文书	贺夷	连的文书				
14					某某	学生党员				
15					某某	学生党员				
16									潘泗浜	随校学员

说明:1.本表据表中5人回忆文章制作而成。2.职务一栏,除注明者外,均为1团职务。

资料来源:《彭德怀自述》,人民出版社 1981 年版,第 52、60、64、67、84、85、88 页;滕代远:《平江起义前后》,《红旗飘飘》第 19 辑,中国青年出版社 1980 年版,第 229—230 页;李光:《平江起义和红五军的诞生——彭德怀同志组织红军第五军的经过》,湘鄂赣革命根据地文献资料编选组:《湘鄂赣革命根据地回忆录》,人民出版社 1986 年版,第 27 页;李寿轩:《从九都山到井冈山》,《星火燎原》选编之一,中国人民解放军战士出版社 1979 年版,第 256—257 页;李聚奎:《平江起义时期的彭德怀同志》,彭刚编:《人民的怀念:彭德怀纪念文集》,解放军出版社 2000 年版,第 18—21 页。

一是李力其人及其党员问题。在 5 人回忆中,唯有彭德怀记述李力是共产党员。与其余 4 人相比,《彭德怀自述》对 1 团中国共产党成立历史的来龙去脉有比较详细的记载,因而其可信度相对最高。尤其是,《彭德怀自述》中多次提到李力及其活动细节,以此判断,李力应该实有其人,当是共产党员无疑。另外,彭德怀明确记载:张荣生、李力两同志在 1928 年 9、10 月间敌人的三省大会剿中英勇牺牲了。① 对此,滕代远却记述:平江起义后组建成立红 5 军,"李光、张云生同志都担任连长,掌握部队(这两位同志以后在战斗中都英勇牺牲了)"②。两相对照,显然是滕代远的记忆有误,将未牺牲的李光之名误作为已牺牲的李力之名。可见,李力确有其人,其党员身份也就毋庸置疑了。

二是李聚奎等 3 人的入党时间问题。对彭德怀的记述进行分析,我们知道,他在即将起义的前夕,准备介绍李聚奎等 3 人加入共产党,但 3 人并未在 7 月 18 日这天入党。③ 那么,李聚奎等 3 人是否在 7 月 19 日至 22 日之间入党了呢?据李聚奎本人的回忆,平江起义后,"部队党组织吸收那些在闹饷和暴动中的先进分子入党",他"就是起义后第一批入党的党员之一"。④ 以此我们知道,平江起义时,李聚奎并不是共产党员。另外,依照常理推断,同时被列为考察对象,如果没有出现特殊情况,理应同时入党才合情理。既然作为班长且是闹饷积极分子的李聚奎都是在起义后入党的,另两人也应是如此。

三是贺夷其人及其党员问题。如前所述,彭德怀、滕代远、李光是平江起义的决策者,他们的回忆有相当的可信度。3 人之中,有两人(滕、李)明确贺夷是中共党员,且贺的职务是连的文书,则贺夷其人及其党员问题,应该没有太多的疑问。加之,李光的回忆刊载于 1936 年出版的《中国新军队》,离起义不过 8 年左右,这进一步增加了贺夷的可信度。并且,滕在1929 年的档案文献中明确记载,部队党员中有"司书二个",而滕、李两人回忆录中明确记载,担任"连的文书"职务的只有贺夷 1 人。多条资料相互印证,形成一条完整的证据链。可见,贺夷,实有其人;贺夷的党员身份,自然也就没有疑问了。

---

① 《彭德怀自述》,人民出版社 1981 年版,第 110 页。

② 滕代远:《平江起义前后》,《红旗飘飘》第 19 辑,中国青年出版社 1980 年版,第 240 页。

③ 《彭德怀自述》,人民出版社 1981 年版,第 62—67、71、74—78、88 页;中共湖南省委党史资料征集研究委员会主编:《湖南党史大事年表》,湖南人民出版社 1986 年版,第 67—68 页。

④ 李聚奎:《李聚奎回忆录》,解放军出版社 1986 年版,第 34 页。

四是李光提及的随校两个学生及其党员问题。如上文所言，李光的回忆可信度高。此外，李聚奎也提到随营学校收容了一部分中共党员，并指明是李光和潘泗浜同志。[①] 虽然我们清楚地知道李光并非随校的学生党员（明显是李聚奎的回忆有误），但随校中有学生党员当无疑问。后来出版的《李聚奎回忆录》又明确记载，李聚奎的入党介绍人就是"刚由师随营学校分配到我连工作不久的宣传员潘泗浜同志"[②]。可见，李光提及的随校两个学生及其党员身份也应该没有什么疑问，其中一人就是潘泗浜同志。

三、共有 12 人

综上所述，我们可以推断，平江起义部队中的中共党员共有 12 人，即彭德怀、邓萍、李光、张荣生、李灿、黄公略、贺国中、黄纯一 8 人，以及李力、贺夷和 2 名随校学生党员（其中 1 人为潘泗浜）。

依据上文的考证和分析，我们可以进一步推断 1929 年 1 月滕代远在档案文献中所指的 12 名党员，其职务对应的人名大致是：团长彭德怀，营长黄公略，连长为李灿、黄纯一和李力，副官邓萍，兵士张荣生、潘泗浜和 1 名随校学生，马弁李光，书记贺夷，随校教育长贺国中（其身份与司书勉强对应）。

档案文献资料所指的党员数量与笔者考证后的推断完全相同，党员在军队中的职务与具体人名基本能够一一对应。因此，我们可以肯定地说，平江起义部队中的共产党员共有 12 人；如果算上滕代远的话，则是 13 人。

第二节　党史研究的求真与科学

一、学界引用"无不焚之居……"这则史料概况

1934 年 10 月，中共中央和主力红军开始长征，国民党军逐步进占中央苏区暨赣闽边区。在此前后，南京国民政府重新取得了对南方各省革命根

---

① 李聚奎：《平江起义时期的彭德怀同志》，彭刚编：《人民的怀念：彭德怀纪念文集》，解放军出版社 2000 年版，第 18 页。

② 李聚奎：《李聚奎回忆录》，解放军出版社 1986 年版，第 34、35 页。

据地的统治权。

三年游击战争时期原苏区民众的政治生存环境,在新政权建立以后才进入史学的叙述和研究范围。中华人民共和国成立以后,逐渐成为社会科学显学的中共党史和革命史,在对该问题的叙述中,有一则史料被广泛引用。这则史料是:在原革命根据地内,或后来的"清剿"内,"无不焚之居,无不伐之树,无不杀之鸡犬,无遗留之壮丁,闾阎不见炊烟,田野但闻鬼哭"。

据笔者的检索,胡华最早引用这则史料。1953 和 1954 年,胡华主编《中国革命史讲义》,关于三年游击战争时期原苏区民众的政治生存环境,书中记述:"红军主力北上长征后,留在南方各省根据地的红军,在陈毅、项英等负责的中央分局领导下,继续坚持各根据地的斗争。国民党反动派乘红军主力转移,侵入各根据地,对根据地人民进行惨无人道的摧残。据当时国民党反动政府的报告书中供述,在'清剿区'内,'无不焚之居,无不伐之树,无不杀之鸡犬,无遗留之壮丁,闾阎不见炊烟,田野但闻鬼哭'。"[1]从 1954 年开始,该书"分编分册陆续印出",长期"用作高等学校的党史课和现代史课的一种教材"。[2]

稍后,李新等人主编的《中国新民主主义通史初稿》同样引用了这则史料,书中关于三年游击战争时期原苏区民众政治生存环境的描述也更为典型和详细。该书是这样描述的:"国民党匪军趁红军主力转移后,立即闯进了各根据地并开始了疯狂的烧杀。瑞金被杀的十二万人;平江被杀的十三万四千人;宁都被杀绝八千三百余户;闽西被杀绝四万余户。整个江西区和闽西区约有八十万群众被杀害。茶陵县上岩乡六十里茶山,被焚毁五十四里;平江徐家洞等六个乡的二千四百七十余栋房子,仅剩下六百五十栋;闽西有五百多个村庄被毁掉;更有的地方,如新县至麻城、罗田间,八十里内的村庄全部烧光,造成了一片荒凉的无人区。在敌人烧、杀、抢的三光政策下,南方各省的革命根据地,出现了田园荒芜、人口稀少的惨象。在当时蒋匪的报告书中曾这样供述,在所谓'清剿区'内,'无不焚之居,无不伐之树,无不杀之鸡犬,无遗留之壮丁,闾阎不见炊烟,田野但闻鬼哭'。"[3]

李新等人是在 1959 年全国文科教材会议后,以高等院校专家的身份应召集体编写《中国新民主主义通史初稿》的。该书共为一至四卷,编写时

---

[1]　胡华主编:《中国革命史讲义》上册,中国人民大学出版社 1979 年版,第 373 页和该书"修订说明"。

[2]　胡华主编:《中国革命史讲义》上册,中国人民大学出版社 1979 年版,该书"修订说明"。

[3]　李新、彭明、孙思白、蔡尚思、陈旭麓主编:《中国新民主主义革命时期通史》第 2 卷,人民出版社 1962 年版,第 233 页。

"仍用革命史名称，但全书的体例、结构和内容都是现代史性质，成为现代史主要教材"①。据称，该书是到 20 世纪 80 年代中期为止，"集中较多力量和时间编写的一本较为详细的专著……不少评述，至今还很有参考价值"②。

正因为该书集中了国内众多专家进行集体编写，使得该书关于三年游击战争时期原苏区民众政治生存环境的描述成为社会各界的经典说法。这一经典说法和"无不焚之居……"这则经典史料，为"文化大革命"以后出版的众多党史、革命史、苏区史、军事史、游击战争史、现代史、经济史等学界的著作，甚至文学界著作和高校教材所继承、所征引。表 8-2 中所列举的 40 多本论著，都完整引用过这则经典史料。只不过，有的注明了经典史料来自《中国新民主主义通史初稿》一书，有的并未注明史料来源，还有的注明来自 20 世纪 80 年代前中期孔永松、林天乙等编著的《闽赣路千里——红军转战闽赣与创建闽西革命根据地的斗争》或《中央革命根据地史要》。③这 40 多种论著，有的是党史、革命史和苏区史权威著作，如中共中央党史研究室著的《中国共产党历史》、孔永松等编著的《中央革命根据地史要》；有的是地方党史、革命史和三年游击战争史论著，如林强主编的《中共福建地方史》、中共赣州地委党史工作办公室编的《赣南人民革命史》、刘勉钰撰写的《中央苏区三年游击战争史》和《江西三年游击战争史》；有的是军事论著，如中国人民解放军江西省军区游击战材料编写组编写的《江西革命游击战争史稿》、军事科学院军事历史研究部编著的《简明中国人民解放军战史》；有的是经济史、思想政治工作论著，如陈荣华等著的《江西经济史》、刘兰兮等著的《中国近代经济史（1927—1937）》、黄小蕙的《思想政治工作 70 年》；有的是高校的通用教材，如王大同等编写的《中国现代史》、王文泉等主编的《中国现代史》；还有纪实文学、报告文学等，如舒麦德的《新四军征战纪实》、李镜的《大迁徙》（"中国革命斗争报告文学丛书·长征卷"）。这使得苏区革命后原苏区民众政治生存环境的描述，以及"无不焚之居……"这则经典史料，广为流传，影响深远。

---

① 孟宪恒编著：《史学文献检索》，陕西师范大学出版社 1991 年版，第 321 页。

② 张注洪编著：《中国现代革命史史料学》，中共党史资料出版社 1987 年版，第 84 页。

③ 孔永松、林天乙等编著：《闽赣路千里——红军转战闽赣与创建闽西革命根据地的斗争》，上海人民出版社 1982 年版；孔永松、林天乙等编著：《中央革命根据地史要》，江西人民出版社 1985 年版。

表 8-2　1949 年以来引用过"无不焚之居……"史料的部分论著

序号	作者或编者	书名	出版信息	页码
1	李新、彭明、孙思白、蔡尚思、陈旭麓主编	中国新民主主义革命时期通史初稿，第2卷	人民出版社1962年版	233
2	胡华主编	中国革命史讲义，上册	中国人民大学出版社1979年版	373
3	中国人民解放军江西省军区游击战材料编写组	江西革命游击战争史稿（征求意见稿）	1981年编	132
4	孔永松、林天乙编著	闽赣路千里——红军转战闽赣与创建闽西革命根据地的斗争	上海人民出版社1982年版	329
5	陈枫	皖南事变本末	安徽人民出版社1984年版	6
6	孔永松、林天乙、戴金生	中央革命根据地史要	江西人民出版社1985年版	456
7	胡提春	中国革命史讲座	1985年	214
8	王大同、陈能南、陈孝华	中国现代史	福建教育出版社1985年版	393—394
9	张全德、王先发编著	鄂豫皖革命根据地医药卫生史简编	河南省卫生厅1986印	93
10	中共东至县委党史办公室编	东至革命史	1986年印	55
11	夏道汉、陈立明	江西苏区史	江西人民出版社1987年版	357
12	中共商城县委党史资料征编委员会	商城革命史	河南人民出版社1988年版	148
13	王文泉、赵呈元主编	中国现代史	中国矿业学院出版社1988年版	289—290
14	江西省军区编、刘子明主编	江西民兵	江西人民出版社1989年版	109

序号	作者或编者	书名	出版信息	页码
15	郑德荣主编	国共政权十年对峙史（1927—1937）	1990 年	339
16	中共中央党史研究室	中国共产党历史，上卷	人民出版社 1991 年版	423
17	黄小蕙	思想政治工作70 年	国防大学出版社 1991年版	220
18	陆永山、李蓉编著	土地革命的枪声	吉林人民出版社 1991年版	119
19	张俊超、虞崇胜编	奋斗·挫折·胜利——中国现代史新编	武汉大学出版社 1991年版	131
20	军事科学院军事历史研究部编著	简明中国人民解放军战史	军事科学出版社 1992年版	117
21	林强主编，中共福建省委党史研究室编著	中共福建地方史，上册	中央文献出版社 1993年版	574
22	刘勉玉	中央苏区三年游击战争史	江西人民出版社 1993年版	25—26
23	杨鹏程、左双文主编	二十世纪中国史	河北人民出版社 1993年版	354
24	舒麦德	新四军征战纪实	四川文艺出版社 1994年版	8
25	李镜	大迁徙（"中国革命斗争报告文学丛书·长征卷"）	解放军出版社 1995年版	64
26	赖金水	浅谈闽西三年游击战争得以坚持和发展的原因	中共长汀县委党史资料征集研究委员会编：《汀江红旗》第 3 辑	198
27	郑广瑾	南方三年游击战争记	河南人民出版社 1997年版	191
28	中共赣州地委党史工作办公室编	赣南人民革命史	中共党史出版社 1998年版	348

续　表

序号	作者或编者	书名	出版信息	页码
29	中共瑞金市委党史工作办公室	瑞金人民革命史	中央文献出版社1998年版	148
30	刘良	进退韬略：毛泽东在命运转折关头	福建人民出版社1998年版	327
31	苏多寿、刘勉钰主编	曾山传	江西人民出版社1999年版	116
32	张开泉	南国烽烟铸诗魂——陈毅赣南诗词选注	江西省文化厅革命文化史料征集工作委员会编：《江西苏区文化研究》2001年印	224
33	宋天泉、王增祺、谭鹏高	拂晓劲旅：中国人民解放军第二十一军征战纪实	解放军文艺出版社2003年版	35
34	陈荣华、余伯流、邹耕生、施由民等	江西经济史	江西人民出版社2004年版	549
35	庄春贤	陈毅在油山	中国文联出版社2004年版	33
36	黄宝华、赖昌明	赣南客家与苏维埃革命	中国文联出版社2005年版	136
37	黄惠运编著	江西省苏维埃政府主席曾山	中国文史出版社2006年版	220
38	中共万年县委党史工作办公室编著	中共万年地方史（1926—1949）	2006年印	122
39	李清泉	铁的新四军独有的特点和贡献	中国新四军和华中抗日根据地研究会编：《铁军精神研究——新四军成立70周年纪念文集》军事科学出版社2007年版	422
40	凌翔	永远的八一军旗·星火燎原	晨光出版社2008年版	521

序号	作者或编者	书名	出版信息	页码
41	刘勉钰	江西三年游击战争史	江西人民出版社 2009 年版	70
42	刘兰兮等	中国近代经济史(1927—1937)	人民出版社 2012 年版	57—58

　　说明:1.页码一栏数据是指该书引用"无不焚之居……"史料的页码。2.王大同等主编的《中国现代史》,由华东地区上海、山东、江苏、安徽、浙江、江西、福建等六省一市 8 家出版社协作组织编写出版,供在职初中教师业余进修。3.刘勉玉与刘勉钰为同一人,人名照录原书而来。

二、"无不焚之居……"这则史料的可能来源分析

　　必须指出的是,所有引用"无不焚之居……"这则史料的论著,大都使用了"供述""供认""供称""供出"或"不得不承认"等意思大致相同的词汇,意指三年游击战争时期原苏区或"清剿区"田园荒芜、人口稀少等社会经济颓败,是国民党疯狂进攻和残酷烧杀抢政策导致的,国民党(军)方面对此是认同的。

　　还必须指出的是,无论是最早引用"无不焚之居……"这则史料的胡华,还是李新等人编著的《中国新民主主义通史初稿》,抑或是孔永松等编著的《闽赣路千里》和《中央革命根据地史要》,以及其他论著都没有注明史料的原始来源。

　　尽管如此,检索表 8-2 中的 40 多本著作,我们还是可以得知,"无不焚之居……"这则史料可能来源于两个途径。一是国民党(蒋介石)的"剿匪"报告书或"清剿"报告书,如前述胡华、李新等著作中的说法。二是民国报纸,如陈枫《皖南事变本末》、宋天泉等《拂晓劲旅:中国人民解放军第二十一军征战纪实》等著作中的说法。[①]

　　关于第一种说法,多年来,笔者检索和查阅了各种资料,都没有发现"剿匪"报告书或"清剿"报告书中有相应的记载。倒是 1934 年底和 1935 年初,国民政府的两份"剿匪"报告书中,有类似情况的描述。一是 1934 年 11 月的《国民政府军事委员会委员长南昌行营处理剿匪省份政治工作报告》,其在关于"收复区"暨原"匪区"农村善后中"救济农村金融"小节中记述:

---

　　① 陈枫:《皖南事变本末》,安徽人民出版社 1984 年版,第 6 页;宋天泉、王增祺、谭鹏高:《拂晓劲旅:中国人民解放军第二十一军征战纪实》,解放军文艺出版社 2003 年版,第 35 页。

"查剿匪各省收复县区，自经赤匪之乱，无不惨遭破坏，农村赤立，百无一有。"[1]一是 1935 年 1 月的《军事委员会委员长行营政治工作报告》，该报告在谈到"收复区"暨原"匪区"农村金融紧急救济时论及："赤匪逞其残酷之手段，唯以破坏为能事，凶焰所至，胥被摧残，而尤以农村受害为烈，丁壮裹胁，老弱流亡，庐舍荡然，盖藏一空，甚至鸡犬不留，农具炊器，悉被毁灭，是以收复各地，一般孑遗流亡之民几至无法生存。"[2]

至于第二种说法，笔者通过相关数据库检索了民国报纸，发现"无不焚之居……"这则史料最早出现于 1932 年 10 月 1 日的《申报》。为便于分析，将其主要内容照录如下：

汉口来电。各报馆均鉴。中正奉命驻汉，督剿赤匪，幸赖军民上下，同心协力，披荆斩棘，次第芟除。惟收复之区，百物荡尽，无不焚之居，无不伐之树，无遗留之鸡犬，无不杀之耕牛。总计半月以来所接前方将领报告，如豫之商城、光山、固始，皖之六安、霍邱、英山、霍山，鄂之黄安、麻城、罗田、沔阳、监利等处，皆如穷边之地，一望荒凉，不见炊烟，但闻野哭。甚或成千累万，泥首军前，鹄面鸠形，僵卧道左。批阅之下，怒然心伤。业分电三省政府赶办振款振粮，分途派员弛赴救恤，并经颁布剿匪区域减免田赋办法通饬遵行，以资安辑在案。……故其望各人民团体慈善机关殷实富户，各竭力之所及，分途汇集巨款，以资救济……更望各学校各团体领袖及妇女界，组织视察团分批亲赴灾区视察，以明真相而谋救济……俾全国上下，怵兹惨况，共尚淳朴，力矫奢华，以恢复农村，畅销农产，为吾国人共赴之的，共循之轨，庶乎有豸、幸详加省察焉。蒋中正卅秘。"[3]

这则通电是蒋介石拍发给上海市政府并抄送各报馆的。蒋之目的在于让社会各界了解"收复区"社会经济惨状，并希望各界给予大力救济。此后，出于同样目的，1932 年 10 月 4 日和 11 月 6 日、1933 年 11 月 12 日、1934 年 12 月 2 日的《申报》均重引了蒋这则通电的主要内容，"无不焚之居……"每次都出现于报端。[4]

研读这则通电的内容，不难得知，通电所反映的，实为 1932 年 10 月，鄂

①　《第九　关于农村善后事项》，《国民政府军事委员会委员长南昌行营处理剿匪省份政治工作报告》，1934 年 11 月，第 17 页（文页）。

②　《军事委员会委员长行营政治工作报告》，1935 年 1 月，第 27—28 页。

③　《公电》，《申报》（上海版）1932 年 10 月 1 日，第 11 版。

④　《公电》，《申报》（上海版）1932 年 10 月 4 日，第 7 版；《蒋代求振电》，《申报》1932 年 11 月 6 日，第 14 版；《剿匪宣传周第六日记》，《申报》1933 年 11 月 12 日，第 11 版；《四川路青年会正式开始办公》，《申报》1934 年 12 月 2 日，第 11 版。

豫皖和湘鄂西根据地红军反"围剿"失利后，国民党军进占这两块革命根据地后所见之景象。通读电文中的描述和蒋介石"批阅之下，怒然心伤"等，笔者没有看到蒋介石和国民党有丝毫主动的"供述""供认""供称""供出"或"不得不承认"等态度或意思。如果不为"尊者讳"，读者是不难读出蒋和国民党方面对中共苏区革命这场"匪乱"的指责的。

读罢这则通电，再对比表 8-2 中 40 多本引用"无不焚之居……"论著的相关论述，笔者只是不明白，从时间上看，明明是国民党军 1932 年第四次"围剿"中的前线报告，怎么就变成了国民党军三年游击战争时期的"清剿"报告？从地点上看，明明是国民党军占领鄂豫皖和湘鄂西根据地后的见闻，怎么就变成了国民党军对南方各省原革命根据地暨"清剿区"的战后整体描述？从原始史料（通电）看，明明是国民党或蒋介石方面对红军的指责，怎么就变成了国民党或蒋介石的主动认错？从人性和党派斗争的角度看，对苏区实行疯狂进攻和残酷烧、杀、抢政策的国民党（军）怎么可能主动认错或承担职责呢？

三、只有建立在"求真"基础上的党史才是"信史"

历史是个任人打扮的小姑娘吗？李金铮认为，小姑娘是应当允许打扮的，只是看谁打扮得更加漂亮，更加符合小姑娘的形象；历史如同小姑娘一样，是一种客观存在，应当允许不同的解释；历史越辩越明，历史研究总是朝着符合历史真相的方向前进。① 确实，如同小姑娘允许打扮一样，历史研究也应当允许不同的解释。李金铮的话虽然没有言明，但是，他的上述这段话，应该包含以下意思，即历史研究应该遵循学界公认的基本规则。如，必须实事求是，言之有据，有一分材料说一分话，无材料不说话；史料解读应忠于原史料，不能曲解史料，更不能歪曲史料。

就"无不焚之居……"这则史料来说，不论"剿匪"报告书或"清剿"报告书是否有这段记载，我们基本可以判断，如果以上述历史学界公认的基本规则加以衡量，表 8-2 中 40 多本论著利用这则史料，对三年游击战争时期原苏区民众政治生存状态②做出阐释的行为，其不规范或错误之处是明显

---

① 李金铮：《农民何以支持与参加中共革命？》，《近代史研究》2012 年第 4 期，第 151 页。

② 三年游击战争时期原苏区民众的政治生存状态，笔者以赣闽边区暨原中央苏区为例，提供了一种解释。这个问题还可以继续讨论，也值得继续讨论。这个问题不是本文的讨论主题，但与本文讨论主题相关。参见游海华：《南方三年游击战争时期赣闽边区民众政治生存状态考察》，《中共党史研究》2012 年第 7 期，第 73—81 页。

的。表现在：一是言之无据，没有注明史料来源，令后来的研究者难以查对；有的虽注明了转引史料（二手资料）的来源，但没有查对第一手史料，而是照搬照抄，延续错误。二是引用史料时时空错乱，移花接木，将1932年国民党军进占鄂豫皖和湘鄂西根据地后的见闻，当作苏区革命后国民党军进占原革命根据地暨"清剿区"的整体描述。三是曲解史料，甚至无中生有，把国民党、蒋介石看作如中国共产党一样，具有高度的批评与自我批评精神，然而实际上，原史料并不能反映出国民党、蒋介石有主动认错或承担职责的意图。

如果这份"剿匪"报告书或"清剿"报告书事实上不存在，即可能没有"无不焚之居……"这句话，则最初引用这则材料的论著还存在拼接史料的问题。从前引1932年《申报》的电文中，我们知道原史料是分离的两句话，即"百物荡尽，无不焚之居，无不伐之树，无遗留之鸡犬，无不杀之耕牛"和"穷边之地，一望荒凉，不见炊烟，但闻野哭"，而后来被相关学者广泛引用时，却变成了"无不焚之居，无不伐之树，无不杀之鸡犬，无遗留之壮丁，闾阎不见炊烟，田野但闻鬼哭"这样一个句子。

好在最新出版的权威著作《中国共产党历史》，在关于"南方红军三年游击战争"的描述中，已经完全摒弃了"无不焚之居……"这则史料及相关阐述。① 这种纠错行为，不但改正了1991年版《中国共产党历史》中使用和解读史料的错误②，对于在苏区史学界、革命史学界、党史学界，乃至历史学界继续倡导实事求是的研究风气来说，也不失为一种好的垂范。

无论是苏区史研究、革命史研究、党史研究还是历史研究等，"历史求真"是其最主要的目标之一③，也是其最根本的基础，尽管这可能是一个永无止境的过程。只有梳理清楚基本史实，才能在此基础上展开各种问题的讨论，以及相关价值的评判。如果与史实相去甚远，甚至南辕北辙，那一切的讨论和评判等都是纸上谈兵，没有根基。而唯有实事求是、言之有据、有一分材料说一分话的研究，才可能称之为"信史"，并上升到"科学"的高度。

---

① 中共中央党史研究室：《中国共产党历史 第一卷（1921—1949）》上册，中共党史出版社2011年第2版，第404—406页。

② 中共中央党史研究室：《中国共产党历史》上卷，人民出版社1991年版，第423页。

③ 王先明认为，史学在其孕育形成之初就是以求真为宗旨的；不断扬弃伪识和建构真知，是史学社会功能的体现；辨伪求真与实事求是，是史学学科知识体系建构的内在价值。参见王先明：《史学研究的主旨在于求真》，《光明日报》2017年7月19日，第11版。

第八章　红色文化评论

第一节　评改革开放以来谭震林研究

谭震林(1902—1983),湖南攸县人,中国共产党的优秀党员、久经考验的共产主义战士、杰出的无产阶级革命家。青少年时当过书店学徒、装订工人,1925 年参加革命,1926 年加入中国共产党,1927 年随毛泽东上了井冈山。谭是中共老一辈无产阶级革命家,先后参加土地革命战争、抗日战争和解放战争,是我军许多重大战役、战斗的组织者和指挥者之一。中华人民共和国成立后,谭震林是党和国家的重要领导人之一,先后出任中共浙江省委书记、浙江省人民政府主席、华东军政委员会副主席、中共中央华东局第三书记、中央书记处书记、国务院副总理、全国人大常务委员会副委员长、中央顾问委员会副主任等职务。"他在半个多世纪的革命岁月中,为发展、壮大革命武装力量,为创建革命根据地,为中国人民解放事业的胜利,为社会主义革命和社会主义建设事业的发展,进行了不倦的斗争,建立了卓越的功勋。"①

2017 年是谭震林逝世 35 周年,自其于改革开放初期逝世的 1983 年迄今,学界对谭震林已经有了一些研究。35 年来,谭震林研究的大致过程怎样,主要集中在哪些方面,存在何种不足,未来应如何进一步深入拓展等,对于以上问题,目前学界还没有相关论文加以综述。本节拟在充分把握改革开放以来谭震林研究相关成果的基础上,谈谈对此的看法。

---

① 《胡耀邦同志致悼词》,《人民日报》1983 年 10 月 6 日,第 2 版。

一、谭震林研究历程回顾

1983 年 9 月 30 日,谭震林在北京逝世,享年 81 岁。所谓"盖棺论定",虽然此前也有一些记述谭震林生平事迹的文章①,但是真正意义上的研究性文章,还是在谭逝世后才开始的。或者说,只有在"人去楼空"以后,真正意义上的研究性评价才有了可能。

谭震林逝世的当年国庆期间,即 10 月 5 日,首都隆重举行了谭震林同志追悼大会。追悼会由时任中央政治局常委、中央顾问委员会主任邓小平主持,时任中共中央总书记胡耀邦致悼词。6 日,《人民日报》对此进行了详细报道;前一天,《工人日报》发表了严志平的回忆性文章。② 随后的 10 月期间,先是谭震林工作过的浙江,《浙江日报》上刊文怀念谭在浙江工作和斗争的情况,后是谭的家乡湖南,《湖南日报》连续发表两篇对谭的纪念性文章。③ 此后的 1984 年至 1992 年,谭的妻子葛慧敏,亲密战友、同事和部下谭启龙、伍洪祥、陈丕显、萧克、韩伟、江华、江渭清、汪大铭、李宽和、林攀阶、王征明等先后刊文,追忆谭震林生平相关事迹。④

① 柏生:《学徒生活回忆——谭震林同志访问记》,《人民日报》1957 年 5 月 10 日,第 3 版;黄显孟等:《谭老不朽》,《新湘评论》1980 年第 2 期;胡涤非:《第一个工农兵政府主席——谭震林同志》,《新湘评论》1981 年第 11 期;胡晟盛、周锦尉:《谭震林同志谈井冈山道路——访问记录》,《历史教学》1981 年第 12 期。

② 《首都隆重举行谭震林同志追悼大会》,《人民日报》1983 年 10 月 6 日,第 1 版;严志平:《殷切的期望——谭震林同志生前对记者的一次谈话》,《工人日报》1983 年 10 月 5 日,第 1 版。

③ 肖贻:《首长·良师·挚友——深切怀念谭震林同志在浙江的工作和斗争》,《浙江日报》1983 年 10 月 11 日,第 4 版;中共茶陵县委党史资料征集小组办公室:《"第二故乡"人民的怀念——悼念谭震林同志》,《湖南日报》1983 年 10 月 16 日,第 2 版;朱洪富、易晚珠、何得云:《铭刻在故乡人民的心坎上——缅怀谭震林同志在攸县进行民主整社试点的事迹》,《湖南日报》1983 年 10 月 25 日,第 2 版。

④ 葛慧敏:《悼念良师益友谭震林同志》,《工人日报》1984 年 9 月 26 日,第 2 版;谭启龙:《怀念谭震林同志》,《人物》1984 年第 6 期;王征明:《跟随谭震林同志打游击》,《党史资料丛刊》1984 年第 2 期;伍洪祥等:《十年征战垂英名——怀念谭震林同志》,《福建日报》1985 年 10 月 26 日;陈丕显:《善于开创新局面的典范——纪念谭震林同志》,《人民日报》1985 年 11 月 28 日,第 4 版;萧克:《正气浩然　风范长存——怀念谭震林同志》,《解放军报》1985 年 11 月 29 日,第 4 版;汪大铭:《一束难忘的回忆——缅怀谭震林同志》,《革命人物》1985 年第 2 期;汪大铭:《长江夜渡——缅怀谭震林同志(续)》,《革命人物》1985 年第 3 期;王直:《缅怀杰出的无产阶级革命家谭震林同志》,《党史研究与教学》1985 年第 1 期;李宽和:《忆跟随谭震林同志视察四都后方医院片断》,《党史研究与教学》1986 年第 1 期;林攀阶:《忆谭震林同志》,《福建党史月刊》1990 年第 4 期;韩伟:《谭震林在赣南闽西》,《湖南党史月刊》1991 年第 9 期;江华、江渭清、谭启龙、陈冰:《刚直无畏　功垂千古》,《人民日报》1992 年 4 月 26 日,第 5 版。

与众多的怀念性文章相比,从谭震林逝世至 1992 年这段时间,学界对谭震林的研究只有寥寥数篇文章,常文、刘普庆、李建业是这一时期的代表性作者①;研究性论著倒是出版了 5 部,均为 1992 年出版,可谓成果丰硕。另有纪实性文章 10 篇左右。以上成果标志着谭震林研究的第一个阶段。其中,最值得注意的是《谭震林传》。该书是在中共中央的关怀下,以江渭清为首,于 1989 年成立编委会,下设编纂小组、编纂分会或协作组具体主持编写工作,上海、湖南、福建、江西、浙江、安徽、山东、江苏等八省、市和国务院原农口有关单位分别成立编写小组,依据相关单位保存的谭震林讲话、文稿、电报、书信和其他有关文电、书稿、报刊、会议记录,以及相关单位、个人和家属保存的记录、录音、会议和访问记录等,忠实记录了谭震林的一生,是一项集体性研究成果。②

与此形成鲜明对比的《谭震林在福建》则是一部个人研究性专著。作者黄肇嵩曾是《谭震林传》福建写作小组的成员之一,"在完成 4 万多字的上送传稿的同时,也同步进行这本书约 20 万字的编写工作",将 1929 至 1938 年 10 月间谭震林参与创建、巩固、发展闽西革命根据地的史实做了详细梳理。③ 董保存的《谭震林外传》也是一部个人研究性专著。和黄肇嵩类似,董是《谭震林传》北京写作小组成员之一,他以史实为基础,以文学的笔触尽力描述出谭震林的性格特征。④

为纪念谭震林诞辰 90 周年,中共攸县委员会将谭生前在家乡的讲话和谭给攸县县委的书信,以及谭在家乡工作的情况等汇编成《情系桑梓》一书;《谭震林传》编纂小组副组长金冶,则将谭震林各个时期的战友、部属、身边工作人员,以及相关单位和谭的亲属、子女等撰写的 82 篇怀念性文章汇编成《回忆谭震林》一书。⑤ 两书既体现了相关人员对谭的专门性研究,又可作为史料使用。

谭震林研究的第二个阶段,是 1993 年至 2002 年间。这一阶段,据笔者的不完全统计,除结集出版的著作以外,发表的研究性论文约有 35 篇,黄

---

① 常文:《谭震林同志与苏常太抗日游击根据地》,《苏州大学学报》1985 年第 4 期;刘普庆:《抗日战争中的谭震林》,《湖南党史通讯》1985 年第 8 期;刘普庆:《书信万千言 句句话公仆——读谭震林同志给攸县县委的几次来信》,《湖南党史月刊》1989 年第 11 期;刘普庆:《谭震林》,《湖南党史月刊》1991 年第 3 期;李建业:《华中分局副书记应为谭震林》,《党史纵横》1992 年第 4 期。

② 《谭震林传》编纂委员会:《谭震林传》,浙江人民出版社 1992 年版,第 412—413 页。

③ 黄肇嵩:《谭震林在福建》,鹭江出版社 1992 年版,第 246、236—237 页。

④ 董保存:《谭震林外传》,作家出版社 1992 年版,第 217—218 页。

⑤ 中共攸县委员会编:《情系桑梓——纪念谭震林同志诞辰九十周年》,光明日报出版社 1992 年版;金冶主编:《回忆谭震林》,浙江人民出版社 1992 年版。

肇嵩、季矢、王祖强、孙英、周生贤等为代表性作者①；纪实性文章 50 多篇；出版著作 5 部。5 部著作中，以陈利明的《谭震林传奇》出版最早。该书是一部传记文学作品，算不上严格的学术研究作品。② 最值得关注的是《谭震林在常熟》，该书为地方党史部门所编，分为历史文献、缅怀与回忆、访谈与研究、附录 4 个部分，内容以谭震林率部开辟苏常太抗日游击根据地的文献和研究为主。③ 在根据地创建 60 周年之际，出版该书，不仅为纪念谭震林，而且对于拓展谭震林研究具有重要的资料性意义。另外 3 部著作是应谭震林百年诞辰纪念而出版的。其中，谭泾远主编的《谭震林》，系关于谭震林的画册和摄影集。④《谭震林纪念文集》分文选、回忆和传记 3 部分，是一本研究谭震林的基本史料。⑤《谭震林百年诞辰纪念文集》主要由中共浙江省委党史研究室编辑。2002 年，是谭震林 100 周年诞辰纪念。为此，中共浙江省委、省人民政府于 2002 年 4 月底，在杭州隆重举行了纪念谭震林 100 周年诞辰座谈会。参加此次座谈会的，有浙江省领导、本地和外地的老同志、全国各地新四军研究会的领导同志、谭的家属和在杭部分新四军老战士共 250 多人。与此同时，中国新四军研究会、浙江省新四军研究会和中共浙江省委党史研究室联合举行纪念谭震林 100 周年诞辰学术研讨会，加上谭的家属，共有 60 余人参加了会议。该文集系由座谈会和学术研讨会内容编辑而成，包括 9 篇领导讲话、48 篇文章和 2 首诗。⑥

除在杭州举行的这次谭震林 100 周年诞辰学术研讨会外，这一期间还举行了许多相关的学术会议和座谈会。例如，1997 年在上海举行的纪念新四军成立 60 周年大会，1998 年在南京举行的纪念渡江战役胜利暨南京解

　　①　黄肇嵩以《五十春秋风雨路——谭震林与毛泽东交往轶事》为题，在《福建党史月刊》1993 年第 2 期至第 5 期连续刊载；另以《谭震林在三年游击战争中》为题，在《福建党史月刊》1996 年第 6 期至第 11 期连续刊文。其他参见季矢：《巧借华诞作文章——谭震林在桂林给毛泽东写"祝寿信"的前前后后》，《广西党史》1998 年第 4 期；王祖强：《新浙江建设的奠基人——纪念谭震林同志诞辰一百周年》，《浙江档案》2002 年第 3 期；孙英：《业绩不朽　风范永存》，《中共党史研究》2002 年第 3 期；中共浙江省委党史研究室浙江省新四军研究会：《建设新浙江的开拓者》，《浙江日报》2002 年 4 月 30 日，第 2 版；周生贤：《在纪念谭震林同志诞辰 100 周年座谈会上的发言》，《中国绿色时报》2002 年 4 月 24 日，第 1 版。

　　②　陈利明：《谭震林传奇》，中国文史出版社 1994 年版。

　　③　中共常熟市委党史工作办公室、常熟市新四军历史研究会编：《谭震林在常熟》，中央文献出版社 2000 年版。

　　④　谭泾远主编：《谭震林》，中共党史出版社 2002 年版。

　　⑤　中央党史研究室科研管理部编：《谭震林纪念文集》，湖南人民出版社 2002 年版。

　　⑥　中共浙江省委党史研究室等编：《谭震林百年诞辰纪念文集》，浙江人民出版社 2002 年版，"前言"第 1—3 页。

放 50 周年学术研讨会、在徐州举办的纪念淮海战役暨徐州解放 50 周年学术讨论会,2001 年在北京举行的新四军文化工作研讨会。另外,2002 年,北京、上海均举行了纪念谭震林百年诞辰的会议,其中在北京的座谈会上,时任中央政治局常委、国家副主席胡锦涛出席并发表了重要讲话。这些会议尽管大部分不是谭震林的专题研讨会,但是都是与谭震林研究相关的学术会议。这一时期不少有关谭震林研究的论文,就是在这些会议上首先发表的。应该说,这些相关会议的举办,大大推动了谭震林研究的深入。

谭震林研究的第三个阶段,是 2003 年至今。这 15 年期间,据笔者的不完全统计,发表研究性论文在 20 篇左右,雷声宏、尹萍、刘勉钰、赵文强、李根清等是代表性作者①;纪实性文章约有 60 篇;研究性著作阙如。这一期间,最重要的会议有两次。一次是 2012 年 4 月,北京新四军研究会在北京科技会堂举办谭震林诞辰 110 周年纪念会,参会人员有 120 人。另一次是同年 4 月,中共福建省委党史研究室和福建省军区政治部联合举办纪念谭震林 110 周年诞辰座谈会。湖南攸县虽然也隆重举行了纪念谭震林同志 110 周年诞辰的活动,但仅为纪念活动,无学术探讨。其他相关学术会议也有一些,如 2005 年北京新四军暨华中抗日根据地研究会举行的纪念抗日战争胜利 60 周年大会,2012 年举行的"永远的纪念、华中抗日根据地建设与研究、战斗生涯峥嵘岁月、追思、缅怀、传承"研讨会。这些会议上也发表了一些谭震林研究的论文,同样推动了谭震林研究的深入。

二、谭震林研究成果述评

从研究内容看,以研究性论文论,中华人民共和国成立前,讨论的主题集中在土地革命时期谭的贡献、谭震林与毛泽东的关系,抗战时期谭震林在皖南抗日、创建东路抗日根据地和在淮南抗日,解放战争时期参与指挥渡江战役。中华人民共和国成立以后,集中在建国初期谭震林在浙江的建政贡献、谭主管农林业的贡献,"文化大革命"期间谭的"怀仁堂抗争"和谭毛林关系,"文化大革命"以后谭在《红旗》杂志发表文章等主题上。下面,主要根据研究内容,分别做简要述评。

---

① 雷声宏:《〈红旗〉发表谭震林文章的前前后后》,《百年潮》2005 年第 4 期;尹萍:《谭震林与"驴打滚"政策》,《中国绿色时报》2012 年 2 月 15 日,第 4 版;刘勉钰:《谭震林对井冈山革命根据地和江西苏区的重大贡献》,《党史文苑》(纪实版)2012 年第 6 期;赵文强:《抗战前期统战政策成功实践探析——以南繁铜地区新四军统战工作为例》,《广东省社会主义学院学报》2016 年第 3 期;李根清:《谭震林的一封信》,《炎黄春秋》2016 年第 7 期;雷声宏:《谭震林在〈红旗〉杂志发表两篇重要文章的经过》,《百年潮》2016 年第 11 期。

（一）土地革命战争时期

谭震林是井冈山革命时期成长起来的革命者，是毛泽东开辟"井冈山道路"的坚定拥护者和忠诚实践者。黄肇嵩梳理了井冈山时期谭震林与毛泽东的关系，例如是毛泽东的一封信，使得谭震林当上了湘赣边界第一个县级红色政权的主席；谭震林是"第一个赞成'枪杆子里面出政权'的"；毛泽东是在军官教导队学习的谭震林最好的老师，而谭则是井冈山土地革命中毛最好的帮手。① 刘勉钰认为，谭震林在井冈山时期的重大贡献主要表现在建立井冈山第一个县级工农兵政权，投身武装斗争，开展土地革命，加强党的建设，坚持毛泽东正确路线等方面。②

中央苏区时期，谭震林是卓越的政治工作者和优秀的红军指挥员。1929年上半年，红四军两次入闽，作为前委委员和前委领导下的工农革命委员会主任，谭震林为开辟新区做出了贡献，坚定地执行毛泽东的革命路线，不久他与毛泽东在红四军党的第七次代表大会上一同落选前委委员，但谭并未因此影响工作情绪，而是全心全意投入到革命工作中，随后在12月份的古田会议上与毛泽东再次当选前委委员。③ 1932年间，谭震林带队配合漳州战役、建设地方武装；1933年指挥福建反"围剿"，为保卫第二故乡——福建而英勇战斗，为福建省苏维埃政府的建立和巩固做出了历史贡献，钟兆云、苏丽萍对此做了详细论述。④

主力红军和中共中央长征以后，谭震林与张鼎丞、邓子恢等留在闽西坚持游击斗争。黄肇嵩从突围、战略转变、化险为夷、保田斗争和军事战术、和谈前后、瑞金事件等方面详细梳理了谭震林在三年游击战争中的基本经历。⑤ 蒋科林则从实施正确的战略战术，大力开展统战工作，重视政治

① 黄肇嵩：《五十春秋风雨路——谭震林与毛泽东交往轶事》，《福建党史月刊》1993年第2期。
② 刘勉钰：《谭震林对井冈山革命根据地和江西苏区的重大贡献》，《党史文苑》（纪实版）2012年第6期。
③ 黄肇嵩：《五十春秋风雨路——谭震林与毛泽东交往轶事（续）》，《福建党史月刊》1993年第3期；《谭震林随红四军入闽》，《福建党史月刊》1999年第5期；《他与毛泽东共沉浮——谭震林在古田会议前后》，《福建党史月刊》1999年第9期。
④ 钟兆云（指导）、苏丽萍（执笔）：《谭震林：为保卫第二故乡而战斗》，《福建党史月刊》2012年第11期。
⑤ 黄肇嵩：《谭震林在三年游击战争中（一）》，《福建党史月刊》1996年第6期；黄肇嵩：《谭震林在三年游击战争中（续一）》，《福建党史月刊》1996年第7期；黄肇嵩：《谭震林在三年游击战争中（续二）》，《福建党史月刊》1996年第8期；黄肇嵩：《谭震林在三年游击战争中（续三）》，《福建党史月刊》1996年第9期；黄肇嵩：《谭震林在三年游击战争中（续四）》，《福建党史月刊》1996年第10期；黄肇嵩：《谭震林在三年游击战争中（续完）》，《福建党史月刊》1996年第11期。

思想工作，切实做好群众工作等方面论述了谭震林为南方三年游击战争胜利所做出的不可磨灭的贡献。[①] 邹淑红从提出游击战争的正确主张，保存闽西革命力量；依靠群众开展游击战争，瓦解敌军"清剿"活动；巩固游击根据地，推动闽西国共合作进程等方面论述了谭震林坚持艰苦卓绝的三年游击战争的前后经过。[②]

周鸿根系统论述了谭震林在土地革命时期，为农村革命根据地的创建和发展，为人民军队的建设事业所做出的巨大贡献，即初期创建、巩固和发展井冈山革命根据地，中期创建、巩固和发展赣南、闽西革命根据地，以及后期在极其困难的条件下，坚持三年艰苦卓绝的游击战争，保卫了土地革命成果。[③]

（二）全面抗战时期

全面抗战爆发后，国共两党实现第二次合作，南方八省红军游击队改编为国民革命军新编第四军。刘勉钰指出，在1938年1月国民党地方当局蓄意制造的"瑞金事件"中，谭震林镇定应对，加上新四军军部的交涉和社会舆论的压力，最终迫使国民党当局释放了关押人员，汀瑞边游击队也成功改编。[④]

新编的新四军开赴皖南抗日前线，时任第三支队副司令员的谭震林，在1938年夏秋至1940年春间率领第三支队挺进南陵、繁昌、铜陵地区，对国民党地方当局、其他社会阶层、敌伪等开展了广泛而有效的统战工作，为新四军坚持皖南前线防御作战提供了物质基础和人力资源，做出了重要贡献，甚至为皖南事变突围部队和人员创造了条件，赵文强对此做了详细论证。[⑤] 张金锭、张雷则论述了此期间谭震林率领五团开展5次繁昌保卫战的经过，认为5次繁昌保卫战为中国抗日战争史增添了光辉的篇章。[⑥]

1940年后谭震林率部奔赴苏常太地区，创建东路抗日游击根据地。常文论述了此过程中谭宣传党的抗日民族统一战线政策和党在抗日战争中的作用、重视政权建设、组建江南抗日救国军、开展敌后游击战争等，认为

---

① 蒋科林：《略论谭震林对南方三年游击战争的贡献》，《福建党史月刊》2007年第4期。

② 邹淑红：《谭震林与闽西三年游击战争》，《福建党史月刊》2014年第18期。

③ 周鸿根：《十年征战建殊勋——纪念谭震林诞辰100周年》，《军事历史研究》2002年第2期。

④ 刘勉钰：《谭震林镇定应对"瑞金事件"》，《党史文苑》（纪实版）2012年第7期。

⑤ 赵文强：《抗战前期统战政策成功实践探析——以南繁铜地区新四军统战工作为例》，《广东省社会主义学院学报》2016年第3期。

⑥ 张金锭、张雷：《五次繁昌保卫战》，《福建党史月刊》2002年第8期。

谭对根据地的建立和发展做出了卓越的贡献。①

刘普庆、萧卡等对谭震林率部开拓江南抗日根据地,创建东路抗日游击根据地,以及在苏中、苏南、淮南英勇抗日的史实做了详细梳理。② 乐时鸣则记述了谭震林带领部队血战繁昌、保卫皖南,开辟东路、坚持苏南,加强建设、巩固淮南等抗战事实,认为谭对新四军的组建和发展壮大,对长江两岸抗日战争的胜利和抗日根据地的建设,做出了卓越的贡献。潘浩论述了谭震林和东路抗日游击根据地的大发展。夏云飞记述了1943年初至抗战胜利期间,谭震林强化党政军领导、猛力扩大根据地、痛歼桂顽蒙团等在淮南抗日根据地的工作和贡献。③ 祝德胜记述了谭震林对《东进报》《前哨报》的领导和指导情况。④

(三)解放战争时期

李建业通过史料考证指出,1945年底,谭震林出任华中分局副书记,纠正了1991年版《中国共产党历史(上卷)》记述的曾山出任华中分局副书记的错误。⑤ 随后《中共党史研究》刊载了署名为李建亚的内容基本相同的文章。⑥ 据分析,两文观点、论据、结构基本相同,应该是同一篇文章,作者人名不同,或许是编辑或印刷失误之故。金冶论述了谭震林参与渡江战役决策,指挥第七、第九兵团巢湖练兵和发动渡江战役,率领第七兵团进驻杭州,对浙江实施党政军全面领导的情况。⑦

(四)中华人民共和国成立初期至"文化大革命"前

中华人民共和国成立前后,谭震林先后任中共浙江省委书记、华东军区杭州市军事管制委员会主任、浙江省人民政府主席,全面主持浙江省的建政工作。王祖强从大刀阔斧,统揽全局,巩固新生的人民政权;开拓进取,创造性地执行党中央的路线、方针政策;雷厉风行,严谨踏实,奠定新浙江建设的

① 常文:《谭震林同志与苏常太抗日游击根据地》,《苏州大学学报》1985年第4期。
② 刘普庆:《抗日战争中的谭震林》,《湖南党史通讯》1985年第8期;萧卡、陈扬:《时代的英雄,学习的楷模》,《弘扬革命传统,迎接时代挑战——学习贯彻"十六大"精神论文集》,2002年印。
③ 乐时鸣:《谭震林在新四军》,潘浩:《谭震林和东路大发展》,《中国抗日战争胜利的意义和思考——北京新四军暨华中抗日根据地研究会纪念抗战胜利60周年大会》,2005年。
④ 祝德胜:《东进报——前哨报》,《新四军文化工作研讨会》,2001年。
⑤ 李建业:《华中分局副书记应为谭震林》,《党史纵横》1992年第4期。
⑥ 李建亚:《谭震林是中共中央华中分局副书记》,《中共党史研究》1993年第2期。
⑦ 金冶:《渡江战役中的谭震林》,《风卷红旗过大江——纪念渡江战役胜利暨南京解放50周年学术研讨会》,1998年。

扎实基础;率先垂范,优良作风激励浙江人民等方面,论述了 1949 年 5 月至 1952 年 9 月谭震林为新浙江建设所做的奠基性贡献。翟翕武、乐子型记述了解放初期在浙江的谭震林,重视知识、重视人才、建设工业的情况。① 同时,中共浙江省委党史研究室和浙江省新四军研究会发表了《建设新浙江的开拓者——纪念谭震林同志诞辰 100 周年》。② 从内容上看,该文应该是综合王文和翟文的结果,几乎重复了两文的内容。

　　1956 年,谭震林当选中央书记处书记、政治局委员、国务院副总理。直至“文化大革命”前,谭主管全国农业工作。刘普庆解读了谭震林 1957 年至 1962 年间给攸县县委的几封信,指出了谭信中的“带头讲实话”“要学会从反面意见中抓住事物的本质”“包产到户也是可以的”等指示或思想,认为这反映了谭的胆识、智慧和心血,是党和人民宝贵的精神财富。③ 戴安林对谭震林 1964 年 9 月至 1965 年 5 月带队进驻湖南省湘潭县响水公社蹲点搞“四清”运动进行了专门研究,认为谭从实际出发,正确评价和对待基层干部,围绕着以生产为中心开展运动等做法和经验,对湖南省委领导下逐步“左”向的“四清”运动有正面的、积极的降温作用。④ 2002 年 4 月,在纪念谭震林同志 100 周年诞辰座谈会上,时任国家林业局局长的周生贤指出,谭震林在担任国务院副总理并主管林业工作期间,在造林绿化、国营林场建设、发展林业机械、飞播造林、林区建设、山林权下放、发展人造板工业、建立育林基金制度、加强林业科学研究等方面做出过许多重要指示,为我国林业长期稳定健康发展创造了条件,奠定了坚实的基础;享誉中外的“三北防护林体系建设工程”就是在 1960 年代初谭震林同志的意见的基础上于 1978 年开始实施的。⑤ 2012 年,尹萍记述了 1960 年代初谭震林制定的“驴打滚”政策(国家给国营林场启动资金,不收税收和利润,收入由林场用于林业扩大再生产),使得新中国成立初期的 70 多个林场、40 万亩林地,发展到 20 世纪 80 年代的 4200 个林场、3.75 亿亩有林地,为中国林业发展立

---

　　① 王祖强:《新浙江建设的奠基人——纪念谭震林同志诞辰一百周年》,翟翕武、乐子型:《尊重人才重视工业建设》,《浙江档案》2002 年第 3 期。

　　② 中共浙江省委党史研究室、浙江省新四军研究会:《建设新浙江的开拓者》,《浙江日报》2002年 4 月 30 日,第 2 版。

　　③ 《书信万千言　句句话公仆——读谭震林同志给攸县县委的几次来信》,《湖南党史月刊》1989 年第 11 期。

　　④ 戴安林:《谭震林蹲点响水公社搞“四清”》,《世纪桥》2009 年第 2 期;戴安林:《谭震林与响水公社社会主义教育运动》,《文史博览》(理论)2014 年第 1 期。

　　⑤ 周生贤:《在纪念谭震林同志诞辰 100 周年座谈会上的发言》,《中国绿色时报》2002 年 4 月24 日,第 1 版。

下了丰功伟绩。[①]

(五)"文化大革命"时期及"文化大革命"结束后

在狂飙突起、乱云飞渡的岁月,谭震林也免不了进入命运起落的旋涡。黄肇嵩通过对谭震林不理解"文化大革命"、"怀仁堂抗争"、"九一三"事件后毛泽东对"二月逆流"的平反、谭给毛写信,以及毛允许谭回京并重新安排工作等史实的梳理,描述了谭与毛"文化大革命"期间的关系。[②]

"文化大革命"结束以后,中国渐上正轨。1998 年,蓝桂英以谭震林在《红旗》杂志发文为中心,通过相关史实的梳理,认为谭提出的两个"凡是",唯实;华国锋的两个"凡是",唯上;谭文这一"炮",打得准,打得好。[③] 随后,薛庆超、陈利明、杨沐喜等发表了观点和内容大致类似的文章。[④] 2005 年,原《红旗》杂志编辑雷声宏以亲历者的身份,以组稿、编辑并刊发谭震林的《井冈山斗争的实践与毛泽东思想的发展》一文为线索,揭示了中央高层对此的分歧,认为谭文是从一位老革命家的切身经历,用井冈山斗争的实践,来论证实践是检验真理的唯一标准,及时地给予了关于真理标准问题讨论坚定的支持。[⑤] 2016 年,雷声宏再次发文,除稍微重复前文内容外,重点增叙了组稿、编辑并刊发谭震林另一文章《在党中央的坚强领导下乘胜前进——纪念中国共产党成立六十周年》的经过。[⑥]

除以上研究内容相对有明确分期的论文以外,还有一些其他类型的文章。例如,刘普庆、孙英、张铚秀、胡立教等对谭震林一生进行综述的文章[⑦],傅利甫对《谭震林传》的评介[⑧],李元健对谭震林与毛泽东的关系的论

---

①　尹萍:《谭震林与"驴打滚"政策》,《中国绿色时报》2012 年 2 月 15 日,第 4 版。

②　黄肇嵩:《五十春秋风雨路——谭震林与毛泽东交往轶事(续完)》,《福建党史月刊》1993 年第 5 期。

③　蓝桂英:《针锋相对:谭震林的两个"凡是"》,《福建党史月刊》1998 年第 6 期。

④　薛庆超:《谭震林与真理标准讨论》,《领导科学》2002 年第 3 期;陈利明:《打到中央最高领导层的一场"笔墨官司"——谭震林关于真理标准文章发表的前前后后》,《湘潮》2004 年第 4 期;杨沐喜:《试说谭震林提出的"两个凡是"》,《世纪桥》2009 年第 11 期。

⑤　雷声宏:《〈红旗〉发表谭震林文章的前前后后》,《百年潮》2005 年第 4 期。

⑥　雷声宏:《谭震林在〈红旗〉杂志发表两篇重要文章的经过》,《百年潮》2016 年第 11 期。

⑦　刘普庆:《谭震林》,《湖南党史月刊》1991 年第 3 期;孙英:《业绩不朽风范永存》,《中共党史研究》2002 年第 3 期;张铚秀:《军政双全的卓越领导人——纪念谭震林同志诞辰 100 周年》,北京新四军暨华中抗日根据地研究会编:《铁流 19(上)》,2012 年 5 月印;胡立教:《深切怀念谭震林同志》,该文为上海市新四军历史研究会举行的谭震林同志诞辰 100 周年座谈会的发言,2002 年 4 月 26 日。

⑧　傅里甫:《一部成功的领袖人物传记——〈谭震林传〉评介》,《浙江学刊》1994 年第 4 期。

述①,王维对 1941 年夏到 1955 年秋间作为谭震林的部属对谭教导的回忆和记述等②。这些文章记述的内容,在上述 6 个时期的研究性论文中大部分都有涉及和讨论。

三、谭震林研究的不足与展望

据笔者的不完全统计,除著作和论文集中收录的文章外,谭震林逝世以来的 35 年中,学界共发表研究性论文 65 篇左右、纪实性文章 120 篇左右,出版著作 10 部,召开的纪念谭震林座谈会或专题学术研讨会在 7 次以上。客观说来,关于谭震林的研究已经取得了一定的成绩。已有的成果为谭震林研究的进一步拓展打下了坚实基础。但是,通览已有的成果,不难发现,不足之处还是较为明显的。谭震林是党和国家的重要领导人之一,做好谭震林研究,即可弥补中共党史、革命史、中国近现代史、中华人民共和国史某些重要领域的不足。在前人耕耘的基础上,为进一步推进谭震林研究,还需要在许多方面下功夫。

第一,应加强对谭震林的学术原创性研究。关于谭震林的研究,从已发表文章的数量看,纪实性文章远远超过研究性论文,不仅显示出学界研究力量分布的不均衡,而且透露出市场需求的不平衡。如上文统计数据表明,纪实性文章大概是研究性论文的两倍。其中,不少文章的作者兼具研究者和写手双重身份。纪实性文章多,当然和谭震林的传奇人生密切相关,也和其国家领导人的身份密切相关,还与市场需求密切相关;例如,关于谭震林的爱情、婚恋的文章就不下 19 篇。尽管有些纪实性文章写得不错③,兼具史料和研究性质,但是毋庸讳言,大部分文章都是面向大众的普及性读物,不具备学术原创意味。纪实性文章远远超过研究性论文,这说明学界应加大对谭震林研究的学术原创性力度。毕竟没有学术原创为基础的纪实性文章,很可能沦为史实演绎甚至猎奇式的花边新闻。

加强学术原创性研究应从杜绝重复性发表、杜绝"炒现饭"现象、做好学术史回顾做起。目前的研究,重复性发表、"炒现饭"现象多有发生。前者如李元健的文章,先是以《谭震林与毛泽东》在《法制日报》上发表,后又

---

① 李元健:《谭震林与毛泽东》,《福建党史月刊》2002 年第 7 期。

② 王维:《深切怀念谭震林同志》,《弘扬革命传统,迎接时代挑战——学习贯彻"十六大"精神论文集》,2002 年印。

③ 谭特立:《谭震林和毛泽东的革命情》,《文史月刊》2003 年第 2 期;李世华:《谭震林在农村蹲点》,《农村工作通讯》2004 年第 11 期;黄纯芳:《谭震林住宿舍吃食堂》,《红广角》2011 年第 10 期。

在《福建党史月刊》上刊登同名文章①,但两文内容大同小异,前文应该是后文的缩写本,属典型的同文重复性发表。再如戴安林2009年、2014年先后发表的讨论谭震林在湖南省湘潭县响水公社蹲点搞"四清"运动的两篇文章,内容大都雷同,核心观点几乎类似,后文与前文相比,没有什么创新之处。② 后者如谭震林在《红旗》发文支持关于真理标准问题的讨论,1998年蓝桂英发文对此进行了详细阐述,随后2002年、2004年、2009年,薛庆超、陈利明、杨沐喜又分别发表了观点和内容大致类似的文章,实属多余。③ 造成这种现象的主要原因之一是不做学术史回顾。笔者检阅的绝大部分谭震林研究论文,都没有这一必要的学术研究环节。这也许是党史、革命史学界不好的传统之一。试想,不做学术史回顾,对学界研究现状没有准确把握,如何谈创新、谈突破,如何将自己的研究与前人的成果区别开来呢?因此,做好谭震林研究,应首先从做好学术史回顾做起。

第二,应系统整理并出版谭震林研究的资料。所谓巧妇难为无米之炊,史学研究最重要的基础和前提条件,就是拥有系统的、权威性的原始文献资料。遗憾的是,目前学界还没有任何一部关于谭震林研究的系统性文献资料。如前文所述,已出版的资料中,《情系桑梓》一书收录了谭生前在家乡的讲话和谭给攸县县委的书信;《回忆谭震林》一书收录了关于谭的82篇怀念性文章;《谭震林在常熟》一书,收录了谭1940年3月至1941年11月在创建以常熟为中心的苏常太抗日游击根据地时的电文、讲话和文电等原始文献;谭泾远主编的《谭震林》,系关于谭震林的画册和摄影集;《谭震林纪念文集》只收录了谭当年亲撰的部分文献和后来的回忆性文章。除此以外,还有报刊披露的一些零散的资料,包括谭震林的讲话和报告、关于谭

---

① 李元健:《谭震林与毛泽东》,《法制日报》2002年6月21日,第7版;《谭震林与毛泽东》,《福建党史月刊》2002年第7期。

② 戴安林:《谭震林蹲点响水公社搞"四清"》,《世纪桥》2009年第2期;戴安林:《谭震林与响水公社社会主义教育运动》,《文史博览》(理论)2014年第1期。

③ 蓝桂英:《针锋相对:谭震林的两个"凡是"》,《福建党史月刊》1998年第6期;薛庆超:《谭震林与真理标准讨论》,《领导科学》2002年第3期;陈利明:《打到中央最高领导层的一场"笔墨官司"——谭震林关于真理标准文章发表的前前后后》,《湘潮》2004年第4期;杨沐喜:《试述谭震林提出的"两个凡是"》,《世纪桥》2009年第11期。

震林的新闻报道等。① 这些已出版的资料,或是一小段历史时期的,或是以某地域为中心的,或是内容特定的(如怀念性文章、画册、讲话和报告等),缺乏一部关于谭震林研究的具有系统性、权威性的文献资料。正是因为系统性原始文献的缺乏,谭震林研究走到今天,似乎进入了一个困境。这一点,从1993年至2002年10年间发表了30多篇研究论文,而2003年迄今的15年间只发表了20篇左右的论文已可见端倪。

因此,进一步推进谭震林研究,系统资料的整理与出版是必要条件。目前看来,谭震林研究资料整理大有可为。例如,1949年5月至1952年9月,谭震林在浙江建政的资料。这一时期,身兼中共浙江省委书记、浙江军区政委、浙江省人民政府主席、杭州市军事管制委员会主任的谭震林"主政"一方,有着大量的讲话、指示等,这些资料散落在建国初期的所有案卷中,目前浙江省档案馆已开放了大部分原始档案。另外,据检索,这一时期,仅《浙江日报》上,关于谭震林的新闻报道就有500多条。这些都是关键性的、宝贵的原始资料。因此,整理谭震林研究资料,一要从档案入手,不仅要从已出版的档案中,将关于谭的档案资料检索出来,而且要从各地档案馆中将关于谭的已开放档案整理出来。二要从谭震林战斗过、工作过的地方报刊入手,如苏区革命时期的《红色中华》、抗战时期的《大众报》《江南》《东进报》《前哨报》《太湖报》、建国初期的《浙江日报》等,将这些报刊上关于谭的资料整理成册。三要从谭战斗过、工作过的地方志和地方文史资料入手,将相关资料检索出来。当然,资料整理工作量巨大,困难也不少,非个人或短时期内所能完成。但系统、权威资料的整理出版,是谭震林研究进一步拓展的前提。

第三,应编辑出版《谭震林年谱》。年谱是以谱主为中心,以年月为经纬,按时间顺序详细记载谱主生平事迹的著作。它既体现了一定的研究

---

① 主要有:《中共中央书记处书记谭震林同志在全国第二次水土保持会议上的报告》,《黄河建设》《人民黄河》1958年第1期;《全国绳索牵引机现场会议胜利闭幕 谭震林同志号召推广绳索牵引机》,《中国农垦》1958年第13期;谭震林:《为提前实现全国农业发展纲要而奋斗——一九六〇年四月六日在第二届全国人民代表大会第二次会议上》,《新疆农业科学》1960年第5期;李先念、谭震林:《全国农村金融工作会议在京召开 毛主席等接见会议全体人员——李先念、谭震林副总理在会上作了重要讲话》,《中国金融》1963年第1期;《中国农业银行召开第一届全国分行行长会议 如期做好建行工作 大力支援农业生产 邓子恢、李先念、谭震林副总理到会作重要讲话》,《中国金融》1964年第2期;《谭震林副总理给中国农业科学院领导同志的一封信》,《耕作与肥料》1964年第2期;谭震林、谭启龙、汪道涵:《中国人民解放军华东军区杭州市军事管制委员会布告 第四号》,《浙江档案》1989年第4期;《谭震林主席在江苏省人民政府委员会第一次会议上的报告(节选)》,《档案与建设》1998年第1期;谭震林:《浙江省人民政府一年来工作概况及今后工作任务的报告》,《浙江档案》2009年第7期;《谭震林在省政府成立会上的报告纪要》,《浙江档案》2009年第5期;王玮:《谭震林手迹在临猗再现》,《山西日报》2004年10月22日,C1版。

性,又是人物研究的基本资料。应在系统整理并出版谭震林研究资料的基础上,尽快做好《谭震林年谱》的编辑出版工作。年谱的编辑出版,不仅可弥补《谭震林传》只记载大事而忽略众多历史细节的不足,而且可为学界推进谭震林研究提供基本线索和资料。

第四,应从内容、时段、视角等多方面拓展谭震林研究。从内容看,以研究性论文论,讨论的主题不要仅仅局限在谭震林与毛泽东等伟人的关系,谭震林与游击战争、抗日战争和解放战争等战争的问题,"怀仁堂抗争"和《红旗》杂志发文等重大主题上。谭震林与同事、与部下、与普通群众的关系网络,谭震林在不同历史时期对党、政权、军队、文化等的建设,谭的个人性格、生活习惯、工作方法等都可纳入学术研究范围。

从时段看,应加强对新中国时期谭震林的研究。目前学界关注点有些不均衡。以可判断时间的 51 篇研究性论文而言,研究谭震林土地革命时期的论文为 17 篇,研究全面抗战时期的有 11 篇,研究解放战争时期的有 3篇,研究中华人民共和国成立至"文化大革命"前的有 9 篇,研究"文化大革命"期间的有 5 篇,研究"文化大革命"以后的有 6 篇。若以中华人民共和国成立前后这一时间点进行划分,显然,谭震林研究的重心在 1949 年以前,共有 31 篇文章,1949 年以后只有 20 篇。其中,新中国成立前,又以土地革命时期和全面抗战时期为重;中华人民共和国成立后,以"文化大革命"以前为重。加强对新中国时期谭震林的研究,不仅仅为改变目前不均衡的局面,更重要的是国史是未来史学界研究的热点和重点,加强对执政时期谭震林的研究,对当前的治国理政无疑有现实的借鉴价值和作用。

从视角看,不应仅仅停留于梳理谭震林的人生经历和不同历史时期的贡献,谭震林的缺点和失误,谭本人对个人经历和历史的反思等,也应纳入讨论的范围。在此基础上,应将谭置于更广阔的时代背景中,加以讨论、分析和比较。

第二节　评改革开放以来张鼎丞研究

张鼎丞(1898—1981),福建永定人,中国共产党老一辈无产阶级革命家,革命战争时期先后担任中华苏维埃共和国中央执行委员兼土地人民委员、福建省苏维埃政府主席、闽西南军政委员会主席、中共第七次全国代表大会中央委员、华中军区司令员、中共中央华东局常委等重要职务。中华人民共和国成立后,张鼎丞是地方的主政者,是党和国家的重要领导人之一,先后担任中共福建省委书记、福建省人民政府主席、华东军政委员会主席、中共中央华东局第四书记、中共中央组织部第一副部长、中华人民共和国最高人民检察院长、全国人大常务委员会副委员长等职务。张鼎丞逝世后，中共中央给予了他高度评价，认为他是"共产主义战士、无产阶级革命家、闽西革命根据地的主要创建者之一……在长期的革命斗争中，在社会主义建设事业中，为党为人民建立了不可磨灭的功绩"①。

2018 年是张鼎丞诞辰 120 周年，自张鼎丞于 1981 年逝世至今，也已近 40 年了。近 40 年中，学界关于张鼎丞的研究大致经历了怎样的过程，主要讨论了哪些问题，成绩、问题或不足有哪些，下一步应如何深入拓展等，对于上述问题，学界还没有专门的论文加以回顾和探讨。本文拟从学术史和专业研究的角度，谈谈对此的看法。

一、张鼎丞研究历程回顾

1981 年 12 月，张鼎丞在北京逝世。中共中央和人大常委会经过研究，决定遵照张鼎丞生前遗愿，并采纳其亲属们的建议，不成立治丧委员会，不开追悼会，不举行遗体告别仪式，而只在《人民日报》上发表了张鼎丞逝世的公告及其生平事迹，以昭告国人。张鼎丞自此正式进入学界研究的视野。

转年的 1982 年，30 年来一直担任张鼎丞秘书的鲁坚在《人物》发表《他心里总是不忘人民——怀念张鼎丞同志》；张苏区时期的部下温必权（苏区革命时期任长汀县苏维埃主席）在《长汀文史资料》撰文回忆张鼎丞；张的部下王直将军和原广西军区副司令员姜茂生在《党史研究与教学》上分别发表了回忆性文章；同年，福建人民出版社推出《风展红旗》第 2 辑，发表了张的战友谭震林、粟裕、江一真、伍洪祥合写的怀念性文章。②

据不完全统计，1982 年至 1989 年，报刊发表的怀念张鼎丞的文章在 30 篇左右，其中大部分是张鼎丞的亲密战友（如罗明、伍洪祥、刘永生、魏金水等）、部下（如陈茂辉、李德安、柯志达、姜茂生、马鸣等）、家乡人民（如刘友

① 《中共中央、人大常委会公告 共产主义战士 无产阶级革命家张鼎丞同志逝世》，《人民日报》1981 年 12 月 23 日，第 1 版。

② 鲁坚、沈国祥：《他心里总是不忘人民——怀念张鼎丞同志》，《人物》1982 年第 3 期；温必权：《回忆张鼎丞同志》，政协福建省长汀县委员会文史资料编辑室：《长汀文史资料》第 2 辑，1982 年印；王直：《回忆共产主义战士无产阶级革命家张鼎丞同志》，《党史研究与教学》1982 年第 7 期；姜茂生：《回忆张鼎丞同志》，《党史研究与教学》1982 年第 7 期；谭震林、粟裕、江一真、伍洪祥：《党和人民的忠诚战士——忆张鼎丞同志》，《风展红旗》第 2 辑，福建人民出版社 1982 年版。

仁、汤龙光等)及曾经工作过的地方的同志(如杜大公、苏明、辛玮等)撰写
的。① 这些文章的作者绝大多数和张鼎丞有直接联系,为事件的亲历者,文
章内容除表达深深的悼念外,主要记述了张鼎丞的光辉事迹,怀念与张鼎
丞一起战斗过和工作过的岁月,内容丰富,史料价值高。尤其值得一提的
是,1989 年《福建党史月刊》第 2 期专门刊发了一组"纪念张鼎丞同志诞辰
九十周年"的文章,共有 13 篇,其中大约有 5 篇为回忆性文章。②

与上述怀念文章相媲美,学界对张鼎丞的研究也进入高潮。据不完全
统计,这一时期发表的研究性论文在 20 篇左右,包括《福建党史月刊》1989
年第 2 期所刊发的 8 篇研究性论文,专著则阙如。研究性论文中,朱汝安、
顾真、陈珍、朱菁、连尹、曹敏华、胡大新、苏俊才、陈凤芳、黄金隆、王启贞、
王直、汪大铭、谢依岩、黄肇嵩等的研究代表了这一时期学界的水平。③ 其

---

① 罗明:《疾风知劲草——回忆开辟闽西革命根据地时期的张鼎丞同志》,《福建论坛》1983
年第 1 期;伍洪祥、刘永生、魏金水:《深切怀念敬爱的张鼎丞同志》,中共福建省委党史资料征集研
究委员会编:《福建党史资料》第 1 辑,1983 年印;林褒、陈靖:《张鼎丞同志在丰稔》,政协福建省上
杭县委员会文史资料编辑室:《上杭文史资料》1984 年第 1 辑,1984 年印;陈茂辉:《共擎南方一角
天——忆在张鼎丞、邓子恢、谭震林同志领导下坚持闽西三年游击战争的艰苦岁月》,中共福建省委
党史资料征集研究委员会编:《福建党史资料》第 5 辑,1986 年印;李德安:《革命回忆录——张鼎丞
同志二三事》,《革命人物》1986 年第 1 期;刘友仁:《张鼎丞同志和刘海垣先生》,政协福建省上杭县
委员会文史资料编辑室:《上杭文史资料》1986 年第 1 辑,1986 年印;杜大公:《张鼎丞同志在五莲》,
政协山东省五莲县政协文史资料委员会:《五莲文史资料》第 1 辑,1986 年印;姜茂生:《张鼎丞同志
在闽西南和豫皖苏边区》,政协全国委员会文史资料研究委员会:《革命史资料》第 16 辑,1986 年
印;柯志达:《回忆张云逸和张鼎丞同志谈何鸣问题》,《党史资料与研究》1987 年第 4 期;辛玮:《怀
念张鼎丞同志》,政协山东省五莲县政协文史资料委员会编:《五莲文史资料》第 2 辑,1987 年印;苏
明:《张鼎丞在江山指挥剿匪战斗》,政协浙江省衢州市委员会文史资料研究委员会:《衢州文史资
料》第 5 辑,1988 年印;汤龙光:《永定人民永远怀念张鼎丞同志》,《永定党史通讯》1989 年第 1 期;
马鸣:《亲切的教诲 无限的关怀》,《党史研究与教学》1989 年第 1 期。

② 伍洪祥:《人民的公仆 光辉的一生》,苏华:《永恒的精神财富》,何若人:《品德高尚的共
产党人》,马鸣:《张老的教诲使我终生难忘》,中共永定县党史工作委员会:《拳拳爱民心——张鼎丞
关心群众疾苦的一件事》,《福建党史月刊》1989 年第 2 期。

③ 朱汝安、顾真:《永定暴动与张鼎丞同志》,《党史研究参考资料》1982 年第 1 期;陈珍、朱菁:
《永定暴动与张鼎丞同志》,《福建论坛》1982 年第 1 期;连尹:《缅怀张鼎丞同志在福建革命斗争中的功
绩》,《福建论坛》1982 年第 2 期;连尹:《缅怀张鼎丞同志在福建革命斗争中的卓越功绩》,《党史研究参
考资料》1982 年第 3 期;曹敏华:《张鼎丞同志的早期革命活动》,《历史教学》1983 年第 9 期;胡大新:
《张鼎丞同志入党时间考证》,《革命人物》1985 年第 1 期;苏俊才:《简论永定暴动的特点》,《福建党史
月刊》1988 年第 8 期;陈凤芳、黄金隆:《张鼎丞对闽西南地区实现第二次国共合作的贡献》,《永定党史
通讯》1989 年第 1 期;王启贞:《张鼎丞在溪南分田中的作用及其贡献》,《永定党史通讯》1989 年第 1
期;王直:《张鼎丞对人民军队建设的贡献》,汪大铭:《重读闽西革命根据地创建史的几点体会》,谢依
岩:《检查制度的捍卫者》,黄肇嵩:《建设清廉的苏维埃》,《福建党史月刊》1989 年第 2 期。

中,连尹、王直、汪大铭等或本身是张的部下,或工作上与张有过交集,他们撰文的初衷不外追思和怀念,但文章本身也极具相当的思考意义和研究深度。

张鼎丞逝世以后,其传记撰写提上日程。1982 年,《党史研究参考资料》第 1 期发表了《张鼎丞同志生平大事年表(初稿)》。因系初稿,掌握资料有限,记述比较简略;对 1953 年至 1981 年期间张在上海、北京工作事迹,以及"文化大革命"期间张与林彪、江青等坚决斗争的事迹仅做了概略记载。① 1984 年,在福建省委书记项南的关怀下,福建成立了《张鼎丞传》编写小组。经过 3 个多月的努力,小组撰写了 4 万多字的初稿,简要记述了张鼎丞的一生,后来编入《中共党史人物传》出版。② 之后,一些词典、人物志、资料手册等编辑了"张鼎丞"的词条,简介了张的生平事迹。③

1988 年是张鼎丞诞辰 90 周年。当年 12 月,中共福建省委党史工作委员会、福建省委党校、福建省党史学会、福建省新四军研究会联合举行座谈会,缅怀张鼎丞的丰功伟绩。

1990 年至 1999 年是张鼎丞研究的第二个阶段。这一阶段,发表的研究性论文大概有 10 篇,以黄肇嵩、谢镇成、王盛泽、连尹、张雪英、邓泽村、蓝松金为代表。④ 高质量的回忆性史料急剧减少,据笔者目力所及,具史料价值的只有张鼎丞的女儿张路宁、原福建省妇联主任尹峰(伍洪祥夫人)、原新四军七师军政干部教导大队学员蔡博文等撰写的寥寥数篇文章(不含下文提及的《回忆张鼎丞》一书中新发表的文章)。⑤

---

① 《张鼎丞传记》编写组:《张鼎丞同志生平大事年表(初稿)》,《党史研究参考资料》1982 年第 1 期,第 5 页。

② 《〈张鼎丞传〉在福建(已定稿)》,《革命人物》1985 年第 3 期,第 53 页。

③ 如陈荣华等编:《中国革命史手册》,华中师范大学出版社 1986 年版,第 363 页;杨庆旺、哈铧主编:《中国军事知识词典》,华夏出版社 1987 年版,第 489 页;郑福林主编:《中共党史知识手册》,北京出版社 1987 年版,第 532 页;王健英:《红军人物志》,解放军出版社 1988 年版,第 664—665 页。

④ 黄肇嵩:《闽西苏维埃政权的廉政建设》,《福建党史月刊》1990 年第 1 期;谢镇成:《福建苏区的义务劳动日制度》,《福建党史月刊》1990 年第 3 期;王盛泽:《从实际出发建设有中国特色的检察制度——张鼎丞对社会主义法制建设的贡献》,《福建党史月刊》1991 年第 7 期;连尹:《张鼎丞对党的建设的贡献》,《福建党史月刊》1992 年第 2 期;张雪英:《坚持真理实事求是的楷模——纪念张鼎丞诞辰一百周年》,《龙岩师专学报》1998 年第 4 期;蓝松金:《张鼎丞与左倾路线的斗争》,《龙岩师专学报》1999 年第 2 期。

⑤ 张路宁:《我的父亲张鼎丞》,《福建党史月刊》1995 年第 3 期;尹峰等:《永恒的精神财富》,《福建党史月刊》1996 年第 2 期;蔡博文:《为人民服务不是一句空口号——张鼎丞同志对我们的教诲》,《党史纵横》1997 年第 4 期。

这一阶段的重头戏是出版了《回忆张鼎丞》和《张鼎丞传》两部著作。1990 年,中共福建省委决定编纂出版《张鼎丞传》,为此成立由贾庆林任主任、伍洪祥等为副主任、魏金水等为委员的编纂委员会;下设编写组,由连尹、胡大新、王盛泽、苏俊才、张朝阳 5 人组成,连尹、胡大新分任正、副主编;并决定先行组织、收集、整理老同志撰写的回忆张鼎丞的文章,编辑出版《回忆张鼎丞》,为传记做好资料工作。① 同年 10 月,《张鼎丞传》第一次编委会在福州召开,通过了传记的工作计划和编写大纲,以及《回忆张鼎丞》的编辑计划。② 第二年,在张鼎丞逝世 10 周年之际,《回忆张鼎丞》正式出版,全书收入回忆文章 53 篇。③ 之后,编写组走访了几十位老同志,收集了几百字的档案资料,经过 5 年的撰写、讨论和修改,最终完成《张鼎丞传》的书稿,并于 1996 年出版;全书分为 22 章暨 22 个专题,共 42.5 万字,全面地反映了张鼎丞一生的工作和贡献。④ 当年 12 月,中共福建省委在福州隆重召开了《张鼎丞传》的出版座谈会。⑤

1992 年是福建省苏维埃政府成立 60 周年,中共福建省委为此举办了专门的纪念会,作为省苏主席的张鼎丞自然在纪念之列。⑥ 而 1998 年则是张鼎丞 100 周年诞辰,当年 10 月,龙岩市委和永定县委在张鼎丞的家乡永定县举办了张鼎丞同志 100 周年诞辰暨永定暴动 70 周年纪念活动和学术研讨会。⑦

进入新世纪的 2000 年至 2009 年是张鼎丞研究的第三个阶段。这一阶段,发表的研究性论文在 6 篇以上,以邓建芬、连尹、叶成林、柳家艾、吴升辉、左英等人的文章为代表。⑧ 高质量的回忆性史料有所上升,据笔者目力所及,具史料价值的有 6 篇文章,包括和张鼎丞一同发动永定暴动的饶荣光(原中共大埔县委书记,张的入党介绍人)的女儿饶育芳、张的秘书鲁坚、

① 《中共福建省委决定编纂出版〈张鼎丞传〉》,《福建党史月刊》1990 年第 9 期,第 6 页。
② 童人协:《张鼎丞传——第一次编委会议在福州召开》,《福建党史月刊》1991 年第 1 期,第 13 页。
③ 连尹主编,《张鼎丞传》编纂委员会编:《回忆张鼎丞》,福建人民出版社 1991 年版,第 362 页。
④ 《张鼎丞传》编写组著:《张鼎丞传》,中央文献出版社 1996 年版,"目录",第 554 页。
⑤ 王盛泽:《〈张鼎丞传〉出版座谈会在福州隆重召开》,《福建党史月刊》1997 年第 1 期,第 45 页。
⑥ 贾庆林:《承前启后继往开来——在纪念福建省苏维埃政府成立六十周年大会的讲话》,《福建党史月刊》1992 年第 7 期,第 4 页。
⑦ 李元健:《闽西隆重纪念张鼎丞同志百年诞辰》,《福建党史月刊》1998 年第 12 期,第 22 页。
⑧ 邓建芬:《实事求是的张鼎丞》,《福建党史月刊》2003 年第 11 期;连尹:《张鼎丞对福建水利能源和铁路交通建设的贡献》,《福建党史月刊》2006 年第 3 期;叶成林:《张鼎丞在延安中央党校》,柳家艾:《莲山作证——张鼎丞与华东局五莲实验县》,吴升辉:《张鼎丞与新四军第二支队的组建与发展》,中共龙岩市委员会、福建省新四军研究会编:《张鼎丞纪念研究文集》,2009 年印;左英、陈海峰、高胡:《张鼎丞运筹消灭福建鼠疫》,《福建党史月刊》2009 年第 24 期。

抗战时期短期任张的警卫员的朱镇中，以及采访过张鼎丞的黄穗和许由龙、采访过张延忠（张的女儿）的刘顺发等撰写的文章。[①]

这一阶段也推出了两部力著。其中之一为《张鼎丞纪念研究文集》，系2008年6月张鼎丞同志诞辰110周年纪念大会和座谈会举办后，福建省新四军研究会编撰而成。该书将《张鼎丞同志生平事迹》《张鼎丞自传（早期部分）》放在最前面，然后分为"历史贡献篇""实事求是篇""群众观念篇""执政理念篇""历史追述篇""历史研究篇""历史回音篇"等7个部分，收录了学界的最新研究成果，也收录了部分张鼎丞亲撰的历史文献和以前发表过的文章。[②] 另一部为《张鼎丞》的革命历史文献画册。为庆祝建党80周年，2001年6月，中共福建省委党史研究室编纂出版了《张鼎丞》《邓子恢》革命历史文献画册，并举行了出版座谈会。[③] 该画册的编辑和出版，最初来自1998年伍洪祥、王直等老同志的建议，得到中共福建省委的同意并报请中央有关部门批准后，由中共福建省委党史研究室负责编纂。《张鼎丞》画册从收集的1000多幅图片中，精选出200多幅，分成"创建闽西革命根据地""坚持三年游击战争""在抗日战争、解放战争中""主政福建""在检察长的岗位上""友情·乡情·亲情"六个专题，生动地再现了张鼎丞伟大而光辉的一生。[④]

这一阶段的纪念会、学术研讨会大致保持了前两个阶段的水准。2008年3月，龙岩市委、市政府在新罗区东肖镇后田村举行"后田暴动八十周年暨新四军二支队北上抗日七十周年纪念大会"和学术研讨会，参加会议的有邓子恢、张鼎丞、谭震林后代代表和福建省各级领导、老同志、学者、群众代表等。[⑤] 同年6月，龙岩市委、市政府在永定县举行永定暴动80周年暨张鼎丞同志诞辰110周年纪念大会和座谈会，参加会议的有张鼎丞子女代

① 饶育芳：《心花一束祭张老缅怀敬爱的张鼎丞副委员长》，《福建党史月刊》2003年第4期；黄穗：《访问张鼎丞主席》，《福建党史月刊》2004年第8期；鲁坚：《张鼎丞、叶飞、方毅、项南勤政廉洁二三事 张鼎丞把人民的生活时刻挂在心头》，《福建党史月刊》2004年第11期；许由龙：《风范犹存：忆四十多年前董必武、张鼎丞、叶飞在闽考察活动》，《炎黄纵横》2004年第8期；刘顺发：《张延忠回忆父亲张鼎丞》，《铁军》2007年第1期；许由龙、朱镇中：《回忆新四军第二支队司令员张鼎丞》，《党史纵览》2009年第12期。

② 中共龙岩市委员会、福建省新四军研究会编：《张鼎丞纪念研究文集》，2009年印，"目录"、第237页。

③ 中共福建省委党史研究室编：《张鼎丞》，中央文献出版社2001年版；《缅怀革命前辈 弘扬革命精神〈邓子恢〉、〈张鼎丞〉画册出版座谈会综述》，《福建党史月刊》2001年第8期。

④ 中共福建省委党史研究室编：《张鼎丞》，中央文献出版社2001年版，"目录"、第132页。

⑤ 刘少雄：《我市隆重举行纪念后田暴动八十周年——新四军二支队北上抗日七十周年大会》，《闽西日报》2008年3月2日，第1版。

表张泰山、各级领导、老同志、干部群众和学生代表等。①

2010 年至 2017 年是张鼎丞研究的第四个阶段。这一阶段,发表的研究性论文在 5 篇左右,以钟兆云、苏丽萍、俞如先、赖立钦、邹淑红等为代表。② 专题学术研讨会和研究著作暂缺。随着与张鼎丞有直接交集的人(历史当事人)的衰老、去世,高质量的回忆性史料急剧减少,据笔者目力所及,具史料价值的仅有 2 篇文章③;其中一文为对张鼎丞秘书鲁坚的访谈录,一文为鲁坚亲撰。

二、张鼎丞研究成果述评

目前学界关于张鼎丞的研究,大多数是从不同历史时期进行考察的,如闽西苏区时期、三年游击战争时期、抗日战争和解放战争时期、主政福建时期、在中央工作时期;也有部分论文纵贯各个时期,从专题的角度展开研究。下面,分而述之。

(一)苏区时期。张鼎丞是闽西苏区的主要创始人之一,这一历史时期因而成为学界关注的重中之重。关于张鼎丞入党时间和家庭情况的研究,胡大新经过考证认为,张入党的时间不是张本人填写履历表(原件存中央档案馆)的 1927 年 10 月,而是当年的 6 月④;在此之前,已有类似说法⑤,但没有提供史料证据,因此,胡的研究在观点上并无创新,但有论据上的实证价值。黄金隆梳理了张的母亲范达春从小培育张坚强意志和支持张进行革命等种种史实,生动记述了一位革命母亲的形象。⑥

---

① 陈发胜、王毅:《我市举行永定暴动 80 周年暨张鼎丞同志诞辰 110 周年纪念大会》,《闽西日报》2008 年 6 月 30 日,第 1 版。

② 钟兆云、苏丽萍:《张鼎丞:首任福建省苏维埃政府主席》,《福建党史月刊》2012 年第 9 期;俞如先:《闽西籍党和国家领导人重视生态建设及启示》,《龙岩学院学报》2013 年第 1 期;赖立钦:《试述张鼎丞对福建苏维埃政权建设的贡献》,《福建党史月刊》2013 年第 2 期;邹淑红:《张鼎丞与闽西三年游击战争》,《福建党史月刊》2013 年第 14 期。

③ 毛翔楠:《勤勉期不止　多获由力耕:访司法部原副部长鲁坚》,《秘书工作》2010 年第 6 期;鲁坚:《浩气长存贯九州　追忆我的老领导张鼎丞》,《秘书工作》2015 年第 4 期。

④ 胡大新:《张鼎丞同志入党时间考证》,《革命人物》1985 年第 1 期,第 53 页。

⑤ 1982 年发表的《张鼎丞同志生平大事年表初稿》记载:1927 年"4、5 月间,由饶荣光、张友高介绍加入中国共产党";1983 年,曹敏华根据《张鼎丞自传》记载的"1927 年'四一二'反革命政变后不久,饶荣光、张友高介绍我加入了共产党的组织"推断 1927 年 6 月张加入了中国共产党,但是,曹没有提供时间判断的证据。分别参见《张鼎丞传记》编写组:《张鼎丞同志生平大事年表初稿》,《党史研究参考资料》1982 年第 1 期,第 7 页;《张鼎丞自传》,《人物》1982 年第 3 期,第 6 页;曹敏华:《张鼎丞同志的早期革命活动》,《历史教学》1983 年第 9 期,第 27 页。

⑥ 黄金隆执笔:《张鼎丞和他的母亲——范达春》,《福建党史月刊》1989 年第 2 期。

关于张鼎丞早期革命活动的研究，曹敏华对1926年至1928年间张的革命活动，如投考黄埔军校未果、发动群众进行抗捐斗争、组织和发展农会、创建"铁血团"、反对"冠婚丧祭屠宰捐"斗争、发动永定暴动和进行溪南区分田斗争等做了纵向的简要论述①；江增欣、卢友杰讨论了张鼎丞创建"铁血团"、武装和训练"铁血团"，率领"铁血团"参加大浦泰宁暴动、平和暴动，以及发动永定暴动及其前后斗争的情况②。永定暴动是张早期革命活动的标志性事件。朱汝安和顾真、陈珍和朱菁分别在对张鼎丞与永定暴动相关史实详细梳理的基础上，认为永定暴动导致了闽西土地革命的开展，产生了福建省第一支红军队伍和闽西第一个苏维埃政权，为"闽西以至福建全省的土地革命创立了光辉的典范"，作为当时中共永定县委、闽西特委主要领导人之一的张鼎丞同志，站在革命斗争的前列，"发挥了重要的组织领导作用"。③苏俊才认为，张鼎丞等领导的永定暴动具有三大特点，一是经历了经济斗争、阶级斗争、武装暴动几个阶段，是一场准备较充分的暴动；二是是"福建五大暴动中规模最大、坚持时间最长、影响最深远的一次暴动"；三是"开始了福建创建红军、建立苏维埃政权和开展土地革命的新阶段"。④王启贞专文讨论了永定暴动后张鼎丞在溪南分田经验中的作用和贡献，认为"以乡为单位，按人口平均，抽多补少"的溪南分田经验（即分田原则），是张鼎丞、邓子恢"领导和群众智慧相结合的结晶，是整个闽西土地革命中的首创"，对后来的土地革命运动和中华人民共和国成立后的土改工作都做出了重要贡献。⑤

关于闽西苏维埃政权建设，研究者从不同方面进行了论述。邱锦才认为，张鼎丞在闽西苏维埃政权建设中创造和积累了丰富经验，包括制定好各种政策、法令，加强法制，巩固革命秩序；重视培养、选拔、教育干部，使干部当好公仆、廉洁奉公；健全代表会议制度，加强群众监督，保证群众参政议政的民主权利。⑥钟兆云、苏丽萍简要梳理了张鼎丞为福建苏区发展做

① 曹敏华：《张鼎丞同志的早期革命活动》，《历史教学》1983年第9期，第26—29页。

② 江增欣：《张鼎丞与铁血团》，《党史月刊》1989年第2期；江坛欣（"坛"应为"增"，系印刷错误）、卢有杰：《张鼎丞与"铁血团"》，《福建党史月刊》1989年第2期。

③ 朱汝安、顾真：《永定暴动与张鼎丞同志》，《党史研究参考资料》1982年第1期，第17页；陈珍、朱菁：《永定暴动与张鼎丞同志》，《福建论坛》1982年第1期，第5页。

④ 苏俊才：《简论永定暴动的特点》，《福建党史月刊》1988年第8期，第38—40页。

⑤ 王启贞：《张鼎丞在溪南分田中的作用及其贡献》，《永定党史通讯》1989年第1期，第54、55页。

⑥ 邱锦才：《学习张鼎丞建设工农民主政权的经验》，《福建党史月刊》1989年第2期，第20、19页。

出的贡献:配合漳州战役,扩大苏区、壮大红军,重视经济建设,加强文化与法制建设,保持干群间的密切联系等。① 赖立钦论述了张鼎丞对福建苏维埃政权建设的贡献,包括领导农民武装暴动,开展土地革命,建立苏维埃政权,创建福建省第一块红色区域,初步树立以民为先的施政理念;在早期积极探索苏维埃政权建设道路时,不断巩固和强化了以民为先、务实清廉的施政理念;思想上紧跟毛泽东思想,政治上进一步巩固和发展闽西革命根据地,行动上实践以民为先、务实清廉的政权建设理念。② 谢镇成认为,1932 年张鼎丞出任福建省苏维埃政府主席后,在汀州一次走访烈军属工作中,发现烈军属困难户很多,于是研究决定除节日慰问烈军属困难户外,省苏机关及其所属单位干部的每星期六为拥军优属帮贫义务劳动日,此举确立了福建苏区的义务劳动日制度。③

清正廉洁的苏维埃政权,是张鼎丞等闽西苏维埃政权缔造者致力建设的目标。黄肇嵩认为,张的贡献表现在:确立苏维埃政权的性质,坚持人民代表的选举制度;实行精兵简政,全心全意为人民大众谋利益;反对官僚主义作风,提高苏维埃政府机关的工作效率;制定工作纪律,严格财经制度;反对以权谋私,清理腐化分子。④ 不久,黄对此主题,再次做了论述,行文逻辑更为严密,史料更为丰富扎实。⑤

汪大铭在重读张鼎丞抗战时期在延安撰写的《中国共产党创建闽西革命根据地》的基础上,总结了闽西革命根据地创建中的几点经验(教育干部,依靠群众;全局观念与奉献精神;坚持实事求是的思想路线,从实际出发制定政策、策略;敢于抵制"左"倾错误干扰和善于在革命低潮时组织战略退却;勤于学习和善于学习),认为张的这本小册子应该列入毛泽东思想"这个集体智慧的结晶之中,成为一本传世的史书"⑥。蓝松金论述了张鼎丞在土地革命时期和"左"倾路线斗争的历史事实,指出张始终执行毛泽东提出的正确路线,坚持真理,实事求是,体现了无产阶级革命家坚定的原则

---

① 钟兆云、苏丽萍:《张鼎丞:首任福建省苏维埃政府主席》,《福建党史月刊》2012 年第 9 期,第 28 页。

② 赖立钦:《试述张鼎丞对福建苏维埃政权建设的贡献》,《福建党史月刊》2013 年第 2 期,第 21—24 页。

③ 谢镇成:《福建苏区的义务劳动日制度》,《福建党史月刊》1990 年第 3 期,第 55 页。

④ 黄肇嵩:《建设清廉的苏维埃》,《福建党史月刊》1989 年第 2 期,第 25—27 页。

⑤ 黄肇嵩:《闽西苏维埃政权的廉政建设》,《福建党史月刊》1990 年第 1 期,第 18—21、23 页。

⑥ 汪大铭:《重读闽西革命根据地创建史的几点体会》,《福建党史月刊》1989 年第 2 期,第 17—19 页。

性和高度的灵活性、创造性。①

（二）三年游击战争时期。中共中央和主力红军长征以后，原中央苏区重新被国民党所统治。张鼎丞、邓子恢、谭震林等先后回到闽西，开始了三年艰苦卓绝的游击战争。张鼎丞先后担任中共福建省委代表、闽西军政委员会主席、闽西南军政委员会主席。邹淑红对这一时期张鼎丞和陈潭秋、邓子恢、谭震林、方方等会合，领导红8团、红9团和地方游击队开辟游击战争，先后粉碎国民党的三期"清剿"，以及西安事变后推动地方和平谈判，全面抗战爆发后贯彻中共中央国共合作决议，将闽西南、闽粤边、闽赣边红军游击队改编为新四军第二支队，开赴皖南前线抗日等史实做了简要梳理。②陈凤芳、黄金隆专文论述了1935年底，张鼎丞获悉中共中央积极倡导建立抗日民族统一战线策略的信息后，在闽西南地区采取多种措施，为建立抗日民族统一战线做了种种努力，最终促使闽西南地区基本实现第二次国共合作的局面，由红军游击队改编而成的新四军第二支队得以开赴前线抗日，认为这是"张鼎丞同志在重大的历史转折关头，审时度势，将马克思主义的普遍真理与当地革命斗争实际相结合……为中国革命做出了重大贡献"③。吴升辉认为，新四军第二支队的组建和发展时期是中国革命最艰难的时期之一，三年游击战争时期张鼎丞革命的创造力和敏锐的感知力使其及时转变斗争策略，为新四军第二支队的组建和发展奠定了思想基础；张灵活机智的斗争策略改善了红军游击队的生存环境，为新四军第二支队的组建和发展扫除了层层障碍；张无私奉献、一心为民的精神，为新四军第二支队的组建和发展营造了群众基础；张坚强的意志和革命的乐观主义精神鼓舞了战士信心，为新四军第二支队的组建和发展提供了精神力量；张光明磊落、襟怀坦白的品格，为新四军第二支队的组建和发展凝聚了中坚力量；张与"左"右倾错误斗争的勇气和智慧保存和发展了革命力量，有力地促进了新四军第二支队的队伍建设和发展。④

（三）抗日战争和解放战争时期。1938年春，张鼎丞作为新四军第二支队司令员，率部开赴皖南，不久开往江南前线抗日。次年5月，张和周恩来等到延安，向中央汇报工作。叶成林对张鼎丞在延安中央党校的事迹做了

---

① 蓝松金:《张鼎丞与左倾路线的斗争》,《龙岩师专学报》1999年第2期,第29—33页。

② 邹淑红:《张鼎丞与闽西三年游击战争》,《福建党史月刊》2013年第14期,第30—32页。

③ 陈凤芳、黄金隆:《张鼎丞对闽西南地区实现第二次国共合作的贡献》,《永定党史通讯》1989年第1期,第49页。

④ 吴升辉:《张鼎丞与新四军第二支队的组建与发展》,中共龙岩市委员会、福建省新四军研究会编:《张鼎丞纪念研究文集》,2009年印,第168—174页。

专门梳理,认为张到延安后,就与中央党校紧密联系在一起,一是作为地方
负责人登上中央党校的讲坛,介绍闽西三年游击战争和新四军英勇抗日的
情况;二是作为学员进入中央党校高级班学习,并兼任第一支部书记;三是
1943年春,出任中央党校新设机构二部的主任,筹建中央党校二部并主持
工作;四是在中央党校以整风精神总结闽西党的历史经验。①

　　1945年底,张鼎丞抵达苏北淮阴,出任华中分局常委、华中军区司令
员,随后在苏北、山东等地领导军民与国民党军展开抗日反顽斗争。1948
年任华东局常委、组织部部长。柳家艾以华东局的整党、结束土改实验县
五莲县为例,记述了率领华东局工作团亲自到五莲实验县进行指导的张鼎
丞,在工作中坚决纠正"左"的倾向、领导生产救灾运动、关心爱护党的干部
等史实,认为张"付出了大量心血",张在五莲县的工作,"不仅为五莲人民
度过灾荒、进行政党和结束土改及迎接解放战争的伟大胜利奠定了必要的
思想基础和组织基础,而且为1949年大军南下输送了大批优秀干部"。②

　　(四)主政福建时期。1949年8月,福州解放,张鼎丞出任新中国第一
任中共福建省委书记、福建省人民政府主席、福建省军区政治委员,开始领
导福建人民开展建政固权、剿匪反霸、土地改革、恢复和发展经济等各项工
作。连尹的研究揭示,20世纪80年代以前福建省最大的水电站古田水电
站、20世纪50年代建成通车的鹰厦铁路,或是张拍板的,或是张向中央报
告后获批准建成的,张离任福建赴中央工作后,仍然关心福建的水力资源
建设。③ 左英等记述了张鼎丞向华东军区请调当时隶属于华东野战军的第
一重伤医院随第十兵团进军福建,接管福建全省各级医疗卫生机构,召开
全省第一届防疫工作会议并动员消灭鼠疫等流行病等史实,认为长期在福
建流行的鼠疫在中华人民共和国成立后三年内被消灭,"主要是当时任中
共福建省委书记、省政府主席的张鼎丞正确领导和积极筹划的结果"④。

　　(五)在中央工作时期。1953年,张鼎丞调往华东局工作。1954年,先
后任全国人大常委会副委员长和中央组织部副部长。同年9月,被第一次
全国人民代表大会选举为最高人民检察院检察长。由此,开始了长达15

---

　　① 叶成林:《张鼎丞在延安中央党校》,中共龙岩市委员会、福建省新四军研究会编:《张鼎丞
纪念研究文集》,2009年印,第46—48页。
　　② 柳家艾:《莲山作证——张鼎丞与华东局五莲实验县》,中共龙岩市委员会、福建省新四军
研究会编:《张鼎丞纪念研究文集》,2009年印,第49、60页。
　　③ 连尹:《张鼎丞对福建水利能源和铁路交通建设的贡献》,《福建党史月刊》2006年第3期,
第25—26页。
　　④ 左英、陈海峰、高胡:《张鼎丞运筹消灭福建鼠疫》,《福建党史月刊》2009年第24期,第1页。

年的检察长工作。张昭娣揭示，张鼎丞在历次全国检察长工作会议上多次强调：检察机关要始终坚持社会主义法制的人民民主专政方向，把对敌人的专政和保护人民的民主，正确地统一起来；在组织领导方面只有坚决贯彻党的绝对领导，才能够把工作做得更好；加强检察机关的思想政治工作，不断提高干部的社会主义觉悟，保证检察工作政治方向的正确；我国人民检察机关、人民公安机关、人民法院，都是人民民主专政的工具，首先是相互合作的关系，共同对付敌人的关系，共同执行人民民主专政的关系；在检察工作的具体方法上，必须深入实际、调查研究、依靠群众、实事求是地分析每一个案件；检察机关在张的领导下，"工作取得了巨大的成绩，为我国的检察制度和社会主义法制的建设积累了丰富的经验"。① 谢依岩记述了张鼎丞在任上多次抵制，要求裁减甚至取消检察机关的错误主张，并提出应建立具有中国特色的检察制度等史实，认为张"为建立和捍卫检察制度，健全社会主义法制，巩固人民民主专政做出了卓越的贡献"。② 王盛泽也认为，张鼎丞"为建设有中国特色的检察制度和社会主义法制做出了重大贡献"，表现在结合中国实际，确定了检察机关的方针和任务；坚持党对检察机关的绝对领导；检察工作中贯彻群众路线；旗帜鲜明地反对"取消风"，捍卫检察制度。③

此外，有不少文章并不是严格按照上述历史分期进行研究的，而是从专题的角度对张鼎丞展开研究。如关于张鼎丞在福建革命斗争中的功绩，连尹对张开创闽西根据地、反对"左"倾错误、坚持三年游击战争等做了较全面的论述。④ 关于张鼎丞对人民军队建设的贡献，王直专文做了记述，包括创建闽西红军、三年游击战争时期统一闽西各地分散的游击队、抗战时期重视新四军第二支队政治思想建设等。⑤ 关于张鼎丞对党的建设贡献，连尹做了概述，包括闽西经验成为《古田会议决议》的重要内容之一；不同历史时期都重视对党员和干部的教育，并在理论联系实际方面做出表率；坚持民主集中制和集体领导制度；坚持党对检察工作的绝对领导；在重大

---

① 张昭娣：《疾风知劲草　板荡识忠臣》，《福建党史月刊》1989 年第 2 期，第 12—13 页。

② 谢依岩：《检查制度的捍卫者》，《福建党史月刊》1989 年第 2 期，第 23—24 页。

③ 王盛泽：《从实际出发建设有中国特色的检察制度——张鼎丞对社会主义法制建设的贡献》，《福建党史月刊》1991 年第 7 期，第 27—30 页。

④ 连尹：《缅怀张鼎丞同志在福建革命斗争中的功绩》，《福建论坛》1982 年第 2 期；连尹：《缅怀张鼎丞同志在福建革命斗争中的卓越功绩》，《党史研究参考资料》1982 年第 3 期。

⑤ 王直：《张鼎丞对人民军队建设的贡献》，《福建党史月刊》1989 年第 2 期，第 9—10 页。

历史案件中采取实事求是的态度等。① 关于张鼎丞坚持真理、实事求是,张雪英等对张一生不同历史时期这方面品格的体现做了梳理②;而邓建芬则以不同历史时期4个典型事例加以论述,即苏区时期张知错必纠,果断纠正闽西"肃社党"的错误;中华人民共和国成立初期实事求是,正确处理长汀"三反"遗留问题;大跃进时期坚持真理,直言抨击"大跃进"这一过火行动;之后调查研究,如实总结"三年困难"原因③。俞如先论述了闽西籍党和国家领导人对生态建设的重视,其中提及张鼎丞主政福建期间带头植树造林、1961年回乡后对家乡大炼钢铁时大片山林被砍的惋惜,以及要求家乡人民植树造林、封山育林等史实。④

三、张鼎丞研究的反思与展望

2018年是张鼎丞120周年诞辰,在这个特殊的时间节点回顾并展望学界对张鼎丞的研究,无疑是一件非常有意义的事情。如果我们将张逝世以来的近40年划分为1981年至1989年、1990年至1999年、1999年至2009年、2010年至2017年4个阶段的话,那么关于张鼎丞的怀念和研究呈现以下几个特点:

一是回忆性、纪实性文章远远超过学术性研究论文的数量。据笔者的不完全统计,关于张鼎丞的怀念和研究的文章在140篇以上。其中,回忆性文章有40篇左右(不含《回忆张鼎丞》一书中新发表的文章)、纪实性文章60篇左右,而研究性论文只有40篇左右。

二是无论是研究性文章还是回忆性文章,四个阶段总体呈现由多到少的变迁轨迹。同样,据不完全统计,第一阶段发表的回忆性文章在30篇左右,研究性论文在20篇左右;第二阶段对应的分别为3篇、10篇左右;第三阶段均为6篇;第四阶段分别为2篇、5篇左右。回忆性文章趋减,原因极为自然,主因在于随着时间的推移历史,亲历者不断逝去,或丧失回忆和撰文能力。

三是纪念性学术成常态化。从1988年召开张鼎丞90周年诞辰座谈

---

① 连尹:《张鼎丞对党的建设的贡献》,《福建党史月刊》1992年第2期,第12—16页。

② 张雪英、邓泽村:《坚持真理实事求是的楷模——纪念张鼎丞诞辰一百周年》,《龙岩师专学报》1998年第4期,第1—3页。

③ 邓建芬:《实事求是的张鼎丞》,《福建党史月刊》2003年第11期,第42—43页。

④ 俞如先:《闽西籍党和国家领导人重视生态建设及启示》,《龙岩学院学报》2013年第1期,第11页。

会开始，此后每届 10 年，相关部门均举办了座谈会或学术研讨会，对张加以纪念。与此同时，在座谈会或学术研讨会举办的当年或后一年，是学术论文和回忆性文章发表的高峰期。

四是研究点比较集中，研究地方化现象明显。对能够算得上是学术论文，且研究内容适合分期的 28 篇文章进行统计，结果表明：研究闽西苏区时期的论文有 18 篇，占 64％；三年游击战争时期有 3 篇，占 11％；抗日战争和解放战争时期有 2 篇，占 7％；主政福建时期有 2 篇，占 7％；在中央工作时期 3 篇，占 11％。另统计，研究福建时期张鼎丞的论文共有 23 篇，占总数的 82％。以上数据说明，研究点主要集中于福建时期的张鼎丞，尤其集中在闽西苏区时期。大部分研究者都为福建地方学者。

细细研读关于张鼎丞的研究成果，已有研究的不足也是明显的。主要有：

其一，绝大多数学术性论文都没有做学术史回顾，无视前人已有研究成果，也使得自身论文的创新性大打折扣。如果说这种现象在 20 世纪八九十年代还较为常见，也可接受的话，那么，在学术走向规范的 21 世纪且已经比较规范的当前，这种现象就是难以接受的了。

其二，低水平重复、炒"现饭"现象不在少数，甚至存在抄袭现象。例如，1982 年的《党史研究参考资料》和《福建论坛》发表了不同作者但同题的文章①，两文结构和内容高度雷同，叙述语气几乎一致，很可能是一文抄袭另一文，抑或是同一课题组成员分别发表，内情未知。低水平重复现象就更为普遍，恕不一一举例说明。这似乎是党史学界难以克服的痼疾。早在上个世纪末期，对于此种现象，党史学界早已有批评②，可惜进入新世纪后，此种习气仍未发生根本扭转。

其三，有的研究文不对题。如《张鼎丞与新四军第二支队的组建与发展》一文。从文章题目看，文章所谈内容至少应该是 1937 年以后的史实，因为 1937 年春夏，闽西南军政委员会才与国民党方面接触和谈判，全面抗

---

① 朱汝安、顾真：《永定暴动与张鼎丞同志》，《党史研究参考资料》1982 年第 1 期；陈珍、朱菁：《永定暴动与张鼎丞同志》，《福建论坛》1982 年第 1 期。

② 1999 年 4 月，《中共党史研究》编辑部和中国人民大学中共党史系举行座谈会，与会代表认为："过去的党史研究中，存在着研究领域窄、研究课题陈旧、重复的现象。"1998 年 6 月，中央党校党史教研部和中共党史研究杂志社共同召开了"中共党史研究前沿和热点问题座谈会"，盖军、张静如、金春明、杨奎松、郭雄等均表达了类似观点。分别参见《锲而不舍　永创一流》，《中共党史研究》1999 年第 3 期；《中共党史研究前沿和热点问题座谈会摘要》，《中共党史研究》1998 年第 4 期。

战爆发后的 8 月,闽西游击队下山点编①;10 月 2 日,国民党当局正式宣布,南方八省红军游击队改编为国民革命军陆军新编第四军;次年 1 月 6 日,新四军军部在江西南昌成立,下辖 4 个二支队,张鼎丞任第二支队司令员,此后才有新四军第二支队的编制②,可实际上,该文谈的都是三年游击战争期间(1937 年以前)张在闽西斗争情况。作者认为张的闽西游击斗争为新四军第二支队的组建和发展奠定了思想、群众基础等③,观点没有问题,但文章内容确实没有扣住题目展开。再如《闽西革命根据地创始人张鼎丞的革命路线之争》一文。该文摘要为"在中央苏区遭遇重大挫折、面临严峻革命形势之时,张鼎丞顶住党内外各种压力,坚持正确的革命方向,通过多种方式发展革命根据地民生,夯实革命的群众基础";引言叙述"1934 年底,红军第五次反围剿失败……而张鼎丞在闽西组织开展了三年游击战争,创建、发展、壮大了闽西革命根据地……";从摘要和引言行文看,作者想谈的应该是张鼎丞与三年游击战争的关系,可实际谈的却是张鼎丞开辟闽西革命根据地的斗争,包括入党和永定暴动、闽西苏维埃建设、力主"罗明路线"等,完全是南辕北辙。④

如前所述,张鼎丞是党和国家的重要领导人之一,是中共革命和新中国建设的重要领导者、亲历者和见证者。加强对他的研究,对于丰富中共党史、中华人民共和国史都有着重要意义,对于人们深化并准确理解中国近现代史也有着重要意义。在前人研究的基础上,为进一步推进张鼎丞研究,尚需在以下几方面继续努力。

第一,应系统整理并出版张鼎丞研究资料。史学研究的前提和基础,就是拥有权威的、系统的第一手资料。目前已出版的一些关于张鼎丞的资料,除了前文提及的《张鼎丞》(画册)和《回忆张鼎丞》外,大部分是张鼎丞当年撰述的,是原始文献,有些是后来张的回忆。前者如三年游击战争时期和抗战初期张鼎丞撰写的《张鼎丞等为驳斥判读江利发等的信告永定群众书》《日益成熟的反攻形势》《对国民党的新认识与新态度》《张鼎丞、邓子

---

① 林天乙主编:《中共闽粤赣边区史》,中共党史出版社 1999 年版,第 313—315 页。

② 中国人民解放军军事科学院编:《中国人民解放军大事记(1927—1982)》,军事科学出版社 1984 年印,第 136 页。

③ 吴升辉:《张鼎丞与新四军第二支队的组建与发展》,《张鼎丞纪念研究文集》2009 年印,第 168—174 页。

④ 李永来:《闽西革命根据地创始人张鼎丞的革命路线之争》,《兰台世界》2015 年第 22 期,第 17—18 页。

恢给谢职山先生书》等①，抗战时期张撰写的《青年在新四军中的地位》《介绍新四军的一个模范支部》《新四军在抗战烽火中成长着》《新四军二年来的政治工作》等②，中华人民共和国成立后张撰写的《坚持人民民主专政的正确路线》《永远做人民最好的勤务员》等。③ 后者如张鼎丞撰写的《中国共产党创建闽西革命根据地》《张鼎丞自传》《关于打开信丰后的一些情况》《四纵队在宁都》，以及张鼎丞与邓子恢、谭震林等合写的《闽西暴动与红十二军》《闽西三年游击战争》《闽西的春天》《红旗跃过汀江——庆祝毛泽东率领红四军入闽创建革命根据地五十周年》等。④ 这些资料或单独出版，或分散收录在其他专题资料集中，留下了张鼎丞专题研究资料或系统性文献资料缺失的遗憾。这对深入开展张鼎丞研究显然是不利的。因此，目前相关机构应将张鼎丞不同历史时期的文献资料加以系统整理，编辑出版。

第二，应编辑出版张鼎丞年谱。年谱是开展人物研究的基本资料，它是以谱主为中心，按照年月日顺序详细记载谱主生平事迹的著作。年谱虽然是基本资料，但是它的编辑又体现一定的研究性，兼具研究和资料双重属性。应在系统整理并出版张鼎丞研究资料的基础上，进一步做好张鼎丞年谱的编辑出版工作。事实上，这个工作已经有了一定的基础，如前文提及的《党史研究参考资料》1982 年第 1 期发表的《张鼎丞同志生平大事年表（初稿）》，《张鼎丞》（画册）也附录了《张鼎丞生平大事年表》⑤。虽然都比较简略，但毕竟为后来者提供了"有迹可循"之便。相信年谱的编辑和出版，不仅可纠正张鼎丞研究中诸多时间、事件研究不实或相互矛盾的问题，而且可以为下一步研究的开展提供诸多的基本线索。

第三，应提升张鼎丞研究的学术水准。杨奎松指出，所谓学术研究，就

---

① 福建省档案馆、广东省档案馆编：《闽粤赣边区革命历史档案汇编》第 2、3 辑，档案出版社1987、1988 年版。

② 《红色档案 延安时期文献档案汇编》编委会编：《红色档案 延安时期文献档案汇编》"中国青年"第 1 卷、"中国妇女"第 1 卷、"解放"第 1 卷、"共产党人"第 1 卷、"八路军军政杂志"第 1 卷和第 2 卷，陕西人民出版社 2013 年版。

③ 张鼎丞：《坚持人民民主专政的正确路线》，群众出版社编：《十年来革命同反革命的斗争》，群众出版社 1959 年版；张鼎丞：《永远做人民最好的勤务员》，《党史研究与教学》1982 年第 9 期。

④ 张鼎丞：《中国共产党创建闽西革命根据地》，福建人民出版社 1982 年版；《张鼎丞自传》，《人物》1982 年第 3 期；张鼎丞：《关于打开信丰后的一些情况》《四纵队在宁都》，陈毅等著：《回忆中央苏区》，江西人民出版社 1981 年版；张鼎丞等著：《闽西三年游击战争》，福建人民出版社 1960 年版；天津人民出版社编辑：《光辉的历程》，天津人民出版社 1978 年版；中共龙岩地委纪念"两个五十周年"领导小组办公室编辑：《闽西文丛》第 5 辑，1979 年印。

⑤ 中共福建省委党史研究室编：《张鼎丞》，中央文献出版社 2001 年版，第 128—131 页。

是要发人所未发,言人所未言。① 归纳到两个字,就是要"创新"。自然科学是这样,社会科学也是这样;党史研究是这样,人物研究同样如此。如何创新呢? 就目前张鼎丞研究的现状来说,可进一步拓展的领域很多。从时段上来说,目前研究集中在闽西苏区和三年游击战争时期,抗日战争时期、解放战争时期、主政福建时期、在中央工作时期都非常薄弱,可大力拓展。从内容上来说,应从传统的阶级斗争史、军事战争史、政治斗争史、中共党史等领域走出来,向经济史、社会史、思想文化史等领域迈进,回归历史现场,多从个体生存、社会关系网络,以及族群、党群、社群关系等领域解读张鼎丞。从方法和视角上说,如研究者一定要有创新意识,不要存炒"现饭"的懒惰思想;做论文一定要做学术回顾,以区别自己与前人研究的不同,说明自己论文的创新之处;对曾经在"同一条战壕"的张鼎丞、邓子恢、谭震林、方方、伍洪祥等展开比较研究;采用历史学、经济学、政治学、法制史、社会心理学等多学科方法开展研究,如对检察长任上的张鼎丞进行研究,应多从法律史、法制史的角度而不仅仅是党史的角度加以研究;少"歌颂",需不溢美、不讳言,实事求是地进行研究等。

第三节　评《苏区制度、社会与民众研究》

美国学者费正清认为,"革命是近代中国的基调"②。我国历史学家张海鹏指出,"由中国的革命政党推动的包括旧民主主义革命和新民主主义革命,组成了近代中国社会发展进步的主旋律"③。因此,从这个角度讲,革命也是中国近代历史的主调。大革命失败以后,中国共产党领导底层农民掀起的轰轰烈烈的苏维埃运动(苏区革命),无疑是近代中国革命最辉煌的篇章之一。正是由于这一波澜壮阔的革命运动和其在中国革命史中所创下的丰功伟绩,使得苏区革命成为历史学界历久而弥新的研究主题之一。

这场充满强烈苏俄经验色彩的革命运动,是如何在近代中国兴起、扩展既而取消的? 持续 10 年之久的苏区革命,是如何形塑了苏区的社会与民众,而苏区民众又是怎样回应的? 这场中共领导的苏区革命,对国民党

---

① 《杨奎松:学术研究要发人所未发,言人所未言》,爱思想,http://www.aisixiang.com/data/33174.html。

② [美]费正清:《观察中国》,四川人民出版社 1992 年版,第 96 页。

③ 张海鹏:《近年来中国近代史若干问题的讨论》,《思想理论教育导刊》2008 年第 6 期,第 64 页。

政权形成了怎样的挑战与影响，又在多大程度上，形塑了后来的历史与走向？它为今天的中国特色社会主义制度建设和社会建设，又提供了哪些重要的启示？对于以上问题，国内外学界有共识有分歧，讨论的空间无疑相当广阔。苏区史研究专家何友良研究员的新著、其国家社会科学基金项目的最终成果——《苏区制度、社会和民众研究》①，以制度选择、社会变革与民众互动为主题，对其进行了全面而系统的深度解读，进一步拓展了关于中国苏维埃运动的讨论空间。

一、从制度变革和社会史相结合的角度来解读中国苏维埃运动

关于苏维埃在中国的研究，学界以前或集中于某个苏区（如海陆丰、井冈山、闽西等），或集中于某个专题（如政权、法制、教育、人物等），还没有一本以制度变革为主线，系统研究中国苏维埃运动及其引发的中国社会变革的专著。通读《苏区制度、社会和民众研究》，印象最深刻的是，它是第一本关于苏维埃制度在中国实践的历史全录。该书的问世，正好填补了这一空白。

从"制度变革"和"社会史"两者结合的角度来解读中国苏维埃运动的来龙去脉是本研究的范式之一。对此，作者在"后记"中做了交代。他说，十多年来，在完成"中国苏维埃区域社会变动史"课题以后，越来越感觉到原先的研究需要做进一步的充分阐释，需要在一个更为广阔和更为本质的层面上，建立对苏维埃革命及其遗产的完整全面的认识，从而引发了对课题中所提问题和现象的更深层次的制度因素，以及国家、社会与民众三者之间的互动关系的思考。② 简言之，作者认为制度与社会史是分析和认识中国苏维埃革命及其遗产的"利器"。同时，作者也认同毕生致力于制度研究的著名经济史学家道格拉斯·诺斯的观点，即制度变迁决定着社会演进的方式，是理解历史演变的关键。而维护共同体安全和利益、维持一定公共秩序和分配方式，对各种政治关系做出系列规定和调整的政治制度（包括苏维埃制度），无疑是理解历史演变关键的钥匙。

循着这种思维，在既有研究的基础上，全书牢牢把握制度选择与社会变革这条主线，从苏维埃制度在中国的发生、发展和取消入手，致力于考察

---

① 何友良：《苏区制度、社会和民众研究》，社会科学文献出版社 2012 年版。
② 何友良：《苏区制度、社会和民众研究》，社会科学文献出版社 2012 年版，第 487 页。

中国苏维埃制度及其规制下苏区社会的来龙去脉；梳理了苏维埃制度在中国的源起、建立、形态和取消，苏区社会的革命与再造等史实；解读了苏区基层政权的设置、构成、运行、特点，乡村社会组织的重建及其扮演的角色和功能，苏区（各阶级阶层）民众在不同时段对革命的回应及其生存状态，苏区社会的危机及其面临的外部压力，苏维埃制度与政策绩效等问题；重点研究了苏维埃制度、苏区社会、苏维埃革命与社会中的民众三个基本问题及其相互关系。全书不仅对中国苏维埃运动整个历史过程，苏区基层政权和民众状态进行了系统、整体的阐释，而且对这段历史进行了认真反思，讨论了苏维埃制度兴替的历史价值和经验教训。

中国苏维埃制度和社会史，并不只是个简单的名词或符号，而是充满思考与选择、模仿与创造、艰辛和曲折，蕴藏着丰富的历史内容，代表着中国共产党领导的千百万工农群众的奋斗，宣示着中共当时对时局与国家的基本认识、开辟和发展革命新路的基本主张。具体说来，这些内容、认识和主张，就是确认并开始实践中共领导下的资产阶级民主革命的基本纲领，以苏维埃制度为基本模式，动员和组织工农群众，将土地革命、武装斗争、政权建设和党的领导融为一体，开辟中国革命新路，建立新的国家和新的社会。它构成了中国革命一个承上启下的，通过苏维埃制度的建立、发展与放弃来完整表达和展示的客观历史阶段，是中国共产党在一个时期以新的制度和新的奋斗来改造和重建国家的一种路径探索、一段具体表现。

正是由于作者牢牢抓住了苏维埃"制度"这个"牛鼻子"，掌握了理解历史演变关键的钥匙，使其在对中国苏维埃革命及其遗产的解读上，能够庖丁解牛，得心应手，从而做出恰如其分的分析和令人信服的评价。

二、贡献了诸多关于中国苏维埃运动的原创性研究

该书给人的第二个深刻印象是，作者如同老农耕地一样，对中国苏维埃运动进行了"深翻"，贡献了不少发人深省的洞见，或对前人不甚注意的领域做了很好的原创性研究。仅举数端加以说明。

第一，对中国苏维埃制度做了客观的评价和定位。苏维埃，这个由俄文翻译过来的名词，不仅绝大多数苏区民众始终不甚了了，就是广大中共党员也不太清楚。中央苏区、湘赣边区的农民管苏维埃叫"埃（方言，指'我'）政府"。张国焘则回忆，苏区同志对其的了解是相当可笑的，有的认为苏维埃是苏兆征的别号，有的认为是苏兆征的儿子；川北苏区的农民根

本不知道苏维埃是怎么回事。① 尽管如此，这种由俄国无产阶级创造的革命组织形式，毕竟在中国发芽生根并屹立了十年之久。如何看待与评价中国苏维埃制度？作者没有回避这个必须正视的问题。

作者认为，中国苏维埃制度来源与脱胎于苏俄苏维埃制度，但对苏俄制度套用中有创造（苏俄的苏维埃制度是社会主义的社会制度，中国的则不是，因而在一些根本点上表现出不同，如没有宣布废除私有制和实行土地国有，这是中共领导的资产阶级民主革命性质决定的），对资本主义制度否定中有吸纳（如突破苏俄之无，大胆吸取最早出现在英美的近代国家审计制度，创设了苏区审计法律制度），着力于改变国家与社会、地方、人民的关系（这在中国历来的政治体制中，是前所未有的），开启了中共执政方式的新探索（由宪法大纲确认国家执政制度——工农兵代表大会制度和党团制度，后者体现了党与政权及群众团体的关系）。由于制度蓝本与革命性质的不对应，导致了中国苏维埃制度深深的内在矛盾与弊端；面对新的生存威胁和新的斗争形势，中共不得不放弃和取消苏维埃，而做出新的制度选择。② 这个评价，是客观的、中肯的、实事求是的。

第二，提供了土地革命时期"左"倾错误根源的新解释。从政治制度史的角度，作者认为，"以苏维埃制度为中国革命的制度模式，也存在着深深的矛盾和弊端"，"这种内在矛盾和弊端，成为中国苏维埃革命中连连发生'左'倾错误的主要根源"；"苏区发生的一切'左'倾政策与行为，除了有革命时期的当然激进因素外，主要原因就是来源于苏维埃制度与革命性质的不一致性"③。由是观之，读者可以认识到，在苏区革命中，屡屡不断的"左"倾错误，主要是制度移植导致的问题，而非主要是个人能力、道德（个人因素当然是其中因素之一）或派系斗争因素。循此思维，读者应该能够理解，在土地革命中，瞿秋白的盲动主义、李立三的冒险主义、王明的教条主义等"左"倾错误为何前后相继、频频出现；也应该能够理解，这种病毒式的"左"倾，不只感染了一两个领导人，而几乎是影响了那整整一个时代的中共领导人。作为后来人的读者，明白了这个道理，对于土地革命时期的"左"倾错误，想必能够加以合理解读，而不会过多苛责于个人。

第三，宏观分析了苏维埃革命的缘起，做出了令人信服的诠释。中国

---

① 张国焘：《我的回忆》第 3 册，东方出版社 1980 年版，第 84—85、186 页。

② 何友良：《苏区制度、社会和民众研究》，社会科学文献出版社 2012 年版，第 110—121、443—444 页。

③ 何友良：《苏区制度、社会和民众研究》，社会科学文献出版社 2012 年版，第 120—121 页。

苏维埃革命的缘起,是一个看似古老而又常常引起历史学者思考的问题,也是一个仁者见仁、智者见智、常思常新的问题。这个问题,实际包含两个层面:一是苏维埃革命为何发生? 二是苏维埃革命如何发生? 关于后者,即是什么原因,使得遭到惨重打击的中共上层的决策能够快速地深入农村,在很短时间内变成一场现实的革命运动,建立苏维埃区域,实现从国民革命到苏维埃革命的制度与目标转换呢?

对于这一问题,尽管有些地域性研究成果,如陈德军的《乡村社会中的革命——以赣东北根据地为研究中心(1924—1934)》①、黄琨的《从暴动到乡村割据:1927—1929——中国共产党革命根据地势怎样建立起来的》②、游海华的《吉泰盆地的生态环境与东固革命的兴起》③,台湾地区如陈永发的《中国共产革命七十年》④、陈耀煌的《共产党地方精英农民——鄂豫皖苏区的共产革命(1922—1932)》⑤,但并无对全国苏维埃革命缘起的宏观性论述。作者通过对全国各苏区领导者的群体构成、行为方式、优势与特点等的综合分析,认为历史已清晰证明,在苏维埃革命发动过程中,介于中央决策层与农村民众之间的,一批为革命理想和信念所武装、富有实干精神和献身精神等多重优势的中层干部群体(包括外来领导者群体和地方领导群体),在时局突变、中共决策付诸实施的紧要时刻,承担了革命组织者和推进者的角色。他们以出色的工作,保证了中共苏维埃战略决策在农村的快速实施,拉开了苏维埃革命的大幕。他们是苏维埃革命战略迅速深入农村,转变为现实革命运动的中介和中坚力量。⑥ 革命知识分子在苏维埃革命兴起中的奇特作用,成为中共领导中国革命的重要特征;对中层干部群体的研究和认识,是理解这一特征的关键。建立在量化统计、个案解剖、分类讨论上的结论,令人信服。

第四,对苏区基层行政与运作做了很好的原创性研究。苏维埃革命发动以后,创建了多个苏区,构建了各级政权机构。研究苏区的基层(县、区、

---

① 陈德军:《乡村社会中的革命——以赣东北根据地为研究中心(1924—1934)》,上海大学出版社 2004 年版,第 79—112 页。

② 黄琨:《从暴动到乡村割据:1927—1929——中国共产党革命根据地势怎样建立起来的》,上海社会科学院出版社 2006 年版,第 217—222 页。

③ 游海华:《吉泰盆地的生态环境与东固革命的兴起》,中共江西省委党史研究室编:《东固根据地与中国革命道路的开辟——纪念东固革命根据地创建 80 周年学术讨论会汇集》,中共党史出版社 2008 年版。

④ 陈永发:《中国共产革命七十年》上,联经出版事业公司 1998 年版,第 182—213 页。

⑤ 陈耀煌:《共产党地方精英农民——鄂豫皖苏区的共产革命(1922—1932)》,政治大学历史系 2002 年版,第 81—114 页。

⑥ 何友良:《苏区制度、社会和民众研究》,社会科学文献出版社 2012 年版,第 24—49、446 页。

乡)政权状况,既可以明了国家权力深入乡村的程度,又可以明了底层民众的政治参与和对政权的认同程度,这是评价中国苏维埃制度的重要标尺。书中较为全面地考察了苏区县政(中共县委和县苏)人员的构成与流动、县政的运行及其特点,解剖了瑞金县的县政实例;同时剖析了在转达与执行之间的区苏,以及最基础权力的乡苏。① 书中还考察了苏区基层行政中心,认为苏区国家权力中心呈现下移现象,一大批传统商业市镇被赋予政治功能,成为沟通城乡的枢纽;苏区政治中心大都不在县城而在乡村圩镇的特点,从时空和习惯上拉近了人民与政权的距离,便利了城乡之间和政府人民之间的联系。②

作者的这些努力,较好地揭示了苏区基层政权面貌,改变了以往研究聚焦苏区中央和省级政权而相对忽视基层的不平衡局面,其中不少研究填补了相关空白。尤其是作者对县苏维埃主席任职时间的讨论,以及以档案材料为基础,通过对吉安水南区联席会议(1931 年 2 月 21 日)、吉安纯化区执委会会议(1931 年 5 月 24 日)、永定县丰田区苏维埃政府会议(1933 年 7 月前)、安远县龙布区苏主席团会议(1933 年 7 月 21 日)等四种不尽相同的区级会议的解读和分析,为读者详细展示了不同时间不同地点的苏区区级行政的决策与运行,区级事务的繁简、规模与关注点等。论述原汁原味,特点鲜明,堪称原创性研究的典范。

三、运用多维视角透视土地革命时期中共的制度选择与社会变革实践

该书给人的第三个深刻印象是,作者运用多维视角和思维,透视了土地革命时期中共的制度选择与社会变革实践。

长期以来,由于学科要求、学术旨趣等的不同,人们往往只将苏区史作为中共党史或中国革命史的一部分,只是在党史、革命史的视域内考察苏区史,因而造成了与这一时期的民国史的分割,甚至形成有形无形的学科鸿沟和学术壁垒。作者较早地意识到这一弊端,并提出了克服弊端的主张。他认为苏区史既是中共党史和中国革命史的一个重要历史阶段,也是中华民国史一个历史时段的重要组成部分。对苏区史研究者而言,会通民国史,从民国整体史的角度观照与研究苏区史,把苏区史放在民国史的大

---

① 何友良:《苏区制度、社会和民众研究》,社会科学文献出版社 2012 年版,第 214—269 页。
② 何友良:《苏区制度、社会和民众研究》,社会科学文献出版社 2012 年版,第 168—175 页。

框架和国共两党发展中国的政略、道路构想的大视野中去系统研究，是深化苏区史研究的一条重要途径。①

作为苏区史研究专家，作者在书中很好地贯彻了自己"会通民国史"的学术主张。为了讲清楚苏维埃制度在中国的缘起，作者特意从近代救国思潮下的制度选择这一背景谈起；在论证或考察苏区行政区划的绩效、苏区县政的行政效率、苏区民众政治参与的普遍性和对红色政权的认同、苏维埃制度的取消和苏区外部的压力②等问题时，除广泛引用中共方面的革命文献外，还大量引用当时国民党方面的资料和民国报刊材料加以证明，国共对比分析处处可见，民国整体史的视野跃然书中。显然，研究苏区史，不能忽视国民党和南京政府；会通民国史，无疑有助于讲通、讲全、讲透苏区史中的许多问题。

实事求是，不讳言、不诿过，客观分析和书写历史，是书中贯彻始终的另一思维。作者认为，在苏区新经济制度建立过程中，发生过一个重大的偏差，"就是实行所谓开办集体农场、实行共耕制度"；苏区政权虽然有民主性、全能性、高效率等特点，但是"在各级苏维埃机关中，制度规定与实际执行之间，都程度不同地存在着不相一致的现象"，存在着"政令过繁、决议太多、标准过高和下层经验不足、应对失当等问题"；作为基层政权监督者的苏区社团组织，其监督作用的发挥"难说充分，实际表现要逊色得多"，书中深入剖析了其原因；而作为群众利益维护者的社团，"在争取权益的过程中，也发生了一些不当的行为"，难以达到"完满"；苏区"没能妥当处理好""被剥夺生产资料和政治权利的豪绅地主"的问题，"留下了深刻的教训"；"对富农的政策及其治理，打击有余，理性不足，总体上说是过当的、不成功的"；苏区后期，民众开小差和逃跑的原因，"固然与部分农民自身的局限分不开，但苏区战争需求浩大，兵役夫役负担过重，动员中存在强迫欺骗、优待红军家属工作不落实等，是更重要的原因"③；等等。作者客观检讨了中共早期执政实践中遭遇的问题、挫折与失误，这点和中共党史、革命史、苏区史研究领域某些歌功颂德式的研究，或者完全否定式的批评是有明显区别的。其可贵之处，令人折服。

展开历史与现实的对比，以发现历史在现实世界投下或隐或现的影

---

① 何友良：《苏区制度、社会和民众研究》，社会科学文献出版社 2012 年版，"代前言"第 3 页。

② 何友良：《苏区制度、社会和民众研究》，社会科学文献出版社 2012 年版，第 1—6、103、220、302、322、408—221 页。

③ 何友良：《苏区制度、社会和民众研究》，社会科学文献出版社 2012 年版，第 192、259、261、279—281、285—286、377—378、385、404 页。

子，并剖析其在现实世界中的作用和价值，是本书作者的又一研究视角和思维。作者认为，叶坪中央临时政府与广场上高大的红军烈士塔相对应的构思和布局，沙洲坝的中央大礼堂，在中国革命取得胜利后，在首都北京得到重现；苏区的"赤卫队网"、农民群众"武装起来"等乡村新型自卫体系，"开人民武装制度和全民皆兵制度之先河"；"当今流行的宣讲形式，其实在苏区时期就已实行"；党对 20 世纪中国农村变革与转型的指导，"其中绝大部分内容，起源于苏区，由其发生和起步，苏区时期改造农村社会的不少经验，在后来曾得到借鉴运用"；"更为重要的是，在苏维埃制度和社会创建中建立的中共执政制度和领导方式，党指挥枪的制度原则和人民战争的战争体系，奠定了中共领导地位、党政关系、党军关系和与人民关系的制度基础和基本方向，都在其后得到坚持并不断发展和改革完善。作为新中国根本政治制度的人民代表大会制度的建立，在本质上也是工农兵代表会议制度的延伸、扩大和完善"；另外，思想理论层面的毛泽东思想，"是在苏维埃革命时期初步形成的"，人民当家作主思想、农工联盟理念、妇女解放、婚姻自由、反对封建迷信等苏区建基的一系列基本准则和观念等，"在现当代历史运动和政治生活中发挥着长久的影响"。[①] 这种对比研究，不仅使我们认识到苏维埃运动对现当代中国的作用和影响，更使我们重新认识到苏维埃运动在中国的价值和意义。

跨学科的研究方法，是学界近年力倡的研究方法，也是学界科学研究的必然趋势。在该书中，除定量分析与定性分析相结合，回到历史现场和在当时环境下评判历史上的人与物等历史学方法外，读者还可处处感受到作者对其他学科理论与方法的借鉴和运用。例如，从政治学的角度，作者梳理了中国苏维埃制度的创建和制度模式，在此基础上，比较分析了其与苏俄制度、资本主义制度的异同及特点与局限。[②] 从社会心理学的角度，考察了苏区中心新布局的各种建筑，以及被用作党政军机关驻地的大量祠堂等传统建筑，认为它们"被赋予新政权的新气息"，"不仅成为苏维埃制度的物化标志和权威象征，而且以丰富的政治内涵和信息，熟悉的空间环境和接受习惯，不时引导和强化着苏区人民对新制度新政权的心理认同"。[③] 从社会学的角度，对不同阶级（如乡绅阶级、富农阶级）、不同阶层（如工人与

---

① 何友良：《苏区制度、社会和民众研究》，社会科学文献出版社 2012 年版，第 175、175—176、264—266、315、455、457—458 页。

② 何友良：《苏区制度、社会和民众研究》，社会科学文献出版社 2012 年版，第 73—121 页。

③ 何友良：《苏区制度、社会和民众研究》，社会科学文献出版社 2012 年版，第 174 页。

"独立劳动者"、贫农和雇农、游民无产者)、不同社会组织(如宗族、工会、贫农团、互济会)、不同社会身份的人群(如商人、妇女、会匪、知识分子)展开研究,探讨他(它、她)们对革命的反应和应对,以及他(它、她)们的互动与相互影响。① 从经济学的角度,研究了苏区农村市场体系兴衰、财产权的兴替、累进税的实行、所有制的变化及其基本结构等,比较全面地勾勒出苏维埃运动中苏区经济的变迁脉络。② 单一学科理论与方法的采用,无疑专业且深入,但也有可能犯下盲人摸象般以偏概全的错误,而多学科理论与方法的有机结合与灵活运用,不仅便于从专业的角度对某个主题进行"深究",而且便于从综合的角度把握住历史运动的宏观脉络,从而为读者提供中国苏维埃运动的整体清晰面貌。

概括言之,多种视角和思维贯穿其中,因而该书比较客观地复原了中国苏维埃运动的真实原貌,正所谓"横看侧看,远看近看,上看下看,以至于内看外看,左看右看,任何一个侧面认识的加深,都有助于对整个历史进程认识的加深,都是对人类知识的贡献"③。

四、是作者多年积累的成果及有待完善之处

书中对中共制度选择和社会变革实践的深度解读,是作者多年积累的结晶,不失为新革命史④研究的典范。30 年来,作者先后发表了系列苏区史研究论文,出版了《中央苏区史略》《中国苏维埃区域社会变动史》《中国国民党江西省地方组织志》《江西通史·民国卷》《中国苏区史》等专著、合著。⑤ 近年又发表了《农村革命展开中的地方领导群体》《农村革命早期的外来领导者》《苏区史研究的视野拓展、方法运用与未来发展》等重要苏区

---

① 何友良:《苏区制度、社会和民众研究》,社会科学文献出版社 2012 年版,第 122—180、287—385 页。

② 何友良:《苏区制度、社会和民众研究》,社会科学文献出版社 2012 年版,第 180—213 页。

③ 徐秀丽:《中国近代史研究中的"革命史范式"与"现代化范式"》,《中国社会科学院院报》2006 年 5 月 30 日,第 7 版。

④ 新革命史强调研究思维的转换和研究视角的创新,强调将中共革命与中国乡村相互连接、国家政权与民间社会双重互动作为研究的切入点。李金铮:《向"新革命史"转型:中共革命史研究方法的反思与突破》,《中共党史研究》2010 年第 1 期,第 73 页。

⑤ 陈荣华、何友良:《中央苏区史略》,上海社会科学院出版社 1992 年版;何友良:《中国苏维埃区域社会变动史》,当代中国出版社 1996 年版;江西省地方志编纂委员会编:《中国国民党江西省地方组织志》,团结出版社 2006 年版;何友良:《江西通史·民国卷》,江西人民出版社 2008 年版;余伯流、何友良主编:《中国苏区史》,江西人民出版社 2011 年版。

史论文。① 细心的读者可以发现,上述成果均有机地融入该书之中,增加了该书的学术深度和厚度。

该书还有许多特色。例如,该书所使用的资料多元丰富,有国共档案,有民国报刊,有各种地方文献。尤其是 20 世纪 80 年代中央档案馆和各省(市)档案馆合作编辑的《革命历史文件汇集》,收集了土地革命时期大量基层党和政府的报告、文件等鲜见材料,弥足珍贵,因其为内部印刷,发行量少,虽付印多年,使用的学者并不多,作者能大量引用,信手拈来,充分显示了其对资料的熟稔程度。再如,该书叙述风格沉稳,语言精到、优美、有力道,此点在第七章"制度选择和社会改造的重要历程"中尤为突出。又如,该书的代前言,实为作者关于苏区史研究的学术史回顾,既便于读者对苏区史研究有个整体把握,也反映了作者对苏区史最新研究成果的熟悉程度;书中多处吸收了近年苏区史的研究成果,并对不少学术观点做了较好的学术回应。

当然,该书并非无可挑剔。如书中多学科方法的运用还能更为成熟,一些论证似乎还可进一步丰富,某些观点也可进一步推敲或探讨。再如,就笔者陋见,书中如适当地增加对口碑资料和实地访谈资料的使用,无疑会使该书更臻完美。作者曾长期担任江西省社科院"中国苏区史"研究团队的重要成员,先后参与和组织了"苏区万里行"的学术考察活动,30 年来,走遍了江西苏区的山山水水;2004 至 2007 年,又多次专程考察了全国各老苏区,走访了 50 余个核心县城和省会城市,除第一手的文献资料外,所收集的口碑资料和实地访谈资料也应该不少。如果能尽量多地征引这些口碑资料和实地访谈资料,不但能进一步地激活历史,而且可以进一步地增加其可信度。

与此相连,全书名称为《苏区制度、社会与民众研究》,然概览全书,似乎是制度较"重",相关内容较多,而社会与民众较"轻",篇幅相对较少。依笔者的想法,书写内容恰恰可以换个位置。因为制度是纲、是"死"的,是大家相对熟知的,而社会与民众是目、是"活"的,是需要探索的未知。如果能给予社会、民众更多的篇幅和笔墨,将更能淋漓尽致地展现这场制度选择

① 何友良:《革命源起:农村革命中的早期领导群体》,《江西社会科学》2007 年第 3 期;《八一起义与江西土地革命的兴起》,《江西广播电视大学学报》2007 年第 3 期;《农村革命展开中的地方领导群体》,《近代史研究》2009 年第 2 期;《农村革命早期的外来领导者》,《中共党史研究》2009 年第 5 期;《农村革命中的红色商人与商业》,《党史文苑》2009 年第 16 期;《"敢裁新装"的时代楷模——纪念邵式平同志诞辰 110 周年》,《党史文苑》2010 年第 9 期;《苏区史研究的视野拓展、方法运用与未来发展》,《党史研究与教学》2010 年第 4 期。

下的社会变革结果。尽管书中也有专章论述了社会与民众,但所引资料大部分是当年的中共档案资料,反映的主要是党和政府、知识分子对社会、民众的看法,是党内知识分子视野中的社会与民众。如果能够更多地使用族谱、小人物的记述、其他民间文书、口碑资料和实地访谈资料,将能更好地诠释民众视野中的苏区史,甚至能更好地体现民众自身"书写"的革命史,能更真实地反映社会、民众对制度选择的反应和回应。当然,在民间文献缺乏、口碑资料难求、实地调查不易等困境下,笔者的上述要求近乎苛刻。

　　80年前的这场中国苏维埃运动,是中国共产党领导人民进行武装革命、建立政权的最初尝试,是中国共产党制度选择与社会变革实践的伟大探索。它不但或隐或现地形塑了后来的历史和走向,而且为未来选择提供了丰富的可借鉴信息。在中共中央重视党史,重视党史资政育人的新形势下,笔者期待苏区史研究能有更多的发展空间,期待学界能推出更多像作者所著《苏区制度、社会和民众研究》一样具有深度的研究成果。

后 记

本书是我多年来关于苏区史、革命史和中共党史研究的一个结集。来杭州工作以后,由于个人兴趣、身在马克思主义学院等原因,关于苏区史、革命史和中共党史研究的文章,不仅没有因为远离革命摇篮江西而减少,反而多了起来。

其实,我最初的研究领域并不在中共党史及其相关领域,而是区域社会经济史。研究的区域,一是赣闽粤边区①,二是江西区域②。读硕期间,温锐导师引我进赣闽粤边区研究之门时就告知我,在研究视角上,我们不再仅仅从中共党史和中国革命史的角度去探讨中央苏区革命,而应更多地从区域社会经济史的角度去探讨赣闽粤边区的现代变迁与转型;在研究时段上,我们不再仅仅局限于土地革命时期的赣闽粤边区暨原中央苏区,而应着眼于近代以来至 20 世纪末赣闽粤边区的长时段发展。这当然是他承担

---

① 我的硕士论文选题是 20 世纪上半叶赣闽粤边区交通发展与社会经济变迁,博士论文选题是"后中央苏区"(主力红军长征以后至全民族抗战爆发前后的原中央苏区暨赣闽边区)的社会重建与整合。早在攻读硕士期间,我就开始协助温锐导师从事他的第一个国家社科基金课题的研究工作,并于 2001 年出版了我们关于百年赣闽粤边区社会经济变迁研究的专著。就研究区域来说,赣闽粤边区既是我学术研究的起点,也是我学术成长的"根据地"之一。分别参见游海华:《20 世纪上半叶交通发展与社会经济变迁——以赣闽粤边区为例》,江西师范大学中国近现代史专业 1999 年硕士毕业论文;游海华:《重构与整合——1934—1937 年赣南闽西社会重建研究》,经济日报出版社 2008 年版;温锐、游海华:《劳动力的流动与农村社会经济变迁——20 世纪赣闽粤三边地区实证研究》,中国社会科学出版社 2001 年版。

② 大约在 20 世纪 90 年代中期,江西师范大学历史系资助各教研室各出版一本集体著作,温锐老师筹划了《百年巨变与振兴之梦——20 世纪江西经济研究》(江西人民出版社 2000 年版)一书,由中国近现代史教研室的诸位老师,带领 95 级、96 级两届硕士研究生,开展集体研究。我有幸分配到一节的撰写任务,后来又由于毕业留校任教的缘故,参加了该书的改写、修改和统稿工作。因此,我接触到不少关于江西的史料和有意思的专题,也就自然开启了江西区域的研究历程。

的国家社科基金课题研究的需要，也是他基于自身党史研究经历给我的忠告①。

但无论是赣闽粤边区，还是江西，都绕不开苏区革命。从某种程度上说，苏区革命是这两块区域近代发展历程中最显著的特色。事实上，正是由于这场革命的爆发，不仅苏区方面（主要是中国共产党）留下了许多关于这两块区域的原始资料，在白区方面（主要是中国国民党）也留下了许多关于所谓"匪区"的文献记载。总之，关于苏区革命时期赣闽粤边区和江西区域的史料异常丰富，读起来相当有趣，令人下意识地感觉有很多文章可做，是一个"富矿"。这是我初入史学之门，在查阅苏区革命史料选编、翻阅江西民国报刊等地方文献时的最初印象。乃至后来，考虑博士论文选题时，我最终选择了"后中央苏区"的社会重建与整合。虽非严格意义上的苏区史和中共党史研究，但亦与之密切相关，可视为硬币的另一面。再后来，终于渐渐"沦陷"于苏区史研究中，并逐步扩展到革命史、中共党史研究。近年来，似乎更有点百无禁忌的意味。

全书内容最初并非集中在一个主题，而是多个分散的小专题，实系我多年在苏区史、革命史、中共党史领域兴之所至而写下的一篇篇小论文。这些论文，绝大部分在国内学术期刊上正式发表过，其中四篇是和我的硕士生合作完成的。不少论文在《党的文献》（第二章第一节）、《苏区研究》（第二章第二节、第四章第二节、第七章第一节、第八章第二节）、《中共党史研究》（第四章第一节）、《史林》（第四章第三节）、《党史研究与教学》（第五章第一节）、《红色文化学刊》（第六章第一节）、《中共历史与理论研究》（第七章第二节）等党史期刊或史学专业期刊上发表。

本次出版，将这些小论文汇编为八个专题，即红船精神与中共浙江地方组织的建立、井冈山的历史与现状、红色革命风暴的兴起、中央苏区革命的红色余响、抗日烽火中的陕北公学、红色文化与苏区史研究刍议、红色文化考证、红色文化评论。前五章主要是红色文化历史史实的梳理，专题虽小但具有代表性，如红船、井冈山、中央苏区、长征、陕北公学；时间跨度也较大，主要是新民主主义革命时期，个别专题延伸到中华人民共和国成立以后甚至 21 世纪以来。后三章主要是红色文化概念、研究方法、相关研究成果的考证和评论等红色文化理论方面的探讨。因时间跨度大而专题杂，

---

① 改革开放以来的中共党史研究，与之前相比，虽取得了丰硕的研究成果，但研究禁区仍然存在。在 20 世纪八九十年代，发表一些基于事实的、有可能不同于主流观点的见解，往往在私下会被视为"右"的表现。

索性用红色文化统御之,作为全书的主题,似乎并无不妥,也算是蹭一下近年一路飙红的红色文化热度吧。

中央党史研究室第一研究部原副主任李蓉老师,应我的请求,于百忙中抽空为拙书写序。她在奖掖后进、不吝鼓励的同时,提出两条中肯的建议。其中一条,即将原书名《从红船到共和国》改为《从红船到人民共和国》,表达无疑更为准确,我加以了吸纳。另一条建议,即将概述性的红色文化论述作为全书第一章,这正是我最初的想法,但考虑到如此变动将涉及全书框架和逻辑的大调整,短时间恐难以做好而不得不放弃。对于李老师的真诚建议和帮助,在此表示衷心感谢!

本书出版,还要感谢沈明珠女士的细致编校和她的各种辛勤付出!

对于学术道路上,一直注视着我前行的师友,以及人生道路上,默默陪伴的家人,无以言谢,他们的关爱,我只能深藏于心,化作继续前行的动力!

盛世好佳节,明月当空照。今年今夜的月亮似乎比以往更圆更亮!

是为记。

2019 年 6 月 3 日初稿

9 月 13 日(中秋节)修改稿

于浙江工商大学综合楼 1239A 室